古代歷史文化 研究輯刊

十三編

王明蓀 主編

第14冊

制度下的神靈
——兩宋時期政府與民間關於信仰的溝通

劉雅萍 著

國家圖書館出版品預行編目資料

制度下的神靈——兩宋時期政府與民間關於信仰的溝通／劉雅
萍 著 -- 初版 -- 新北市：花木蘭文化出版社，2015〔民 104〕
目 2+326 面；19×26 公分
（古代歷史文化研究輯刊 十三編：第 14 冊）
ISBN 978-986-404-024-7（精裝）
1. 民間信仰 2. 宋代
618   103026953

ISBN-978-986-404-024-7

古代歷史文化研究輯刊
十三編　第十四冊　　　　　　　　ISBN：978-986-404-024-7

制度下的神靈
──兩宋時期政府與民間關於信仰的溝通

作　　者　劉雅萍
主　　編　王明蓀
總 編 輯　杜潔祥
副總編輯　楊嘉樂
編　　輯　許郁翎
出　　版　花木蘭文化出版社
社　　長　高小娟
聯絡地址　235 新北市中和區中安街七二號十三樓
　　　　　電話：02-2923-1455／傳真：02-2923-1452
網　　址　http://www.huamulan.tw 信箱 hml810518@gmail.com
印　　刷　普羅文化出版廣告事業
初　　版　2015 年 3 月
定　　價　十三編 27 冊（精裝）台幣 52,000 元

制度下的神靈
——兩宋時期政府與民間關於信仰的溝通

劉雅萍　著

作者簡介

劉雅萍，河北石家莊人。北京師範大學歷史學博士。2011 年任教於雲南民族大學人文學院，主要研究方向爲中國古代史，在《世界宗教研究》、《蘭州大學學報（社會科學版）》等刊物發表論文數篇。

提　要

　　兩宋時期是中國歷史上發生重要轉變的一個重要時期，不論是政治理念還是文化風俗都較之前朝爲之一變。政治上，兩宋政府實行更爲完善的中央集權制度，徹底扭轉唐末藩鎮割據的局面；文化上，隨著宋元時期的「造神」運動，大量民間神靈出現在政府與百姓的面前，如何對待這些神靈成爲兩宋政府亟待解決的問題。一方面，政府通過專門的行政機構對其進行管理，實行民間神靈的申報與登記、資格審查、等級等制度，對信仰領域的問題進行行政化的管理，試圖將其納入統治的範疇之內。另外，兩宋政府盡力推崇代表主流意識形態的神靈代表，如生前盡忠、死後升神的神靈，並動用政府的人力、財力爲這些神靈興建祠廟，招攬香火。而民間所塑造的各種神靈也希望能夠得到政府的認可和支持，在神靈的宣傳階段，這些民間神靈背後的力量一方面加強「神迹」的宣揚，另一方面向政府的意識形態靠攏，以期「民間聲音」與「國家意志」達到和諧的統一。本書就是在探究兩宋時期政府與民間關於信仰的這種互動關係：政府對於祠廟的系統管理與經濟資助，民間神靈的興起、傳播與改造，進而勾勒出兩宋時期制度下的神靈的動態圖景。

目

次

緒　論

一、研究意義

　　中國文化深受儒、釋、道三教的影響，到了宋明時期，三教更有合一的趨勢而影響益發巨大，現今越來越多的學者關注這一領域的發展與變化。在這種背景之下，人們往往會忽視來自民間的種種聲音，而所謂的「民間的聲音」，往往與民間的信仰有著密切的關係。中國的信仰領域有自己的特色，正如美國學者韓森所困惑的：「我以前一直以為中國人像我們一樣，是將宗教信仰分門別類的。因為我們西方人總將自己分為猶太教徒、基督教徒或新教徒等，因此我想中國人也會是分別信仰佛教、道教或儒教的，這很簡單。出乎意料的是，我所碰到的所有中國人都並不是這樣將自己歸屬於某一宗教。而且，就我所知，他們既拜佛寺、道觀，又拜民間的祠廟。」〔註1〕在韓森看來，中國的信仰多是為了尋求一個「靈」的神，而並不在意是什麼樣的神。這也就是說，在中國大多數民眾心中，關注的不是信仰何種教派，不是所謂的儒家或是佛教的理念，而是何種神靈靈驗，對自己的生活有何種影響。這也就可以解釋，在中國存在著眾多的宗教場所，既有寺觀，又同時存在各種供奉著民間神靈的祠廟。民間信仰更易得到民眾的支持，在民眾中廣泛傳播，而釋道等宗教在這一方面也逐步借鑒民間信仰的這種特質。兩宋時期，流行於中國的宗教逐步走向世俗化和平民化〔註2〕，正是所謂「正式」的宗教向民間

〔註1〕（美）韓森：《變遷之神：南宋時期的民間信仰·序言》，浙江人民出版社，1999年，第12頁。

〔註2〕參見劉浦江：《宋代宗教的世俗化和平民化》，《中國史研究》2003年第2期，第117～128頁。

信仰學習的例子。當然，這並不能說明各種民間信仰的影響力都要高於佛道等宗教，而是要明確民間信仰在中國傳統社會的特殊地位。

據考古學家的研究，早在山頂洞人時期，人們已經有了明確的關於「天國」的觀念，在原始時代和奴隸時代，人類因爲認識能力的局限，對自然和鬼神充滿敬畏之心，相關的祭祀活動在人們生活中佔據重要地位，「我國上古時代的漫長歷史時期裏面，社會的信仰與宗教迷信情況經歷了幾個不同的發展階段，在周代，特別是東周時期，形成了基本的格局，並由此而影響了我國整個古代社會的進程。」〔註3〕這也就是說，中國傳統社會以民眾爲主的信仰與祭祀活動歷史悠久，涉及的區域與群體眾多，深深地影響了中國人的性格與精神面貌。可以說，在中國古代社會，信仰與祭祀是民眾生活的主要內容之一，包括社會的各個階層，只不過大家祭拜的神靈與祭祀的儀式不同，這種不同並非絕對的，可以發生相互影響的情況，可能是自上而下的，也可能是自下而上的，在中國古代社會的信仰領域沒有所謂的權威和絕對，一個神靈的崇高與否關鍵在於它的靈驗程度。

這種所謂的「靈驗」，在某種程度上比國家權威更爲民眾所信服，如宋人洪邁所寫的《夷堅志》中記載了很多關於神靈之事，下面兩則事例反映出神靈在民眾心中的地位。紹興年間，國事吃緊，知興元府劉彥修前往靈顯王廟，「欲知秋冬間邊事寧否」。〔註4〕博州高唐縣人聶公輔十分信奉鬼神，以至於「凡有所往，無論路遠近、事大小，必扣諸神，神以爲可則行，不然則已。」〔註5〕可見，上至軍國大事，下至百姓出行，其中的因由結果，無不滲透著「神意」。對於中國古代社會的理解，必須要考慮到信仰的因素，否則可以說是不完整的和片面的。

誠然，祭祀與信仰在中國古代社會有著重要的意義，但是中國的世俗權力一直高於宗教權力（雖然在特定時期內，佛教、道教或是其他宗教曾經一度在某一區域影響甚廣，但是不能因此否定世俗權力的絕對權威性），中國古代各個政權，從未放棄對於精神領域的引導與控制。這種引導與控制，簡單地說，主要表現在兩個方面，一個方面是樹立官方的「典型」，另一個方面是

〔註3〕晁福林等：《中國民俗史（先秦卷）》，人民出版社，2008年，第313頁。

〔註4〕（宋）洪邁：《夷堅志》丙卷第十七《興元夢》，中華書局，2006年，第509頁。

〔註5〕（宋）洪邁：《夷堅志》支乙卷第一《聶公輔》，中華書局，2006年，第800頁。

對民間的信仰加以管理和控制。就官方樹立的「典型」而言，二十四史中經常看到的如天、地、山、河等祭壇，其實就是這種官方祭祀的典型模式，但是坦率地講，這種祭壇缺乏鮮活的內容，其祭祀活動最終只能成爲官場活動的固定程序，而普通百姓對此並不感興趣，一直以來普通民眾都有自己所推崇的神靈。精神層面的管理要比制度層面的建設複雜得多，其管控的時代也並非僅限於天水一朝，幾乎整個中國古代社會的統治者們都在思考這方面的管理問題。《史記》卷二十八《封禪書》提到：「郡縣、遠方神祠者，民各自奉祠，不領於天子之祝官。」也就是說，在西漢王朝，各地已經存在形形色色的民間祠廟，而這些祠廟沒有官方色彩，不受政府的管理，由民間自主管理。當然，這些祠廟也許並非是此時才出現的，可能出現於更早的時代，延續至西漢年間。對於這些民間自發興起的祠廟，政府態度比較溫和，對此並沒有管控和壓制的意思，而是任其自由發展。

基本上可以說，在沒有威脅到政治統治和社會安全的情況下，中國歷代政府對於宗教（包括祠廟）是比較包容的。在這種和諧的大背景下，神靈信仰發展迅速。神靈作爲一種超自然的力量，歷來在中國古代民眾心中佔據著特殊的位置，而這些神靈的居所——祠廟的出現與興衰，則從一個側面反映出宋代社會之狀況，同時對當時社會也產生了極大的影響，幾乎滲透到社會各個方面以及各個階層，在某些情況下不亞於政治、經濟等因素。

祠廟對於宋代社會的影響並不僅局限於精神層面，對於宋代政治、經濟等方面也有著不可忽視的影響力。作爲一種起源於民間的事物，祠廟與各級政權之間的關係十分微妙。據《夷堅志》所載，一個叫張子智的官員到常州擔任知州，慶元年間當地發生瘟疫，張子智給老百姓分派藥物，但是卻沒人來取。原來當地有一祭祀瘟神的祠廟，「凡有疾者，必使來致禱，戒令不得服藥，故雖府中給施而不敢請。」〔註6〕可見這一祠廟的影響力要凌駕於政權之上。中央政府對各地祠廟的封賜，也不僅僅是加入國家祀典，享受國家祭祀那麼簡單，對於地方神靈的認可，昭示著中央對地方勢力的妥協與控制。地方官員任職之後，多半要去拜祭當地的祠廟，這不僅僅是尊重當地習俗，更是中央政權與地方勢力的試探與交融。

〔註6〕（宋）洪邁：《夷堅志》支戊卷第三《張子智毀廟》，中華書局，2006 年，第 1074 頁。

經濟方面，祠廟的規模大小不一，相差很大，有花費三十三萬錢、八百石米修建的蜀三大神廟〔註7〕，也有僅有一間房屋的荒野小廟，但這並不影響其在社會經濟中之作用。首先，對於國家政權而言，祠廟亦是財政收入的一部分。永康軍的崇德廟香火極盛，每年善男信女們上供的羊多達四萬口，而這些祭祀之用的羊路過縣城，就必須交納稅錢五百，一年國家就可收入二三萬緡，「爲公家無窮利」。〔註8〕除此之外，祠廟亦成爲民眾謀生發財的手段之一，西岳雲騰廟是一個王顯家舍地建造的，後來王顯家族衰落，「遂託神以自活」，形成了「神依顯之地以居，顯依神之靈以食」的局面。〔註9〕

祠廟，作爲一種精神信仰現象，已經深深融入中國古代社會的各個方面，其研究意義不言而喻。祠廟信仰產生於民眾之中，缺乏理論性和系統性，各種祠廟的出現具有很大的偶然性和特殊性，他們之間似乎沒有必然的關聯與隸屬關係，因而在研究過程中存在一定難度，但也是因這個原因，爲祠廟的研究留出了極大的空間，值得我們不斷挖掘新問題，並設法加以解決。

二、學術史回顧

近年來，民間信仰方面的研究成爲中國史學界的一個熱點問題，尤其是借鑒了人類學、社會學等諸多領域的研究成果，關於中國古代民間信仰問題的研究更爲深入與細緻。關於近年來學界的研究成果，多位學者對此有過論述，如蔣竹山《宋至清代的國家與祠神信仰研究的回顧與討論》（《新史學》第8卷2期）、皮慶生《宋代神祠信仰研究的回顧與展望》（《中國宗教研究年鑒（1999～2000）》，宗教文化出版社2001年，第474～482頁。）等等。時至今日，國內外學者把研究的興趣轉向這一領域，並有相當多的高水平研究成果出現。

在2008年4月，復旦大學召開「中國民間信仰的歷史學研究方法與立場」研討會，數位與會學者就中國民間信仰的研究方法、個案研究、研究現狀等諸多問題進行研討，提交數篇相關論文，如廈門大學歷史研究所劉永華先生的《「民間」何在？——從弗里德曼談到中國宗教研究的一個方法論問題》、

〔註7〕（宋）馬光祖修，（宋）周應合纂：《景定建康志》卷44《諸廟》，《宋元方志叢刊》第2冊，中華書局，1990年，第2061頁。

〔註8〕（宋）洪邁：《夷堅志》支丁卷第六《永康太守》，中華書局，2006年，第1017頁。

〔註9〕曾棗莊等編：《全宋文》第287冊，上海辭書出版社，2006年，第471頁～472頁。

臺灣東華大學歷史系蔣竹山先生的《宗教史研究的文化轉向——對近年來宋代民間信仰研究的思考》、臺灣暨南國際大學歷史學系廖咸惠《宋代士人與民間信仰：議題與檢討》等〔註10〕，與會學者根據自己所學之長，對中國民間信仰的研究發表了自己的看法，復旦大學文史研究炎葛兆光先生在致辭中提到：民間信仰的研究，近年來在大陸、香港和臺灣都有非常突出的表現。它有三個方面的鮮明特徵：其一，它繼承了過去的歷史學和文獻學研究的長處。其二，它帶來了學習人類學田野調查的方法，使得中國民間信仰研究裏面比其他歷史研究領域又多了一條腿，多了一個方法，多了一個資料的來源。其三，它是眾多歷史學領域裏面比較多地能夠接受、吸收、融合甚至批評國外新理論的一個。

　　由北京大學中國古代史研究中心榮新江先生主編的《唐研究》，也在2012年出版《中古中國的信仰與社會研究專號》，收錄諸多先生關於中古時期信仰方面的論文，如蔡宗憲先生的《中古攝山神信仰的變遷——兼論人鬼神祠的改祀與毀撤》、楊俊峰先生的《宋代的封賜與祀典——兼論宋廷的祠祀措施》、姚崇新先生的《白衣觀音與送子觀音——觀音信仰本土化演進的個案觀察》等等。〔註11〕

　　牛津大學魏希德先生在《美國宋史研究的新趨向：地方宗教與政治文化》（《中國史研究動態》2011年第3期）指出，20世紀90年代，美國宋史學家們開始關注地方宗教研究，這種研究注重從整體上把握特定的文本和教派，或者分析一些互不相關的宗教活動，例如溢美性的傳記和慶典等，同時關注地方宗教活動的多樣性，因此他們的研究建構在更為廣闊的歷史問題語境。這一時期的主要代表有韓森的（Valerie Hansen）《變遷之神：南宋時期的民間信仰》（Changing Gods in Medieval China）（浙江人民出版社1999年），主要研究中國南宋時期的民間宗教。她提出「惟靈是信」是中國民間宗教的文化特徵之一，分析人與神之間的互動關係，即人對神的選擇以及神的「要求」與「顯靈」，並分別介紹了宋代四個重要的區域神祇：五顯、梓童、天后、張王。韓明士先生（Robert Hymes）所著《道與庶道：宋代以來的道教、民間信仰和神靈模式》（WAY AND BYWAY：Taoism,Local Religion,and Models of Divinity in Sung and Modern China）（江蘇人民出版社2008年）以江西撫州華蓋山的三

〔註10〕詳見復旦大學文史研究院編：《「民間」何在，誰之「信仰」》，中華書局，2009年。
〔註11〕詳見榮新江主編：《唐研究》，北京大學出版社，2012年。

仙信仰、道教天心派為例，融入人類學、宗教學等多方面知識，指出中國人眼中的神祇有兩種模式：官僚模式與個人模式，也就是書中所說的「道」與「庶道」。

上個世紀 80 年代至今，兩岸三地的學者也有若干關於民間信仰的專著面世，如程民生先生《神人同居的世界──中國人與中國祠神文化》（河南人民出版社 1993 年）一書概括性的描述了中國古代，尤其是宋代祠神信仰的種類及其與政治、經濟、社會其他方面之關係。本書多為概述性說明，有繼續研究的空間。沈宗憲先生的博士論文《國家祀典與左道妖異──宋代信仰與政治關係之研究》則從民間鬼神觀與信仰實態入手，著重論述了宋代對淫祀的打擊，並以社稷禮為例說明宋代官方祈禱祀典之沒落。賈二強先生《唐宋民間信仰》（福建人民出版社 2002 年）則從民間信仰的角度出發，分唐宋民間信仰的中心、基礎及其與宗教三部分加以論述。他認為自然神崇拜是古代觀念的延續，而唐宋民間信仰的集中體現則是人格神崇拜，並重點分析了二郎神、紫姑神和海神天妃這幾種人格神。皮慶生先生的《宋代民眾祠神信仰研究》（上海古籍出版社 2008 年），在前人基礎上進一步分析了宋代祭祀的合法性，即正祀與淫祀的問題。分析了很少人注意到的宋代祈雨現象。對張王個案進一步進行分析，分析了祠神信仰的傳播。

除了上述綜合性的著作與論文，亦有不少專題方面的研究。國家與地方祠祀之關係，是研究的熱點問題之一。趙世瑜先生《國家正祀與民間信仰的互動──以明清京師的「頂」與東嶽廟為個案》（《北京師範大學學報（社會科學版）》1998 年第 6 期）分析了明清時期北京祭祀碧霞元君的各頂和東嶽廟及其二者關係，通過各種祭祀群體之間的聯繫，折射出在北京這個首善之區民間信仰如何對官方信仰發生互動。雷聞先生《唐代地方祠祀的分層與運作──以生祠與城隍神為中心》（《歷史研究》2004 年第 2 期）則以生祠和城隍神為中心，講述國家批准立祠的程序以及地方祠祀的分層，即為以下三層：為國家禮典明文規定且通祀全國者；禮無明文，但得到地方官府的承認和支持，甚至直接創建者；沒有得到官方批准和認可，完全是民間的祭祀行為，且往往被官方禁止者。王健先生《明清蘇松地方官員祠祀活動的內容、時間及影響》（《傳統中國研究集刊（第五輯）》上海人民出版社 2008 年）則從地方官員入手，認為官員作為皇帝的代言人，日常祠祀活動是其政治生活的一部分，因其自身知識結構、價值取向、性格特徵等原因，在一定範圍內對於

祠祀活動進行某些調整，從而進一步分析中央與地方祠祀之互動關係。這些論文具體內容雖與本文無太大關聯，但是其研究方法與思路對本文有很好的指導作用。

郭旭東、史道祥先生的《「祀典」與其祭祖的超「族」形式析證》（《殷都學刊》1989 年第 2 期）從制祀者、受祀根據、崇祀對象等方面分析了所謂的「祀典」，並指出功德是確定列入國家祀典的基本原則。朱迪光先生《封建國家祀典的形成及其對古代中國宗教活動的影響》（《青海社會科學》1990 年第 1 期）國家祀典的出現是與先秦士人祀神思想的演進有關，隨著祀神活動愈理性化和政治化，愈發失去宗教的意味，成為封建統治的政治措施的一個組成部分。陳澤泓先生《廣東歷代祀典及其對民間信仰的影響》（《廣東史志》2002 年第 3 期），分析了歷代國家祀典中關於廣東部分的變化及其對於當地民間神靈的影響。王健先生《祀典、私祀與淫祀：明清以來蘇州地區民間信仰考察》（《史林》2003 年第 1 期）則將明清時期蘇州地區的神靈分為三類：祀典之神、私祀之神以及淫祀，三種不同的神靈與國家正統的關係各不相同，從而使得國家對其態度也不盡相同。

事實上關於「正祀」、「淫祀」的問題，一直以來是學界比較關注的問題之一。劉黎明先生《論宋代民間淫祠》（《四川大學學報》（哲學社會科學版）2004 年第 5 期）、楊建宏先生《略論宋代淫祀政策》（《貴州社會科學》2005 年第 3 期）、梁聰先生《兩宋時期民間祠祀的法律控制》（《重慶師範大學學報（哲學社會科學版）》2005 年第 6 期）論述了宋代「淫祠」的範疇，即不在國家祀典之內的祠廟，並論述了淫祠的危害以及國家對淫祠的打擊。皮慶生先生《宋人的正祀、淫祀觀》（《東嶽論叢》2005 年第 4 期）則對宋代「正祀」、「淫祀」進行了新的分析，認為在正祀、淫祀之外，還有大量中間狀態的祠廟存在於宋代社會。

對於宋代有代表性的神靈，亦有專文研究。如媽祖，李少園先生《論宋元明時期媽祖信仰的傳播》（《福建論壇》（文史哲版）1997 年第 5 期）、張大任先生《宋代媽祖信仰起源探究》（《福建論壇（人文社會科學版）》1988 年第 6 期）、朱天順先生《媽祖信仰的起源及其在宋代的傳播》（《廈門大學學報（哲學社會科學版）》1986 年第 2 期）。

城隍神，美國學者大衛‧約翰遜先生（David Johnson）《中國唐宋時期的城隍崇拜》（《哈佛亞洲研究雜誌》第 45 卷）。王頲、宋永志先生《宋代城隍

神賜額封爵考釋》（《河南大學學報（社會科學版）》2006 年第 3 期）總結了徽宗朝對城隍神的賜額情況，分析南宋時期城隍神封爵的特點。公維章先生《唐宋間敦煌的城隍與毗沙門天王》（《宗教學研究》2005 年第 2 期）敘述了唐宋時期敦煌地區的毗沙門天王取代城隍之職能，成爲敦煌的保護神。

眞武神，唐代劍先生《論眞武神在宋代的塑造與流傳》、周曉薇先生《宋元明時期眞武廟的地域分佈中心及其歷史因素》（《中國歷史地理論叢》2004 年第 3 輯）、梅莉先生《宋元時期杭嘉平原的眞武信仰》（《江漢論壇》2005 年第 8 期）。

其他如土地神，楊建宏先生《論宋代土地神信仰與基層社會控制》（《湖南科技大學學報（社會科學版）》2006 年第 3 期）、張小貴先生《唐宋祆祠廟祝的漢化——以史世爽家族爲中心的考察》（《中山大學學報（社會科學版）》2005 年第 3 期）以祆祠廟祝史世爽家族爲例分析了宋代祆祠逐漸融入中土社會，併入國家祀典的情況。王曾瑜先生《宋遼金代的天地山川鬼神等崇拜》（《雲南社會科學》1997 年第 1 期）概括論述了宋、遼、金地區的神靈崇拜現象。范立舟先生《宋元以民間信仰爲中心的文化風尚及其思想史意義》（《江西社會科學》2003 年第 5 期）對媽祖、關羽、門神、土地與城隍幾位神靈崇拜的考察，論述作爲精英文化的「大傳統」與作爲通俗文化「小傳統」之間的關係。另外，陸敏珍先生《從宋人胡則的神化看民間地方神祇的確立》（《浙江社會科學》2003 年第 6 期）從胡則神化的事例分析宋代造神運動。

區域神靈信仰亦是學者研究的焦點之一，研究區域多在東南地區。吳鴻麗先生《宋元時期泉州海外貿易與泉州的民間信仰》（《泉州師範學院學報（社會科學）》2003 年第一期）、余黎媛先生《張聖君信仰與兩宋福建民間造神運動》（《福建師範大學學報（哲學社會科學版）》2005 年第 1 期）、黃潔瓊先生《唐宋閩南民間信仰與經濟發展的關係初探》（《龍岩學院學報》2005 年第 4 期）、顏章炮先生《晚唐至宋福建地區的造神高潮》（《世界宗教研究》1998 年第 3 期）。

在此基礎上，學人希望能對神靈分佈做出一個大致歸納，李文珠、任學亮先生《唐五代巴蜀地區神祇的地域分佈》（《中華文化論壇》2008 年第 1 期）認爲巴蜀地區的神祇主要集中在經濟發達地區，神祇祭祀與經濟活動及教化有著直接的關係。牟振宇先生《南宋臨安城寺廟分佈研究》（《杭州師範學院學報》2008 年第 1 期）則從歷史地理學出發，分析了南宋臨安的寺觀祠廟的分佈情況。

　　神靈信仰離不開人的活動，因而研究人與神的關係也是十分必要的，張桂林、羅慶四先生《福建商人與媽祖信仰》（《福建師範大學學報（哲學社會科學版）》1992 年第 8 期）分析了福建商人群體爲何普遍信仰媽祖以及其對媽祖信仰的推動關係。而張崇旺先生《試論明清商人的鄉土神信仰》（《中國社會經濟史研究》1995 年第 3 期）則立足於商人群體，分析不同的商人群體信奉不同的神靈，如廣東商人的北帝信仰、福建商人的媽祖信仰、江西商人的許眞君信仰等等。

　　佛道等其它宗教與民間信仰領域的交融與碰撞，則是本文研究的另一問題，在這方面，亦有不少研究成果，其中有代表性的論文有雷聞先生《論中晚唐佛道教與民間祠祀的合流》（《宗教學研究》2003 年第 3 期）指出佛、道二教與民間祠祀一方面進行著激烈的鬥爭，另一方面佛道逐步走向世俗化，一些佛道神明開始有自己獨立的祠廟，寺觀與民間神祠的功能混同，成爲祈禱祭祀之所，另外，在國家祭祀體系中，佛道二教與民間神祠的地位也開始逐步接近。賈二強先生《佛教與民間五通神信仰》（《佛教研究》）則講述了民間與佛教中不同的五通神。李舒燕、馬新廣先生《佛道介入與媽祖信仰的嬗變》（《廣東海洋大學學報》2008 年第 2 期）認爲佛道介入影響並改變了媽祖信仰的形式和內容。

三、本書的基本思路與結構

　　近年來史學界出現「民間信仰熱」，國內外大量相關學術成果，珠玉在前，使得本書能否寫出新意和特色成爲一個難題。對於本書寫作，主要選取兩宋時期爲研究的時間段，這一時期缺乏地方文獻資料和田野調查，主要依靠官方文獻和爲數不多的宋元地方志。這些官方文獻和地方志，更多地反映出兩宋政府對信仰領域的介入與控制，體現兩者的互動關係。本書基本出發點就是分析這種互動的關係，勾勒一個較爲立體的兩宋時期的神靈信仰「動態圖」。

　　第一章對相關概念進行解讀。雖然關於民間信仰的成果很多，但是因爲民間信仰缺乏系統性的特點，使得很多研究停留在個案研究的層面，對於相關概念的解讀也呈現多而雜的情況，不同的學者對於相同的詞彙有不同的解釋，因此本書首先就一些詞彙概念進行自己的解讀，以便相關研究的繼續與深入，比如「祠廟」的概念，在很多情況下，許多學者將其與寺觀混淆，至少在兩宋時期，祠廟與寺觀存在著明確的區別，這一點在官方文獻和地方志

中尤爲明顯，如《宋會要輯稿》中，對於各州各縣的寺觀祠廟是分別統計，並未劃爲一體，可見在宋代政府眼中，兩者有明確的差別。

第二章論述宋代祠廟管理制度。在先秦時代，尤其是西周之前，神權在中國社會中處於非常重要的地位，從一些出土文物中看到當時重要的事件，如祭祀、戰爭，都需要提前占卜，詢問神職人員的意見。從秦始皇確立中央集權制度之後，中國的世俗權力和宗教權力就一直處於不平等的處境，世俗權力凌駕於宗教權力之上（除了一些極爲特殊的時期），在這樣的大背景之下，中國古代的宗教團體都處於政府的掌控之下，接受政府的冊封和管理。民間神靈雖然名目繁雜，數量眾多，但是政府一直未放棄對其的管理與控制。兩宋時期出現政府冊封大量民間神靈的情況，這一方面是順應民間的「聲音」，另一方面也是對這些民間神靈的掌控。這一章從政府管理的角度出發，分中央管理機構、常規管理制度、政府直接管理體系和與釋道管理體制之異同四個方面。中央管理機構隨著北宋中央權力機構的變遷發生著變化，關於祠廟的中央管理機構是由「中書門下——太常禮院」到「三省——祠部——太常寺」的轉變。常規管理則包括對於地方祠廟的申報與登記制度、資格審查制度以及神靈等級制度管理，建構國家祀典等。資格審查制度是中央政府對於地方所上報的神靈進行的審查的過程，其主要的標準是在不威脅皇權、政權及公共安全的前提下，是否能夠有益於百姓。神靈等級制度是參照世俗權力，對神靈進行分級和分類，這可以說是世俗權力對於神權的掌控。另外，一些地位比較高的祠廟會由政府直接管理，如五嶽四瀆等祠廟。最後，祠廟雖然也屬於神權的範圍，但是又與佛教和道教等宗教存在這差異，簡單來說，兩宋政府對於祠廟的管理較爲鬆散。

第三章祠廟的興建與經營。祠廟的興建與管理並非完全是民間百姓的行爲，政府爲了在意識形態方面宣揚政府的理念也積極參與其中。一些能宣揚忠孝的祠廟，政府會出資興建、維修，而地方爲了造福本地的百姓，宣傳本地的神靈，也會積極營建本地的祠廟，可以說祠廟的興旺是中央與地方共同營建的結果。民間祠廟的管理也是在政府的監控之下，有世襲家族、釋道和巫覡三種管理者負責當地的祠廟，而管理工作除了興建、維修等工作，另外重要的一個內容是負責祠廟的收入以及所承擔的賦役。

第四章鄉土情結與神靈的擴張，對於區域神靈的思考。鄉土情結在本地神靈的塑造過程中起了非常重要的作用，民間的造神運動不是盲目的，而是

在宣揚本地的文化，可以說，區域性神靈是該地文化的集中表現。而在兩宋時期，隨著人員流動的增強，各地的神靈被人帶出了家鄉，帶到了全國其他地方，而這些外出做官或是經常在外地游走的人並不是輕易放棄從小就接受的信仰，並在異鄉尋求信仰的共鳴，這是兩宋時期諸多區域性神靈發展的重要原因，本章對這種神靈傳播現象進行了自己的解讀，並對有意或是無意承擔神靈傳播的群體進行分析。

　　第五章神靈的興衰更替——以建康蔣子文祠爲中心，進行個案研究。《雲間志》中提到：「古者，祀有常典，凡山川、林谷、丘陵能出云爲風雨，與夫施法於民、以死勤事、以勞定國、禦大災、捍大患者皆得以祀之。」〔註 12〕到了宋代，這一原則仍然適用。中國作爲一個農業國家，能「出雲爲風雨」這種職能是相當重要的，因此基本原則中首先提到的是這一要素，可以說，政府在信仰領域的管控，離不開世俗層面的要求，即對國計民生的幫助作用，簡單說來，就是能爲政府與民眾帶來實際的利益，有利於國家的長治久安，這樣的神靈，即便來自於民間，政府也是可以接受的。另外所謂「施法於民、以死勤事、以勞定國、禦大災、捍大患者」更多的是國家意識形態的彰顯，政府在民間神靈的選擇過程，用自己的一套價值觀來衡量這些神靈是否符合國家的「標準」，在政府看來，不威脅到國家安全，對政局穩定、百姓樂業等有益之神可以考慮不加反對，甚至予以支持。當然這些來自於民間的神靈並非完全符合政府的價值標準，當一個民間神靈在某一區域蓬勃興起的時候，政府要考慮的是如何對其加以改造，最終爲自己所用。這就出現一個問題，政府的選擇與民間神靈的改造如何加以結合，兩者只有相互妥協與改造，才能實現所謂「雙贏」的局面。本章以建康蔣子文祠爲研究對象，以個案研究的方式分析來民間神靈與政府的這種互動關係。從蔣子文的「神跡」故事入手，在晉人干寶的記載中，蔣子文被描述爲「嗜酒好色，挑達無度」，首先這種生活習慣並不符合中國古代社會正統觀念的要求，雖爲追擊賊寇而死，但是其封神的過程頗不光彩，可以說是半脅迫性質：其現身在百姓面前，要求百姓爲他立祠祭拜，否則將有大禍。隨後出現了蟲災、火災等災害，最後政府不得不對其封侯，立廟堂以祭祀。〔註 13〕這種行徑可以說是一種流氓的做

〔註12〕　（宋）楊潛修，（宋）朱端常、林至、胡林卿纂：《雲間志》卷中《祠廟》，《宋元方志叢刊》第 1 冊，中華書局，1990 年，第 28 頁。
〔註13〕　（晉）干寶：《搜神記》卷 5，中華書局，1979 年，第 57 頁。

派，基於「神跡」靈驗，信徒眾多，政策不得不妥協，但這個神靈所顯示的叛逆性格是政府不能接受的，對其加以改造是政府必然的選擇。北宋初年，徐鉉所撰寫的《蔣莊武帝新廟碑銘》中，對於當年的事跡，只用「飛蟲顯俗，生民之舒慘焉依。白馬耀奇，平昔之威容如在」草草略過，反稱其「孕清明之氣，稟正直之資」，「受命上元，奠職茲土。力宣往代，澤被中區。所謂有益於人，以死勤事者也」，這種提法完全符合政府的價值觀，已然不見當年「叛逆」的影子。作為政府官員，徐鉉所撰寫的碑銘代表來政府的傾向，即有意無意之中淡化與國家意識形態不相符的內容，因為距離干寶的時代已經久遠，至北宋初年是已經將記憶遺忘，還是有意迴避，已經不得而知，可以肯定的是，自孫吳時期到五代十國這一漫長的時期，不同的統治者都在對有關的神跡加以選擇性的記憶，至北宋初年，基本上完成來對其的改造。但是到了明朝之後，隨著政府對當地神靈的重新整合，加之蔣子文祠少有新的靈驗事件的發生，他的影響力逐漸衰弱，最終淹沒於其他新興的神靈之中。

　　第六章兩宋祈雨考。相較於同時期的其他國家，中國傳統社會農業發展水平較高，但是仍然十分依賴天氣的情況，風調雨順是農業豐收的重要前提，所以祈雨的問題是一件關係國計民生的大事，為歷代統治者所重視。兩宋政府對於歷史悠久的雩禮並不太重視，更多關注的是祈雨的對象和方式。

　　第七章宋元方志對於神靈信仰研究的重要價值。關於民間神靈的研究，存在問題之一是資料的零散，遺存的宋元地方志是研究民間信仰的重要資料。從這些地方志中，可以看到國家所推崇神靈在當地的發展情況，還可以看到當地神靈的興起與發展情況。本章主要分析地方志的發展情況，以及宋元地方志的優劣情況，以期有助於宋元民間神靈的研究。

第一章　相關概念的解讀

　　民間信仰所涵蓋的內容十分廣泛，相應地，關於民間信仰的概念也十分繁雜。佛道等宗教有其相應的教義教規和經典文獻，相關概念有其標準的解釋，而民間信仰缺乏這方面的內容。許多民間信仰本著「唯靈則信」的原則，更多是宣揚相關神靈的神跡故事，對其理論建設並不完善，如神靈的體系建構、理論來源等等，這就使得許多概念要借用佛道等宗教，使得後世對民間信仰的研究出現許多問題。如關於祭拜和修行的場所，佛道都有明確的稱謂：寺院是佛教活動場所，宮觀是道教活動場所，而民間信仰的活動場所稱謂則千差萬別，十分混亂。因而在本書開始，首先要對相關概念進行解釋，界定研究對象的內涵和外延，才能進行下一階段的研究。

一、「祠廟」的概念

　　對於「祠廟」這個詞彙，現代學者使用的頻率並不高，至今學術界也並未對「祠廟」有一個明確的定義，在很多情況下，關於祠廟的概念是模糊的，學者經常將其與寺、觀相混淆。要理解祠廟的概念，首先應分別明確「祠」與「廟」的概念。

　　《三禮辭典》〔註 1〕中對「廟」的解釋為：即宗廟，祭祀祖宗之處。《穀梁傳‧僖公十五年》：「天子至於士皆有廟，天子七廟，諸侯五，大夫三，士二。」另外，凡宮室有鬼神，皆可稱廟。《儀禮‧士喪禮》：「巫止於廟門外，祝代之，小臣二人執戈先，二人後，君釋採入門，主人闢。」鄭玄注：「凡宮有鬼神曰廟。」士喪雖在正寢，因有鬼神，故得稱廟。從上面解釋依據的資料看，這應該是關於「廟」的比較早的含義。

〔註 1〕錢玄、錢興奇：《三禮辭典》，江蘇古籍出版社，1998 年，第 1049 頁。

「祠」爲古代宗廟的四季祭祀之一。《爾雅・釋天》:「春祭日祠,夏祭日礿,秋祭日嘗,冬祭日烝。」可見,最初「祠」是一個動詞,爲祭祀之意。後具有名詞意義,指供奉鬼神、祖先或先賢的廟堂。如《史記・封禪書》所載:「乃立黑帝祠,命曰北堂。」

對於「祠廟」一詞的理解,從古代文獻資料中可以看出其所涉及的方面。

一、宗廟、宗祠。《史記》卷二十所載:「韋賢,家在魯。通《詩》、《禮》、《尙書》,爲博士,授魯大儒,入侍中,爲昭帝師,遷爲光祿大夫,大鴻臚,長信少府。以爲人主師,本始三年代蔡義爲丞相,封扶陽侯,千八百戶。爲丞相五歲,多恩,不習吏事,免相就第,病死。子玄成代立,爲太常。坐祠廟騎,奪爵,爲關內侯。」《後漢書》載:「安城孝侯賜字子琴,光武族兄也……帝爲營冢堂,起祠廟,置吏卒,如春陵孝侯。」〔註2〕從上面兩段資料看來,兩漢時期祠廟與宗族祭祀之意相近,與家族中的祖先祭祀有著密切的關聯。

二、紀念賢良的場所。《梁書》載:「邵陵攜王綸字世調……綸不爲屈,遂害之,投於江岸,經日顏色不變,鳥獸莫敢近焉。時年三十三。百姓憐之,爲立祠廟,後世祖追諡日攜。」〔註3〕《舊唐書》載:太極元年正月,詔:「孔宣父祠廟,令本州修飾,取側近三十戶以供灑掃。」〔註4〕其實關於紀念賢良有多種形式,祭祀於祠廟之中只是其中的一種,在這種意義上,祠廟與先賢祠、祠堂等性質是一樣的。

三、祭祀山川、神靈的場所。唐玄宗朝,「封泰山神爲天齊王,禮秩加三公一等。仍令所管崇飾祠廟,環山十里,禁其樵採。給近山二十戶復,以奉祠神。」〔註5〕唐敬宗朝「江王府長史段鈞上言,稱前任龍州刺史,近郭有牛心山,山上有仙人李龍遷祠,頗靈應,玄宗幸蜀時,特立祠廟。」〔註6〕「(李德裕)屬郡祠廟,按方志前代名臣賢後則祠之,四郡之內,除淫祠一千一十所。」〔註7〕神靈鬼怪是祠廟祭祀的一個重要內容,集中反映出中國神靈崇拜的顯著特色。

〔註2〕《後漢書》卷14《安城孝侯賜傳》,中華書局,1965年,第565頁。
〔註3〕《梁書》卷29《高祖三王傳・邵陵王綸傳》,中華書局,1973年,第436頁。
〔註4〕《舊唐書》卷24《禮儀四》,中華書局,1975年,第919頁。
〔註5〕《舊唐書》卷23《禮儀三》,中華書局,1975年,第901頁。
〔註6〕《舊唐書》卷17上《敬宗》,中華書局,1975年,第511頁。
〔註7〕《舊唐書》卷174《李德裕傳》,中華書局,1975年,第4511頁。

在論述祠廟的含義時，筆者有意選取每一個內涵所出現時間較早的史料，從這些材料出現的年代不難發現，祠廟的含義是在不斷發展擴充的，由最初兩漢時期的宗廟、宗祠，到南朝時期拜祭聖賢的場所，到了唐代還包括祭祀鬼神的場所。簡單說來，祠廟是祭祀祖先、先賢和鬼神的場所，其所涉及的祭祀內容已經相當廣泛。由於唐宋時期祠堂的興起與普及，祠廟關於祭祀祖先的內容漸漸少見，其主要內涵爲鬼神祭祀的場所。與祠廟意思相似的詞語還有神祠、神廟、叢祠等。叢祠多分佈在鄉村，且多與巫術有關，帶有某種神秘色彩。神祠、神廟也是民間鬼神祭祀的重要場所，與祠廟無本質差異，值得注意的是這些所謂的神祠、神廟與宗教神靈有千絲萬縷的關聯，在宋元時期宗教世俗化的大背景之下，佛道等宗教在學習民間神靈的「親和力」，與此同時，民間信仰中的鬼神祭祀也大量的借鑒佛道等宗教中的人物，以期增加可信性與權威性，這是一個相互影響、相互學習的過程。

祠廟所包含的內容極爲廣泛，崇拜的神祇成千上萬，遍佈全國各地，其數量和種類與正規的寺院宮觀相比毫不遜色。正如任繼愈先生所講的：「中國民眾在日常生活中對於諸多現世人生的神祇有著十分迫切的需要，對於它們的祭拜便在民間各地非常普遍，形式多種多樣。」〔註 8〕祠廟所拜祭的神祇各式各樣，包括天地、山水、城隍、土地、人物、行業神等等，很難把祠廟稱作一個系統或是體系。在宋代文獻資料中，曾有宋人對祠廟進行了簡單的分類。《夢粱錄》把祠廟分爲：山川神、忠節祠、仕賢祠、古神祠、土俗祠、東都隨朝祠、外郡行祠。《咸淳臨安志》與《夢粱錄》相仿，將之分爲：土神、山川諸神、節義、仕賢、古神祠、土俗諸祠、東京舊祠、外郡行祠，諸縣神祠。其中，土神主要是指城隍神；山川諸神主要是指山神與水神，如龍王廟等；節義祠主要指的是爲國捐軀的義士；仕賢祠主要指在此地爲官，有政績的官員，如顯應廟供奉曾在杭州爲官的一個叫胡則的人，他的政績主要是在任期間無潮患；古神祠，主要指的是古代著名的有功績的歷史人物，如大禹、蕭何等等；土俗諸祠，主要指的是臨安本土的或是被臨安所接受的「本地」神靈，如當地白龍王廟等等；外郡行祠，主要指的是臨安府之外的祠廟。宋人的分類主要是從功能和地域來劃分，今人在其劃分的基礎上增加來新的內容。程民生先生在《神人同居的世界——中國人與中國祠神文化》一書中指出，除了《咸淳臨安志》中所提祠廟尚未包括所有祠神的種類，還

〔註 8〕任繼愈主編：《中國道教史》，上海人民出版社，1990 年，第 674 頁。

包括：1、純官方的神祠。如祀天壇、祀地壇、宗廟、社稷壇等。2、當坊土地祠。3、民間祖先神祠。4、遍及家戶的竈神、門神神馬。5、各行各業的行業神祠。6、種類繁多的淫祠。〔註9〕基本上程民生先生所提到的神祠能涵蓋中國古代祠廟的所有大類，這些祠廟基本上涉及當時民眾生活和生產的方方面面。

對於眾多神靈的湧現，包偉民先生在翻譯韓森《變遷之神——南宋時期的民間信仰》所寫的序言中提到，兩宋時期祠廟所供奉的神祇有明顯的時代特徵：1、除了龍王外，民眾幾乎已不再崇拜其他動物神，所有神祇生前都被認爲是人身。2、與前代的民間宗教諸神生前無一例外均爲帝王將相的現象不同，南宋平民出身的神祇明顯增加，當然這並不是絕對的，前代亦有信奉平民神靈之事例，宋元之後，出身高貴的神靈在民眾中亦有市場。平民神靈，反映了世俗社會中身份限制的鬆動，而某些平民的神化，無疑有安撫社會普通民眾、導人向善之作用，這是世俗權力利用神靈世界輔助統治的一種策略。

二、祠廟與釋道

關於祠廟的性質，韓森認爲祠廟是一種民間宗教（popular religion），她在《變遷之神：南宋時期的民間信仰》一書中對民間宗教下的定義是：相對於經文宗教（textual religion），即儒釋道，它主要是爲不識字的民眾所信仰、所參與的一種宗教。民間宗教存在於社會的基層，其教義大多由民眾口頭相傳，並無付諸文字的經文，因此傳世史籍中有關民間宗教的記載十分有限。美國學者克里斯蒂安·喬基姆認爲民間宗教是「沒有核心權威，沒有專門的僧侶，沒有言簡意賅的信條，沒有至高無上的儀禮，也沒有要求所有人遵奉的原則。」〔註10〕程民生先生則簡略將其稱之爲「神祠宗教」。當然這只是問題的一部分，對於中國古代很大一部分信仰祭祀活動，是屬於民間宗教還是民間信仰，存在很大的爭議。如覃琮在《人類學語境中的「民間信仰與中國社會研究」》一文〔註11〕中歸納了與此相關的四種爭論：第一種觀點認爲

〔註9〕程民生：《神人同居的世界——中國人與中國祠神文化》，河南人民出版社，1993年，第6頁。

〔註10〕（美）克里斯蒂安·喬基姆：《中國的宗教精神》，中國華僑出版公司，1991年，第37頁。

〔註11〕詳見《民俗研究》，2012年5期，第58～69頁。

民間信仰不是宗教，而是一種信仰形態。第二種觀點強調民間信仰具有對超自然力量的信奉和崇拜，因而民間信仰在本質上是宗教。第三種觀點主張模糊民間信仰的概念界定，認為這樣做還更有利於研究的進行。第四種觀點認為民間信仰介於一般宗教和一般信仰形態之間，權且稱民間信仰為「準宗教」也許比較準確些。

　　從這些爭論可以看出，關於民間信仰領域的爭論，尤其是概念方面的不同解釋，說明這一領域至今仍然存在著研究的空間。姑且不論這些理論層面的爭論，上面這些概念或是分類，只不過是現代學者對過去發生過、存在過的某些事物的理解，說到底，都是今人對古人的揣測與估量，甚至於把某種現代意義的概念加強於古人的頭上。古人大概不懂什麼是「宗教」，什麼是「民間信仰」。所以在釋道與祠廟的關係這個問題上，筆者未打算用現代概念來區分幾者之間的關係。有一點可以相信，那就是宋人，至少是知識分子階層，是能夠區分佛道與祠廟之不同的。雖然未必瞭解的那麼深刻，但是至少是知道這幾者是不同的事物，不能歸為一談，這一點在宋元時期編修的圖經、方志中得以體現。如這些圖經、方志在分章別目的問題上，宋人把寺院、宮觀、祠廟是區分開來，並無混淆之意。中華書局出版的《宋元方志叢刊》中一共收錄了 41 部地方志，現將其中部分目錄抄錄如下：

《雲間志》卷中：仙梵、寺觀、祠廟、山、水、堰閘、冢墓、知縣題名、進士題名。

《類編長安志》卷之五：寺院、宮觀、廟、祠。

《吳郡圖經續記》卷中：橋梁、祠廟、宮觀、寺院、山、水。

《吳郡志》卷十二、卷十三：祠廟。卷三十一：宮觀、府郭寺。卷三十二至卷三十六：郭外寺。

《淳祐玉峰志》卷之下：古蹟古事、土產、封爵、寺觀、祠廟、園亭、異聞。

《咸淳玉峰續志》全一卷：山川、風俗、……寺觀、祠廟、園亭、……

《琴川志》卷第十：敘祠：廟、寺觀、冢墓。

《景定建康志》卷之四十四、祠祀志一：古郊廟、社稷、祠廟。卷之四十五、祠祀志二：宮觀。卷之四十六、祠祀志三：寺院。

《嘉定鎮江志》卷七宮室祠廟，卷八僧寺寺院，卷九道院觀院。

《至順鎮江志》卷八：神廟祠、廟，卷九：僧寺寺、院、庵，卷十：道觀宮、觀、院、庵。

《咸淳毗陵志》卷第十四：**祠廟**社稷風雨壇、諸廟。卷第二十五：仙釋、**觀寺**。

《咸淳臨安志》卷之七十一、祠祀一：序、土神、山川諸祠；卷之七十二、祠祀二：節義、仕賢、寓賢；卷之七十三、祠祀三；古神祠、土俗諸祠、東京舊祠、外郡行祠；卷之七十四、祠祀四：諸縣神祠；卷之七十五、寺觀一：序、宮觀城內外、女冠、雲水堂、宮觀諸縣；卷之七十六、寺觀二：寺院城內；卷之七十七、寺觀三：寺院城外；……卷之八十五、寺觀十一：寺院新城、鹽官、昌化。……

《淳熙嚴州圖經》圖經一、新定郡：……**寺觀、祠廟**壇壝附……圖經二、建德縣：……**寺觀、祠廟**……圖經三、淳安縣、本歙縣：……**寺觀、祠廟**……

《景定嚴州續志》卷四：……**寺觀、祠廟**……

《至元嘉禾志》卷之十：**寺院**上；卷之十一：**寺院**下；卷之十二：**宮觀**道院附、**祠廟**。

《澉水志》卷上：寺廟門。

《嘉泰吳興志》志十三……**祠廟、寺院**……

《乾道四明圖經》卷一總敘……**祠廟**……卷二鄞縣……**祠廟**祠堂附……卷六象山縣……**祠廟**……卷七昌國縣……**祠廟**……〔註12〕

《寶慶四明志》卷二：社稷、城隍、學校；卷十一、敘祠：**神廟、宮觀、寺院**。

《至大金陵新志》卷11上、祠祀志一：古郊廟、社稷、**祠廟、宮觀**。

《大德昌國州圖志》卷七敘祠：**寺院、宮觀、廟宇**。

《延祐四明志》卷十五、祠祀考：社稷壇風雨雷師壇附、城隍、本路在城**神廟**、鄞縣神廟、奉化州神廟、昌國州神廟、慈谿縣神廟、定海縣神廟、象山縣神廟。卷十六、釋道考上：釋：昌國州寺院、在城禪院、在城教院、在城律院、在城甲乙教院、在城尼寺、在城庵舍……卷十八、**釋道**考下。

《至正四明續志》卷第九、祠祀：社稷壇風雨雷師壇附、城隍、**神廟**；卷第十釋道：寺院庵舍附、**道觀**道院附。

《嘉泰會稽志》卷六：陵寢、濮王園廟、大禹陵、**祠廟**、冢墓；卷七：**宮觀、寺院**；卷八：寺院、戒壇。

《寶慶會稽續志》第三卷：……陵寢、**宮觀、寺院、祠廟**。

〔註12〕此圖經甚少記錄寺觀。

《嘉定赤城志》卷二十七——卷三十：寺觀門；卷三十一：**祠廟門**。

《新安志》卷三：……**祠廟**、道觀、僧寺……

《淳熙三山志》卷八公廨類二：啓運宮、社稷壇、廟學、**祠廟**；卷九公廨類三：諸縣官廳、諸縣社稷、諸縣廟學、諸縣倉庫、諸縣鎭務、**諸縣祠廟**。卷三十三～卷三十八**寺觀類**。

《仙溪志》卷三：……仙釋、**祠廟**、**祠堂**、冢墓。

　　從這些方志章節的安排不難看出，在宋人心中，祠廟與寺院、道觀是不同的事物，不能混爲一談，因而在分類的時候會將三者分別加以記錄。在現代的詞彙中，人們經常把佛教場所叫做寺廟，其實在宋代文獻和宋人文集中，很少出現寺廟一詞，寺與廟是兩個不同的概念。就如同前面所提到的《澉水志》有寺廟門，大概此書是受篇幅所限，將兩者概括在一起。在寺廟門下，作者清晰地把兩者分列，前一部分是：禪悅教院、悟空寺、祐福禪庵、廣慧禪院、永福教院、普明院。後一部分是：東嶽行祠、張帝廟、眞武祠、醫靈祠、顯應侯廟、廣福廟、吳越王廟。作者清楚地知道，兩者是不同的，要將兩者分開記錄。

　　當然，不能否認一種現象的存在，即祠廟寓於寺觀之中，或是寺觀寓於祠廟之中的現象。相較於寺觀之正規形制，更多的情況是較大規模的寺觀中有一間或幾間祠廟，專門供奉某一位或幾位神靈。這些神靈可能與釋道神靈有關聯，抑或是毫無關聯。不過亦有先有祠廟，寺觀後依附而興建的情況。如《至元嘉禾志》所載海鹽縣的顯濟廟，

> 陳山顯濟廟在縣東北四十里，考證宋大觀三年建，舊圖經云，以龍神爲大帝，典雨曹。政和間縣人郭三益爲中司，以禱祈感應奏請封爵。山椒有龍母冢，巨石盤陀，山半有龍湫，水旱不溢不涸。崇寧三年詔以顯濟名其廟。宣和五年封龍君爲淵靈侯。紹熙元年六月旱暵，知縣李直養因禱於龍君，得小龍以歸，就縣廳設醮三日，後果雨，是歲大稔，聞於朝，進封龍君爲廣惠淵靈侯，龍母爲龍君夫人。紹熙二年李直養建新龍君、龍母二大殿，裝龍君像，塑侍衛八軀，塑龍母、四龍王像，置供具繪龍於壁，自廟門而下皆一新之。紹熙五年敕封龍君爲廣惠淵靈威祐侯，龍母爲慶善薦福夫人，又創建興福院於廟之右，以廣僧居，以嚴香火之奉，其詳載廟碑。〔註13〕

〔註13〕　（元）單慶修，徐碩纂：《至元嘉禾志》卷12《祠廟‧海鹽縣》，《宋元方志叢刊》第5冊，中華書局，1990年，第4496頁。

正如前面所提到的，在宋元時期宗教世俗化的過程中，佛道等宗教吸納了許多民間崇奉的鬼神，在寺院宮觀有其專門的殿宇，甚至有些得到國家的冊封，賜予廟額。這就讓人對祠廟與寺觀的關係產生困惑，到底是誰先產生，誰從屬於誰，誰在起主導作用，這種共存現象是個值得深入分析的問題，需要具體問題具體分析。筆者認為有兩個最基本的衡量原則，一是這種相互包容的寺觀與廟，其拜祭者是佛教徒還是普通民眾。二，舉行的儀式是佛教儀式還是祠廟慣用的血食祭祀儀式。

誠然，宋元時期是我國釋道等宗教世俗化、平民化的一個時期，許多釋道中的人物，比如觀音、彌勒、真武等等，逐漸成為人們供奉的對象，與此同時，佛道等宗教也在吸收民眾所熱愛的神靈，這使得釋道與祠廟產生了千絲萬縷的聯繫。然而，不管有怎樣緊密的聯繫，釋道與祠廟終究是性質不同的事物，釋道屬於宗教的範疇，而祠廟則屬於民間信仰或是民間宗教的範疇。筆者在上面列出一系列方志的目錄，亦無非想說明：不管是現代人還是宋人都認為釋道與祠廟是不同的。

其實本文的重點不在於對民間宗教與民間信仰的區別與聯繫進行探討，也不想對祠廟的性質有過多的分析與定性，主要想通過對其性質的瞭解，來劃分本文的研究範圍，即除了佛教寺院、道教宮觀以及伊斯蘭教、天主教等宗教以外的一種民間宗教或是民間信仰活動。

三、祠與廟

在許多文獻資料中，經常出現很多的「祠」與「廟」，譬如有「藥王祠」與「藥王廟」。就其內涵來說，兩者沒有實質性的不同。清代學者毛奇齡認為：「祠則祭之別稱，史凡立祠、建祠、毀其祠，皆謂建祭與廢祭，非謂創其廟、毀其廟也。即後漸誤祠作廟，亦未嘗祠廟溷稱，如立諸葛祠，而祭其廟類，諸葛亮亡，向充謂宜立祠於沔陽，欲祭者皆限至廟，以斷私祠。豈可以祠之一字作廟屋稱乎？」〔註14〕誠然，「祠」之最初意思，作為一個動詞，應該說與「祭」的意義更為相近。隨著詞意的不斷發展，祠的名詞性含義出現，並不斷擴充。

而後，「祠」與「廟」的區別日益弱化，可以相互替代。毛奇齡所提的「祠」與「廟」在前後句中混用的情況在宋代文獻中很常見，如《長安志》中：「雲陽縣高山女華神廟在縣北四十里，其山層峰秀出，每有大風雷，多從華嶽至

〔註14〕（清）毛奇齡：《辨定祭禮通俗譜》卷1。

此。舊說華嶽女君在此山上，人因立祠，每水旱禱祈，有驗焉。」〔註 15〕不僅如此，「祠」與「廟」完全可以等同起來，如《無錫志》中：「伍相公祠即伍員子胥廟也。子胥爲夫差所殺，投之江中，吳人憐之，爲立祠焉。今祠在縣西胥山下闞江上。」〔註 16〕又如《咸淳臨安志》：「靈順廟即婺源五顯神祠，於近郊者凡七。」〔註 17〕在這裡，很難看出「祠」與「廟」有何實質性的區別，兩者完全可以等同。

如果硬是要區分「祠」與「廟」，似乎在其規模方面，「祠」要比「廟」規模小。《咸淳臨安志》記載：「善順廟在白塔嶺，舊傳民間建小祠，保舟楫往來，號平波神祠。嘉定十七年易祠爲廟。咸淳元年，詔賜善順爲額」；「廣順廟在龍山。舊傳鎮江龍王小祠。咸淳元年詔賜廣順廟爲額」〔註 18〕；

剛顯廟「公無爵位在周行，史臣不書，名不彰，後三百年丞相張夜夢三賢與迎將，翌日遊山，登公堂，宛如夢中，貌昂藏。再來爲州，剡奏章，賜名剛顯，烈有光，葺祠爲廟，飾棟梁，普與州人奉看觴於薦荔丹與蕉黃，歲時來享，以爲常。」〔註 19〕

當然，這只是一種猜測，缺乏有力的證據，相信這種區分併不十分明確和絕對，可能只是某些地區的一種通俗說法。官方說法多以「廟」稱，賜予祠廟的合法性代表稱爲「廟額」。但也不是絕對，如眞宗大中祥符四年四月的詔令：「平晉縣唐叔虞祠，廟宇摧圮，池沼湮塞。彼方之人春秋常所饗祭，宜令本州完葺。」天禧元年又詔：「每歲施利錢物，委官監掌。其銀、銅、眞珠並以輸官，自餘估直出市，以備修廟，供神之用。」〔註 20〕前一條詔令說明政府也採用某某祠的說法。後一條詔令說明，政府公文詔令也存在著「祠」、「廟」混用的情況。總的說來，宋元時期「祠」、「廟」的區別不大，基本上可以通用。

〔註 15〕　（宋）宋敏求纂修：《長安志》卷 20，《宋元方志叢刊》第 1 冊，中華書局，1990 年，第 202 頁。

〔註 16〕　（元）佚名纂修：《無錫志》卷三下，《宋元方志叢刊》第 3 冊，中華書局，1990 年，第 2249 頁。

〔註 17〕　（宋）潛說友纂修：《咸淳臨安志》卷 73，《宋元方志叢刊》第 4 冊，中華書局，1990 年，第 4014 頁。

〔註 18〕　（宋）潛說友纂修：《咸淳臨安志》卷 71，《宋元方志叢刊》第 4 冊，中華書局，1990 年，第 3998～3999 頁。

〔註 19〕　（宋）梁克家纂修：《淳熙三山志》卷 8《祠廟》，《宋元方志叢刊》第 8 冊，中華書局，1990 年，第 7863 頁。

〔註 20〕　《宋會要輯稿》禮 20 之 22，中華書局，1957 年，第 775 頁。

四、再議「淫祀」

關於宋代「正祀」與「淫祀」的問題，至今已經有多位學者加以研究﹝註21﹞，諸位前輩對此有不同的見解和認識，其研究趨勢是越來越多的學者從最初「非正即淫」的觀念，轉變爲認爲正淫之外還有「亦正亦淫」的第三種祠廟，在此不一一贅述。需要強調的是，關於「淫祀」的概念並非是絕對的，對其的理解隨著時代的變遷而有所變化。《禮記·曲禮下》中對於「淫祀」的解釋爲：「非其所祭而祭之，名曰淫祀」，並明確指出：「淫祀無福」。那麼何謂「非其所祭而祭之」？西周時期實行宗法制度，宗法制度的核心內容是根據血緣關係確立社會地位，這種身份地位在社會各個方面得以彰顯和強化。

又因爲分封制的實行，各地諸侯有各自的領地，謹守自己的疆土，不越雷池，是諸侯應該遵守的規則，因而此時的祭祀又具有明顯的地域性。「天子祭天下名山大川，諸侯祭名山大川之在其境內者」，如果超出這個範疇，那麼祭祀就是違法的，也就是所謂的「淫祀」。在這種思想的指導下，社會一直遵循著「祭不越望」的規則。

隨著社會的不斷發展，到了兩宋時期，前秦時期流行的宗法制與分封制已經蕩然無存。不可避免的，先秦時期「淫祀」的概念亦發生了根本性的變化。當然，在一次次反對淫祠的呼籲中，依然能看到宋代爲數不少的知識分子在堅持「非其所祭而祭之，名曰淫祀」的論斷。相信這是知識分子階層對前秦文化與制度的推崇和懷念，而在國家的思想意識形態方面，已經改變了先秦時期的「淫祀」觀。成書於南宋中期的《嘉泰吳興志》載：「古者法施於民，以勞定國，以死勤事，禦大災，捍大患者係祀典。郡邑之間，亦有陰祐一方，英靈赫著，受封額於朝廷，垂聲華於竹帛者，各廟食於其地，尸而祝之，孰曰非宜，非此族也，而舞巫覡、列牲酒，謂之『淫祀』。吳興風俗，人每以尙淫祀言。今考據圖經、統記、舊編所載，詳嚴事始，著之於後。」

﹝註21﹞ 相關方面的研究有：劉黎明《論宋代民間淫祠》(《四川大學學報》(哲學社會科學版)2004 年第 5 期)、楊建宏《略論宋代淫祀政策》(《貴州社會科學》2005年第 3 期)、梁聰《兩宋時期民間祠祀的法律控制》(《重慶師範大學學報 (哲學社會科學版)》2005 年第 6 期) 論述了宋代「淫祠」的範疇，即不在國家祀典之內的祠廟，並論述了淫祠的危害以及國家對淫祠的打擊。皮慶生《宋人的正祀、淫祀觀》(《東嶽論叢》2005 年第 4 期) 則對宋代「正祀」、「淫祀」進行了新的分析，認爲在正祀、淫祀之外，還有大量中間狀態的祠廟存在於宋代社會。芮傳明：《淫祀與迷信：中國古代迷信群體研究》，廣東人民出版社 2005 年。

〔註22〕其中所表達的淫祀的含意，已然改變為舉行「舞巫覡、列牲酒」等活動的祠廟。

在探討兩宋時期的「淫祀」問題的同時，必須明確一點，那就是在法律意義上，宋代社會存在三種類型的祠廟。政和年間的一道詔令說：「將已賜額並曾封號者作一等；功烈顯著，見無封額者作一等；民俗所建，別無功德及物，在法所謂淫祠者作一等。」〔註23〕可見，在政府把祠廟分成了三種類型，即受到國家冊封的祠廟，未受到國家冊封的祠廟以及「淫祠」。進入國家祀典，需要一套複雜的程序，而所謂的「淫祠」，同樣也需要法律的認定。

從政和年間的這道詔令來看，宋代所謂的淫祠，包含三方面的規定：一、「民俗所建」，即民間修建，而不是國家政府行為。二、「別無功德及物」，沒有造福於民眾。三、「在法所謂淫祠者」，即按照相關法律的規定，應該劃為「淫祠」的祠廟。而在宋代的法典中，並沒有何謂淫祠的明確規定，這使得人們對淫祠的界定不盡相同。

法國學者羅爾夫・A・斯坦（Rolf A. Stein）指出，被規定為淫祀的祭祀常常具有如下幾種特徵：一是令人破產的過度靡費，二是以血食和動物祭祀，三是以巫覡及靈媒通神，四是治病贖罪的儀式，五是祭祀違反官方宗教法規中不存在的低級地方性神靈。〔註24〕不過斯坦所歸納的淫祀的幾種特徵中，第二點並不適用於宋代社會。關於血食和動物祭祀，宋朝政府並沒有禁止，在其頒佈的祈求雨雪的「祭龍法」中，就有動物祭祀的儀式。〔註25〕需要指出的是，即使是符合上述的幾個甚至全部特徵的祠廟，並不一定會被界定為「淫祠」。中央對「淫祠」定義的含糊，相應的權力下放至地方，「淫祠」的界定在很大程度上取決於祠廟所在地官員的態度，《夷堅志》中一則故事很具代表性：

> 韓子師彥古鎮平江，夜間聞鼓笛喧闐，問其故。老兵言：「百花大王生日，府民循年例獻壽。」韓意非祀典之神，僭處郡治，議毀之，雖萌此念，而未下令也。兵馬都監某人，夕夢貴客，衣金紫，

〔註22〕（宋）談鑰纂修：《嘉泰吳興志》志13《祠廟》，《宋元方志叢刊》第5冊，中華書局，1990年，第4741頁。
〔註23〕《宋會要輯稿》禮20之10，中華書局，1957年，第769頁。
〔註24〕轉引自葛兆光：《屈服史及其他：六朝隋唐道教的思想史研究》，三聯書店，2003年，第39頁。
〔註25〕詳見《宋會要輯稿》禮4之16～17，中華書局，1957年，第463～464頁。

僕馬入謁。都監曰：「某冗職小吏，不敢與貴人接，尊官何故辱臨？」
客曰：「吾非世人，乃所謂百花大王也。久獲血食於府園，非有朝廷
爵秩，然自來亦能隨力量為人致福捍患，未嘗敢作過。今府主將毀
吾居，使血屬老幼，暴露無依，實為深害，願急賜一言勸止。」都
監曰：「何不自告？」曰：「吾難輕冒也。」遂寤，疑慮不寐。明日
欲言，又恐憚韓之威，不敢啟齒。乃取玟杯禱之，擲得吉兆，乃趨
府稟曰：「尚書欲拆百花廟乎？」韓驚曰：「何以知之？」具以告。
韓異之，曰：「吾夜起念，未嘗言，而響應如此。」遂寢其議。至夜，
都監夢神來謝，又語之曰：「大王莫須謝尚書否？」曰：「吾今可見
矣。渠乃上界天狗星之精，下土小神，所當敬畏，前者事未定，故
不敢。」明日，都監又白韓曰：「百花大王來謝否？」具以所言告，
而隱天狗之說，改稱星宿。韓曰：「吾夢治事際，有客呈剌云：『百
花大王立於庭下。』衣冠甚偉，即揖之升廳，不記有何酬答而覺。」
兩人相顧嗟異，自是稍為整葺祠宇，以時祀之。韓為人嚴毅有風，
所至令行禁止，故神物亦敬之云。〔註26〕

從上面這段資料可以看出，這個百花大王並非國家祀典裏面的神靈，韓彥古
本欲毀之，然而接下來發生的靈異事件，使得他由反對變為支持，不僅不拆
毀百花大王的祠廟，反而整修祠宇，按時拜祭。可見，除去國家祀典中記載
之神祠，對於其他神靈祠廟，國家沒有硬性的規定，官員本身決定其興衰存
亡。事實上，在很多情況下，即便是官員認為本地的某些祠廟為淫祠，也未
必會下令封查，默認這些祠廟的存在，僅僅在言論上加以譴責。可見，何謂
「淫祠」並不是一個能夠涵而蓋之的問題，而是與相關官員宗教信仰、個人
經歷等方面有很大的關係。

　　這種模糊的神倫關係，其實反映了政府世俗權利的變化過程。在一定範
圍內，政府與淫祠是相安無事的，但是政府從始至終都沒有放棄取締淫祠的
權利。一般說來，當祠廟的信仰對象與拜祭活動與朝廷的權力意識相吻合、
與其他正統宗教行為相一致的時候，這些祠廟的信仰與活動就可能獲得一種
寬容的態度；相反，則很可能面臨政府的排斥與禁止。如果這種祠廟活動發
展成一種有組織、有影響的狀態，那麼必然受到政府嚴厲的打擊。也就是說，

〔註26〕　（宋）洪邁：《夷堅志》補卷第 15《百花大王》，中華書局，2006 年，第 1685
　　　　頁。

祠神活動的內容不是根本問題，其形式才是政府關心的重點。事實上，相對於名目繁多的祠神活動，真正對國家構成威脅的活動並不多，這也就能夠解釋政府多次下令禁止淫祠，而收效不大的原因。

五、祠廟與家廟

家廟亦是祭祀祖先、追念先人的場所。魏晉至隋唐年間，可以說中國社會各個階層涇渭分明，這種強烈的等級觀念影響到生活的方方面面，即便是祭祀祖先也有這種等級差異，因而一般說來，只有一定品級的官員才能有資格建立相應的家廟，根據品級的不同，家廟的規制也是不同的。按照宋代的相關規定，「官正一品、平章事以上立四廟；樞密使、知樞密院事、參知政事、樞密副使、同知樞密院、簽書院事以上，見任前任同，宣徽使、尚書、節度使、東宮少保以上，皆立三廟；餘官祭於寢。凡得立廟者，許嫡子襲爵（以主祭。其襲爵世降一等），死即不得作主祔廟，別祭於寢。自當立廟者，即祔其主。其子孫承代，不計廟祭、寢祭，並以世數親疏皆遷祧；始得立廟者不祧，以比始封。有不祧者，通祭四廟、五廟。廟因眾子立，而嫡長子在，則祭以嫡長子主之；嫡長子死，即不傳其子，而傳立廟者之長。凡立廟，聽於京師或所居州縣；其在京師者，不得於裏城及南郊御路之側。」〔註27〕

另外，朱熹《家禮》篇首言「今以報本反始之心、尊祖敬宗之意，實有家名分之首，所以開業傳世之本也，故特著此，冠於篇端，使覽者知所以先立乎其大者，而凡後篇所以周旋、升降、出入、向背之曲折，亦有所據以考焉。然古之廟制，不見於經，且今士庶人之賤，亦有所不得為者，故特以祠堂名之，而其制度，亦多用俗禮云。」〔註28〕這也就是說，家廟、祠堂是宗族祭祀的核心場所，是家人與祖先交流的一個場所和渠道。而家廟與祠堂供奉的本家族的祖先，通過祭祀共同的祖先，強化了同宗親屬之間的血緣關係，宗族組織得以穩固。對於祠廟與家廟、祠堂的基本區別，可以認為兩者之根本目的不同，祠廟是將祖先作為一種保祐家族的神靈，而加以祭祀。而家廟與祠堂則是因為倫理孝義之基本要求而對自己的先輩祖先加以祭祀，雖然亦有神化祖先之情況，但是其基本思路是以理清本族親屬關係為目的。

〔註27〕 （宋）馬端臨：《文獻通考》卷 104《宗廟考十四》，中華書局，2011 年，第 3188 頁。
〔註28〕 （宋）朱熹：《朱子全書》，上海古籍出版社，2010 年，第 875 頁。

祠廟與祠堂名稱相近，比較容易混淆，祠堂亦有爲紀念特殊人物而修建的，如任昉「爲政清省」，他去世之後，「闔境痛惜，百姓共立祠堂於城南。」〔註29〕又如北朝宋游道爲官嚴明，疾惡如仇，州人爲其立祠堂，像題曰「忠清君」。〔註30〕

石勒曾下令清除非政府批准的祠堂，「禁州郡諸祠堂，非正典皆除之。其能興雲致雨，有益於百姓者，郡縣更爲立祠堂，殖嘉樹，準嶽瀆已下爲差等。」北魏孝文帝下令修建祠堂，其詔書中言：「朕承乾緒，君臨海內，夙興昧旦，如履薄冰。今東作方興，庶類萌動，品物資生，膏雨不降，歲一不登，百姓饑乏，朕甚懼焉。其敕天下，祀山川群神及能興雲雨者，修飾祠堂，薦以牲璧。民有疾苦，所在存問。」〔註31〕此處的祠堂，既不是爲祭祀祖先，也不是紀念特殊人物，而是供奉能翻雲覆雨的神靈。可見祠堂的意義與功能是多元化的，兼具祭祀祖先、紀念先賢、祈福消災等多種意義。

當然，如同拜祭神靈一樣，人們祭祀祖先，一方面是想要表達自己對祖先的懷念之情，另一方面也是帶有濃烈的功利色彩。通過祭祀活動，在世的子孫希望能與去世的祖先進行某種溝通，從而得到祖先的庇祐，以求後代子孫能夠生活幸福、仕途順利等等，只是祭祀的對象不同，其目的基本一致。

〔註29〕《梁書》卷 14《任昉傳》，中華書局，1973 年，第 254 頁。
〔註30〕《北齊書》卷 47《酷吏傳·宋游道傳》，中華書局，1972 年，第 655 頁。
〔註31〕《魏書》卷 7《帝紀七》，中華書局，1974 年，第 148 頁。

第二章　宋代祠廟管理制度

　　在人類社會的歷史進程中，宗教勢力與世俗權力一直處於一種微妙的關係，Joachim Wach 認爲：「理論上，宗教與國家的關係可以表現爲三種不同的模式：宗教可能積極地與國家結盟，作爲國家的工具操縱或支持國家政權；宗教也可能遠離世俗的政治生活，而經營其神聖世界，以隱遁狀態示人；宗教還可能爲了保存自己或獲取政治權力，而熱衷於反政府的各種鬥爭。」〔註 1〕簡單地說，宗教與國家的關係存在著結盟、對抗和疏離三種狀態，具體到不同的宗教、不同的國家，兩者之間的關係存在著巨大的差異。

　　就中國而言，世俗權力一直凌駕於神權之上，皇權至上的政治制度不允許包括神權在內的其他一切力量超越皇權。三武一宗滅佛事件，正是世俗權力對於勢力膨脹的宗教勢力的反擊。「在中國歷史上的大多數時期，宗教一直支持政府，這種支持往往通過賦予統治群體以超自然意義上的合法性和強化那些有助於維持倫理政治秩序的傳統價值來實現。爲了確保從宗教那裡獲得應有的支持，與此同時又要限制某些曾經與政府作對的宗教組織的規模，政府對宗教信仰和宗教組織實施了嚴密的控制。」〔註 2〕可以說，各種宗教力量只有在服從皇權並遵守其統治秩序的前提下才被允許存在，因而佛教、道教等宗教在思想觀念上都盡力向皇權所倡導的意識形態靠攏，在組織管理上臣服於皇權，形成了王權至上、政教分離、多元宗教兼容並存的中國政教關係模式。

〔註 1〕轉引自（美）楊慶堃著，范麗珠等譯：《中國社會中的宗教——宗教的現代社會功能與其歷史因素之研究》，上海人民出版社，2007 年，第 108 頁。
〔註 2〕（美）楊慶堃著，范麗珠等譯：《中國社會中的宗教——宗教的現代社會功能與其歷史因素之研究》，上海人民出版社，2007 年，第 108 頁。

英國學者王斯福（Stephan Feuchtwang）曾指出：「官方宗教與民間宗教的區別之一在於前者強調其行政層級，而後者強調神的靈驗。」〔註3〕國家政權通過這種對於各種宗教的行政層級劃分與管理，實現對於宗教的掌控。兩宋時期可以說是中國古代歷史中一個造神的時代，相對於佛教、道教等正統宗教，民間信仰所涉及的神靈眾多，其影響力區域性較強，缺乏具有全國影響力的民間神靈，這種情況對於國家宗教管理層面，則更具有掌控性，因而對於民間神靈的管理，更多地是參照佛道等宗教管理制度，缺乏針對性的政策。本章著重以兩宋民間信仰管理體系爲研究中心，按照中央管理機構、常規管理制度、直接管理體系等幾個方面對兩宋時期祠廟管理體系進行分析。

一、中央管理機構

宋代官制十分複雜，政府機構及其職能也是複雜而多變的，政府規定職能與實際職能經常出現偏差。理論上，三省作爲國家最高政務機構，對祠廟事宜擁有決定權。禮部之祠部司「掌天下祀典、道釋、祠廟、醫藥之政令」〔註4〕。另外，太常寺作爲一個專職禮儀之事的機構，也負責一部分祠廟方面的職責。然而北宋前期，六部、九寺的職掌多爲它司所侵，名存實亡。祠部也不例外，「但掌祠祭畫日、休假令、受諸州僧尼、道士、女冠、童行之籍，給剃度受戒文牒而已。」〔註5〕太常寺也僅負責「社稷及武成王廟、諸壇、齋宮、習樂之事。」〔註6〕這些機構基本上都不具備祠廟管理權。機構職能的缺失，並不能等同於這項職能的缺失。元豐官制改革之前，中央祠廟管理機制主要是以中書門下──太常禮院爲中心的管理體系。

對於宋代祠廟管理體制，從相關政府文書不難理清其內部運作關係。《朝野類要》卷四載：「凡知縣以上，並進士及第出身，並被指揮差充試官，或奉使接送館伴，及僧道被旨住持並廟額，並給敕牒。」也就是說宋代政府對於祠廟諸項事宜，是以敕牒的形式公佈實行的。

敕牒，並非宋代之發明，唐代就已出現，《舊唐書》記載：「凡王言之制有七：一曰冊書、二曰制書、三曰慰勞制書、四曰發敕、五曰敕旨、六曰論

〔註3〕（英）王斯福：《學宮與城隍》，收入施堅雅主編《中華帝國晚期的城市》，中華書局，2000年，第708頁。

〔註4〕《宋史》卷163《職官三》，中華書局，1977年，第3853頁。

〔註5〕《宋會要輯稿》職官13之16，中華書局，1957年，第2672頁。

〔註6〕《宋會要輯稿》職官22之17，中華書局，1957年，第2868頁。

事敕書、七曰敕牒，皆宣署申覆而施行之。」〔註7〕可見，敕牒是傳達皇帝旨意的文書，而傳達皇帝之意的文書種類有七種，敕牒「隨事承旨，不易舊典則用之」，〔註8〕是一種處理較低事務的文書形式。這種輕重關係，從文書用紙亦能表現出來，「今冊書用簡，制書、慰勞制書、發曰敕用黃麻紙，敕旨及敕牒用黃藤紙，其敕書頒下諸州用絹。」〔註9〕「紙以麻爲上，藤次之，用此爲重輕之辨。」〔註10〕

劉後濱先生《從敕牒的特性看唐代中書門下體制》〔註11〕一文中指出：

敕牒是「王言之制」的一種，是敕與牒的統一。不同於一般的牒文，只是各部門之間行用的文書。敕牒最基本的特徵是由中書門下牒某官或某司，儘管也是奉敕而牒，但不經過三省分工的簽署程序，直接由宰相簽署。就其應用性質而言，敕牒是對奏狀進行批覆的行政通告。作爲一種公文，敕牒有其固定的格式。日本學者中村裕一總結唐代敕牒的一般形式：

某某之事

右。某奏，云云。

中書門下牒　某

牒。奉敕：云云（宜依，依奏，餘依）。牒至準敕，故牒。

年月曰　牒

宰相具官姓名

唐代敕牒的適用範圍並不明確，不過可以肯定的是，關於釋道的冊封事宜，多用敕牒。如《唐宣宗詔書碑》云：「今授師（洪辯）京城內外臨壇供奉大德，仍賜紫衣，依前充河西釋門都僧統，知沙州僧政、法律、三學教主，兼賜敕牒；僧悟眞亦授京城臨壇大德，仍賜紫衣，兼給敕牒。」

兩宋時期存留的大量關於祠廟封賜的敕牒，集中體現了宋代祠廟管理體制。以至和二年《封濟民侯牒》〔註12〕爲例，

〔註7〕《舊唐書》卷43《職官二》，中華書局，1975年，第1849頁。

〔註8〕《唐會要》卷54，上海古籍出版社，2012年，1086頁。

〔註9〕《唐六典》卷9《中書省》，中華書局，1992年，第274頁。

〔註10〕（宋）葉夢得：《石林燕語》卷3，中華書局，2006年，第37頁。

〔註11〕榮新江主編：《唐研究》第六卷，北京大學出版社，2000年，第221～232頁。

〔註12〕《宋代石刻資料全編》第3冊，北京圖書館出版社，2003年，第633頁。

中書門下牒鳳翔府：

工部郎中、直龍圖閣、知鳳翔府李昭遘奏：臣聞祭法曰：山林川谷能出雲雨、見怪物皆曰神，有天下者祭百神，諸侯在其地則祭之其地，亡其地則不祭。又漢《郊祀志》，湫淵陳祠天下山川隈曲，往往有之。臣本府管縣有九，郿縣即其一也，縣有太白山，山在縣南四十里。謹按圖經所載辛氏《三秦記》云，太白山在武功縣南，去長安三百里，不知高幾許，俗云武功太白去天三百，山下軍行不鳴鼓角，鳴則疾風暴雨立至。《周地圖記》云，太白山上常積雪，無草木，半山有橫雲如瀑布則澍雨，常以為候，故語雲南山瀑布，非朝即暮。乃知茲山候雨，自古而然，神靈尸之，宜有禱應也。山有祠廟，不知建置之始。唐世祀之，正元中詔京兆尹韓皋重修。據柳宗元集中有碑，具載靈應，今錄柳碑於前。後唐清泰中復加繕葺。國朝祥符三季，專遣使修完，春秋邑令致祭，列在祀典。山巔有湫，每遇歲旱，府累及他境，必取水禱雨，無不即驗。朝廷近季累遣內臣投實龍簡。臣到任以來，詢訪前後之異，其事既出，傳聞不敢寫錄，今止具今季春夏已來兩次得雨，親驗事實，所陳二事非臣獨視，道路之人，不可誣也。伏見朝廷恤民之意甚厚，崇祀之志甚恭，前件太白山本前世欽奉之地，靈既昭晰，今古所信，靈湫在上，顯應如此，其太白湫水欲望聖慈特加封爵，臣兼聞慶曆七季五月，河南府王屋縣析城山聖水泉特封為淵德侯，其例未遠，可舉而行，或蒙報實慰群願，伏候敕旨。

牒奉敕：《禮》云五嶽視三公，四瀆視諸侯，非有豐功，曷膺上爵。太白山湫名山之下，神龍所潛，每遇旱暘，必伸禱請，能為霖雨，以澤民田，守臣有言，蒙福甚遠，宜降十行之詔，用疏五等之封，以答神休，以從人欲，宜特封濟民侯，仍令本府著官祭告。

牒至準敕，故牒。

至和二季七月十三日牒

給事中參知政事程

　戶部侍郎平章事富

　兵部侍郎平章事劉

　吏部尚書平章事文

　嘉祐二季三月一日將仕郎守鳳翔府郿縣令賈蕃立石

此牒是中書門下下發鳳翔府的敕牒。元豐改制前，中書門下是中央決策機構，各種詔令是以中書門下的名義頒佈的，敕牒也不例外。中書門下與府、州、軍、監是一個垂直系統。地方所奏上達中書門下，再由中書門下草擬敕牒，下發各地。

當然，作爲最高決策部門，中書門下不可能事事親爲。太常禮院是中書門下的附屬機構，「祠祀、享祭皆隸太常禮院」。〔註13〕「太宗太平興國四年八月十三日，詔重修后土廟，命河中府歲時致祭。下太常禮院定其儀，禮院請依先代帝王用中祠禮。」〔註14〕景德元年十二月，「今朝陵有期，緣州縣所記山川祠宇，名多僞俗，望委禮官先檢詳事跡以聞。」事下太常禮院，禮院言：「得河南開封府、孟、鄭州所供山川神祠，除京城神祠舊系祀典者，今約定祠宇，請下逐州府差官依禮致祭。」〔註15〕可見，太常禮院負責祠廟祭祀、封號等具體事宜。總之，北宋元豐改制之前，中央機構主要是以中書門下——太常禮院爲主的管理機制。

王安石變法期間，爲了實行變法，政府各機構的職能發生了變化。熙寧九年八月三日，宣徽南院使、判應天府張方平言：「司農寺近降新制，應祠廟並依坊場、河渡，募人承買，收取淨利。管下五十餘祠，百姓已買關伯廟，納錢四十六千五百；宋公微子廟十二千，並三年爲一界。關伯主祀大火，爲國家盛德所乘；微子開國於宋，亦本朝受命建號所因廟。又有雙廟，乃唐張巡、許遠以孤城死賊，所謂能捍大患者。今既許承買，小人以利爲事，必於其間營爲招聚，紛雜冗褻，何所不至。慢禮黷，莫甚於此。歲收細微，實損大體。欲乞朝廷，此三廟不在賣數，以稱國家嚴恭典禮，追尚前烈之意。」御批：「司農寺鬻天下祠廟，辱國黷神，此爲甚者！可速令更不施行。其司農寺官吏令開封府劾之。」〔註16〕

從這段資料看來，熙寧九年，司農寺管下有五十餘間祠廟。熙寧三年至元豐五年期間，司農寺事權大幅度增加，既是財務機構，又是推行新法的政務機構。司農寺原「掌供籍田九種，大中小祀供豕及蔬果、明房油，與平糶、利農之事。」〔註17〕此時負責祠廟，應該只是變法期間的臨時性職權，不過

〔註13〕 《宋會要輯稿》職官13之15～16，中華書局，1957年，第2671～2672頁。
〔註14〕 《宋會要輯稿》禮28之40，中華書局，1957年，第1039頁。
〔註15〕 《宋會要輯稿》禮14之20～21，中華書局，1957年，第596～597頁。
〔註16〕 《宋會要輯稿》禮20之15，中華書局，1957年，第594頁。
〔註17〕 《宋史》卷165《職官五》，中華書局，1977年，第3904頁。

據此可以推測宋代政府擁有一部分祠廟的所有權。

　　元豐官制改革之後，各個政府部門的職能重新劃分，重新確立三省六部管理體系。相應的，祠廟管理體系轉變爲以三省——祠部——太常寺爲主的管理體系。

　　禮部祠部司分案二，其中一曰詳定祠祭、太醫帳案。其職責包括「祠祭奏告、奉安、祈禱，應道釋神祠加封賜額，諸色人陳乞廟令養老」、「拘催諸路僧道帳籍」等等。〔註18〕「若神祠封進爵號，則覆太常所定以上尚書省。」〔註19〕「祀典、神祇、爵號與封襲、繼嗣之事當考定者」，太常寺「擬上於禮部」。太常寺分案九，其中禮儀一案，負責討論大慶典禮、神祠道釋、襲封定諡、檢舉忌辰。〔註20〕

　　可見祠廟管理事宜，主要是由祠部和太常寺負責，用今天的機構職能做個比喻，禮部之祠部司相當於現在的行政管理部門，太常寺相當於技術部門。關於祠廟廟額、神祇封號等「技術性」問題由太常寺負責決定，然後送交祠部。祠部再將此上交禮部，再由禮部上交尚書省裁定，最終做出決定，發放敕牒。這種共同管理模式從下面這則敕牒中能清晰看出來，

　　　　仁濟廟敕牒碑〔註21〕

　　　　賜額敕文

　　　　尚書省牒湖州安吉縣仁濟廟

　　　　禮部狀：承都省送下兩浙轉運司奏據湖州申：據安吉縣申承宣德郎致仕俞純父等狀：本縣落石神祠舊有碑碣，稱唐李衛公血食於此，立廟以來，官私凡有求禱，無不響應，乞保明申朝廷乞賜封號。本司審覆保明詣實，尋下太常寺看詳，本寺檢準令節文：「諸神祠應旌封者先賜額。」本部欲依太常寺申到事理施行，伏侯指揮。

　　　　牒奉敕，宜賜仁濟廟爲額。

　　　　牒至準敕，故牒。

　　　　崇寧三年十一月二十九尚書省印日牒

　　　　中大夫守右丞鄧□

〔註18〕《宋會要輯稿》職官 13 之 15〜16，中華書局，1957 年，第 2671〜2672 頁。

〔註19〕《宋史》卷 163《職官三》，中華書局，1977 年，第 3853 頁。

〔註20〕《宋史》卷 164《職官四》，中華書局，1977 年，第 3883〜3884 頁。

〔註21〕《宋代石刻文獻全編》第 2 冊，北京圖書館出版社，2003 年，第 560 頁。

中大夫左丞張□

司空左僕射□

丞事郎知湖州安吉縣管勾學事兼內勸農公事劉望立石

宋代政府機構辦事效率低下，祠廟管理機構又多次轉變，缺乏專職的負責機構與官員，加之在很長一段時間裏，宋朝政府一直致力於承認僧道宗教機構的事務。〔註22〕因而，可以說宋朝政府對祠廟的管理是混亂而鬆散的。徽宗大觀二年，禮部尚書鄭久中在奏狀中提到「天下神祠廟宇數目不少，自來亦無都籍拘載，欲乞依此施行。」〔註23〕可見至北宋後期，宋廷尚未有一份詳細的祠廟資料。雖然這份奏狀得到了皇帝的許可，但其是否能得以執行不得而知。二十年之後發生的靖康之難，宋廷倉促南渡，大部分官府資料散失。到南宋年間，更是無從得知天下祠廟之情況。

二、宋代政府對祠廟的常規管理制度

法國學者布迪厄認為：國家「作為神聖化儀式的儲備銀行，頒佈並確保了這些神聖化的儀式，將其賜予了儀式所波及的那些人，而且在某種意義上，通過國家合法化的代理活動，推行了這些儀式。國家就是壟斷的所有者，不僅壟斷著合法的有形暴力，而且同樣壟斷了合法的符號暴力。」〔註24〕對於民間湧現的大量祠廟，國家政府往往通過賞賜廟額或冊封祠廟神靈的方式把它們納入國家信仰，即所謂「正祀」的系統。神靈得到政府的封賜，進入國家祀典，意味著國家對某一祠廟的認可和保護。國家明文規定，凡進入國家祀典之祠廟，春秋兩季，享受國家祭祀之禮。

宋代政府對於民間祠廟採取了較為寬容的態度，但是不可否認，政府亦曾把那些破壞社會秩序的祠廟歸為淫祠，並加以打擊，因此民間祠廟以能得到國家認可而進入國家祀典為最終目標。下面關於祠廟的常規管理，主要是針對列入國家祀典，以及希望列入國家祀典的祠廟。至於那些散佈於鄉間的叢祠、小廟，甚至不知何謂國家祀典，根本無意進入國家祀典。對於這些祠廟，下面這些制度顯然是不適用的。

〔註22〕 參見（美）韓森：《變遷之神：南宋時期的民間信仰》，浙江人民出版社，1999年，第 78 頁。

〔註23〕 《宋會要輯稿》職官 13 之 23，中華書局，1957 年，第 2675 頁。

〔註24〕 （法）布迪厄著，李猛、李康譯：《實踐與反思——反思社會學導引》，中央編譯出版社，1998 年，第 202 頁。

（一）國家祀典

《左傳》云：「國之大事，在祀與戎」，中國民眾在很早以前就十分注重祭祀活動，將祭祀與軍事力量列為一個國家同等重要的兩個因素。祭祀活動如此受到重視的直接後果之一，就是與祭祀相關的禮法建設得以充分的發展。呂思勉先生指出「禮者，祀神之儀。」〔註 25〕古之謂禮，本指祭祀鬼神之事，後隨著社會的發展，禮的範圍逐步擴大，原來的祭祀之禮增加了人倫之禮以及教化統治等其他內容。「禮由人起」〔註 26〕。《後漢書・禮儀志》中開章第一句則是「夫威儀，所以與君臣，序六親也。若君亡君之威，臣亡臣之儀，上替下陵，此謂大亂。」〔註 27〕這些內容反過來又影響著祭祀活動，祭祀與禮儀、與社會規範等諸多因素逐漸交織在一起，形成了一套完整的體系。

一個村落，或是一個階層，甚至小到一個家庭都有一定的祭祀儀式。相應地，國家也有著自己祭祀儀式與制度等方面的規範要求。雷聞先生在《隋唐國家祭祀與民間社會關係研究》一文中提出「國家祭祀」概念，即指由各級政府主持舉行的一切祭祀活動，其中既包括由皇帝在京城舉行的一系列國家級祭祀禮儀，也包括地方政府舉行的祭祀活動，因為相對於民間社會而言，他們就是國家；就祭祀的目的而言，這種活動不是為了追求一己之福，而是政府行使其職能的方式，本身具有「公」的性質。〔註 28〕

與之相關的另外一個詞彙，即國家祀典。相較於雷聞先生提出的「國家祭祀」，國家祀典則屬於更加具體化、事務化的範疇，是關於國家祭祀諸方面規定的總和，其中包括祭祀對象、儀式、規格等諸多繁雜的問題，代表了國家最高的祭祀禮儀規定，國家諸層面的相關祭祀之法都要以此為依據。國家祭祀活動的進行，當然離不開對祭祀神靈的界定。因而，首先要解決的問題是誰有資格進入國家祀典，享受國家祭祀的待遇。《周禮・春官・大宗伯》記載：

> 大宗伯之職，掌建邦之天神、人鬼、地示之禮，以佐王建保邦
> 國。以吉禮事邦國之鬼、神、示：以禋祀祀昊天上帝，以實柴祀日
> 月星辰，以槱燎祀司中、司命、飌師、雨師；以血祭祭社稷、五祀、

〔註 25〕 呂思勉：《先秦學術概論》，東方出版社中心，1996 年，第 61 頁。
〔註 26〕 《史記》卷 23，中華書局，1959 年，第 1161 頁。
〔註 27〕 《後漢書》志第四，中華書局，1965 年，第 3101 頁。
〔註 28〕 雷聞：《隋唐國家祭祀與民間社會關係研究》，北京大學 2002 年博士論文，第 2 頁。

五嶽，以貍沈祭山林、川澤，以疈辜祭四方百物；以肆獻祼享先王，
以饋食享先王，以祠春享先王，以禴夏享先王，以嘗秋享先王，以
烝冬享先王。

可見在早期國家祭祀中，天神地祇、祖先、社稷、山川之神等是國家祭祀的
對象。又如《晉書‧禮志上》載：「天郊所祭曰皇天之神」，「地郊所祭曰皇地
之祇」，具體爲：

天郊則五帝之佐、日月、五星、二十八宿、文昌、北斗、三臺、
司命、軒轅、后土、太一、天一、太微、勾陳、北極、雨師、雷電、
司空、風伯、老人，凡六十二神也。地郊則五嶽、四望、四海、四
瀆、五湖、五帝之佐、沂山、岳山、白山、霍山、醫無閭山、蔣山、
松江、會稽山、錢唐江、先農，凡四十四神也。江南諸小山，蓋江
左所立，猶如漢西京關中小水皆有祭秩也。〔註29〕

基本上，中國古代國家所祭祀對象沒有脫離上述這幾種神靈體系。當然，國
家祭祀的對象並不是固定不變的。不同的時代，或是同一時代不同地區的王
國，國家祭祀之對象也是不同。總的說來，有一個總的原則，《國語‧魯語》
記載：

夫祀，國之大節也，而節，政之所成也。故愼制祀以爲國典。……
夫聖王之制祀也，法施於民則祀之，以死勤事則祀之，以勞定國則
祀之，能御大災則祀之，能捍大患則祀之。非是族也，不在祀典。……
凡禘、郊、祖、宗、報，此五者國之典祀也！加之以社稷、山川之
神，皆有功烈於民者也；及前哲令德之人，所以爲民質也；及天之
三辰，民所以瞻仰也；及地之五行，所以生殖也；及九州島名山川
澤，所以出財用也。非是，不在祀典。〔註30〕

這也就是說，國家所要祭祀的對象應爲「法施於民」、「以死勤事」、「以勞定
國」、「御大災」、「捍大患」之人。這也就是說國家祭祀何人有一定的標準，
這其實是關於國家所要祭祀對象的最初設想，也是後世一些士大夫一直孜孜
以求的「純正」的祭祀對象。

作爲上天之子，天地、社稷等是必須要祭祀的，隨著封建禮制的逐漸建
構，所要祭祀的對象也逐漸增加。根據祭祀對象的地位，其祭祀的規格亦不

〔註29〕《晉書》卷19《禮志上》，中華書局，1974年，第584～585頁。
〔註30〕《國語》卷4《魯語上》，齊魯書社，2005年，第79～81頁。

相同。顯然的，祭祀天地、社稷之禮要重於祭祀山川之禮。《周禮‧春官‧肆師》:「肆師之職，掌立國祀之禮，以佐大宗伯。立大祀，用玉帛牲牷；立次祀，用牲幣；立小祀，用牲。以歲時序其祭祀，及其祈珥。」東漢學者鄭玄爲前述《周禮‧春官‧肆師》的分類做注時說:「大祀，天地；次祀，日月星辰；小祀，司命以下。」玄謂大祀又有宗廟；次祀又有社稷、五祀、五嶽；小祀又有司中、風師、雨師、山川、百物。

在隋唐之前，國家志書中鮮見大、中、小祀之別。這種明顯的祭秩差別出現於《隋書‧禮儀志一》:「昊天上帝、五方上帝、日月、皇地祇、神州社稷、宗廟等爲大祀，星辰、五祀、四望等爲中祀，司中、司命、風師、雨師及諸星、諸山川等爲小祀。」〔註31〕唐朝基本延續了隋朝這種做法，對於國家祭祀對象有了高低上下之分。《舊唐書‧禮儀一》:昊天上帝、五方帝、皇地祇、神州及宗廟爲大祀，社稷、日月星辰、先代帝王、嶽鎮海瀆、帝社、先蠶、釋奠爲中祀，司中、司命、風伯、雨師、諸星、山林川澤之屬爲小祀。〔註32〕

《新唐書》所載與《舊唐書》略有差別。大祀:天、地、宗廟、五帝及追尊之帝、后。中祀:社、稷、日、月、星、辰、嶽、鎮、海、瀆、帝社、先蠶、七祀、文宣、武成王及古帝王、贈太子。小祀:司中、司命、司人、司祿、風伯、雨師、靈星、山林、川澤、司寒、馬祖、先牧、馬社、馬步，州縣之社稷、釋奠。〔註33〕另外《大唐開元禮》補充:「州縣社稷、釋奠及諸神祠並同小祠。」

這種祭秩差別在宋代祀典中也有明顯差異，所涉及到的內容較之前代有逐漸繁雜的趨勢，《宋史》載:

> 歲之大祀三十:正月上辛祈穀，孟夏雩祀，季秋大享明堂，冬至圜丘祭昊天上帝，正月上辛又祀感生帝，四立及土王日祀五方帝，春分朝日，秋分夕月，東西太一，臘日大蠟祭百神，夏至祭皇地祇，孟冬祭神州地祇，四孟、季冬薦享太廟、後廟，春秋二仲及臘日祭太社、太稷，二仲九宮貴神。中祀:九仲春祭五龍，立春後丑日祀風師、亥日享先農，季春巳日享先蠶，立夏后申日祀雨師，春秋二仲上丁釋奠文宣王、上戊釋奠武成王。小祀九:仲春祀馬祖，仲夏

〔註31〕《隋書》卷 6《禮儀志一》，中華書局，1987 年，第 117 頁。
〔註32〕《舊唐書》卷 21《禮儀一》，中華書局，1975 年，第 819 頁。
〔註33〕《新唐書》卷 11《禮樂志一》，中華書局，1975 年，第 310 頁。

享先牧，仲秋祭馬社，仲冬祭馬步，季夏土王日祀中霤，立秋後辰日祀靈星，秋分享壽星，立冬後亥日祀司中、司命、司人、司祿，孟冬祭司寒。

其諸州奉祀，則五郊迎氣日祭嶽、鎮、海、瀆，春秋二仲享先代帝王及周六廟，並如中祀。州縣祭社稷，奠文宣王，祀風雨，並如小祀。凡有大赦，則令諸州祭嶽、瀆、名山、大川在境內者，及歷代帝王、忠臣、烈士載祀典者，仍禁近祠廟咸加祭。有不克定時日者，太卜署預擇一季祠祭之日，謂之「畫日」。凡壇壝、牲器、玉帛、饌具、齋戒之制，皆具《通禮》。後復有高禖、大小酺神之屬，增大祀爲四十二焉。

其後，神宗詔改定大祀：太一，東以春，西以秋，中以夏冬；增大蠟爲四，東西蠟主日配月；太廟月祭朔。而中祀：四望，南北蠟。小祀：以四立祭司命、戶、竈、中霤、門、厲、行，以藏冰、出冰祭司寒，及月薦新太廟。歲通舊祀凡九十二，惟五享後廟焉。政和中，定《五禮新儀》，以熒惑、陽德觀、帝鼐、坊州朝獻聖祖、應天府祀大火爲大祀；雷神、歷代帝王、寶鼎、牡鼎、蒼鼎、岡鼎、彤鼎、阜鼎、晶鼎、魁鼎、會應廟、慶成軍祭后土爲中祀；山林川澤之屬，州縣祭社稷、祀風伯雨師雷神爲小祀。餘悉如故。〔註34〕

對於祭祀對象及其規格，政府是在不斷調整變化的。例如紹興十年，「以釋奠文宣王爲大祀」。〔註35〕紹興二十二年，「加封程嬰、公孫杵臼、韓厥爲公，升中祀」〔註36〕等等，每一次的調整，都出於某種原因，或是某位大臣的倡議，可以說士大夫階層，特別是有影響力的官員，對於朝廷政策傾向有不可忽視的影響力，而每位官員對於哪些神靈應該受到國家祭祀，或是受到何種規模的祭祀，都有其自己的想法，而這種想法會反映到其在國家祀典修訂過程中的意見。或是政府的某種考慮，譬如淳祐十二年，「詔海神爲大祀，春秋遣從臣奉命往祠，奉常其條具典禮來上。」〔註37〕這種改變，則不能不考慮南宋政府所處地理位置臨近河海，對海運依賴增強等原因。

〔註34〕《宋史》卷98《禮一》，中華書局，1977年，第2425～2426頁。
〔註35〕《宋史》卷29《高宗六》，中華書局，1977年，第546頁。
〔註36〕《宋史》卷30《高宗七》，中華書局，1977年，第574頁。
〔註37〕《宋史》卷43《理宗三》，中華書局，1977年，第847頁。

對於國家祀典，法國學者謝和耐先生認爲：「這種祭典（國家祭祀典禮）正適合一般士大夫們的要求，他們一向注重祭祀，及祭祀所具的象徵意義、宗教效果和對廣大庶民所投射的心理影響。……在士大夫們心目中，宗教與滿足個人內心秘密傾吐的意願，它的目的在確定天地秩序，事實上也就是皇帝和其臣子所加諸於庶民的政治秩序，從更高的層次來看兩者實爲一體，這足以說明士大夫階層爲何對任何不符正統標準的宗教情緒常懷以敵意。而統治階層則經常感到需要將國內的各種宗教生活加以管理，並使其併入官方祭典的模式之中。國內主要名山聖跡皆加以細心分類，並列名於京城內重要寺廟，祭壇所舉行的最隆重官方祭典中。此乃中央政府企圖兼併地方宗教勢力，並掌握民間重要宗教之舉措。」〔註38〕

通常來說，大祀是對於國家最爲重要的祭祀活動，其祭祀的對象多以固定，且地位比較高，不存在是否具備祭祀資格的問題。本文所討論的民間祠廟，多屬於小祀或是中祀的範疇，所以存在是否能爲國家或是州縣政府祭祀的資格問題。

（二）申報與登記制度

兩宋時期，各種祠廟遍佈各地，不計其數。申報當地祠廟入國家祀典，是地方政府的職責。中央多次下發詔令，要求地方政府申報靈驗的祠廟。如神宗熙寧七年十一月二十五日，詔：「應天下祠廟祈禱靈驗，未有爵號者，並以名聞，當議特加禮命。內雖有爵號，而褒崇未稱者，亦具以聞。」〔註39〕徽宗建中靖國元年三月二十四日，禮部言：「諸州神祠加封，多有不應條令。今欲參酌舊制，諸神祠所禱累有靈應，功德及人，事跡顯著，宜加官爵、封廟號額者，州具事狀申轉運司，本司驗實，即具保奏。道釋有靈應加號者准此。」從之。〔註40〕

所謂的廟額，則是國家允許祠廟享受國家祀典祭祀的一種資格。「廟額」這種提法最早出現於宋代，並爲明清所沿襲。筆者所找到的宋代關於朝廷賞賜民間祠廟廟額的記錄是在眞宗朝。《宋會要輯稿》載：眞宗咸平元年春，遣使祈雨有應。四月，詔曰：「衛州百門廟神靈攸居，貌像斯設，凡所請禱，必

〔註38〕（法）賈克‧謝和耐著，馬德程譯：《南宋社會生活史》，中國文化大學出版部，1982年，第165頁。
〔註39〕《宋會要輯稿》禮20之2，中華書局，1957年，第765頁。
〔註40〕《宋會要輯稿》禮20之7，中華書局，1957年，第768頁。

答勤誠，不有嘉名，孰謂昭報！宜賜廟額曰靈源。」〔註41〕然而，廟額最初之含意也許並未如此。《宋會要輯稿》有這樣一條資料：

> 眞宗景德二年九月，解州上言：兩地左右祠廟請易題榜。詔取圖經所載者賜額。遂改解縣池龍廟額曰「豐寶」，安邑曰「資寶」，分雲廟曰「廣惠」。其風后廟、靈慶廟、鹽宗廟、偃雲廟、淡泉廟並仍舊額。〔註42〕

榜，古稱「署」，即宮殿匾額、門額；或謂告示、張榜，皆用大字所書。而「額」者，懸掛於門屛之上的牌匾。可見，賜額活動，原意應指官方賜予某一場所的牌匾，而非一種類似國家認證許可的法律行爲。

這種賜額之事不僅局限於祠廟，涉及到的方面比較廣泛。首先是寺院與宮觀，它們也存在賜額的情況，如神宗熙寧三年，手詔：「先皇帝自齊州防禦使入繼大統，治平二年建爲興德軍。今潛邸建佛寺，宜以本封之鎭名之，可賜額『興德禪院』，賜淤田三十頃。」〔註43〕括蒼洞，國朝天禧二年投金龍白璧，賜額凝眞宮。〔註44〕寧壽觀，在七寶山之上，舊名三茅堂，有徽宗御畫茅君像。紹興二十年，賜額。〔註45〕

另外，墳寺、書院等地亦有賜額的情況，元符元年，「姚麟乞建墳寺詔賜額曰顯忠。以其祖嘗開邊，特許之，餘人不得援例。」〔註46〕大中祥符二年，「應天府民曹誠，以貲募工就戚同文所居造舍百五十間，聚書千餘卷，博延生徒，講習甚盛。府奏其事，上嘉之，詔賜額曰「應天府書院」，命奉禮郎戚舜賓主之，仍令本府幕職官提舉，又署誠府助教。」〔註47〕

誠然，賞賜匾額是政府的獎賞行爲，其初衷也許未必是以規範祠廟，進入國家祀典爲目的，而僅僅是一種榮譽的象徵。但是因其是一種官方行爲，這種賞賜行爲在某種程度上意味著國家對於這一場所的認可，這成爲其合法存在的依據之一。這也就是說，對於祠廟的賜額活動，成爲祠廟合法存在的官方行爲之一。《景定建康志・祠祀志》開篇提到：

〔註41〕　《宋會要輯稿》禮21之51，中華書局，1957年，第876頁。
〔註42〕　《宋會要輯稿》禮20之6，中華書局，1957年，第767頁。
〔註43〕　《續資治通鑑長編》卷267，中華書局，2004年，第6555頁。
〔註44〕　《嘉定赤城志》卷22，《宋元方志叢刊》第7冊，中華書局，1990年，第7450頁。
〔註45〕　《建炎以來朝野雜記》甲集卷2《寧壽觀》，中華書局，2000年，第80頁。
〔註46〕　《續資治通鑑長編》卷503，中華書局，2004年，第11979頁。
〔註47〕　《續資治通鑑長編》卷71，中華書局，2004年，第1597頁。

祠祀何也，先成民而後致力於神也，功德之祀著於禮經，神示
之居，掌於宗伯，詎可忽諸建康山川之靈，甲於東南。由古以來，
郊社於此者皆興君，廟食其間者多忠臣，若琳宮梵宇，又多弦士高
僧之迹，見於古今名流之所記詠者，宜不誣也。因而書之，是亦社
稷宗廟，罔不祗肅，山川鬼神，亦莫不寧之意，祠祀志所以作也，
諸不在祀典，非有賜額者不書。〔註48〕

文中指出祠廟「不在祀典，非有賜額者不書」，可見《景定建康志》的作者並
不認為賜額的祠廟並不意味著屬於國家祀典的範疇，但是也屬於國家認可的
範圍，可以加以記錄。地方官員的文集中有不少申報廟額的文狀，如朱熹的
《乞潭州譙王等廟額狀》：

貼黃

奏為潭州創立晉譙王承及紹興死事之臣孟彥卿趙民彥劉玠趙聿
之等廟乞賜敕額伏候敕旨事

具位臣朱熹

臣前任知潭州日，伏準紹興五年七月七日大赦內一項節文：歷
代忠臣烈士祠廟損壞，令本州支系省錢修葺。竊見東晉王厚之亂，
湘州刺史譙閔王司馬承起兵討賊，不克而死。紹興初，金賊犯順，
通判潭州事孟彥卿、趙民彥督兵迎戰，臨陣遇害。城陷之日，將軍
劉玠、兵官趙聿之巷戰罵賊，不克而死，此五人者，皆以忠節沒於
王事，而從前未有廟貌，無可修葺，無以仰稱聖朝褒顯忠義之意，
遂牒本州於城隍廟內創立祠堂像五人者，並考譙王本傳，並像其參
謀數人立侍左右，各立位版，記其官職姓名，奉祀如法，方行考究，
未及營表，而臣忽被誤恩赴闕，奏事計其功力不至甚多，本州除已
起造了畢，欲望聖慈特詔有司賜之廟額，仍下本州照應施行，庶以
慰答忠魂，為天下萬世臣子之勸，臣不勝大願，謹錄奏聞，伏候敕
旨。乞降付尚書省。〔註49〕

申報是按照行政級別層層上報的，以常熟的龍祠為例。政和二年，「漕臺以常
熟龍祠祈禱感應之實聞於朝」。漕臺，也就是轉運使司。第二年，朝廷「賜煥

〔註48〕《景定建康志》卷44《祠祀志》，《宋元方志叢刊》第2冊，中華書局，1990
　　　　年，第2044頁。
〔註49〕（宋）朱熹：《朱子全書》第12冊，上海古籍出版社，1978年，第129頁。

靈廟爲額」。邑人以爵號未崇，無以昭神貺。再次向朝廷申請。「縣以狀列於府，府言於部刺史，遂復保奏焉。制曰可，特封宣惠侯。」〔註50〕由此可見，申請廟額的流程是縣→府→轉運使司→尚書省，逐級上報，最後由尚書省批准。

　　政府對祠廟的登記，是隨著對祠廟的封賜活動進行的。對於神靈的冊封，自宋太祖時期就已經開始。北宋時期的祠廟賜額、封號活動，「多在熙寧、元祐、崇寧、宣和之時。」〔註51〕大規模的封賜活動出現於北宋中後期，應該與當時較爲穩定的時局以及地方政府對當地神靈的熟悉與推崇有關。兩宋交替之時，宋、金戰事不斷，不少宋朝官員戰死。南宋初期，政府集中對有突出事跡的忠勇英烈人士進行表彰，立廟賜額。另外，皇帝及政府移居南方，出於對南方神靈的逐步瞭解及尊重，必然會對南方諸鎮的祠廟加以冊封。因此可以推斷出，宋代政府對祠廟的冊封活動一直持續到南宋時期。

　　隨著越來越多的祠廟被冊封，國家祀典的規模日趨龐大，而北宋政府顯然對這種情況缺乏準備，最初並未對國家祀典進行系統的管理。直到北宋中期，北宋政府才開始著手管理國家祀典。面對龐大的祠廟，從地方開始整理似乎比較順暢。於是紹聖二年，在禮部尚書的建議下，政府頒佈了一條詔令，要求「天下州軍，籍境內神祠，略敘所置本末，勒爲一書，曰《某州祀典》。」〔註52〕從這條詔令，可以論證上述推測，最遲至紹聖二年，北宋政府並未建立一份完整的進入國家祀典的祠廟名單。然而，這一詔令並未得到地方政府的響應。徽宗政和元年，仍有大臣在呼籲「纂修《祀典》，頒之天下。」〔註53〕

　　由於國家祀典的不完備，對於祠廟廟額、神靈爵位的掌握不清晰，導致政府對祠廟的封賜工作出現了諸多問題。如「屈原廟在歸州者封清烈公，在潭州者封忠潔侯；及永康軍李冰廟，已封廣濟王，近乃封爲靈應公。」〔註54〕「紹興末胡馬飲江，既而自斃，詔加封馬當採石金山三水府，太常寺按籍係四字王當加至六字，及降告命至其處，廟令以舊告來則已八字矣，逐郡爲繳

〔註50〕（宋）范成大：《吳郡志》卷13《祠廟下》，《宋元方志叢刊》第1冊，中華書局，1990年，第787頁。
〔註51〕《宋史》卷104，中華書局，1977年，第2562頁。
〔註52〕《宋會要輯稿》禮20之9，中華書局，1957年，第769頁。
〔註53〕《宋會要輯稿》禮20之10，中華書局，1957年，第769頁。
〔註54〕《宋會要輯稿》禮20之10，中華書局，1957年，第769頁。

回新命，而別易二美名以寵之，禮寺之失職類此。」〔註55〕

　　另外，冒稱已入國家祀典而實際未入的情況也常有發生。政和七年，秘書監何志同言：「《詳定九域圖志》內《祠廟》一門，據逐州供具到，多出流俗一時建置，初非有功烈於民者。且如開封府扶溝縣秋胡廟、封丘縣百里使君、程隱君廟之類，逐縣皆稱載在祀典，及移問太常寺，並無典籍可考。去以王畿之近，而廟祀未正乃如此，則遠方陬邑概可見矣。」〔註56〕可見，這種冒名之事不是個別現象，宋代地理類書中常有祠廟一項，記載當地祠廟，對於其中聲稱載入國家祀典，封爵賜號之祠廟還應再加考證。

　　禮制無疑是十分繁瑣的，加之眾多祠廟的加入，即便是專掌其職的太常寺和禮部官員都有弄錯的情況，更不要說任職地方的官員。《夷堅志》記載：一個姓熊的官員到雷州做官，到任之時，「吏白當致敬雷廟」，這位熊姓官員卻說：「吾知有社稷山川之神，學官之祀而已，烏有於雷祠。」最後這位官員遭到了雷神的報應。洪邁講完這個故事之後，指出自己在西掖時，曾行雷神加封制，其廟曰顯震，其神曰威德昭顯王，其廟神土地曰協應侯。可見雷神是登記在冊的神靈，但是由於官員不知道而拒絕參拜。〔註57〕

（三）資格審查制度

　　所謂的資格審查制度，指的是中央相關部門對申報的祠廟是否具備進入國家祀典資格的審查。作為國家意志的一種體現，國家祀典反映的是國家所推崇的禮制理念，因而要進入國家祀典，其基本基調是維護國家的統治。這一原則，在宋代許多地方志中得以體現，其中祠廟一章開篇序言中經常會提及這樣一句話：「以勞定國、以死勤事、御大災、捍大患則祀之。」〔註58〕這實際上意味著祠廟應該符合維護國家統治、維護正常社會秩序的價值觀。

　　神異，是審核一位神靈是否能進入國家祀典的另一個重要條件。神之所以為神，是因其身上發生過神奇的故事，能做出一個普通人無法完成的事情。如果一位神靈沒有神異之能，那麼他也就不會再作為一個神而存在。只有具

〔註55〕　（宋）洪邁：《容齋隨筆》卷10《禮寺失職》，上海古籍出版社，1978年，129頁。

〔註56〕　《宋會要輯稿》禮20之9～10，中華書局，1957年，第769頁。

〔註57〕　《夷堅志》支景卷第九《熊雷州》，中華書局，2006年，第954頁。

〔註58〕　《嘉定赤城志》卷31《祠廟門》，《宋元方志叢刊》第7冊，中華書局，1990年，第7516頁。

備了這種神異之能，才能滿足其信徒的請求。當然，神異的表現，有正義與邪惡兩種表現。正如前面所講，宋代政府所推崇的是「以勞定國、以死勤事、御大災、捍大患」的神靈，國家所希冀得到的是這種既有崇高道德，又有無限法力的神靈。

另外，作爲一個以農業經濟爲主的國家，豐收在很大程度上要靠風調雨順的自然條件因而，能興雲布雨的神靈無論在統治階層，還是平民百姓中都有市場。因而政府在申明地方上報祠廟的條件中，特意強調能興雲布雨這個要素。

皇祐二年十二月十一日，知制誥胡宿言：「事神保民，莫先祭祀。比多水旱，未必不由此。望令天下具名山大川能興雲雨者，詳定增入祀典，春秋禱祀。」詔天下長吏，凡山川能興雲雨不載祀典者，以名聞。〔註 59〕尤其是在自然災害比較頻繁的年份，這種尋求保證風調雨順之神靈的詔令屢見不鮮。

審核的程序國家有相應的規定，在《宋敕賜忠顯廟牒碑》碑文中，有這樣一道詔令：「諸道釋神祠祈禱靈應，宜加官爵封號廟額者，州具事狀保明申轉運司，本司委鄰州官躬親詢究，再委別州不幹礙官覆實訖，具事實保奏。」〔註 60〕這條詔令名爲慶元令，應爲慶元年間頒佈。

這其中就存在一個問題，官員是如何考察這些神奇事件是否屬實。如果按照無神論者的思路，這些神異事件只不過是虛妄之說，根本缺乏科學依據。而今天能看到的敕牒、廟記，幾乎沒有驗證不通過的事例，那這些官員是如何能驗證這些是靈異事件呢？對於這個檢驗過程，少有提及。《夷堅志》有則故事：

> 德興以五顯公事狀申江東運司，在法須遣他州官覈實，然後剡
> 奏。上饒丞儒林郎吳呈俊奉檄而至，甫謁廟下，恍然有省。因憶少
> 年時夢入大祠，見神主五位，皆冕服正坐，光焰炟赫。良久，一吏
> 宣詞，若有所告。既寤，能紀彷彿，久而忘之矣。及是，儼如夢境
> 所睹。乃詳其感異本末，復於漕臺。且留一詩，備紀其事。其詞有
> 「檄來此日言明載，夢裏當年事已通」之句。於是五神得加封。吳
> 君，縉雲人也。〔註 61〕

〔註 59〕《宋會要輯稿》禮 20 之 2，中華書局，1957 年，第 765 頁。
〔註 60〕《宋代石刻文獻全編》第 2 冊，北京圖書館出版社，2003 年，第 838 頁。
〔註 61〕《夷堅志》支巳卷第十《吳呈俊》，中華書局，2006 年，第 1379 頁。

吳呈俊之所以爲五顯神保奏，是因爲他去核實前夢到五顯神，夢境與現實交相呼應，感其確有靈異，於是加以保奏，最終五顯神得以加封。這種核實之法，與那些神靈的靈異事件一樣，都充滿了神奇的色彩，事實是否如此，不得而知。

當然，並非所有官員都推崇這種「心靈感應」，胡穎「性不喜邪佞，尤惡言神異」，反對爲治內劉舍人廟請廟額封號之事加以保奏，並希望能「並將諭俗印牒一本繳呈，伏望明公特賜嘉納，焚之廟中，使此等淫昏之鬼有所愧懼，榜之廟前，使世間蠢愚之人有所覺悟，其於世教，實非小補。」〔註62〕

需要指出的是，這種上報、審批等制度唐代就已經存在，《唐六典》卷 4 載：「凡德政碑及生祠，皆取政績可稱，州爲申省，省司勘覆定，奏聞，乃立焉。」雷聞先生在《唐代地方祠祀的分層與運作——以生祠與城隍神爲中心》〔註63〕一文中指出：

> 這種程序在實踐中被切實執行，中晚唐時可能還需經過「道」一級的審批環節。如德宗貞元時，韶州刺史徐申因爲政績尤異，「州民詣觀察使，以其有功於人，請爲生祠。申固讓，觀察使以狀聞，還合州刺史。」在地方提出申請之後，中央政府也要進行認眞的審查，以立德政碑爲例，據劉禹錫《高陵縣令劉君遺愛碑》載：「大和四年，高陵人李士清等六十三人思前令劉君之德，詣縣請金石刻。縣令以狀申府，府以狀考於明法吏，吏上言：謹案寶應詔書，凡以政績將立碑者，其具所紀之文上尚書考功，有司考其詞宜有紀者乃奏。明年八月庚午，詔曰可。」可見立碑的程序是：百姓——縣——州府——考功——皇帝。這種逐級報批的程序與宋代對地方祠祀的賜額、賜號的程序非常接近。這裡只提到生祠與德政碑，不過很明顯，這種制度直接影響到宋代祠廟管理制度，雖然唐代並未有國家賜廟額之說，但是宋代祠廟管理等一系列制度是借鑒、繼承唐制的結果。

（四）神靈等級制度

中國古代社會統治集團崇尚建立一種高低有序的「秩序」，即便是飄渺的

〔註62〕《名公書判清明集》卷 14《不爲劉舍人廟保奏加封》，中華書局，2002 年，第 538～541 頁。

〔註63〕詳見《歷史研究》2004 年第 2 期。

神靈世界亦不能逃脫這種「秩序」，而被劃分出三六九等。神靈的高低貴賤，主要取決於世俗世界的冊封。元豐六年規定：「諸神祠加封，無爵號者賜廟額，已賜廟額者加封爵，初封侯，再封公，次封王，生有爵位者從其本。婦人之神封夫人，再封妃。其封號者，初二字，再加四字。如此，則錫命馭神，恩禮有序。」「欲更增神仙封號，初眞人，次眞君。」〔註64〕這一規定，基本奠定了兩宋時期政府冊封神靈的程序和步驟。

南宋建炎三年，對這一規定加以重申：「神祠遇有靈應，即先賜額。次封侯，每加二字至八字止。次封公，每加二字至八字止。次封王，每加二字至八字止。神仙，即初封眞人，每加二字至八字止。婦人之神，即初封夫人，二字至八字止。」〔註65〕其內容與北宋元豐年間的規定幾乎相同，不同之處是增加了爵位封號加字的數量，由二字可以加至八字。顯然，這是因爲封王的神靈越來越多，所加字數也逐次增加，以前四字的限制已不夠用，所以增至八字。

需要指出的是，這種冊封程序並非絕對。有些祠廟賜廟額的同時也賜爵位，有些直接賜爵位，而沒有賜廟額。會出現上述情況，可能是下面幾個原因造成的：一、由於政府對祠廟的管理是較爲混亂的，所以經常會發生錯誤。加之南渡之後，國家祀典內容缺失，在對神靈的封賜過程中，對某些神靈賜以廟額，而其實這一神靈在北宋時期就已經封爵。二、有些神靈是古神祠，早在前朝就有廟額或是封號，宋朝政府直接在前朝的基礎上加以封賜。

皇帝對神靈的冊封，一方面反映了君權高於神權，另一方面反映了統治階層對民間社會價值取向的影響和引導。如福建的靈澤廟，祈禱顯靈，「邦人曰廟未有額，無以彰神之靈，乃爲請於朝，詔賜號靈澤。」〔註66〕朝廷對神靈進封冊封，爵位封號的高低不同，其精神層面的意義要高於經濟意義。也就是說，封爵封王，加封幾字王，更多是一種精神上的獎勵，中央政府對其祭祀的規格並沒有實質性的提高。當然，對地方而言，當地祠廟被賜額封爵，是莫大的光榮。自然會對祠廟加以修葺，擴大祭祀的規模。「石礬廟祝有年，遠近之民躋舉請禱神，既應之矣，則相與推尋名氏，而請廟號以爲榮，既有

〔註64〕　（宋）李燾：《續資治通鑑長編》卷336，中華書局，2004年，第8100頁。
〔註65〕　《宋代石刻文獻全編》第1冊《渠渡廟賜額靈濟額牒》，北京圖書館出版社，2003年，第528頁。
〔註66〕　《淳熙三山志》卷8，《宋元方志叢刊》第8冊，中華書局，1990年，第7865頁。

廟號，則他日君之公、之侯、之王，之下得屢請，而上不斬，神居石礱，而承天之寵如是哉。」〔註67〕

進入國家祀典固然是一種光榮，然而這並不意味與其影響力絕對成正比。許多祠廟雖然未列入國家祀典，在當地有著不可忽視的影響力。「會稽城內有五通祠，極寬大，雖不預春秋祭典，而民俗甚敬畏。」〔註68〕不僅如此，這種未列入國家祀典的祠廟，亦不影響官方的態度。宣和年間，峽州宜都大旱，遍禱諸祀都沒有響應。最後縣令在鄉人的指導下，拜謁了一個名為「宋仙祠」的祠廟，最後終於降下甘霖，而人們甚至不知「仙之為男為女」。最後縣令感激祠廟之靈驗，命人修築神像，「未及請廟額而移官去云」。〔註69〕可見這個「宋仙祠」並未列入國家祀典，甚至連供奉的神靈是男是女都不清楚，就能得到縣令的禮遇，並未受到歧視。

韓明士（Robert Hymes）在《道與庶道：宋代以來的道教、民間信仰和神靈模式》指出，「宋代加封使用的頭銜——侯、公、王——是古代的封建諸侯。至少在表面上，加封隱喻被認為和字面意思一樣……這裡也有等級，如諸侯的三個等級以及前面的修飾詞，可以由二字、四字、八字構成，字越多越榮耀。但頭銜與面前的修飾詞絲毫不意味著朝廷通過加封指派給他們職責，也沒有任何加封文書表明神祇之間的等級是一種職任、相應權限的陞遷，或者進奏次序之間的等級。相反，這只是反映榮譽和認可的等級。前面的修飾詞表述的（相當模糊）是神祇過去顯示的功績的特點和未來能產生功效的力量。」〔註70〕

三、政府直接管理體系

作為世俗權力控制之下的信仰場所之一，祠廟理應由所在地政府加以管理與控制。在《淳祐臨安志輯逸》中收錄的錢塘縣主簿趙師白所寫的霍山廟廟記中，最後一句是這樣寫的：「師白兼掌諸祠，嘉其成績，因考其顛末，而刻之石。」從上述中央管理機制不難看出，地方政府是祠廟的管理機構，負責申請廟額、營造維修等諸項事宜，而對於祠廟日常事務，則由專人負責管

〔註67〕 曾棗莊等編：《全宋文》第347冊，上海辭書出版社，2006年，第84頁。
〔註68〕 《夷堅志》三志己卷第八《五通祠醉人》，中華書局，2006年，第1364頁。
〔註69〕 《夷堅志》丙卷第十四《宜都宋仙》，中華書局，2006年，第483頁。
〔註70〕 （美）韓明士（Robert Hymes）：《道與庶道：宋代以來的道教、民間信仰和神靈模式》，江蘇人民出版社，2007年，201～202頁。

理，這些負責人或由政府任命，或由民間選出。就中國傳統而言，世俗權力一直高於宗教勢力，神職人員的地位要遠遠低於政府人員，因而雖說政府擁有對祠廟的管理權，但官員並不熱衷於直接管理祠廟。這種類似神職人員的角色，官員一般不會親自擔任。所謂的政府直接管理體系，指的是皇帝或是政府直接干預祠廟的日常管理，包括規模、神像、香火等諸多事宜。

這種由國家直接管理的祠廟，主要包括五嶽、四瀆等祠廟。「太祖平湖南，命給事中李昉祭南嶽，繼令有司制諸嶽神衣、冠、劍、履，遣使易之。」〔註71〕開寶五年，「詔五嶽、四瀆及東海等廟，並以本縣令尉兼廟令、丞，掌祀事，常加案視，務在蠲潔，仍籍其廟宇祭器之數，受代日，交以相付，本州長吏，每月一謁廟檢舉焉。」〔註72〕「廟之政令多統於本縣令。京朝知縣者稱管勾廟事，或以令、錄老耄不治者為廟令，判、司、簿、尉為廟簿，掌葺治修飾之事。凡以財施於廟者，籍其名數而掌之。」〔註73〕這就是說，五嶽、四瀆、東海、南海這幾類祠廟，從祠廟的修葺，到祭器、神靈的裝飾配件、布施記錄等都由縣令兼任的廟令負責管理。

廟令，漢代所設，高帝及光武帝等廟置廟令，掌管理、祭祀、灑掃等事。後世多以太廟令統之。唐代五嶽四瀆各設令一人，正九品，「掌祭祀及判祠事。」不過當地縣令是否真的兼任廟令一職，還有待考證。韓愈路過南嶽衡山時，寫下《謁衡嶽廟遂宿嶽寺題門樓》中有「廟令老人識神意，睢盱偵伺能鞠躬。手持盃珓導我擲，云此最吉余難同。」從這首詩看來，南嶽廟令的身份是低微的，應該不是朝廷官員充任。到了宋代，書法家沈睿達因祈禱甘寧廟有應，「乃述寧仕吳之奇謀忠節作贊，以揚靈威而答神之休，自作楷法大軸以留廟中而去」，後來有好事之人拿走這一卷軸。於是神給郡守託夢，希望歸還。「明日守使人訊其事，果得之，復畀廟令掌之。」〔註74〕可見富池甘寧廟設有廟令負責祠廟的日常事宜，但是否也是由縣令兼任則不得而知。

北宋神宗熙寧三年五月，增置外州府宮觀差遣，五嶽廟監官亦列入祠祿官。監嶽廟或留一員掌廟事，餘皆不赴任，任便居住，請祠祿而已。小使臣、選人請祠多授監嶽廟。如《翰林院傳寫待詔承務郎守少府監丞顏和可河中府榮河縣太寧廟令》：「敕具官某：居工技之列，擅寫照之能。執事

〔註71〕　《宋史》卷102《禮五》，中華書局，1977年，第2485頁。
〔註72〕　《續資治通鑒長編》卷13，中華書局，2004年，第285頁。
〔註73〕　《宋史》卷167《職官七》，中華書局，1977年，第3979頁。
〔註74〕　（宋）張邦基：《墨莊漫錄》卷9，文淵閣四庫全書電子版。

有年，服勞可紀。因自陳於暮齒，願退居於祠官。既遂爾私，宜勤厥守。可。」〔註75〕

由此看來，開寶五年頒佈的關於縣令兼任廟令之詔令並未得以貫徹執行，眞正負責五嶽四瀆等廟日常管理的並不是當地的行政首腦，「常加案視，務在蠲潔」，「凡以財施於廟者，籍其名數而掌之」之類的事務也非其所爲，而是其代理人，或是官府小吏，或是當地有名望人士負責日常事務。當地行政首腦直接介入祠廟的日常事務，取決於非常事件的發生。而這種非常事件，指的是封祀之事，可以說這是國家以及當地政府如此注重五嶽四瀆這些祠廟的主要原因之一。大中祥符元年，「（眞宗）次澶州。幸河瀆廟酌奠，以頓邱縣令兼充廟令。」〔註76〕可以說，皇帝的介入，東封西祀的活動，使得原本就是在國家祭祀中佔據重要地位的五嶽四瀆等祠廟更加受到重視，從而使得國家行政人員直接介入這些祠廟的日常管理之中。

另外，在宋代建國之初，祭祀行爲尤其是民間祠廟的祭祀活動十分混亂，以至於「主者不恭，民祠罔禁，至使屠宰於階阼之側，庖爨於廊廡之間，黷彼明神，泪於常祀，屢經損穢，幾致傾頹。」〔註77〕鑒於這種情況，宋朝統治者下令由縣令兼廟令，目的在於重建五嶽四瀆的尊嚴，並希望以此爲榜樣，規範民間祠祀活動。政府對五嶽四瀆的設官制度，影響到民間祠廟的管理人員的設置。如「永康軍崇德廟，乃灌口神祠，爵封至八字王，置監廟官視五嶽，蜀人事之甚謹。」〔註78〕當然，也不能高估這種影響力。

除此之外，政府也會直接管理一些特定的祠廟。如護國顯應公廟在東京城北，晉國公主石氏因祈禱有應，上報朝廷，於是朝廷下令內侍修廟賜名，並送衣物供具，此後「朝廷常遣官主廟事」〔註79〕。因爲在晉邸日，要冊湫神祠嘗有神告之應，所以太宗皇帝對要冊湫神祠十分重視。不僅特封其爲顯聖王，春秋奉祀，而且經常有其他的賞賜，「令有司改造禮衣、冠、劍及祭器，遣使齎往」，「遣內侍送銀香爐」〔註80〕。

〔註75〕 （宋）蘇頌：《蘇魏公文集》卷30，中華書局，2004年，第437頁。
〔註76〕 《續資治通鑒長編》卷70，中華書局，2004年，第1576頁。
〔註77〕 《宋大詔令集》卷137《五嶽四瀆廟長吏每月點檢令兼廟令尉兼廟丞詔》，中華書局，1962年，第483頁。
〔註78〕 《夷堅志》支丁卷第六《永康太守》，中華書局，2006年，第1017頁。
〔註79〕 《宋會要輯稿》禮21之25，中華書局，1957年，第863頁。
〔註80〕 《宋會要輯稿》禮20之115～116，中華書局，1957年，第822頁。

四、祠廟管理體系與釋道管理體系之異同

　　相對於道釋而言，祠廟似乎一直處於一種比較尷尬的境地：它與佛、道等宗教存在著千絲萬縷的聯繫，卻又游離於道釋系統之外。美國學者韓森認為，在很長一段時間裏，宋朝政府一直致力於承認僧道宗教機構的事務。〔註81〕換而言之，宋朝政府較少關注祠廟。

　　首先，對於釋道，宋朝政府對其發展規模有所控制，對教徒人數及宗教場所有明確的規定。如宋太祖開寶年間（968～976年）規定僧尼每100人剃度1人。〔註82〕要成為合法的教徒，則需要通過國家相應的考覈，才能獲得合法身份證明——度牒。對於私自入道者，國家採取了嚴厲的處罰措施。如「諸私入道及度之者，杖一百。已除貫者，徒一年。本觀主司及觀寺三綱知情者，與同罪。若犯法合出觀寺，經斷不還俗者，從私度法。即監臨之官私輒度人者，一人杖一百，二人加一等。」〔註83〕

　　其次，在戶籍管理方面，釋道徒與普通民戶不同，要編制專門的籍帳。宋太宗時，「歲令諸州上僧尼之籍於祠部，下其牒，俾長吏親給之。」〔註84〕這些獨立列出的籍帳，也就是所謂的「寺觀戶」。國家賦稅的徵收和徭役的徵發主要是基於戶籍體系，而寺觀戶屬於一種特殊戶籍，在賦役方面享受國家不同的待遇。

　　再次，釋道都存在相應的佛、道官體系，教內人士擔任職務，管理本教事務。左右街僧錄司、左右街道錄院是中央僧道官職機構。左右街僧錄司設置僧錄、副僧錄、講經首座、鑒義等僧官十名。左右街道錄院設置道錄、副道錄、都監、首座、鑒義等道官十名。僧錄、道錄是從各寺觀住持中選拔出的行業優異之人，掌有主管教門公事之權。另外，北宋諸州、軍、監分別設立僧正、道正管理本地區的教門公事。

　　總而言之，相對於釋道，國家對祠廟的管理比較鬆散，也少有約束機制，這一方面是受中國政治傳統的影響。佛教和道教的影響較大，信徒眾多，歷代統治者比較關注。另一方面是經濟原因。度牒自北宋中期成為一種特殊商品，國家「賣度牒以資國用」，與政府財政收入有直接的關聯。而寺觀戶又與

〔註81〕（美）韓森：《變遷之神——南宋時期的民間信仰》，浙江人民出版社，1999年，第78頁。

〔註82〕《宋會要輯稿》道釋1之15，中華書局，1987年，第7876頁。

〔註83〕《宋刑統》卷12《戶婚律》，中華書局，1984年，第191頁。

〔註84〕《續資治通鑒長編》卷18，中華書局，2004年，第400頁。

國家賦役制度息息相關。不過可以肯定的是兩宋時期，不論是佛道、祠廟，都處於世俗權力的有效控制之下，從而形成了中國特色的政權與精神信仰運作模式，使得世俗權力滲透至精神領域，而精神信仰在一定範圍內相互包容、共同發展。這種傳統中國宗教管理體制有著深遠的影響，兩宋時期的宗教管理制度秉承前代的治理理念，爲後世所繼承和發展。

第三章　祠廟的興建與經營

　　作爲保護一方的神靈，其安身立命之所自然得到官方的關注。早在開國之處，開寶四年二月二十五日，「詔前代祠宇，各與崇修。」〔註1〕仁宗慶曆七年三月二十三日，詔：「諸處神廟不得擅行毀拆，內係祀典者如有損壞去處，令與修整。」〔註2〕南宋年間亦有此類的詔令，如高宗建炎元年五月一日敕：「五嶽四瀆、名山大川、歷代聖帝明王、忠臣烈士，載於祀典者，委所在長吏精潔致祭，近祠廟處並禁樵採。如祠廟損壞，令本州支系省錢修葺，監司常切點檢，毋致隳壞。」〔註3〕基本上，這是針對天下所有祠廟的一般性詔令，具有普遍性。不過從這些詔令中提到的政府予以興建與維護的祠廟，多傾向於列入國家祀典的祠廟，至少也應該是與國家意識形態相符的祠廟。可以說，這是國家運用行政手段對思想領域進行干預與引導的一種手段。

一、祠廟的興建

　　祠廟規模各異，相差很大。有的規模宏大，如下元水府廟「垣墉百堵，廟屋廡門凡四十餘間，若畫若塑，威儀隊仗，雜然並陳。」〔註4〕晉元帝廟「殿宇重創視昔增高門廡，牆壁則仍其舊而葺之。臣主像貌莊嚴一新，廡間三十四賢圖形再從彩繪，且作亭廟前，盡挹江山，爲騷人墨客懷古遊瞻之地。」〔註5〕

〔註1〕《宋會要輯稿》禮20之1，中華書局，1957年，第765頁。
〔註2〕《宋會要輯稿》禮20之2，中華書局，1957年，第765頁。
〔註3〕《宋會要輯稿》禮20之4，中華書局，1957年，第766頁。
〔註4〕（元）余希魯編纂：《至順鎮江志》卷8，《宋元方志叢刊》第3冊，中華書局，1990年，第319頁。
〔註5〕《景定建康志》卷44《諸廟》，《宋元方志叢刊》第2冊，中華書局，1990年，第2053頁。

除了闊氣的祠廟，狹小之祠廟亦不在少數，如威勝軍綿上縣的東嶽別廟「基構蹙狹，舍宇陴隘，而不甚宏大壯嚴。」〔註6〕至於遍佈於鄉野間、無人料理的小祠小廟，則可能僅有房屋一間而已。

對於祠廟的規模，國家並未有過硬性的規定，可以說祠廟的規模取決於兩個因素，一是官方的態度，官方的認可與推崇程度，直接影響到祠廟的興衰。二是祠廟的香火興盛與否。

（一）官方的支持

不可否認，在祠廟的興建中，官方起了很大的作用，許多祠廟都是政府獨自興建，或是加以協助。臨安順濟廟原本是中央政府「命兩浙轉運副使沈公作賓，更新祠宇，以祈陰助」，「至今又從官給費，易故而新之，以妥神靈。」〔註7〕「猛將廟縣東二里，神姓李，名顯忠，高宗避難，神扈駕防送，御舟出海，祥飆送颿，賜爵猛將，重節武功大夫，水旱疫癘，蕃舶海船有禱，輒應，撥官地一片興建祠宇。」〔註8〕當地政府的大力支持，使得官方所推崇的祠廟得到興建和維護。在官方祀典與民間信仰的關係方面，如果說官方祀典要在民間占上風，其主要的或是經常使用的手段就是政府興建國家祀典所推崇的祠廟，畢竟政府的經濟實力非他人所能抗衡，宏偉壯麗的祠廟無疑能吸引更多的信徒。正如趙世瑜先生所講，像東嶽、關帝、城隍等雖被納入國家信仰，在各地由官員定時祭祀，但在遠離政治中心的地方或鄉村，它們卻被民眾與其它雜祀鬼神同樣對待。〔註9〕可見國家所推崇的神靈，如果不加以支持，並非都能在地方得到應有的地位。當然，這並不是說官方的推崇就一定能排擠地方的神靈。

興建祠廟是一項不小的財政開支，政府會採取何種途徑來完成這些工程呢？首先是上級政府直接撥付錢款，以資修建。嚴州建德縣寧順廟靈跡甚多，「祥符三年六月尚書禮部符：以杭越二州到廟禱雨有感應，敕加封顯應正節聖惠妃子，加封崇福承烈廣利王，化氏加封保寧協順夫人，仍降賜錢三

〔註 6〕《宋代石刻文獻全編》第一冊《天齊仁聖廟記》，北京圖書館出版社，2003 年，第 712 頁。

〔註 7〕《咸淳臨安志》卷 71《祠祀一》，《宋元方志叢刊》第 4 冊，中華書局，1990 年，第 3997～3998 頁。

〔註 8〕（元）袁桷：《延祐四明志》卷 15，《宋元方志叢刊》第 6 冊，中華書局，1990 年，第 6355 頁。

〔註 9〕趙世瑜：《國家正祀與民間信仰的互動——以明清京師的「頂」與東嶽廟為個案》，《北京師範大學學報（社會科學版）》1998 年第 6 期。

千貫修廟。」〔註10〕

　　除了中央撥款外，亦有地方政府出資之情況，這主要包括轉運司和州軍兩個層級。關於惠澤龍王廟，知江寧軍府事錢塘薛昂提到「余爲請於部使者而得金錢，諉掌庾趙君司岸、張君董其事肇工於七月之甲戌，而告成於九月之癸酉。」〔註11〕這裡的部使者，無疑是路級負責人。兩宋時期，中央對於轉運司的財政有著嚴格的限制，轉運司可自行支配的財物不多，不過除了上供以及移用錢物之外，轉運司應該還有自己所能支配的經費，如榷鹽之利以供本機構官吏的俸祿以及其他雜費。南海神祠的修復「鳩工於甲申之仲冬，告備於乙酉之季夏，麋金錢六百萬有奇，皆出於漕計供餉之贏，一毫不以及州縣實體。」〔註12〕漕計爲一路財賦開支系統，它是獨立於中央財賦體系之外，由路級主管部門獨立核算的預算。

　　州軍掌管地方財政，一方面受轉運司監督，一方面又直屬中央。對於州軍財物，除了「諸州度支經費外」，「凡金帛以助軍實，悉送都下，無得占留。」〔註13〕話雖如此，州軍不可能將所有收入一併上交中央。《宋會要輯稿》載，乾道元年正月一日郊祠赦：「應古迹、壇場、福地、靈祠、聖迹，所在守令常切嚴加崇奉，五嶽四瀆、名山大川、歷代聖帝明王、忠臣烈士有功及民，載於祀典者，並委所在差官，嚴潔致祭。」八月十二日冊皇太子赦，並三年、六年郊祀赦，亦如之。六年赦內仍令神祠廟宇有損壞去處，逐州長史（吏）以係省錢，限一月監修。〔註14〕

　　所謂「係省錢物」，名義上是歸三司或戶部支配的財賦，實際上是留州財賦，《文獻通考》卷23《國用考一》載：「（開寶）六年，令諸州舊屬公使錢物盡數係省，毋得妄有支費。留州錢物盡數係省始於此。」可見，係省錢未得中央主管部門的批准，地方不能隨便動用的。在很多情況下，對於地方祠廟的興建與維修，中央多從係省錢中支出。宋眞宗大中祥符八年三月，詔入內高班王承信重修岳州巴陵縣的洞庭湖神祠。承信言：合用土，已移文本州島

〔註10〕　（宋）陳公亮修，劉文富纂：《淳熙嚴州續志》圖經二《建德縣‧祠廟》，《宋元方志叢刊》第5冊，中華書局，1990年，第4326頁。
〔註11〕　《景定建康志》卷44《諸廟》，《宋元方志叢刊》第2冊，中華書局，1990年，第2061頁。
〔註12〕　《宋代石刻文獻全編》第1冊《轉運司修南海廟碑》，北京圖書館出版社，2003年，第554頁。
〔註13〕　《續資治通鑒長編》卷6，中華書局，2004年，第152頁。
〔註14〕　《宋會要輯稿》禮20之1，中華書局，1957年，第765頁。

掘取。帝慮其擾人，詔並以係省錢充用。〔註15〕

　　除了係省錢物之外，還有一些「不係省」的錢物可供地方支配，其中公使錢就屬於此。《宋會要輯稿》一則資料則明確記錄了地方官員動用了公使錢來修建祠廟的事例，

　　　　元豐三年十月十六日，知邢州王愷言：「州有唐宋璟墓，臣輒以公使羨錢買近墳地七十畝，為祠堂碑樓。訪其後，止有宋達為忠效指揮小分。乞載於祀典，春秋享之，令宋達掃灑祠宇，耕墳旁地，以供祭享，傳世毋得質賣。」從之，宋達仍放停。〔註16〕

宋制，各個州軍皆給公使錢，以資宴請、饋贈官員赴任、赴任往來路費等費用，隨官員品級高低及家屬多少而定，基本上屬於政府賦予赴任官員的一筆經費，它是地方財政的一部分，可由地方靈活使用。吳伯舉知蘇州「其錄境內神祠廢壞者，以公帑所餘畢修之」，〔註17〕吳伯舉作為知蘇州府軍府事，花費的應該是州府可以調用的公使錢。《景定建康志》卷四十四《諸廟》記載忠烈廟的重修過程中提到，「卞公壯烈英風千載一日，廟祀有嚴，歲久弗治，景定五年制使姚公希得乃捐庫金重新修茸，工物總費七萬九千九百二十餘緡，米二百七十三石六斗有奇。」此處所指庫金，則可能是公使庫。公使庫是為了彌補正賜公使錢之不足，而在州軍所設，以經營盈利。

　　當然，也有官員自掏腰包，捐資修築之事。如建康三聖廟「在府治之西偏，未詳所始。嘉定十年，李公玨始加增闢。十六年，余公嶸、寶慶元年丘公壽邁皆相繼修崇，至於今不廢。祈禱以正者必應。」其廟記曰：

　　　　陪京重鎮，盤龍踞虎，天設險要，建旌仗鉞，坐麟堂聽政，視方岳為獨尊，山川百神拱揖祇命，最親且近者三聖神祠在焉。歷年多，祠宇頹圯，弗稱厥祀，蛛簷蘇壁，來者動情，客燕賓鴻，既去輒已。嘉定丁丑，制置判府安撫留守待制侍郎隆興李公始克撤舊觀，鼎新之是役也，不勞民力，不費公帑，割俸資用，揆日告功……我公獨能為神興建祠宇於先，再至又懼奉事有間，選虞胥老於事曹其姓者專其責，豈公之聰明正直默與神會，愛民利物一念交感於心，自有不容釋者歟，公知神之心，神知公之心，公知敬於神，神知敬

〔註15〕《宋會要輯稿》禮20之114，中華書局，1957年，第821頁。
〔註16〕《宋會要輯稿》禮20之3，中華書局，1957年，第766頁。
〔註17〕（宋）范成大：《吳郡志》卷12《祠廟上》，《宋元方志叢刊》第1冊，中華書局，1990年，第782頁。

於公，神能體公之意，惠此邦之民，綿綿永永於無窮，民荷神之休
亦將感公之賜綿綿永永於無窮矣，敬書是以告來者，時嘉定十四年
長至前三日謹記。〔註18〕

更多的時候，這種鉅額的費用遠非某個官員可以獨立承擔的，依然是建康的
祠廟，晉謝將軍廟在城西南隅，「祠門俄圮」，統領張展會諸將校而言曰：厥
今王業偏安，驕虜未殄，於斯之時政宜？勠力一心，仰慕前烈，將軍之廟不
克修葺，則何以繼魯侯崇？奉之志，慰忠臣奮激之心乎？乃相與出俸資，鳩
工徒易其舊閣，表以新額，築植告備，赫然改觀。〔註19〕

除此之外，政府還會撥付度牒等有價物品。政和四年二月十三日，知虢
州朱陽縣斿（遊）天經言：「鳳翔岐山縣西北有周公廟，廟後有泉，自石穴中
湧出。耆老傳云，此泉盈縮係繫國家盛衰。唐大中初，泉十穴俱湧，賜名潤
德泉。崇寧間水湧，不止十穴。乞詔史官記述其異，仍賜空名度牒，下本路
計工增崇嚴飾。」詔令禮部給度牒五道，餘依。〔註20〕

又如定海縣東海助順孚聖廣德威濟王廟，「寶慶三年，守胡榘以颶風猛雨
交作，又舉唐孔戣薦饗南海故事，申請專置廟宇，得祠牒一十有五，郡增給
緡錢，且勸率士夫民旅助之，統制司輟瀕海房廊十五間之址，拓築海塗面，
東迎洋立殿三間，翼以夾室風雨神列殿前之東西，拜謁有庭，獻官有位，門
閈高宏，拱護嚴翼，時紹定元年也。」〔註21〕

除去官府的支持，皇室人員或朝廷重臣亦有賞賜錢物與興建祠廟的事
例。東京顯仁坊皮場土地神祠，「南渡初，有商立者攜其像至杭，舍於吳山看
江亭，因以為祠，都人有疾者禱必應，蓋以其為神農。云紹定四年九月祠毀，
聖像儼然獨存。理宗皇帝賜度牒綾帛，命即故址創廟。咸淳五年八月壽和聖
福皇太后降錢修葺，十一月王加封顯祐靈婉加嘉德，靈淑加嘉靖。」〔註22〕
另外，順濟聖妃廟，「其年白湖童邵一夕夢神指為祠處，丞相正獻陳公俊卿聞

〔註18〕　《景定建康志》卷44《諸廟》，《宋元方志叢刊》第2冊，中華書局，1990年，
　　　　　第2057～2058頁。
〔註19〕　《景定建康志》卷44《諸廟》，《宋元方志叢刊》第2冊，中華書局，1990年，
　　　　　第2056頁。
〔註20〕　《宋會要輯稿》禮20之4，中華書局，1957年，第766頁。
〔註21〕　（宋）胡榘修，方萬里、羅濬纂：《寶慶四明志》卷19《定海縣·神廟》，《宋
　　　　　元方志叢刊》第5冊，中華書局，1990年，第5238～5239頁。
〔註22〕　《咸淳臨安志》卷73《東京舊祠》，《宋元方志叢刊》第4冊，中華書局，1990
　　　　　年，第4010～4011頁。

之，乃以地券奉神立祠，於是白湖又有祠。」〔註23〕不知陳俊卿所出地券是私人所有還是官府所有，不僅是否爲私人地券，因爲陳俊卿的宰相身份，他這種行爲已然是向人們揭示了官府的態度。以上這些封賞，實質上是皇室成員與官員的一種個人行爲，他們動用自己的「私房錢」來修建自己信奉的祠廟，但是由於其地位崇高，極大影響了政府的態度，使得這些行爲成爲一種政府意志。

（二）民間修建

祠廟作爲一種民眾信仰的產物，其涉及範圍之廣、數量之多，光是政府的支持是遠遠不夠的，其興建與修護更多來自民間。橫涇東嶽廟「宋咸淳十年，里人國諭張士元建，以爲一方祈福之所。」〔註24〕西岳雲騰廟「元是王顯家舍地造廟，以爲邑民祈求之所。」〔註25〕在豪門富戶看來，興建一座祠廟並非難事。《夷堅志》講述了這樣一個神奇的故事：

> 撫州述陂，去城二十里，遍村皆甘林，大姓饒氏居之。家人嘗出遊林間，見僕柳中空，函水可鑒。子婦戲窺之，應時得疾，歸家即癡臥，不復知人。遂有物語於空中，與人酬酢往來，聞人歌聲輒能和，宛轉抑揚，韻有餘態，音律小誤，必蚩笑指謫，論文談時，率亦中理，相去咫尺而莫見其形貌。妾有過，則對主人顯言，雖數十里外田疇出納爲欺亦即日舉白，無一諱隱。上下積以厭苦，跋禳禱禬，百術備至，終無所益。凡數年，饒氏焚香拜禱曰：「荷尊神惠顧，爲日已久，人神異路，顧不至媟慢以爲神羞。欲立新廟於山間，香火像設，與眾祇事，願神徙居之，各安其分，不亦善乎？」許諾，自是寂無影響。饒氏自喜其得計，營一廟，甚華麗，日迎以祠。越五日復至，言謔如初，饒翁責之曰：「既廟食矣，又爲吾崇，何也？」笑曰：「吾豈癡漢耶？如許高堂大屋舍之而去，乃顧一小廟哉！」饒氏愈益沮畏。訖子婦死，鬼始謝去，一家爲之衰替云。〔註26〕

〔註23〕《咸淳臨安志》卷73《外郡行祠》，《宋元方志叢刊》第4冊，中華書局，1990年，第4014頁。
〔註24〕《重修琴川志》卷10《廟》，《宋元方志叢刊》第2冊，中華書局，1990年，第1245頁。
〔註25〕曾棗莊等編：《全宋文》第287冊，上海辭書出版社，2006年，第471頁～472頁。
〔註26〕《夷堅志》丙卷第12《饒氏婦》，中華書局，2006年，第468頁。

撫州的大族饒氏，因為其婦的原因，家中鬧起了鬼祟之事，不得以之下，饒家在山中修建了一座祠廟，香火像設，甚是華麗。但是這個鬼祟或是神靈並未接受，而繼續呆在饒家，直到饒婦去世才離開。以上種種，說明在宋代社會中，個人修建祠廟是一種比較常見的事情，不論所修祠廟或大或小，為了積攢功德、紀念某人、或是其他個人的原因，人們都可以修建祠廟。

對於規模較大的祠廟，光憑一己之力是難以實現的，更多的是集體力量共同努力的結果。《夷堅志》記載了許多這樣的故事，「宣和中，外舅為峽州宜都令，盛夏不雨，遍禱諸祀無所應。邑人云：『某山宋仙祠極著靈響。』乃具饌謁其廟。財下山，片雲已起於山腹。方烈日如焚，忽大雷雨，百里沾足。邑人戴神之賜，相與出錢葺其廟，而莫知仙之為男為女，考諸圖志，問於父老，皆無所適從。」〔註27〕

更多的情況，則是官民合作的成果，正如前面所提到的定海縣東海助順孚聖廣德威濟王廟，先是當地官員「申請專置廟宇，得祠牒一十有五」，同時「郡增給緡錢，且勸率士夫民旅助之」〔註28〕，最終完成了這座祠廟的建造。而知建康軍府事錢良臣所述建康廣惠廟乃「臣伏覩建康軍民昨於府城東刱行蓋造正順忠祐靈濟昭烈王廟一所，保護一方軍民，消災集福，每遇祈禱雨澤，無不應驗。」〔註29〕不難看出，從中央到地方，再到當地民眾，都為這座祠廟的興建做出了貢獻，缺少任何一個方面的支持，無疑會使得其最終流產或是其興建過程受到拖延。

也許這正是政府與地方勢力都願意看到的結果，當談到國家正祀與地方信仰之關係時，無論是誰屈從於誰，都不是一件讓人愉快的事情，然而如果這座祠廟從興建之初就是由政府和當地共同決定的，無論供奉哪位神靈，都是令人欣慰的結果。這種通力合作的精神，在將仕郎、守太原府文學於詠所撰寫的這篇《石醮盆銘》中得到集中體現。

　　黑水神祠石醮盆銘〔註30〕

〔註27〕　《夷堅志》丙卷第 14《宜都宋仙》，中華書局，2006 年，第 483 頁。
〔註28〕　《寶慶四明志》卷 19《定海縣‧神廟》，《宋元方志叢刊》第 5 冊，中華書局，1990 年，第 5239 頁。
〔註29〕　《景定建康志》卷 44《諸廟》，《宋元方志叢刊》第 2 冊，中華書局，1990 年，第 2057 頁。
〔註30〕　《宋代石刻文獻全編》第一冊，北京圖書館出版社，2003 年，第 686 頁。

今遇軍城西草市歸神向善之人，欽仁重義之一盡竭懇，誠願以良工崇飾大石，刻鑿龍獸水藻之紋，祭各乏財，不能如意，賴茲巨富齊選男、齊仲濟備財，命遼陽石工張安其人盡機智之巧，顯有奉神之心，遠乎專利苦身，巧取成家，重寶之名，公助力出金人連應、孫應、張天詔、張遷、李瞻、崔嵩、王安仁、恩閭貴、張清，南草市康俊、萬吉村胡慶所造石盆不累月工畢，卜之，會敬立於神前，永永大用。銘曰：眾人之心，誠焉不苟。刻鑿爐盆，容碩餘斛。免幣焚地，成禮頗厚。彼器固存，日月不朽。

熙寧八年九月念一日立石

懷州防禦判官、知平定縣事何

著作佐郎、簽書判官廳公事下闕

朝奉郎、守太常少卿、知平定軍事楊

二、祠廟的收入與賦役

一般說來，只要不是山間野外無人管理的小祠小廟，都有其收入與支出。關於祠廟的收入主要包括香火、田租和其他收入。

作為一種信仰活動發生的場所，為了表達自己對於神靈的信仰和尊重，最直接的表現方式之一是捐獻香火，這是祠廟存在和發展的主要手段之一。可以這樣理解，一個祠廟所受歡迎程度越高，就越有可能得到更多的錢物捐贈。然而關於香火收入，似乎是一件比較隱晦的事情，祠廟的管理者並不十分樂意公諸於眾，當然對於施惠者，出於感激和鼓勵他人仿傚之目的，其捐助事跡會公佈出來，如下面這則：

崇德廟財帛庫記〔註31〕

崇德廟財帛庫此刻在庫門外，高六寸，廣一尺四分，三行，行二字，字徑二寸六七分。

神君收錢財庫此亦在庫門外，高六寸三分，廣一尺一寸二分，三行，行二字，字徑二寸八九分。

皇宋劍南東川潼川府路合州石照縣水南祝壽鄉安仁里人事寄居利州城西河下住奉神弟子謝忠信、同室秦氏同□□謝廷堅同新婦龐氏一家等謹發誠心，命工於神君殿前用石鑴造化錢樓一所□□□奉下空

〔註31〕《宋代石刻文獻全編》第一冊，北京圖書館出版社，2003 年，第 536 頁。

神明仰答恩祐以祈保護人眷平安所求如意者，嘉泰二年季冬二十日奉神弟子謝忠信記。

嘗謂天下之事，惡夫物之所歸也久矣，物之無歸，則冥漠而失其所從，飄泊而昧其所止，是猶魚之失水，犬之喪家，良可歎也，是故物貴，其有所歸耳。今夫所爲海者，百川之所歸也。庫者，金玉之所歸。百川沸騰，非海則失其容；金玉滿堂，非庫則失其藏。凡所謂百川與金玉者，是必待乎海之與庫，而後容之藏也。知乎此則知所爲爐之義矣。合陽謝公忠信宛然其眞，湛然其性，待人有禮，行事有法，其於物之所歸，蓋深有以知之也。先於曩時，毅然發心□□崇德廟鑴造化錢樓一所，今告成於紹熙年間，發心□□戊戴内酬願。嗚呼，海者，百川之所歸也。庫者，金玉之□□也；樓者，錢湊之所歸也。且百川之歸海、金玉之歸□□□免乎有大數存焉，又人皆可得而知之乎，然曷若□□□歸爐與神默於杳冥之中，而納之無禁用之不□□□然師溥叢林晚生因觀謝公之行事可以紀□□□□□識之，庶傳於悠久云。時嘉泰壬戌月建潼川府武江淨住庵傳教師溥謹跋。

創議修造掌廟王光宗、同管幹掌廟張汝□、弟張汝霖下闕

遂寧府蘇紹原刻石，李言之書

除此之外，擁有土地，收取田租是很多祠廟的收入之一，甚至是主要收入，如「靈澤廟廟旁有田及蓮塘二十餘畝，州許蠲租，以僧掌之。」〔註32〕但是以這種收入爲主的祠廟應該不會多，理由是祠廟所佔土地之多遠未達到寺觀占田之數量，《嘉定赤城志》卷14所載寺觀州及各縣所佔土地數量，甚少提及祠廟所佔土地，從另一個方面可以說明祠廟所佔土地總體數量不多。

　　除去這些收入，根據當地地理位置與風俗習慣，各地的祠廟有其各自獨特的收入方式。忠烈廟「先是廟有租，以助經費，後乃漁於道流，浸失初意，因釐正之，俾廟不失利以備葺。」〔註33〕

〔註32〕　《淳熙三山志》卷8《祠廟》，《宋元方志叢刊》第8冊，中華書局，1990年，第7865頁。

〔註33〕　《景定建康志》卷44《諸廟》，《宋元方志叢刊》第2冊，中華書局，1990年，第2064頁。

　　　　廣德山神張渤祠，在廣德軍廣德縣。眞宗景德二年六月，監察御史崔憲上言：「祠山廟素號靈應，民多以牛爲獻。僞命時聽鄉民祖（租）賃，每牛歲輸絹一疋，供本廟費。邇來絹悉入官，望特給以葺祠宇。」詔本軍葺之，以官物給費。天禧二年五月，知軍陳覃上言：「祠山廟承前民施牛三百頭，並僦於民，每牛歲輸絹一疋。經三十年，斃而猶納僦絹。欲望歷十五年以上者並蠲放。」從之。〔註34〕
祠廟作爲一個經濟實體，在有收入的同時，則不可避免的要承擔國家的賦役。遺憾的是，關於祠廟，尤其是宋代祠廟與賦役相關的資料少之又少，嚴重影響了對這一問題的研究。當然，這並不意味著無法開展相關方面的研究工作，更多的要借鑒其他資料，尤其是與祠廟相類似的寺院宮觀賦役制度的相關內容。

　　　中國古代社會賦役制度中，對於寺院宮觀的政策無疑異於其他，享有種種經濟特權。由於寺院經濟勢力的膨脹，嚴重影響了國家賦稅收入，因而國家不得不採取種種措施加以限制，逐漸取消寺院的經濟特權。

　　　兩宋時期，政府將寺院道觀歸爲「寺觀戶」，凡是擁有土地的寺觀，是必須要向國家繳納二稅，其稅額估計應與政府規定的二稅額一致。〔註35〕如河南府永安縣永安寺「夏秋二稅正輸縣倉，不得移撥，常賦之外，免其它役。」〔註36〕同樣的，祠廟如果擁有土地的話，也是要承擔二稅。

　　　這就存在一個必然要具備的條件，即擁有田產。誠然，宋代眾多的祠廟中，擁有自己土地的不在少數。如《宋會要輯稿》載：元豐三年十月十六日，知邢州王慥言：「州有唐宋璟墓，臣輒以公使羨錢買近墳地七十畝，爲祠堂碑樓。訪其後，止有宋達爲忠效指揮小分。乞載於祀典，春秋享之，令宋達掃灑祠宇，耕墳旁地，以供祭享，傳世，毋得質賣。」從之，宋達仍放停。〔註37〕宜興「先賢祠在縣西南二里，紹定間令趙與慹建，祀蔣樞密之奇，陳密學襄、鄒侍郎浩、蘇端明軾、汪內翰藻、王待制居正、周簡惠葵、周文忠必大，且給田以廩守祠者。」〔註38〕

〔註34〕《宋會要輯稿》禮20之85，中華書局，1957年，第807頁。
〔註35〕參見游彪《宋代寺院經濟史稿》第六章《宋代寺院、僧人的賦役負擔》，河北大學出版社，2003年。
〔註36〕《宋會要輯稿》禮37之29，中華書局，1957年，第1334頁。
〔註37〕《宋會要輯稿》禮20之3，中華書局，1957年，第766頁。
〔註38〕《咸淳毗陵志》卷14《宜興》，《宋元方志叢刊》第3冊，中華書局，1990年，第3073頁。

　　因為祠廟與釋道之緊密的聯繫，其經濟之聯繫亦不免相關。如「蜀三大神廟，三神有德有功，著靈遠矣。今東南州郡所在建祠，金陵大都會獨為闕典。制使姚公希得，蜀人也，分閫是邦，乃度地於青谿之側，鼎創是祠，又於其旁建道室，為樵燎之所，取管下洞，神宮額以名之。創造房廊費三十三萬、米八百石，買田解本各十萬，鑱諸石契據砧基寄軍資庫，命道士王道立主之。」〔註39〕又如《無錫志》所載《無錫縣徐偃王廟庵記》：

　　　錫山西南一舍而近，是為五里湖，湖之陽有山，山之陽有廟，祀徐偃王。王嬴姓，誕其諱，為周諸侯，治以仁義。穆王西遊瑤池忘返，諸國交執玉帛贄於徐，穆王馳歸伐之，王不忍兵其民，去之彭城武原山下而居焉，至章禹見止於吳，子孫散處揚、徐間，即所居立王祀。韓昌黎記衢州廟，網羅舊聞，於斯為信，蓋衢常皆古揚州境也，然今是邦蔑王子孫廟籍之不廢，則里人若浮屠氏之力，嘗質圖志闕創始歲月，惟殿重建於紹聖戊寅，書棟可考，殿南為軒，軒南為門，共以東西二序，殿後小室，浮屠氏跂息地也。廟山相傳曰廟塘，廟據其趾，石塘橫其東，人是以名隸於廟者六十畝有奇，歲取薪樵供祠祭等用。紹興間，善彬居之業猶故，彬去中廢官稅莫供，為里正病吾宗有佃於官，為任輸送。慶元己未，眾謂祠宇日就荒蕪，水旱疾屬，將無所乎禱，遂選請宗佾繼彬之舊，佾敬共事神，清苦持戒，為一方信重，經營補葺，由殿及序，翼歊而正，更污而潔，結庵廟北扁以保慶，中建閣以儲梵爽，旁闢軒以延賓客，逼湖波往來病涉，又累石堤百餘丈為橋，三役竟復，慮無以供眾，乃置田三千七百餘步，為伏臘計，先後二紀乃克。就緒一日，其嗣孫文禮欵門曰：「廟庵規橅粗整，惟故山未復。」余曰：於吾宗族歸之籲始乎，此廟僅有此山，今由庵而堤，堤而橋，照映湖濱，過者屬目詢之，眾皆曰佾與其徒道恢等弊衣粗食，稽贏累奇而成。余謂元本所在，皆王仁義之澤，浸潤演迤，非惟子孫敬之，與浮屠氏皆敬之，故相為扶持，廢者復興，失者復還也。禮請記顛末，茲山去先塋近，余春秋掃祭，經祠下瞻敬已登閣，顧彼岩石磊塊，久欲剗苔以記，曾遊禮之言，適與心會，故書。景定癸亥孟冬朔，奉議郎、

〔註39〕《景定建康志》卷44《諸廟》，《宋元方志叢刊》第2冊，中華書局，1990年，第2061頁。

　　宜差知安慶府桐城縣主管勸農管田公事兼弓手寨兵軍正尤缺名
　　記。〔註40〕

除了要繳納的田賦之外，陸游在《入蜀記》中提到富池昭勇廟供奉的是吳大
帝時折衝將軍甘興霸，這座祠廟在當地極受重視，香火興旺，「祭享之盛，以
夜繼日，廟祝歲輸官錢千二百緡，則神之靈可知也。」這裡所提到的「官錢
千二百緡」似乎不像是田賦，陸游意在說明從繳納的官錢之多可知此廟香火
很盛，這更像是商稅的範疇。《夷堅志》中的一則故事，

　　　永康軍崇德廟，乃灌口神祠，爵封至八字王，置監廟官視五嶽，
　　蜀人事之甚謹。每時節獻享，及因事有祈者，無論貧富，必宰羊，
　　一歲至烹四萬口。一羊過城，則納稅錢五百，率歲納可得二三十萬
　　緡，為公家無窮利。當神之生日，郡人釀迎盡敬，官僚有位，下逮
　　吏民，無不瞻謁。〔註41〕

關於徭役負擔，關於祠廟的相關資料似乎更為少見，而在宋神宗熙寧四年免
役法頒佈之前，寺觀是享有免役特權的。筆者認為在免役法實行之前，祠廟
極有可能是免除徭役的。為何會有這種判斷，並不僅僅是因為對比當時寺觀
之情況，從祠廟存在情況來看，他的存在更多意義上是一種民眾祭拜與大眾
活動的場所，而非宗教信徒的聚集地，這也就是說很少有專職的信徒長期生
活在祠廟之中，缺乏甚至可以說沒有承擔徭役的人員。其管理者不管是廟祝，
還是巫覡，亦或其他祠廟相關人員，他們在世俗社會都有特定的身份，承擔
著各種賦役，所以不太可能基於祠廟的立場承擔額外的賦役。

　　熙寧四年頒佈的募役法，針對特殊戶籍做出如下規定：「其坊郭等第戶
及未成丁、單丁、女戶、寺觀、品官之家舊無色役而出錢者，名助役錢。」
〔註42〕也就是說，之前沒有徭役負擔的人戶，必須要拿出一部分錢來雇人應
役，「若官戶、女戶、寺觀、未成丁減半，募三等以上稅戶代役，隨役輕重
制祿，祿有計日、有計月、有計事而給者。」〔註43〕文中雖未提祠廟事宜，
但是相信在這種政策的引導下，有經濟收入的祠廟不免也要繳錢代役，具體
如何繳納不好估算，不過繳納之事確實存在，因《宋會要輯稿》有這樣一則

〔註40〕《無錫志》卷四中，《宋元方志叢刊》第 3 冊，中華書局，1990 年，第 2290
　　　　頁。
〔註41〕《夷堅志》支丁卷第七《永康太守》，中華書局，2006 年，第 1017 頁。
〔註42〕《宋史》卷 177，中華書局，1977 年，第 4301 頁。
〔註43〕李燾：《續資治通鑒長編》卷 227，中華書局，2004 年，第 5522 頁。

記錄：紹興五年閏二月二十日，詔：「三聖廟見占基地與全免合納役錢，餘依紹興三年九月三十日已降指揮施行。」以婺州蘭溪縣劉天民言：「昨父置到產地，後蒙踏逐，修蓋三聖廟，所有役錢乞行蠲免。」故有是詔。〔註44〕既然存在免納役錢之舉，則說明在常規情況下存在著繳納役錢之事。

另外，在祠廟的經營方面，經常涉及到買撲的方式。買撲，是宋代私人向官府承包經營酒坊、河渡、商稅場、鹽井之類的一種方式。買撲人須以一定數額的產業作為抵押，以三年為一界，向官府繳納課利。買撲制度其實是宋元時期一種包稅制度，其實質內容是政府換了一種方式來收取某些應繳商稅，也就是說如果不實行買撲制度，這些酒坊、河渡等等都是要向官府繳納相應的商稅。熙豐變法期間，變法派曾對某些祠廟列入買撲的範圍，從而在朝堂中引起了軒然大波。《東軒筆錄》記載：

> 張諤檢正中書五房公事，判司農事，上言：「天下祠廟，歲時有燒香施利，乞依河渡坊場，召人買撲。」王荊公秉政，多主諤言，故凡司農啓請，往往中書即自施行，不由中覆。賣廟敕既下，而天下祠廟，各以緊慢價直有差。南京有高辛廟，平日絕無祈祭，縣吏抑勒，祝史僅能酬十千。是時，張方平留守南京，因抗疏言：「朝廷生財，當自有理，豈可以古先帝王祠廟賣與百姓，以規十千之利乎？」上覽疏大駭，遂窮問其由，乃知張諤建言，而中書未嘗覆奏。自是有旨，臣僚起請，必須奏稟，方得施行。賣廟事尋罷。〔註45〕

對於祠廟實行買撲制度，雖最終未能實施，但從另一個方面則可以說明對於祠廟，至少是一部分祠廟，政府應是在徵收商稅，或是類似商稅的其他雜稅。這種制度，在其後的記載中依然能看到，如周必大《文忠集》載：「五月辛亥朔，風雨。姚媼忌。午後抵吳城山謁廟，少休看經閣，方知東坡所留石砮尙在，取而觀之。近歲過客又捨一矢，形稍大而色青，不若舊物之古也。廟側有聖池，池中有小石浮水面。祝史云買撲三年為界，每年四百千省，納隆興公庫。晉江朱丞彭年送別於此。」〔註46〕

三、民間祠廟的管理者

祠廟的管理者形形色色，不盡相同。作為一種非專業神職人員，祠廟的

〔註44〕 《宋會要輯稿》食貨14之24，中華書局，1957年，第5049～5050頁。
〔註45〕 （宋）魏泰：《東軒筆錄》卷6，大象出版社，2006年，第47～48頁。
〔註46〕 曾棗莊等編：《全宋文》第232冊，上海辭書出版社，2006年，第31頁。

管理者並未出離世俗，他們有自己的家庭和生活。《太平廣記》所載「梓州去城十餘里有張飛廟，廟中有土偶為衛士，一夕感廟祝之妻，經年遂生一女，其髮如朱，眉目手足皆如土偶之狀，至於長，大人皆畏之，凡蒞職梓州者謁廟，則呼出驗之，或遺之錢帛，至今猶存。」〔註47〕又如宋人洪邁講述的神異故事：

> 政和七年，京師市中一小兒騎獵犬揚言於眾曰：「哥哥遣我來，昨日申時，灌口廟為火所焚，欲此地建立。」兒方七歲，問其鄉里及姓名，皆不答。至晚，神降於都門，憑人以言如兒所欲者。有司以聞，遂為修神保觀，都人素畏事之。自春及夏，傾城男女，負土助役，名曰「獻土」。至飾為鬼使巡門，催納土者之物憧憧，或牓於通衢曰：「某人獻土。」識者以為不祥，旋有旨禁絕。既而蜀中奏，永康神廟火，其日正同。此兒後養於廟祝家，頑然常質也。〔註48〕

不同於僧道等專職宗教人士，廟祝有家庭兒女是件很正常的事情，並沒有爭議。在當時人們看來，廟祝更像是一種職業，負責祠廟日常事務以及侍奉神靈等事。

（一）家族世襲

祠廟中有相當一部分是先賢忠烈祠，這些生前為人的神靈，並非成為祭祀的對象之後就要摒棄其在世俗社會所有的社會關係，並且他們的親屬後代以此為榮。在許多廟記中，經常有敘述神靈及其家族事跡。臨安順濟廟廟記中講述了該廟神靈的身世：

> 「……公姓馮，諱俊，字德明，世錢塘人。生於熙寧甲寅六月十四日，娶郭氏，生三子。天資剛直，幼孤，事母孝。年十有八，夢帝遣神易其肺腑，雲將有徽命，旦寤，胸懷豁然開明，生不習文藝，至是於書傳大義以及字畫驟皆通曉。有叩以禍福，莫不前知，足未嘗履，閩人或遇之江海上。元祐年中，一日有舟渡江，值大風濤，分必死，公即現形，其間自言名氏，叱咤之頃，駭浪恬息。又嘗就寢，竟日乃寤，家視其嘔吐皆海錯異物，怪而問之，則云適宴於龍宮。大觀三年十一月己未，忽語人上帝命司江濤事，不得辭。

〔註47〕（宋）李昉等編《太平廣記》卷353《張飛廟祝》，中華書局，1961年，2798頁。

〔註48〕《夷堅志》丙卷第9《二郎廟》，中華書局，2006年，第439頁。

越三日，不疾而終，年三十有六。先期旬日於清水閘所居西偏，自
營兆域。既歿，靈異尤夥，人即所居祠之，而次子松年亦以濟人拯
物著靈遠近。今二孫則幼子椿年所生，於是子孫世奉廟事，不惟商
賈舟舶之所依怙，而環王畿千里之內，水旱有扣，亟蒙丕答……」

〔註49〕

出於對神靈的尊重，如果這些先賢忠烈人物有後代親屬，其祠廟的管理經常
會由他們來負責。上述這種情況的出現，亦是受到宗祠、家廟等的影響。基
於祭祀祖先的功能，宗祠、家廟等意在強化同宗親屬之間的血緣關係，使得
宗族組織更加穩固，因而本族宗祠、家廟的事務都是由本族人負責管理，外
人是不能插手的。誠然，這種性質的祠廟與宗祠、家廟有著很多相似之處，
譬如說都是供奉本族祖先，歲時祭祀等等，甚至也會有靈異故事的發生，如
蘇軾記載，賴仙芝曾講述了一個頗具傳奇色彩的故事：

連州有黃損僕射者，五代時人，僕射蓋仕南漢也，未老退歸。
一日忽遁去，莫知其所存亡。子孫畫像事之，凡三十二年，復歸，
坐胙階上呼家人，其子適不在，孫出見之，索筆書壁云：一別人
間歲月多，歸來人事已消磨，惟有門前鑒池水，春風不改舊時波。
投筆竟去，不可留。子歸，問其狀貌，孫云：甚似影堂老人也。

〔註50〕

影堂盛行於唐代，多用於祭祀得道高僧。到了宋代，影堂逐漸為普通民眾所
接受，成為一種民間祭祀祖先的場所。這裡所說的影堂明顯是家中祭祀祖先
之所，同樣發生了神奇的事件。儘管如此，人們基本上還是可以比較清晰的
分清宗祠與上面提及的由家族管理的神靈祠廟的。區別主要在於：一，宗祠
拜祭的祖先，祖先並非只有一位，其拜祭的數量也是很有講究的，宋朝政府
就曾規定家廟祭祀祖先的數量為「文臣執政官、武官節度使以上祭五世，文
武升朝官祭三世，餘祭二世。」〔註51〕而上述祠廟拜祭的是成為神靈的那位
祖先，其餘的祖先是沒有資格入廟享受祭祀的。二，宗祠是以家族利益為主，
是一個家族的神聖之所，一般只有本族人員才能拜祭，而這種祠廟是以當地
百姓的利益為首要任務，任何人都可以去拜祭。三、宗祠是「敬族收宗」的

〔註49〕　《咸淳臨安志》卷71《祠祀一》，《宋元方志叢刊》第4冊，中華書局，1990
　　　　年，第3998頁。
〔註50〕　（宋）蘇軾：《三蘇全書》第5冊，語文出版社，2001年，第122頁。
〔註51〕　《文獻通考》卷104《宗廟考十四》，中華書局，2011年，第3190頁。

一種手段，其祭祀禮節更多的體現是家族的秩序，而這種祠廟更多的體現的國家和地方的祭祀禮節，是國家安撫民眾，民眾祈福的一種手段。

另外，前面提到有個人修建祠廟的事例，這些的祠廟興建之後，很可能是由興建人家族來管理。如宋人黃幹所提到的西岳雲騰廟，「元是王顯家舍地造廟，以爲邑民祈求之所，已而家貧，遂託神以自活。神依顯之地以居，顯依神之靈以食。」〔註52〕這是典型的家族興建、家族管理的祠廟。這種祠廟其所奉神靈未必是這個家族的祖先，可能是當地人信奉的某位神靈。對於這種祠廟的管理，就如同家族的生意一般，由家族管理，再由本族人繼承，其所有權和管理權都屬於這個家族。然而，這種祠廟是否也像家族生意那樣是以牟利爲目的不能一概而論，事實上，上面所提到的西岳雲騰廟爲王顯家族帶來了利益，並成爲這個家族得以維持的主要收入。不過王顯家族修建此廟的初衷是「以爲邑民祈求之所」，後家道中落，才不能不以此爲生。

（二）釋道

研究祠廟的管理，不能拋開釋道之關聯。在經濟與管理方面，這種關聯顯得更加密切。就其場所來說，可以說是你中有我，我中有你。爲了吸引更多的信徒，釋道等會吸收民間流行的神靈到自己的宮觀，如「五顯廟在新安寺內，即婺源五顯靈觀大帝也。邑人自婺源奉香火歸，將建祠，卜地，惟新安寺廢，遂立廟，寺嘗見衣冠五儒者徘徊月下，及有見所來者，跳躍於市。」〔註53〕五顯廟明顯是民間祠廟的一種，並且受到國家的封賜，開始於北宋末年的封賜活動一直延續至南宋年間。《宋會要輯稿》詳細記錄了封賜的過程：

> 徽宗大觀三年三月賜廟額「靈順」。宣和五年正月封，一曰通貺侯，二曰通祐侯，三曰通澤侯，四曰通惠侯，五曰通濟侯。光堯皇帝紹興二年五月，各於侯爵上加二字，曰善應、善助、善利、善及、善順。十五年八月，各加二字，曰昭德、曰昭信、曰昭義、曰昭成、曰昭慶。是歲，信州別廟封，令一體稱呼。壽皇聖帝乾道三年九月，通貺善應昭德侯加封通貺善應昭德永福侯，通祐善助昭信侯加封通祐善助昭信永休侯，通澤善利昭義侯加封通澤善利昭義永

〔註52〕 曾棗莊等編：《全宋文》第287冊，上海辭書出版社，2006年，第471頁～472頁。
〔註53〕 《淳祐玉峰志》卷下《祠廟》，《宋元方志叢刊》第1冊，中華書局，1990年，第1090頁。

康侯，通惠善及昭成侯加封通惠善及昭成永寧侯，通濟善順昭慶侯
加封通濟善順昭慶永嘉侯。淳熙元年五月，通貺善應昭德永福侯封
顯應公，通祐善助昭信永休侯封顯洛公，通澤善利昭義永康侯封顯
祐公，通惠善及昭成永寧侯封顯靈公，通濟善順昭慶永嘉侯封顯寧
公。十一年二月，顯應公加封顯應昭慶公，顯濟公封顯濟昭貺公，
顯祐公封顯祐昭利公，顯靈公封顯靈昭濟公，顯寧公封顯寧昭德
公。〔註54〕

這樣一位被宋朝政府封賜的民間神靈，為釋道所接受，被接納至自己的寺觀。
如果說《淳祐玉峰志》所提到的五顯廟與新安寺是一種自然替代，即一種事
物衰落，另一種事物相繼興起，那麼下面的例子則能充分說明兩者的相容。「寶
山院在旱河頭，嘉泰間建，紹定間鄭丞相清之重建，奉五顯祠。」〔註55〕「靈
順宮在西南隅，宋開禧中徐侍郎自徽州奉五顯靈觀以歸，捨地建置田以充，
大德十年大風震屋，重建。」〔註56〕這種常態下發生的事件，充分說明祠廟
與釋道的包容性和合作性。

　　當然這種現象絕非僅限於五顯神，涉及的寺觀祠廟眾多，而且涉及的地
區也較為廣泛，並非是某一地區的現象。同時，對於這種神靈相容現象，宋
代政府並未加以阻止，對於涉及的寺觀和祠廟，分別給予應有的封賜。

　　　　靈惠廟在縣治東南百步，本縣土神周太尉之祠，神姓周，名容，
　　生而事母至孝，歿而告母曰：「兒已為神，當輸忠朝廷，盡力鄉里。」
　　宋淳祐初，邑人鄉貢進士陳權簿建祠祀之，後報慈寺僧耀觀主增置
　　寢室，奉神父母像於廟。淳祐十二年壬子，進士趙必鏅等奏神靈迹，
　　敕賜廟額，牒文尚存。〔註57〕

相互交織的結果就是雙方事務的交叉，基於在管理制度方面釋道遠比祠廟要規
範和完善許多，因此當遇到祠廟與釋道共處一地之時，往往是釋道負責管理之
職。「海雲洞在仁和縣永和鄉超山上，有干濕二洞、黑龍王祠。嘉定八年，禱雨
感應，賜額曰通靈之祠。先封慧應侯，繼封宣濟侯。淳祐七年亢旱，禱雨感應，

〔註54〕《宋會要輯稿》禮20之157～158，中華書局，1957年，第843頁。
〔註55〕《咸淳臨安志》卷76《寺院》，《宋元方志叢刊》第4冊，中華書局，1990年，
　　　　第4048頁。
〔註56〕《延祐四明志》卷18《釋道考下》，《宋元方志叢刊》第6冊，中華書局，1990
　　　　年，第6406頁。
〔註57〕《重修琴川志》卷10《祠廟》，《宋元方志叢刊》第2冊，中華書局，1990年，
　　　　第1245頁。

加封昭慧。龍祠係圓滿院掌管香火。」〔註58〕「蜀三大神廟，三神有德有功，著靈遠矣。今東南州郡所在建祠，金陵大都會獨爲闕典。制使姚公希得，蜀人也，分閫是邦，乃度地於青溪之側，鼎創是祠，又於其傍建道室，爲樵爨之所，取管下洞，神宮額以名之。創造房廊費三十三萬、米八百石，買田解本各十萬，鑱諸石契據砧基寄軍資庫，命道士王道立主之。」〔註59〕

不可否認，這種從屬管理制度，在很大程度上是因爲釋道徒對於祠廟的興建及維護起到了重要的作用，從諸多關於祠廟的文獻資料中都能看到釋道徒的參與。如江蘇的惠應廟就是「寺主僧志堅，同募居民以成勝事，僧願文清瑩者亦贊其能，篆疏一發，如石投水，施利四來，如川赴海，凡所得者，僅踰千緡，於是鳩工庀材，揆日藏事，歲時未易，斤斧告停，危□翬飛，疊瓦櫛比，窗牖明窒，櫟櫨赫奕，殿堂廣其舊制，廊廡關乎新規，門闌有閎，左右有序，中塑神像森衛，靈官威儀聿陳，藻繪斯煥，蓋所以答神休而肅祀事也」〔註60〕既然惠應廟興建是由僧人負責的，其對惠應廟的管理也成爲順理成章之事。

（三）巫覡

巫覡，是溝通人與鬼神的一個特殊群體，相較於僧道等專業宗教人士，巫覡的生活更爲隨意，他們可以成家生子，與普通人一樣，只不過職業與他人不同而已。作爲一種職業，巫覡既可以行走各地，爲人驅鬼治病，也可以專門供職於一座祠廟。《夷堅志》載：

> 臨川有巫，所事神曰「木平三郎」，專爲人逐捕鬼魅，靈驗章著，遠近趨嚮之。自以與鬼爲仇敵，慮其能害己，日日戒家人云：「如外人訪我，不以親疏長少，但悉以不在家獻告之，然後白我。」〔註61〕

巫覡之人，一般都有自己所供奉的神靈，通過供奉神靈，得到神靈的幫助，以達到驅鬼治病等異能。這位臨川巫有自己尊奉的神靈，不過似乎沒有專門建立祠廟以供祭拜，應該只是在自己家中加以供奉。這個「木平三郎」，可以

〔註58〕《淳祐臨安志》卷9《諸洞》，《宋元方志叢刊》第4冊，中華書局，1990年，第3311頁。
〔註59〕《景定建康志》卷44《諸廟》，《宋元方志叢刊》第2冊，中華書局，1990年，第2061頁。
〔註60〕《淳祐玉峰志》卷下《祠廟》，《宋元方志叢刊》第1冊，中華書局，1990年，第1088～1089頁。
〔註61〕《夷堅志》乙志卷15《臨川巫》，中華書局，2006年，第308頁。

說是臨川巫師個人的保護神，是比較私人化的神靈，而非祠廟中供大眾祭拜的神靈。作爲與神鬼溝通的人，沒有比祠廟更適合成爲巫覡活動的場所。「宣州南陵縣舊有蜂王祠，莫知所起，巫祝因以鼓眾，謂爲至靈，里俗奉事甚謹。既立廟，又崇飾龕堂貯之，遇時節嬉遊，必迎以出。」〔註62〕興建祠廟，並以此展開敬神等活動，帶來了巨大的利益，最大的受益者便是巫覡，因此他們非常熱衷修建並管理祠廟。

對於巫覡說來，與鬼神溝通是他們的謀生的手段，並不存在宣揚國家精神之覺悟，因而對於巫覡來說，只要能帶來經濟利益，什麼他們都可能用來膜拜，這就使得這些祠廟很多都是供奉非國家主流意識的神靈，所進行的祭祀儀式也多爲非法。《宋史》載：「（大中祥符）四年，邠寧陳興擅釋劫盜，徙嗣宗知邠州兼邠寧環慶路都部署。城東有靈應公廟，傍有山穴，群狐處焉，妖巫挾之爲人禍福，民甚信向，水旱疾疫悉禱之，民語爲之諱『狐』音。前此長吏，皆先謁廟然後視事。嗣宗毀其廟，燻其穴，得數十狐，盡殺之，淫祀遂息。」〔註63〕這裡的巫覡，被稱之爲妖巫，可見其政府對其的態度如何。靈應公廟，很明顯是國家封賜的祠廟，被巫覡所利用，成爲其收斂錢財之工具，最終爲政府所不容。其實就職能來說，巫覡是管理祠廟比較合適的人選，政府會選擇巫覡來管理某些祠廟，如《嘉泰會稽志》卷六載：「南鎮廟在（會稽）縣南一十三里，《周禮·職方》：揚州之鎮山曰會稽。隋開皇十四年詔南鎮會稽山就山立祠，取其旁巫一人主灑掃，且命多蒔松柏。」〔註64〕對於政府而言，只要不利用祠廟進行非法的勾當，巫覡是可以勝任此類工作。

巫覡於社會所處地位不高，與前幾類祠廟管理者來說，他們的身份也是比較低微的，即便是負責某一祠廟的管理工作，亦不會改變其社會地位。雖說有些巫覡之人挾神以謀取暴利，在當地風光無比，但是頗有狐假虎威之嫌，主要是因其所託神靈鬼怪之威懾力，而非本人之能，當這些神靈鬼怪的神化破滅之時，巫覡也被打回原形，仍處於社會下層。

〔註62〕　《夷堅志》支乙卷第5《南陵蜂王》，中華書局，2006年，第830頁。

〔註63〕　《宋史》卷287《王嗣宗傳》，中華書局，1977年，第9650頁。

〔註64〕　《嘉泰會稽志》卷六，《宋元方志叢刊》第7冊，中華書局，1990年，第6804頁。

第四章　鄉土情結與神靈的擴張──
對於區域性神靈的思考

　　神靈是極具地域特色的文化產物，中國地域廣大，因不同的文化背景，幾乎各地都擁有自己所推崇的神靈，從而形成特定的信仰區域。隨著社會文化史、宗教史等研究的升溫，關於民間神靈方面的研究成爲近年來學界所關注的焦點問題之一。筆者翻閱了諸多前輩學者關於區域神靈的研究成果〔註1〕，對於中國民間神靈的區域性與傳播特性有些淺薄的認識。筆者認爲，即便是影響範圍廣大的神靈，在發源地與其他地區的民眾心中，其形象和功能也不盡相同。作爲一種地域文化的表現，對於神靈的信仰首先具有強烈的鄉土情結。

一、鄉土情結與鄉土之神
　　所謂的鄉土情結，指的是人對於自己出生和生活的家鄉，以及與自己家

〔註1〕如張崇旺《試論明清商人的鄉土神信仰》（《中國社會經濟史研究》，1995年第3期）立足於商人群體，分析不同地域的商人群體信奉不同的神靈，如廣東商人的北帝信仰、福建商人的媽祖信仰、江西商人的許眞君信仰等等。俞黎媛《張聖君信仰與兩宋福建民間造神運動》（《福建師範大學學報（哲學社會科學版）》，2005年第1期）以福建爲中心，探討了張聖君信仰在福建的發展軌跡。陸敏珍《區域性神祇信仰的傳承及其對地方的影響──以浙江「胡公大帝」信仰爲例》（《北京理工大學學報（社會科學版）》，2005年第6期）對浙江「胡公大帝」信仰經久不衰的原因以及這一信仰圈對當地的影響進行了探討。皮慶生《他鄉之神：宋代張王信仰傳播研究》（《歷史研究》，2007年第3期）以張王爲例考述其傳播的軌跡。這方面的研究成果頗豐，在此不一一列舉。

鄉有關的人與事的一種特殊情感。在共同的社會活動和歷史傳承過程中，同一地區的群體形成了不同於其他群體的日常生活意識，包括價值觀念、道德風尚、飲食習慣等等。宋代名臣宗澤認為：「夫人之情，無大小，無貧富，靡不懷鄉土，顧妻孥，戀墳墓，舉千萬人貌雖不同，情即皆一。」〔註2〕而遠離故土，「終身與親愛姻族永相隔別，此其大戚也。」〔註3〕同樣的，對於故土之物，人們有著特殊的感情。《吳郡志》載：吳郡人張沖的父親遺命曰：「祭我必以鄉土所產，無用牲物。」於是張沖「四時還吳取果荣，流涕薦焉。」〔註4〕

這種鄉土情節，並不單單局限於鄉村及以農民為主的鄉里群體，基本上涉及社會各個方面的群體，包括接受過教育的知識分子群體和城市群體。《晉書‧張翰傳》載：「晉張翰自江南至洛陽，見秋風起，頓生故鄉之思，於是舍官南歸。」《南史》卷 72《文學傳》：齊人丘巨源，少舉丹陽郡孝廉，後齊武帝任命他作武昌太守，他「不樂江外行」。武帝問之，巨源說：「古人云，『寧飲建業水，不食武昌魚。』臣年已老，寧死建業。」鄉情，已經成為中國古代社會衡量一個人的道德標準之一，是一個人應該具備的一種感情。

鄉土情節，可以說像一股凝固劑，將有形的與無形的多種元素集中於一處，由此衍生出許多民俗與地區特色。其在信仰領域，則是通過某一地區所信仰的神靈，即鄉土之神體現出來的。所謂鄉土之神，李伯重先生在《「鄉土之神」、「公務之神」與「海商之神」——簡論媽祖形象的演變》一文中指出，「鄉土之神」指的是保祐一方民眾的善神，這裡特指總管一方民眾社會生活各個方面的神靈。〔註5〕共同的神靈，使得同鄉之間有了共同的精神寄託與話題，使得他們之間的關係之密切，是他鄉之民無法取代的。在這種強烈鄉土氛圍下的本土信仰，充滿了「地方保護主義」的色彩，法國學者謝和耐先生（Jacques Gemet）明確指出「民間崇祀保護神的特色，在於它是區域性的，為了某一地區的繁榮而膜拜。」〔註6〕

〔註2〕（宋）宗澤：《宗澤集》，浙江古籍出版社，1984 年，第 9 頁。

〔註3〕《續資治通鑒長編》，中華書局，2004 年，第 3168 頁。

〔註4〕《宋元方志叢刊》第 1 冊，中華書局，1990 年，第 872 頁。

〔註5〕李伯重：《「鄉土之神」、「公務之神」與「海商之神」——簡論媽祖形象的演變》，《中國社會經濟史研究》，1997 年第 2 期，第 47～58 頁。

〔註6〕（法）賈克‧謝和耐著，馬德程譯：《南宋社會生活史》，（臺北）中國文化大學出版部，1982 年，第 169 頁。

　　不同地區有不同的神靈，這不僅是地域的差別，更是一種鄉土認同感的差異。來自家鄉或是與家鄉有關的神靈，更容易為人所接受和崇敬。從宋元地方志所收錄各地之祠廟情況來看，不難發現其中濃鬱的鄉土情結。以《淳熙三山志》為例：

祠　廟	供奉神靈	與福建之關係
武烈英護鎮閩王廟		昔漢遣使封王為閩粵王，授冊命於此，其後即此立廟。
明德贊福王廟		昔閩粵王郢開州西大路，畚土成丘，後人即其地立廟。
善溪沖濟廣應靈顯孚祐王廟		昔閩粵王郢第三子有勇力，射中大鱓於此潭，其長二丈，土人因為立廟，號白馬三郎。
忠懿王廟	王諱審知，字詳卿，姓王氏，本琅琊人。	黃巢之亂，王與兄潮從王緒入閩，景福初攻福州，兵馬使范暉殺之，詔授潮廉帥。
東嶽行宮		
城隍廟		
五通廟		
惠安明應王廟	王姓陳氏。	歸隱於此。
剛顯廟	公姓周氏，諱樸，本吳人，唐末隱居於此。	隱居、死於此。
北廟	王姓劉氏，諱行全。	唐末事其妻兄王緒為將，緒為秦宗權所逼，拔其軍南徙，以王為兵鋒，至漳州，緒忌而殺之，
石頭廟	《舊記》無諸王時，民轉漕往浮倉，於此祈福，因有磐石，故名之。	
昭利廟	故唐福建觀察使陳岩之長子	
鍾山肅安王廟	鍾山寺之土地神。	
龍迹山廣施廟	龍神	
武勝王廟		祀陳九郎，福州地方土神。
靈澤廟	龍神	
九仙安境侯廟		
效節護君侯廟	龍神	
利澤廟	龍神	

威勝侯廟		
河伯保勝侯廟		
資利成寶靈應侯廟		
姑娘廟		
應聖侯廟		
惠民侯廟		
鎮寧侯廟		
鎮武侯廟		
保安王廟		
竹林通應廟		
廣贍侯廟		
會應廟	龍神	

《淳熙三山志》中記錄的這 31 座祠廟，有 9 座與福建有直接的聯繫，而像城隍廟、龍神等祠廟則一般是供奉當地的神靈，明確的外鄉之神則只有東嶽行宮和五通廟，可見鄉土之神在福建地區佔有絕對優勢。當然，作爲一本記錄某一時間段的方志，限於人力物力，其記錄的準確性也是有限的，不過福建之祠廟情況可見一斑。

需要指出的是，人們對於故鄉的認同感、歸屬感是一種普遍存在的心理文化現象，這種認同感和歸屬感既與他們所熟悉的家鄉的地貌地物、風土景色相連接，更與因爲這種地緣關係、成長經歷而形成的社會關係相連接。這一系列的社會關係之中，表現在信仰方面，則不僅僅是對於同鄉出身的神靈的莫名尊敬，與自己家鄉有些許關聯的神靈同樣也得到了當地人的愛戴。這在《淳熙三山志》中得以體現。在其收錄的祠廟神靈中，有本是琅琊人，而死於福建的忠懿王，也有不知籍貫，歸隱於此的惠安明應王。需要指出的是，許多學者討論過宋代祠祀擴展的問題，〔註7〕而這種現象並不屬於祠祀擴展的現象，雖說祭祀的是他鄉之神，然而祭祀的出發點是基於其與本地的關聯，說到底是鄉土情節的一種擴展，而非接受其他地區神靈的行爲。

〔註 7〕如韓森《變遷之神──南宋時期的民間信仰》第六章《區域性祠祀的興起》；
　　　　皮慶生《他鄉之神：宋代張王信仰傳播研究》，《歷史研究》2007 年第 3 期。

這種鄉土之情是很難改變的，一個人行走各地，永遠也無法忘記自己的家鄉一樣，同樣的，這種對於家鄉神靈的崇信與熱愛也是無法改變的。這種感情成為聯絡同鄉的一種手段，這種情況在宋代似乎並不明顯，清初的情況則更為典型，民國《重修大足縣志》載：「吾國人民向無團體。清初移民實川，於是同籍客民聯絡釀資，奉其原籍地方通祀之神，或名曰廟，或名曰宮，或名曰祠，通稱會館，是為團體之始。」〔註8〕

不可否認，宋代社會經濟活動的頻繁，社會流動性大大提升，離鄉背井，漂泊各地或是定居他地的人口越來越多，但是生於斯，死於斯的人口仍然占社會人口總量的大部分，有些人甚至一生都未離開過自己的家鄉，對於外界的瞭解有限，因而對外來事物的接受程度也是十分有限的。加之古代社會信息流通渠道有限，傳播廣度和速度不高，不同地區的文化習俗之間的傳遞與交流很難有效迅速的進行，各地區的文化習俗保持著相對的獨立性，這自然也包括鄉土信仰。

當談到神靈的傳播的問題時，經常會有另外一個問題為學者所談到，那就是關於「祭不越望」的問題。什麼是「祭不越望」，《左傳·哀公六年》記載：

> 初，（楚）昭王有疾。卜曰：「河為祟。」王弗祭。大夫請祭諸
> 郊，王曰：「三代命祀，祭不越望。江、漢、雎、漳，楚之望也。禍
> 福之至，不是過也。不穀雖不德，河非所獲罪也。」遂弗祭。

這與《公羊傳·僖公三十一年》「諸侯山川有不在其封內者，則不祭也」、《禮記·祭法》「諸侯在其地則祭之，亡其地則不祭」的說法意思一致。《禮記·王制》記載：「天子祭天下名山大川，五嶽視三公，四瀆視諸侯。諸侯祭名山大川之在其地者。」這也就是說祭祀神靈應參考祭祀者的身份，《禮記·曲禮下》記載更詳：「天子祭天地，祭四方，祭山川，祭五祀，歲遍。諸侯方祀，祭山川，祭五祀，歲遍……凡祭，有其廢之莫敢舉也，有其舉之莫敢廢也。非其所祭而祭之，名曰淫祀。淫祀無福。」這一規定說明當時各個階層祭祀的對象與範圍，按照這種思路不難看出，祭祀的高低是按照祭祀者的身份而進行的，而非刻意強調神靈本身繫統內部誰尊誰卑。而隨著時間流逝，這種絕對的世俗等級劃分日益趨向模糊與不穩定，再用這種以世俗來劃分神靈層次的做法已然不合時宜，所以對於神靈系統本身層級的劃分逐漸多了起來。

〔註8〕《中國地方志集成》，巴蜀書社，1992年，第8頁。

如果從另一個角度理解，即人爲地將神靈劃分了不同的勢力範圍，神靈在自己的「地盤」享受民眾的香火，而不能超越相應的地界，否則就是不合乎法理與民情的。其實這種「三代命祀，祭不越望」的觀念，是周人禮法概念的補充內容，就如同前面所提到的對於「淫祀」的定義一樣，雖屢有儒士提及，然而時代的變革已經不可能實現周人所提倡的「祭不越望」的理念。

李凱在其文《「祭不越望」探析》中指出，當周王室衰微之時，「祭不越望」之禮也開始衰落消亡。到春秋時代，「祭不越望」的規則已是明日黃花，《左傳‧僖公二十八年》中楚國城濮之戰大敗，楚國貴族子西等人認爲失敗的原因在於楚將子玉拒絕以玉祭河，《宣公十二年》邲之戰勝利後楚莊王「祀於河，作先君宮，告成事而還」，《哀公六年》中楚國眾多大夫建議楚昭王祭河，以及《楚辭‧九歌》中保留了祭祀河神的《河伯》，都說明以「江、漢、雎、漳」爲楚之望的楚人，對越制祭祀黃河已經司空見慣，反而遵守舊時「祭不越望」之禮的楚昭王倒是鳳毛麟角了，所以受到了孔子的高度讚揚。而「祭不越望」之禮的衰亡命運不可逆轉，雖然它被戰國秦漢人寫入禮書，但這不過是陳年往事了。〔註9〕

這也就是說，自從秦漢以來，所謂的「祭不越望」思想就已經開始遭遇到挑戰，超越祭祀者身份的祭祀儀式大量出現。支持的例證很多，如《通典》卷55載，漢成帝時，丞相匡衡等奏罷雍郡、上、下畤及陳寶祠等，凡683所，除去 208 所爲「應禮及疑無明文，可奉祀如故」外，其餘都是「不應禮或復重」，屬於罷黜的範圍。。東漢末年，城陽景王祠不僅僅城陽一地有，青州各郡都有，「濟南尤盛，至六百餘祠」。曹操秉政，「普加除剪，世之淫祠遂絕」。〔註10〕

但是不可否認，上述情況是不多見的，基本上神靈都各自固守自己的鄉土。或者說，祭祀者祭祀本地神靈，而很少祭祀外鄉之神。這種情況，是否是因爲「祭不越望」這種思想的作用結果呢？事實上，這種對於本地神靈的推崇更多的是受到地理因素的制約。俞黎媛在其文《論神祇生態位關係與民間信仰生態系統的平衡》中指出：「福建位於天南一隅，四周是險峻的高山和浩瀚的海洋，與外界的交流、交通極爲不便，因此，福建地方文化表現出極強的閩文化特徵。在民間信仰方面，像保生大帝、清水祖師、定光古佛、

〔註 9〕李凱：《「祭不越望」探析》，《雲南社會科學》2008 年第 4 期。
〔註10〕《宋書》卷 17《禮四》，中華書局，1974 年，第 487 頁。

陳元光、張聖君等都是地方性極強的神靈，出了閩臺就鮮爲人知。而山東的泰山聖母信仰、廣東的三山國王信仰和江浙的總管信仰也很難在閩地落戶。」〔註11〕這就是說一個神靈，在一定地區內可能備受尊敬，香火極盛，出了這個地理範圍則幾乎無人知曉。

　　神靈有強烈的地域性，使得神靈會固定於一定區域，如果說「祭不越望」是一種政治理念或思想的話，上面所提到的神靈的地域化則更多的是因爲文化的區域性造成的，是因爲鄉土之情的作用，而非是出於遵守國家，或是士大夫階層建構階層社會的規範。這也就可以理解爲何在周朝之後，中國古代社會依然保持這種類似「祭不越望」的狀況。

　　韓森在《變遷之神──南宋時期的民間信仰》一書中提到了一種不同類型的神祇──地方性神祇，即有明確生平可述的個人，成爲神祇後與他們所曾居住過的地方緊密相連，區域性祠祀並不局限於一個地方，而是向各地擴展，甚至發展到全國範圍。〔註12〕韓森隨後舉出了四個區域性祠祀的典型例子，即五顯、梓童、天妃和張王。在這裡韓森所指的區域性神祇，指的是走出了所在家鄉，具體到宋代行政地方體制，看來已經是超出所在縣屬範圍。如果基於鄉土之情，完全可以理解這種情況的發生，即一個外出的人，或者說某一群體，無論是商人還是官員，出於對家鄉的熱愛和懷念，將自己家鄉的神靈也帶到了所到之處，從而使這一神靈得到了傳播和擴散，成爲更大一個區域的神靈。但是另外一個問題出現了，如果肯定鄉土情節的存在，那麼所謂的他鄉之神，是如何能夠爲本土人士所接受呢？

二、對於兩宋時期神靈傳播現象的理解

　　就現有文獻看來，大量越望之祀的出現應該是在兩宋時期，既然「祭不越望」這種理念早在周之後就爲人所打破，爲何在兩宋時期，尤其是南宋，所謂的區域性祠祀會迅速興起？

　　縱觀南宋經濟狀況，經濟文化較爲發達的是東南的江南東路、江南西路、兩浙東路、兩浙西路、福建路，以及四川的成都路；其餘荊湖南路、荊湖北路、廣南西路、廣南東路發展程度要低一些；而京西南路、兩淮西路、兩淮

〔註11〕　俞黎媛：《論神祇生態位關係與民間信仰生態系統的平衡》，《民俗研究》2008年第 3 期。

〔註12〕　（美）韓森：《變遷之神──南宋時期的民間信仰》，浙江人民出版社，1999年，第 126～127 頁。

東路位於與金國對峙的前線，經濟文化的發展受到影響。以韓森所歸納的五顯、天妃、梓童、張王這四個區域性祠祀爲例，這四位神靈出身都非出身名門，其家鄉，也就是其祠廟發源地分別在徽州婺源、福建莆田、蜀中梓潼縣和廣德軍。這幾個地方並非南宋經濟最發達之地區，也非政治重鎮，是什麼原因使得這幾個地區的神靈得以在比較大的範圍內傳播，而非杭州、建康等大城市的神靈呢？

作爲地方代表的神靈，其傳播的目的之一就是得到社會認同，以期使得所代表地區得到全社會的認同和關注。而這種社會認同，則是通過兩種途徑得以實現的，一是神靈傳播到盡可能遠的地區得以傳播和接受，另一方面則是在政治、經濟、文化中心城市中佔據一席之地。這種傳播意念是以經濟爲基礎的一種意識活動過程，在中國古代社會，神靈的傳播主要依靠的是人的流動來完成的，而流動性最強的、佔據話語權的兩個主要的群體是商人和官員，關於傳播群體的研究主要集中在下一部分，這裡著重分析經濟與神靈傳播之關係。商人，無疑，經濟因素是促使商人流動的主要原因，雖然不能說經濟的繁榮直接導致商人群體的壯大和商業活動的增加，至少在一定意義上，經濟因素是商人活動頻繁的原因之一，這是毫無疑問的。流動的商人，無疑成爲家鄉神靈的推銷者。范金民先生在《身在他鄉不是客——清代商人會館的功能》一文中說到：「各地商幫都崇奉固定的神祇，如福建、廣東這些以航海爲主的商幫以及其他沿海商幫都崇奉蹈海救難、屢顯靈驗的化身天妃，如果不是在當地，天妃宮往往就是這些商幫的會館所在地；徽商、寧國商人、山陝商人、江浙商人、山東東齊商人等，崇奉忠肝義膽、正義偉力的象徵關羽關老爺；山東濟寧、江淮的商人崇奉宋末殉節、庇祐河運的生員謝緒爲金龍四大王，各地的大王廟往往爲這些商幫所建；江西商幫崇奉曾爲旌陽縣令的許遜爲許眞君，有的會館直接稱爲旌陽會館。這些神化了的忠義、力量的化身，經歷代渲染，都成了護祐一定地域或行業的功德神，已經超出了鄉土神的範圍。奉祀這些神祇，既可以祈求保祐，又可以藉以樹立各地域商幫特有的形象。」〔註13〕明清時期的會館，無疑是外地商人祀鄉神的重要場所。然而，在兩宋時期是否存在類似會館之類的場所可以集合一地之勢力與神靈，是需要進一步研究的問題，至少就目前看來，宋代活動於外地之商

〔註13〕 范金民：《身在他鄉不是客——清代商人會館的功能》，《尋根》2007 年第 6
期。

人群體並未如同明清時期那樣有明顯的凝聚力。個體的商人具備多大的傳播力，是有待考證的問題。

　　至於官員的流動，則主要是因爲任職地的調動。官員對於一地的管理，無疑包括對於當地宗教信仰等活動的掌握，因而官員對於神靈信仰的理解，直接關係到一地神靈信仰之變化。可以說，官員群體的神靈觀念，對於國家宗教信仰政策起著重要影響作用。而不同地域的官員，對於神靈，尤其是涉及到自己家鄉的神靈，其感情自然不同。而在宋代科舉考試中，南方士子的興起並逐漸佔據優勢地位，使得南方籍貫的官員數量急劇增加。這種情況，無疑與南方經濟的發展有著莫大的關聯。而這種南方官員群體的壯大，使得國家對於南方神靈的態度會發生一定的調整。

　　當然，經濟的因素並不能完全解釋文化信仰領域的問題。關於文化傳播或擴散的動因，趙世瑜先生認爲至少可以從三個角度加以說明。首先，一種文化特性、一個文化因子，甚至一個文化復合體，只要它有價值、有意義，便必會爲人學習、仿傚、接受。其次，人類對幸福（體現爲物質財富和精神財富）的不懈追求，既是創造文化的原動力，又是傳播文化的原動力，正是它促進了人類的相互交往。第三，每一次具體的擴散過程都有其具體的原因，如火藥的西傳大約是因爲 13 世紀以後阿拉伯及歐洲國家戰爭不斷的緣故，而以大炮爲代表的新式火器的回傳則是因爲抗「倭」及明清戰爭的緣故。〔註14〕

　　文明的傳播無疑是不可避免的，而神靈的傳播，不管是否爲外鄉所接收，這種趨勢是必然存在的。這種傳播在南宋時期得以展開，應該從南宋時期民眾地域觀念的強化說起，經過靖康之難，大批北人南遷，而這一次北方人口的南遷規模，遠遠超過以前的兩次，即發生於西晉永嘉之亂以後的第一次南遷浪潮和發生於唐後期五代的第二次南遷浪潮。〔註 15〕南北方文化在極大程度上交織在一起，其中既有兩種文化的交融，亦帶來了諸多的矛盾。「江北士民流離失職，江南士民多忌且惡之，若無所容者。」〔註 16〕人在離鄉之前，也許並未注意家鄉之事務，而只有離鄉之後，這種意識才忽然迸發出來。清代學者易崇階在《重建禹王宮序》中指出：「夫人同居里閈，即至親骨肉，日

〔註14〕趙世瑜、周尚意：《中國文化地理概說》，山西教育出版社，1991 年，第 153頁。

〔註15〕葛劍雄：《中國人口史》第 3 卷《遼宋金元時期》，復旦大學出版社，2000 年，第 623 頁。

〔註16〕徐夢莘：《三朝北盟會編》，上海古籍出版社，1987 年，第 1272 頁。

與聚處，而不知其樂。一旦遠適他方，舉不知誰何氏之人，一聞其土音是操，遂不覺情投意洽。有出於不自知者，其即古人裹號新豐、社立粉榆之遺意耶？」「每屆春秋令節，鄉人少長咸集，泯南北之畛域，敘水木之本源，並回思締造艱難，務期有基勿壞。」〔註 17〕雖是清人所寫，然這是人之常情，通用於各類人群。兩宋之際，北人的南遷，使得這種思鄉之情益發濃重起來。

杭州，作爲南宋王朝的政治中心，集合了各地有影響力的祠廟，斯波義信《宋代江南經濟史研究》對其分佈做了圖示〔註 18〕，這其中包括北宋東京地區的神靈，如皮場廟、二郎祠，還包括福建天妃祠、四川梓潼聖君廟、徽州五顯祠、廣德軍霍山行祠、常州顯祐廟、袁州仰山祠等等。這一方面說明杭州作爲南宋中心城市，各地移民集聚於此。另一方面則說明，這些地方神靈的發展趨勢，從地方到中心地區的傳播過程。

與此同時，這種南北文化的富有撞擊力的交流，使得南方文化產生了一種近似於自衛性的反擊意識，這種意識反映到民眾的行爲中，則包括對於本土神靈的崇敬和信仰。原本拘泥於一鄉一鎮的神靈，因爲南北文化的碰撞，使得南方各地摒棄了固有的鄉土情節，將這種鄉土意識擴展到一個更大的範圍，有意識亦或是無意識的接受他鄉之神，並將之歸納到這個新建立的鄉土範圍內，以在意識形態方面對抗北方文化。可以說，這是南宋時期神靈越境的原動力。而當時南宋的諸多條件，爲這種神靈擴展提供了比較充足的條件，使得南宋時期神靈拓展情況，較之前代有了長足的發展。

民間的宗教信仰中予人印象最深的一點即是超乎尋常的多神信仰。〔註 19〕可以說，中國的民間信仰領域，具有排他性的神靈並不多，正如韓森在其書的序言中所說的，「中國人既拜佛寺、道觀，又拜民間的祠廟……只不過是在求一個『靈』的神而已。」〔註 20〕這就是說一個神靈是否受歡迎，是因爲其是否靈驗決定的。如果靈驗，那麼只要有機會，那麼這個神靈就可能爲外鄉之人所接受。這似乎是個比較矛盾的話題，民眾敬愛本土的神靈，又同時接受外鄉的神靈。其實鄉土之神，與外鄉之神在同一群體看來是有著微妙的差

〔註 17〕 《中國地方志集成》，巴蜀書社，1992 年，第 24 頁。
〔註 18〕 （日）斯波義信著，方健、何忠禮譯：《宋代江南經濟史研究》，江蘇古籍出版社，2001 年，第 364～365 頁。
〔註 19〕 （法）賈克·謝和耐著，馬德程譯：《南宋社會生活史》，中國文化大學出版部，1982 年，第 170 頁。
〔註 20〕 （美）韓森著：《變遷之神：南宋時期的民間信仰》，浙江人民出版社，1999 年，第 12 頁。

異的。當一個神靈跨越自己的鄉土，這個神靈在外鄉民眾眼中則不再是鄉土之神的代表，而是具有某種神奇能力的神靈，譬如說梓潼神，出離了四川之後，逐漸成爲科舉考試的保祐之神，當四川之外的民眾在拜祭他的時候，想的不是他是四川的神靈，而是他保祐科舉之能力。也就是說，基於不同的民眾，神靈形象是不同的。

以福建著名的神靈媽祖爲例，福建人對媽祖充滿了感情和自豪感，可以說媽祖在福建人的心目中的地位與重要性，是非福建人所無法理解的， 這種感情是很微妙的，用硬性的數據譬如說福建，特別是莆田，媽祖廟數量多於其他地區之類的資料似乎並不能完全說明本鄉之人與外鄉之人對於媽祖的態度，這種差別更多的在於人的某種情愫。筆出於心，文字之類的東西能體現出筆者的態度傾向。就神靈祠廟來說，其事跡由不同的人表述，字裏行間所達之意亦不同。

根據《南宋館閣錄》的記載，丁伯桂，字元輝，興化軍莆田人，出於媽祖發源地，可以說是媽祖正宗的同鄉。據《淳祐臨安志輯逸》所載，南宋臨安艮山門外的順濟聖妃廟，其廟記就是丁伯桂所寫：

神莆陽湄州林氏女，少能言人禍福，歿，廟祀之，號通賢神女。或曰龍女也。莆寧海有墩，元祐丙寅夜現光氣，環墩之人一夕同夢曰：「我湄州神女也，宜館我。」於是有祠曰聖墩。宣和壬寅，給事路公允迪載書使高麗，中流震風，人舟沉溺，獨公所乘神降於檣獲安濟。明年奏於朝，錫廟額曰順濟。紹興丙子，以郊典封靈惠夫人。逾年，江口又有祠。祠立二年，海寇憑陵效靈，空中風捲而去。州上厥事，加封昭應，其年白湖童邵一夕夢神指爲祠處，丞相正獻陳公俊卿聞之，乃以地券奉神立祠，於是白湖又有祠。時疫神降，且云去湖丈許脈有甘泉，我爲郡民續命於天，飲斯泉者立瘥，掘泥坎甘泉湧出，請者絡繹，朝飲夕愈，甃爲井，號聖泉，郡以聞，加封崇福。越十有九載，福興都巡檢使姜特立捕寇舟，遙禱響應，上其事，加封善利。淳熙甲辰，民災，萬侯郭禱之。丁未旱，朱侯端學禱之。庚戌夏旱，趙侯彥勵禱之，隨禱隨答，累具狀聞於兩朝，易爵以妃，號惠靈。慶元戊午，甌閩列郡苦雨，莆三邑有請於神，獲開霽，歲事以豐，朝家調發閩禺舟師平大奚寇，神著厥靈，霧瘴四塞，我明彼晦，一埽而滅。開禧丙寅，虜寇淮甸，郡遣戍兵載神香

火以行，一戰花鷹鎮，再戰紫金山，三戰解合肥之圍，神以身現雲中，著旗幟，軍士勇張凱奏以還，莆之水市朔風，彌旬南舟不至，神爲反風，人免艱食，海寇入境將掠鄉井，神爲膠舟，悉就擒，獲積此靈既，郡國部使者陸續奏聞。慶元四年，加助順之號。嘉定元年，加顯衛之號。十年，加英烈之號，威德無窮，典實有限，不極不止。神雖莆神，所福徧宇內，故凡潮迎汐送，以神爲心，同南籤北，以神爲信，邊防里捍，以神爲命，商販者不問食貨之低昂，惟神之聽，莆人戶祀之，若鄉若里，悉有祠所，謂湄洲聖墩，白湖、江口特其大者，爾神之祠，不獨盛於莆，閩廣江浙淮甸皆祠也。京畿艮山之祠，舊傳監丞商公份尉崇德日感夢而建祠。臨江滸前有石橋，經久摧剝，一日里人取涼於橋，坐者滿地，忽有白馬自廟突而出，人悉駭散，橋隨圮無有一陷者，人知神之爲也。開禧年間始建殿閣，地徧且陋，觀瞻未稱，歲在丁亥，某調郡陞辭，偶叨留行，因白夕郎陳公卓割餐錢爲倡，貽書鄉之持麾節者，咸遣助鄉之士友與都人知敬神者竭力效奔走，不避寒暑，隨豐儉捐金錢，次冬首役，移舊殿閣，前架正殿，越春，殿成。又次年，門樓廊廡成，塑繪丹雘，几案簾帷，欄楯軒檻，聞者爭施，中外輝映，規橅粗備。云云戊子之夏，後殿雷震電掣，龍爪西楹而翔莆，白湖祠亦告斯瑞，且同其時。又一夕，鼓作雷聲，轟轟而鳴，豈非先兆歟。祠成，鄉人合詞諉某爲述顛末，姑取先後金石所紀神績者編次之，庶來者有考雲。

同樣是媽祖，洪邁所記載的故事則與丁伯桂所描述的有著很大的差別。《夷堅志》中關於媽祖的故事，其題目是《林夫人廟》：

興化軍境內地名海口，舊有林夫人廟，莫知何年所立，室宇不甚廣大，而靈異素著。凡貫客入海，必致禱祠下，求杯玹，祈陰護，乃敢行，蓋嘗有至大洋遇惡風而遙望百拜乞憐見神出現於檣竿者。里中豪民吳翁，育山林甚盛，深衺滿谷。一客來指某處欲買，吳許之，而需錢三千緡，客酬以三百，吳笑曰：「君來求市而十分償一，是玩我也。」無由可諧，客即去。是夕，大風雨。至旦，吳氏啓戶，則三百千錢整疊於地。正疑駭次，外人來報，昨客所議之木已大半倒折。走往視其見存者，每皮上皆寫林夫人三字，始悟神物所爲，亟攜香楮，詣廟瞻謝。見群木皆有運致於廟埦者，意神欲之，遂舉

此山之植悉以獻，仍輦元直還主廟人，助其營建之費。遠近聞者紛
然而來，一老吒家最富，獨慳吝，只施三萬，眾以為太薄，請益之，
弗聽。及遣僕負錢出門，如重物壓肩背，不能移足，惶懼悔過，立
增為百萬。新廟不日而成，為屋數百間，殿堂宏偉，樓閣崇麗，今
甲於閩中云。〔註21〕

不知洪邁收錄這個故事的時候，知道不知道林夫人就是福建當地著名的神
靈。很明顯，洪邁所關注的是關於林夫人的神異，整個故事充滿了因果報應
的色彩，絲毫沒有感覺到作者對於這個神靈有何特殊的感情，這種感情也許
是非福建人的洪邁所無法瞭解的。

三、信仰傳播群體研究

皮慶生先生在《宋代民眾祠神信仰研究》一書中，引用了傳播學的諸多
理論，將祠神信仰的傳播歸納為以下幾種情況：1.信奉者將祠神的靈應故事傳
播給本地的人群；2.信奉者將靈應故事向外地人群傳播；3.信奉者在外地供奉
神像或私設小神堂，以求祠神保祐；4.信奉者在外地的公共場所供奉神像，再
次形成傳播。

不可否認，信奉者對神靈的傳播起到了巨大的推動作用。社會學家威爾
伯·施拉姆從社會學角度對「傳播」進行定義：「我們在傳播的時候，是努
力想同誰確立『共同』的東西，即我們努力想『共享』的信息、思想或態度。」
〔註22〕信奉者相信自己信奉的神靈，同時，他也希望與別人「共享」自己所
信奉的神靈，於是乎會努力的向外推銷自己信奉的神靈。「對於個人而言，
他（她）的傳播途徑可以是親朋好友、同事、各種社會關係、書籍及其他大
眾傳播媒介等，以獲得家庭內外、業務、社會、知識等各方面的信息。對於
一種文化而言，它必須借助人的傳播途徑，從源地向外區擴散，可以是鄰里、
社區、國家，可以是個人對個人，也可以是群體對群體。」「而在傳統社會
中，由於傳播媒介和交通工具的有限，這種傳播和擴散往往依賴於人類自身
在地表上的運動，這些運動又大體上可分為三類，即探險、遷徙和地區征服。」
〔註23〕

〔註21〕洪邁：《夷堅志》支景卷第九《林夫人廟》，中華書局，2006年，第950～951頁。
〔註22〕李正良主編：《傳播學原理》，中國傳媒大學出版社，2006年，第44頁。
〔註23〕李正良主編：《傳播學原理》，中國傳媒大學出版社，2006年，第151～152頁。

　　這也就是說，在中國傳統社會，傳播的主要途徑來自於人群的流動。然而，信奉者未必是神靈傳播的唯一群體，非信奉者不自覺地也會將神靈傳播到不同的地方。對於傳播群體的研究日益深入，成果頗多，從韓森先生指出商人群體對於神靈傳播的作用，直至皮慶生先生歸納的地方官員、士人、釋道人士、商人、軍人、水手等群體。〔註 24〕無疑，這些群體絕對是傳播的主要群體。除此之外，是否還有其他群體的參與呢？

　　宋代是一個文化繁榮，社會娛樂活動豐富的社會，城市經濟和文化的發展，夜生活的發達，尤其是瓦舍勾欄的出現，使得話本、說唱伎藝是一種十分興盛的藝術，宋人孟元老細數了東京汴梁有名的藝人。「崇觀以來，在京瓦肆伎藝，張廷叟孟子書主張，小唱李師師、徐婆惜、封宜奴、孫三四等，誠其角者嘌唱弟子張七七、王京奴、左小四、安娘、毛團等，教坊減罷並溫習張翠蓋、張成、弟子薛子大、薛子小、俏枝兒、楊總惜、周壽、奴稱心等，般雜劇杖頭傀儡任小三，每日五更頭回小雜劇，差晚看不及矣。懸絲傀儡張金線、李外寧、藥發傀儡張臻妙、溫奴哥，真箇強，沒勃臍，小掉刀筋骨上索雜手伎渾身眼，李宗正、張哥、毬杖踢弄孫寬、孫十五、曾無黨、高恕、李孝詳，講史李慥、楊中立、張十一、徐明、趙世亨、賈九，小說王顏喜、蓋中寶、劉名廣，散樂張真奴，舞旋楊望京，小兒相撲雜劇掉刀蠻牌董十五、趙七、曹保義、朱婆兒、沒困駝、風僧哥、俎六姐。影戲丁儀、瘦吉等弄喬影戲，劉百禽弄蟲蟻，孔三傳耍秀才諸宮調，毛詳、霍伯醜商謎，吳八兒合生，張山人說諢話，劉喬、河北子、帛遂、胡牛兒、達眼五重明、喬駱駝兒、李敦等雜啅外入孫三神鬼、霍四究說三分，尹常賣五代史，文八娘叫果子，其餘不可勝數。」這些藝人深受歡迎，以至於「不以風雨寒暑，諸棚看人，日日如是。」〔註 25〕這還僅僅是當時著名的名角，如果加上其他各類普通的和街邊賣藝的藝人，那麼整個藝人群體的數量無疑是驚人的。

　　孟元老《東京夢華錄》說東京的瓦肆「不以風雨寒暑，諸棚看人，日日如是」，又說「每日五更頭回小雜劇，差晚看不及矣」。如此巨大的市場，使得藝人們創作大量作品以應民眾的需求。藝術來源於生活，這些話本、說唱的創作多取材於民眾的日常生活，其中亦包含大量神靈鬼怪的故事。如《皂角林大王假形》：

〔註 24〕皮慶生：《宋代民眾祠神信仰研究》，上海古籍出版社，2001 年，第 214 頁。
〔註 25〕孟元老：《東京夢華錄注》卷 5《京瓦伎藝》，中華書局，1982 年，第 132～133 頁。

富貴還將智力求，仲尼年少合封侯。

時人不解蒼天意，空使身心半夜愁。

話說漢帝時，西川成都府，有個官人，姓欒名巴，少好道術，官至郎中，授得豫章太守，擇日上任。不擇一日，到得半路，遠近接見；到了豫章，交割牌印已畢。元來豫章城內有座廟，喚做廬山廟。好座廟，但見：蒼松偃蓋，古檜蟠龍。侵雲碧瓦鱗鱗，映日朱門赫赫。巍峨形勢，控萬里之澄江；生殺威靈，總一方之福禍。新建廟牌鐫古篆，兩行庭樹種宮槐。

這座廟甚靈，有神能於帳中共人說話，空中飲酒擲杯。豫章一郡人，盡來祈求福德，能使江湖分風舉帆，如此靈應。這欒太守到郡，往諸廟拈香。次至廬山廟，廟祝參見。太守道：「我聞此廟有神最靈，能對人言。我欲見之集福。」太守拈香下拜道：「欒巴初到此郡，特來拈香，望乞聖慈，明彰感應。」問之數次，不聽得帳內則聲。太守焦燥道：「我能行天心正法，此必是鬼，見我害怕，故不能則聲。」向前招起帳幔，打一看時，可煞作怪，那神道塑像都不見了。這神道是個作怪的物事，被欒太守來看，故不敢出來。太守道：「廟鬼詐為天官，損害百姓。」即時教手下人把廟來拆毀了。太守又恐怕此鬼遊行天下，所在血食，不當穩便，乃推問山川社稷，求鬼蹤迹。卻說此鬼走至齊郡，化為書生，風姿絕世，才辨無雙。齊郡太守卻以女妻之。欒太守知其所在，即上章解去印綬，直至齊郡，相見太守，往捕其鬼。太守召其女婿出來，只是不出。欒太守曰：「賢婿非人也，是陰鬼詐為天官，在豫章城內被我追捕甚急，故走來此處。今欲出之甚易。」乃請筆硯書成一道符，向空中一吹，一似有人接去的。那一道符，徑入太守女兒房內。且說書生在房裏覷著渾家道：「我去必死！」那書生口銜著符，走至欒太守面前。欒太守打一喝：「老鬼何不現形！」那書生即變為一老狸，叩頭乞命。欒太守道：「你不合損害良民，依天條律令處斬。」喝一聲，但見刀下，狸頭墜地。遂乃平靜。……

〔註 26〕

〔註 26〕 程毅中輯注：《宋元小說家話本集》，齊魯書社，2000 年，第 760 頁。

這則話本講述了一個太守捉鬼拿妖的故事，雖名為漢朝時候，卻充滿了宋元社會的風貌，如太守所行天心正法，就是南宋、元南方所流行的道術。故事跌宕起伏，引人入勝，裏面有變化多端的狐狸精、捍衛正義的太守、是非不分的廟祝等等。看完這則故事，相信觀眾會記住豫章有個廬山廟，廟裏有個扮神的狐狸精。話本是用一種絕大部分民眾都能聽懂，且樂於聽的方式講述了一個故事。可以說，宋元時期這種志怪系列的話本非常流行。這些話本中包含了許多神靈祠廟的內容，這對於民眾無疑產生了巨大的影響。

胡士瑩先生在其《話本小說概論》中將宋代話本小說的演出場地概括敘述為瓦子勾欄、茶肆酒樓、露天空地與街道、寺廟、私人府第、宮廷、鄉村等七個方面。〔註27〕可見這些藝人活躍於社會各個階層，遊走在城市與鄉村之間，其影響面之廣是無法估計的。筆者並不是想否認官員、商人等群體對於神靈傳播所起的作用，需要指出的是在傳播模式中，傳播者地位的高低無疑影響到其在傳播過程中所起的影響力，但是並非絕對的對應關係，傳播中的「意見領袖」並非全為社會最具影響力的群體，還包括一個特殊的群體，即藝人，藝人在社會中有一定影響力，屬於公眾人物，他們的社會地位也許並不高，但是其影響力是不容忽視的。

信仰問題是一個比較難把握的研究領域，對於兩宋時期神靈信仰狀況之把握必須要考慮到時代之大背景。兩宋時期是中國古代社會發生重大變革的時期之一，這種變革不僅表現在政治經濟方面，在精神文化方面同樣發生了諸多變化。「祭不越望」被徹底打破，區域造神活動興起與繁榮，後世許多著名的神靈都可以追溯至兩宋時期。

神靈並非靜止不動，因為信徒的信奉，所以神靈才被一直不斷地複製，從一地到另一地，從一位神靈到神靈的家屬親信，神靈不斷被賦予新的話題。神靈被民眾所接受，是因為神靈能不斷滿足他們心中的需要，這樣的神靈才是「活」的，才有持續的活力和影響力。某一群體，特別是掌握話語權的群體對於神靈的塑造和傳播具有重大的影響。當然各個神靈的產生與發展路線各不相同，相應地，各種群體、各種因素都參與其中，究竟何種群體、何種方式對於神靈影響最大，則需要具體問題具體分析。

〔註27〕胡士瑩：《話本小說概論》，中華書局，1980年，第45頁。

第五章　神靈的興衰更替——以建康蔣子文祠爲中心

　　世間萬物，都有其興衰的規律，民眾所信仰的神靈亦如此，有其興盛的時候，亦不免有凋落之時。以今南京地區蔣子文爲例，就有較爲清晰的興衰過程，民國時期的學者朱偰在《金陵古蹟圖考》中說：「蔣子文之廟，始興於吳，崇於晉，大於南齊，而衰於明。」〔註1〕

一、蔣山神祠的產生與興盛時期

　　關於蔣子文神祠，目前所知正史中最早的記載是《宋書・禮志四》：「宋武帝永初二年，普禁淫祀。由是蔣子文祠以下，普皆毀絕。」然其最爲詳盡的介紹則是《搜神記》卷5所載：

　　　　蔣子文者，廣陵人也。嗜酒好色，挑達無度。常自謂已骨清，死當爲神。漢末爲秣陵尉，逐賊至鍾山下，賊擊傷額，因解綬縛之，有頃遂死。及吳先主之初，其故吏見文於道，乘白馬，執白羽，侍從如平生。見者驚走。文追之，謂曰：「我當爲此土地神，以福爾下民。爾可宣告百姓，爲我立祠。不爾，將有大咎。」是歲夏，大疫，百姓竊相恐動，頗有竊祠之者矣。文又下巫祝：「吾將大啓祐孫氏，宜爲我立祠。不爾，將使蟲入人耳爲災。」俄而小蟲如塵虻，入耳皆死，醫不能治。百姓愈恐。孫主未之信也。又下巫祝：「若不祀我，將又以大火爲災。」是歲，火災大發，一

〔註1〕朱偰：《金陵古蹟圖考》，中華書局，2006年，第87頁。

日數十處。火及公宮。議者以爲鬼有所歸，乃不爲厲，宜有以撫
之。於是使使者封子文爲中都侯，次弟子緒爲長水校尉，皆加印
綬。爲立廟堂。轉號鍾山爲蔣山，今建康東北蔣山是也。自是災
厲止息，百姓遂大事之。〔註2〕

《搜神記》所載多爲神怪異事，其眞實性不得而知。然後不管關於蔣子文祠
由來的記載是否爲眞，上述記載已然成爲一種通行的說法，這在後世關於蔣
子文祠的文獻中可以得到驗證，即大家都把此作爲蔣子文廟的由來。

在中國古代社會，國家所崇尚的人格神是「法施於民」、「以死勤事」、「以
勞定國」、「禦大災」、「捍大患」的英雄，而蔣子文「嗜酒好色，挑達無度」，
生前並不偉大，死後也未爲民造福，反而是一直在要挾世人，先是大疫，又
是蟲災，又是大火，最終迫使孫主對其進行加封和祭祀。這種人如何能夠得
到如此禮遇，究其原因，應是孫吳政權對於地方豪強勢力的一種妥協，對當
地信仰的一種被迫認同。孫吳統治者家起富春，本爲寒門，田餘慶先生《孫
吳建國的道路——論孫吳政權的江東化》：「孫策對江東大族按不同對象分別
對待，或誅戮，或羈縻，或依靠，因而出現了孫吳對待江東大族的三種不同
類型，構成孫吳在江東發展的三個階段，使孫吳建國呈現爲一個複雜的歷史
過程，其內核則是求得孫吳政權的江東地域化。」〔註3〕蔣子文最終受封，幾
經波折，是否眞的發生了瘟疫或是其他災害不得而知，但是由此可以看出孫
主並不願承認這位神靈，其間必然經歷了激烈的鬥爭，才最終妥協。

隨著孫吳政權內部勢力的相互妥協與融合，其差異性和對抗性日漸縮
小，這種被迫的認同感逐漸爲人所淡忘，孫權死後，其陵墓也建在蔣山附近，
並開創了其後帝王葬於蔣山之先河。「吳亡後，蔣山上常有紫雲，數術者亦云
江東猶有帝王氣。」〔註4〕蔣山和蔣侯祠，進而成爲當地民眾，包括統治階層
的「聖地」和精神寄託。《晉書·會稽文孝王道子傳》：「會孫恩至京口，元顯
柵斷石頭，率兵距戰，頻不利。（其父）道子無他謀略，惟日禱蔣侯廟，爲厭
勝之術。」〔註5〕又《晉書·符堅載記》記晉秦淝水之戰云：「堅與符融登城
而望王師，見部陣齊整，將士精銳，又北望八公山上草木，皆類人形。……

〔註2〕（晉）干寶：《搜神記》卷5，中華書局，1979年，第57頁。
〔註3〕田餘慶：《秦漢魏晉史探微》（重訂本），中華書局，2004年，第262頁。
〔註4〕《宋書》卷27《符瑞上》，中華書局，1974年，第782頁。
〔註5〕《晉書》卷64《會稽文孝王道子傳附子元顯傳》，中華書局，1974年，第1738
頁。

初，朝廷聞堅入寇，會稽王道子以威儀鼓吹求助於鍾山之神，奉以相國之號。及堅之見草木狀人，若有力焉。」

通過上面的事例不難看出，此時的蔣侯於國家之作用，多集中於軍事戰爭方面，究其原因，主要在於當時各地割據勢力的變化與鬥爭，戰爭成為社會生活中一項極為重要的內容，加之蔣子文出身武將，又是因戰而死，所以遇到戰爭之事，向其祈禱也是自然之事。

至南朝劉宋時，蔣侯祠已經在當地祠廟中佔據了特殊的地位，《宋書‧禮志》載：「宋武帝永初二年，普禁淫祀。由是蔣子文祠以下，普皆毀絕。孝武孝建初，更修起蔣山祠，所在山川，漸皆修復。明帝立九州廟於雞籠山，大聚群神。蔣侯宋代稍加爵，位至相國、大都督、中外諸軍事，加殊禮，鍾山王。蘇侯驃騎大將軍。四方諸神，咸加爵秩。」〔註6〕至南朝齊時，對蔣子文的推崇達到一個高度，《南史》卷5《廢帝東昏侯紀》：

> （齊廢帝東昏侯）又偏信蔣侯神，迎來入宮，晝夜祈禱。左右
> 朱光尚詐云見神，動輒諂啟，並云降福。始安之平，遂加位相國，
> 末又號為「靈帝」，車服羽儀，一依王者。又曲信小祠，日有十數，
> 師巫魔媼，迎送紛紜。光尚輒託云神意。范雲謂光尚曰：「君是天子
> 要人，當思百全計。」光尚曰：「至尊不可諫正，當託鬼神以達意耳。」

就官方對蔣子文的認可與冊封，大致是這樣一個過程：三國吳時立廟，封中都侯。晉奉以相國之號。南朝宋，位至相國、大都督、中外諸軍事，加殊禮，鍾山王。南朝齊，號為「靈帝」，此時對於蔣子文的冊封，已經達到最高的級別。至此之後，少見國家對蔣子文再進行冊封。當然，單單是戰爭顯靈之神，是遠遠不能滿足統治者和普通民眾的期望。《南史》卷五十五《曹景宗傳》載：

> 先是旱甚，詔祈蔣帝神求雨，十旬不降。帝（梁武帝）怒，命
> 載荻欲焚蔣廟並神影。爾日開朗，欲起火，當神上忽有雲如傘，倏
> 忽驟如瀉，臺中宮殿皆自振動。帝懼，馳詔追停，少時還靜。自此
> 帝畏信遂深。自踐阼以來，未嘗躬自到廟，於是備法駕將朝臣修謁。
> 是時，魏軍攻圍鍾離，蔣帝神報教，必許扶助。既而無雨水長，遂
> 挫敵人，亦神之力焉。凱旋之後，廟中人馬腳盡有泥濕，當時並目
> 睹焉。

〔註6〕《宋書》卷17《禮四》，中華書局，1974年，第488頁。

很明顯，蔣子文的保祐已經不單單是戰爭這一方面了，興雲布雨已然成爲他的一種必須要承擔的職責。而這種職責，在經歷了此次事件之後，愈發凸顯出來。在《陳書》中，就看到武帝多次去蔣侯廟祈雨的記載：「（陳武帝）幸鍾山祀蔣帝廟。」「是時久不雨，景午，輿駕幸鍾山祀蔣帝廟，是日降雨。」〔註7〕

關於蔣子文的種種神異事件也層出不窮，《搜神記》中關於蔣子文的神奇故事不少，《搜神記》爲晉干寶所撰，成書之時距蔣子文發跡應經有一段時間，也就是說自蔣子文神爲吳主尊奉之後，民間陸續出現了各種關於蔣子文的神異故事。除了上述提到的關於蔣子文的神異故事，《搜神記》還收錄了下列故事：

> 陳郡謝玉爲琅邪內史，在京城。其年虎暴，殺人甚眾。有一人，以小船載年少婦，以大刀插著船，挾暮來至邏所。將出語云：「此間頃來甚多草穢，君載細小，作此輕行，大爲不易。可止邏宿也。」相問訊既畢，邏將適還去。其婦上岸，便爲虎取去。其夫拔刀大喚，欲逐之。先奉事蔣侯，乃喚求助。如此當行十里，忽如有一黑衣爲之導。其人隨之，當復二十里，見大樹。既至一穴，虎子聞行聲，謂其母至，皆走出。其人即其所殺之，便拔刀隱樹側住。良久，虎方至。便下婦著地，倒牽入穴。其人以刀當腰斫斷之。虎既死，其婦故活，向曉能語。問之，云：「虎初取，便負著背上。臨至而後下之。四體無他，止爲草木傷耳。」扶歸還船。明夜，夢一人語之云：「蔣侯使助，汝知否？」至家，殺豬祠焉。〔註8〕

> 劉赤斧者，夢蔣侯召爲主簿。期日促，乃往廟陳請：「母老子弱，情事過切，乞蒙放恕。會稽魏邊，多材藝，善事神。請與邊自代。」因叩頭流血。廟祝曰：「特願相屈。魏邊何人，而有斯舉？」赤斧固請，終不許。尋而赤斧死。〔註9〕

> 咸寧中，太常卿韓伯子某、會稽內史王蘊子某、光祿大夫劉耽子某同遊蔣山廟。廟有數婦人像，甚端正。某等醉，各指像以戲，自相配匹。即以其夕，三人同夢蔣侯遣傳教相聞，曰：「家子女並醜

〔註7〕《陳書》卷2《高祖下》，中華書局，1972年，第33、39頁。
〔註8〕（晉）干寶：《搜神記》卷5，中華書局，1979年，第61頁。
〔註9〕（晉）干寶：《搜神記》卷5，中華書局，1979年，第57頁。

> 陋，而猥垂榮顧。輒刻某日，悉相奉迎。」某等以其夢指適異常，
> 試往相問，而果各得此夢，符協如一。於是大懼。備三牲，詣廟謝
> 罪乞哀。又俱夢蔣侯親來降已，曰：「君等既以顧之，實貪會對。克
> 期垂及，豈容方更中悔。」經少時並亡。〔註10〕

干寶在《搜神記》自序中說自己「考先志於載籍，收遺逸於當時」，「訪行事
於故老」「一耳一目之所親睹聞」，其目的在於「發明神道之不誣」。關於這些
神怪故事，看起來甚是荒誕，但基於干寶的成書理念，這些故事至少如實反
映了當時所流傳的關於蔣子文神跡的說法。魏晉南北朝時期，是我國志怪小
說大發展的時期。此外，《搜神後記》、《幽明錄》等一些系列志怪小說也有關
於蔣子文的故事。

> 桓玄既肆無君之心，使御史害太傅道子於安城。玄在南州坐，
> 忽見一人，平上幘，持馬鞭，通云：「蔣侯來。」玄驚愕然，便見階
> 下奴子御幰車，見一士大夫，自云蔣子文。「君何以害太傅？與爲伯
> 仲！」顧視之間，便不復見。〔註11〕

> 孫恩作逆時，吳興紛亂，一男子忽急突入蔣侯廟。始入門，木
> 像彎弓射之，即卒。行人及守廟者，無不皆見。〔註12〕

從上述的材料看來，蔣子文已然成爲當時統治秩序的守護者，對於桓玄和孫
恩等人的不臣行爲，蔣子文這位神靈對其進行了警告和懲罰。實際上，這說
明蔣子文已經脫離了當初立廟之時反政府的傾向，在爲民眾所接受的過程
中，逐步被統治階層描繪成維護正統統治的神靈。神跡是否眞的發生過，其
實並不重要。

一位神靈，考察其影響力如何，重要的一個方面即信奉的範圍。隨著蔣
子文祠影響日廣，越來越多的民眾開始信奉他，除了建康之外，其他各地亦
開始崇信蔣子文。其中主要涉及三個地區，一是長江中下游地區。呂思勉先
生認爲：「蔣子文崇拜，流播所及，西至長江中游荊鄭矣。」〔註13〕

「梁武圍魯山城，遣軍主曹景宗等過江攻郢城。沖中兵參軍陳光靜等間
出擊之，光靜戰死，沖固守不出。病將死，屬府僚以誠節，言終而卒。元嗣、

〔註10〕　（晉）干寶：《搜神記》卷5，中華書局，1979年，第59頁。
〔註11〕　（南朝宋）劉義慶：《幽明錄》，文化藝術出版社，1988年，第 151～152
　　　　頁。
〔註12〕　（晉）陶潛：《搜神後記》卷5，中華書局，1981年，第33頁。
〔註13〕　呂思勉：《兩晉南北朝史》，上海古籍出版社，1983年，第1466頁。

榮伯與衝子孜及長史江夏程茂固守。東昏詔贈沖散騎常侍、護軍將軍。元嗣等處圍城之中，無他經略，唯迎蔣子文及蘇侯神，日禺中於州聽上祀以求福，鈴鐸聲晝夜不止。又使子文導從登陴巡行，且日輒復如之。識者知其將亡。」〔註14〕郢城，即今武漢武昌，地處長江中下游。

二是沿長江而上，至蔣子文的家鄉揚州。根據《搜神記》的記載，蔣子文是廣陵人，即今江蘇揚州市。北魏世宗時，拓跋澄任揚州刺史，「下車封孫叔敖之墓，毀蔣子文之廟。」〔註15〕可見，在蔣子文家鄉揚州也有祠廟存在。

三是今浙江地區。《搜神記》中載：會稽鄮縣東野，有女子，姓吳，字望子。年十六，姿容可愛，其鄉里有解鼓舞神者，要之便往。緣塘行，半路，忽見一貴人，端正非常。貴人乘船，挺力十餘皆，整頓。令人問望子：「欲何之？」具以事對。貴人云：「今正欲往彼，便可入船共去。」望子辭不敢。忽然不見。望子既拜神座，見向船中貴人，儼然端坐，即蔣侯像也。問望子：「來何遲？」因擲兩橘與之。數數形見，遂隆情好。心有所欲，輒空中下之。嘗思噉鯉，一雙鮮鯉隨心而至。望子芳香，流聞數里，頗有神驗。一邑共奉事。經三年，望子忽生外意，神便絕往來。〔註16〕鄮縣縣治在今浙江寧波鄞州區鄞江鎮。

「孫恩作逆時，吳興紛亂，一男子忽急突入蔣侯廟。始入門，木像彎弓射之，即卒。行人及守廟者，無不皆見。「〔註17〕吳興，即為今浙江省湖州市。

「會孫恩至京口，元顯柵斷石頭，率兵距戰，頻不利。（其父）道子無他謀略，惟日禱蔣侯廟，為厭勝之術。」〔註18〕會稽王如此篤信蔣子文，可見浙江地區，蔣子文的影響力是巨大的。

與此同時，出現了與蔣子文有關聯的神靈，也就是所謂的蔣子文的妹妹清溪小姑，關於她的故事最早出現於南朝宋劉敬叔的《異苑》中：「青溪小姑廟，云是蔣侯第三妹。廟中有大谷扶疏，鳥嘗產育其上。晉太元中，陳郡謝慶執彈乘馬，繳殺數頭。即覺體中慄然，至夜，夢一女子，衣裳楚楚，怒云：『此鳥是我所養，何故見侵。』經日謝卒。慶名奐，靈運父也。」〔註19〕

〔註14〕 《南史》卷32《張邵傳附孫沖傳》，中華書局，1975年，第828頁。

〔註15〕 《魏書》卷十九中《任城王雲傳附子澄傳》，中華書局，1974年，第470頁。

〔註16〕 （晉）干寶：《搜神記》卷5，中華書局，1979年，第60頁。

〔註17〕 （晉）陶潛：《搜神後記》卷5，中華書局，1981年，第33頁。

〔註18〕 《晉書》卷64《會稽文孝王道子傳附子元顯傳》，中華書局，1974年，第1738頁。

〔註19〕 （南朝宋）劉敬叔：《異苑》卷5，文淵閣四庫全書電子版。

清溪小姑廟一直存在下來，並有一定影響力。宋人周文璞作《弔青溪姑詞》：「青溪之瀆有小廟焉，相傳以爲溪神蔣子文之妹也。旁二偶人，陳叔寶宮人也。癸酉歲，或言有妖據之，郡太守毀三像於溪中而犁其廟。彼亡國妃嬪可棄也，姑不可棄。善惡無別而廢者，古今不可勝數也，何獨此哉？因感之，爲弔詞曰：投余兮綠波，彼土偶兮奈何？余魂兮無依，依余兄兮山阿。兄靈兮甚雄，青骨兮朱弓。稱天兮訴余冤，令讒夫兮不終。」〔註20〕直到元代，清溪姑廟仍然存在，《至正金陵新志》卷11上《祠祀志一》載：「青溪姑廟在今府學東，與上水閘相近。」雖然清溪小姑與蔣子文並無神跡方面的關聯，不過兩人的親戚關係一直未被人多遺忘，當提及清溪小姑時，免不得要敘述其與蔣子文的關係。

二、隋唐時期的蔣子文廟

隋唐時期，蔣子文似乎從國家正典中消失，也看不到皇室宗親對其的信奉之事。究其原因，隋唐貴族多出於隴西等地，對於東南之神靈並不熟悉，所以對於蔣子文之神跡故事並不熟悉。當然，蔣子文祠並未爲所有人所忘記，不過宋人張敦頤的《六朝事跡編類》載：「南唐追諡曰莊武帝，更修廟宇。」〔註21〕南唐地處東南，其統治者與官員應該十分熟悉蔣子文的事跡，加封之事，可以說是南朝加封蔣子文的繼續。冊封之詞是由南唐徐鉉所寫，《全唐文》及徐鉉的文集《騎省集》都收錄了《蔣莊武帝冊》：

> 維年日月。皇帝若曰：「稽古皇極，訓民事神，詔大號以崇正直之威，垂大名以紀昭明之德。牲幣有數，典禮不愆，政是以和，神降之福，莫不由斯者已。若乃以死勤事，沒而不朽，流光儲祉，蔣帝有焉。惟帝冥符靈氣，孕毓元造，嘉猷雄略，昭映前人。在昔潛耀大川，躍鱗下邑，著艱難之節，所以事君；彰變化之神，所以顯俗。惟德是輔，感而遂通。建福會昌，以戡時難；豐功厚德，以享帝郊。史臣執簡於無窮，工祝正辭於不絕。顧惟寡昧，祇嗣龐鴻，敢忘人謀，以葉靈覬。瞻言神嶽，作鎮皇州，興運維新，禎符丕顯。而位極於炎昊，名謝於康惠，墜典未舉，予用慊焉。濮陽諸姬，實纂服之舊邦；克亂除害，乃庇人之盛業。合爲縟禮，申告祠庭。今使使某官持節奉冊追諡曰莊武帝。嗚呼！丹

〔註20〕曾棗莊等編：《全宋文》第293冊，上海辭書出版社，2006年，第360頁。
〔註21〕（宋）張敦頤：《六朝事跡編類》卷12，南京出版社，1989年，第91頁。

青懿烈，光光如彼；簡冊廟貌，昭昭如此。永爲民正，無乏神主
之望焉。」〔註22〕

加封的同時，南唐政府亦「令有司修飾寢廟，備制度焉」，於是當地官員「即
舊謀新，審形面勢。農工告隙，營室方中。或懸水以爲規，或飭材而攻木。
搏埴之工麕至，坉塓之伎星羅。徑術常夷，靡薙王孫之草。荊榛舊闢，寧誅
宋玉之茅。百堵齊興，自歲而畢。繚垣十里，重屋四周。」可見當時重建蔣
子文祠，南唐政府和當地民眾頗費心思。其具體內容詳見《蔣莊武帝新廟碑
銘》，附後。

蔣莊武帝新廟碑銘

臣聞南正司天，授宗祝史巫之職；春官掌禮，詔犧牲玉帛之儀；
皆所以別類人神，統和上下。三時不害，力穡以之普存，百物阜安，
薦信猶其多品。用能舉明德而徼景福，播和樂以致靈祇。三五已還，
皆是物也。若乃混元宣氣，山嶽成形，雲雨於是乎生，財用於是乎
取。故有毳冕之服，璋邸之符。或以肆瘞垂文，或以庪懸著法。虞
舜聖帝也，而有遍於之祀。周武明王也，而有惟爾之祈。至於祊田
高邑之都，藻莒桑封之秩，稊稌有羨，蘭菊無虧。大典奇篇，論之
備矣。後王徂帝，聞斯行諸。

金陵山者，作鎮揚都，盤根福地，峙天險之左次，瞰臺城之北
隅。陽嶺前瞻，包舉青林之苑。陰崖右轉，經營元武之池。絕巘嶔
岑，蔽虧日月。深岩窈窕，吐納風雲。層臺累榭臨其巔，湧泉清池
湛其下。白鹿麐麑騰其藪，駕雛孔翠棲其林。豫章杞梓之材，橘柚
樿梨之實，赭堊丹青之美，錫銀金碧之饒，固以事異假珍，富兼諸
夏，登於軌物，掌以虞衡。矧復奇怪中潛，絪縕上屬，眞人末應，
瘞雜寶以祈年。智士攸同，指盤龍而建國。亦何必嵩丘發峻，始號
降神，岷嶺騰精，獨稱建福。自時厥後，代富靈遊。刺史還都，即
有栽松之地。諸生肄業，非無講學之場。岫幌雲關，訪徵君於幽谷。
鹿中霞帔，集道侶於中林。斯亦群帝之密都，先王之冊府者也。在
昔霜鐘細品，猶淹耕父之居。反景微光，尚駐長留之駕。況乎皇州
列嶽，宅怪儲靈，不有吉神，孰司陰騭。蔣帝孕清明之氣，稟正直
之資。實九德之所生，與五龍而比翼。自西江考績，謝聯事於元夷。

北部申威，輯庶功於黃綬。於時祚終四百，運偶三分。人懷塗炭之愁，家有剝廬之痛。帝則勤勞徇物，慷慨憂時。既援張敞之桴，即振李崇之鼓。赤心未盡，執漢節以忘生。青骨難誣，降北山而受享。飛蟲顯俗，生民之舒慘焉依。白馬耀奇，平昔之威容如在。故使中都之印，式報陰功。長水之營，旁旌同氣。盧宮改命，非因介子之焚。廟貌崇壇，詎比愚公之徙。自是光靈茂遠，代祀綿長。或昭德而降祥，或害盈而致罰。黃旗紫蓋，奉五馬之禎符。朱鬣碧蹄，殄高山之巨盜。賢如謝傅，猶係草木之形。親若始安，亦假弟兄之助。故得王封錫羨，帝服歸尊，追炎昊以齊稱，躡虞黃以接武。事光典冊，惠浹幽遐。任水木之遞遷，顧高深而自改。國家綠圖受祉，黃鉞庇人。分二牧於土中，包九有於宇下。雖十聯百里，亟更守宰之權，而四望五郊，不易宗彝之數。

及威名暫失，龜鼎中遷，瀛海飆回，坤輿幅裂，而盤礴之際，常奉周正，封域之間，獨爲漢守。衣冠舊族，宛洛遺甿，咸趨懷德之鄉，共免永嘉之亂。終使皇天眷祐，百姓與能。克昌再造之基，奄有六朝之地。烈祖功踰嗣夏，體濬哲而致中興。皇上德邁繼文，懋元良而恢下武。格天光表，慰率土之歌謠。累洽重熙，漸群黎之肌骨，所以珍符總至，靈命畢陳。極金籃以標年，盡瑤編而紀瑞。襲於六藝，貫彼三墳。夠復聖作無方，神謀不測。殷周損益，文武弛張。制在先機，申於後甲。百吏奉行而不暇，兆民日用而不知。帝典恢宏，天文貞觀。摛華髮藻，抉瞶披聾。丹浦非好戰之師，兩階有誕敷之舞。坐知千里，廓清五嶺之氛。役不踰時，底定七閩之難。國風王澤，自北而南。樹立之權，由來尚矣。康無專享，止崇藩屏之封。穆弔不咸，但著急難之詠。未有極至公之舉，正太弟之尊，大義鴻猷，如今日之盛者也。副君脣則哲之寄，有聖人之資，由上德而貞萬邦，用英才而總百揆。麗正繼明之業，仰奉宸謀。持謙敬客之心，俯懷庶品。則有齊藩上寄，紆鷔綬而握兵符。燕邸眞王，珥貂冠而掌宮籥。周公則武王之弟，夏啓則吾君之子。故能緝熙帝載，寅亮天工。晏平仲之論和，北宮子之謂禮，自家刑國，草偃風行。上下之際既交，華裔之情如一。黑齒奇肱之俗，款塞來王。碧嵩素滻之濱，除宮望幸。后夔典樂，已播薰弦。司馬進稱，行陳

秘檢。功既隆矣，德亦厚矣。尚復往而未止，謙以益尊。政靡不修，思無不及，以爲無文咸秩。訓誥之格言，明祀是崇。春秋之大義，農祥晨正。豐潔四馳，密雲不雨。馨香並薦，載紆睿鑒。爰顧遺祠，詔曰：「蔣帝受命上元，奠職茲土。力宣往代，澤被中區。所謂有益於人，以死勤事者也。今號位已極，名諡弗彰，闕典未申，朕甚不取。其以勝敵克亂之業，爲民除害之功，因姓開國，追諡莊武。仍令有司修飾寢廟，備制度焉。」於是即舊謀新，審形面勢。農工告隙，營室方中。或懸水以爲規，或飭材而攻木。搏埴之工麕至，圬墁之伎星羅。徑術常夷，靡薙王孫之草。荊榛舊闢，寧誅宋玉之茅。百堵齊興，自歲而畢。繚垣十里，重屋四周。樹文玉於庭中，交枝霤靡。挺開明於閾外，詭狀鬙髻。納陛透迤，碧疊元州之石。橫梁天矯，雪披後渚之梅。豁朱戶之曈矓，陽光不夕。閟深宮之霮䨴，暮靄常霏。堂上布筵，楹間設奠。管磬鐘鼓羅於下，籩豆簠簋肆於前。再變之音克諧，永貞之祝無愧。神光倏忽，袞服連蜷。孔蓋翠旌：若有光而罔覿。蕙肴蘭藉，若有云而不亡。用是高揖靈元，永司純嘏。罔兩魑魅，豈煩夏鼎之圖。風雨雪霜，無待桑林之禱。則知民和而後降福，事理而後不祈。人祇之間，如斯而已者也。粤若先王命祀，神道教人。前哲令德之流，九魁六宗之類，或以公侯視秩，或以戶邑奉祠。子晉之爲帝賓，眞階匪極。傅說之騎龍尾，景耀未融。斯皆地勢本高，升聞易達。詎有權輕五校，壤狹一同，而能比鏡軒臺，分光堯日。縱質文之疊改，代奉典章。及聖賢之丕承，更加崇飾。故金簡玉字，興王之統可尋。兩騎五車，受職之期斯在。雖將歷選，安得同年。昔者昆閬窮遊，尚紀白雲之什。燕然薄伐，亦陳元甲之銘。孰與冥眡昭彰，壽宮宏麗。水通懸圃，萃氣色於閶門。路接白楊，煥丹青於坰野。此而莫述，後嗣何觀。

微臣潤色無功，討論奚取。思問神於先聖，姑欲事君。苟獲罪於元穹，曷容媚竈。惟於舊史，想見英風。適當罷役之初，爰奉屬辭之詔。西川作頌，誠慚邑子見稱。南國刊銘，或望至尊所改。庶使千八百國，會執玉於茲峰。七十二家，配泥金於此地。其銘曰：

茫茫元造，萬物資始。一經神怪，一緯人理。先聖則之，以著綱紀，仰觀俯察，上天下地。高卑既定，品物咸宜。宣氣者山，配

地曰祇。三公是擬，九牧攸司。天作金陵，蔣帝荒之。岩岩金陵，
作鎮上國。陰林巨壑，材生物植。洞穴岩房，逶迤詰屈，隱士無言，
仙童不食。洪惟廟貌，奠此名區。位重天孫，權傾陸吾。薜荔之服，
辛夷之車。若自空桑，來遊下都。翼翼京揚，馮馮輦轂。運屬多壘，
聿祈深福。峻殄堅夷，勤亡景覆。胏蠁元功，咸蕤帝籙。皇唐膺命，
和悅人神。崇名則舊，受職維新。祥圖雜集，祀典紛綸。終全王土，
以俟真人。再造延洪，繼文光大。陰陽不測，天地交泰。沒羽梯航，
雕題冠帶。成民致力，祭神如在。猶防闕典，乃韻遺靈。永懷簡冊，
欽若昭明。克亂除害，膺茲大名。亦有制度，備於祠庭。式瞻昏定，
昏定既正。爰揆農時，農時弗虧。虞衡肅給，般爾交馳。加之礱斫，
益以章施。新廟既成，神居既寧。我有常祀，蒸肴薦腥。匪榮匪祈，
歆我惟馨。三時不害，大庖不盈。昔在周家，逮於漢室。徒騁騏驥，
盧羅甲乙。純蝦弗臻，斯獸愈失。載返眞風，爰歸聖日。五衢植木，
四照栽花。馳煙驛霧，晦景韜霞。方介十巫，何憂一車。行觀古玉，
願折疏麻。謝傅長逝，王公不作。獨我莊武，先紆睿略。魯壇無棘，
遼城有鶴。刻此菩華，永傳嵩霍。〔註23〕

除了南唐這一加封活動之外，甚少看到隋唐時期國家對蔣子文祠的關注。不
過，關於蔣子文的事跡並未失傳，在唐人李吉甫所撰《元和郡縣志》收錄上
元縣之山水，記載了縣境內的鍾山，「吳大帝時，蔣子文發神異於此，封之爲
蔣侯，改山曰蔣山。宋復名鍾山。梁武帝於西麓置愛敬寺，江表上已常遊於
此，爲眾山之傑。」〔註24〕

　　文人騷客遊覽蔣山，亦多提到蔣子文祠。如韋莊所寫《謁蔣帝廟》：「建
業城邊蔣帝祠，素髯清骨舊風姿。江聲似激秦軍破，山勢如匡晉祚危。殘雪
嶺頭明組練，晚霞簷外簇旌旗。金陵客路方流落，空祝回鑾奠酒卮。」〔註25〕
溫庭筠還專門做《蔣侯神歌》：「楚神鐵馬金鳴珂，夜動蛟潭生素波。商風刮
水報西帝，廟前古樹蟠白蛇。吳王赤斧砍雲陳，畫堂列壁叢霜刃。巫娥傳意
託悲絲，鐸語琅琅理雙鬟。湘煙刷翠湘山斜，東方日出飛神鴉。青雲自有黑

〔註23〕曾棗莊等編：《全宋文》第2冊，上海辭書出版社，2006年，第262～266頁。

〔註24〕（唐）李吉甫：《元和郡縣志》卷25《江南道一》，中華書局，1983年，第594
　　　　頁。

〔註25〕（五代）韋莊著，聶安福箋注：《韋莊集箋注》卷4，上海古籍出版社，2002
　　　　年，第150頁。

龍子，潘妃莫結丁香花。」〔註26〕

官方的不介入行為至宋代有了一些變化，開寶八年，蔣子文祠焚毀，中間不知是否有過恢復重建的活動，而現在所知的是雍熙四年，邑人張革於舊基重建。而後，任職建康的官員熱衷於蔣子文祠的恢復重建工作。景祐二年，陳執中增修，請於朝，賜額「惠烈」。《景定建康志》記載了這次興建的過程：

> 景祐二年春，蔣莊武帝廟成，廟去冶城北走，據鍾山之趾。帝即東漢秣陵尉子文之神，功烈載於前史，威靈見於後世，頃嘗逐盜勇死，誓當血食。初有變怪，乃祠於吳，因姓名山，雄壓境土，繇吳迄晉，或侯或王。陰助國難，終敗賊峻，遂帝其號，偽唐因之。至於我朝，日月寖遠，沿而不廢。開寶中，田野弗時，悉火其屋，厥後完緝，甫就像壤厪存，歸然一隅，鞠為榛莽，前此出鎮，率巨公大臣所處尊重，未始經慮，今潁川陳公繇內閣來殿是邦，下車之明年，款帝宇下，周覽齋嗟頹圮之甚，以為捍災禦患，實在祀典，茲山之靈，一府之望，水旱疾疫，歲時禱祠，神亡攸居民不蒙福，非豈弟父母之意？即日庀徒飭材，頤指面勢，盡剗故惡，聿圖宏壯。既立門戶，乃樹堂寓，前後挾室，左右列廡，南翼隆夏烹燀之處，北崿表位遊憩之所，廣敞靜深，幾百許柱，遐眂輪奐，若病瞳刮膜忽見物象之明，滅卻睌蠮崿如丹青新圖，半出霄漢而飛動，蘋藻可薦，簫鼓可樂，千里之俗，矍然驚眠，叫呼奔走，僉以為公尊奉神靈，發揚幽光，靳於樂康，覬於歲成。君子曰：《左傳》有之神，聰明正直，依人而行者也，若夫公之聰直，與神明通，故神有所依憑，而山得以嗣興，說以使人不日而成，不然何曩時之敗壞，一旦修葺，若斯之盛歟？先是，御史蔣君司計東道蓋出裔孫自近在治所，躬謁以竣，鑱文於石府，公感之愈加誠焉，二賢固符徽惠邦人不朽之作，古之制也。御史以予嘗學春秋，繪傳其事，俾書始末而為之記云。〔註27〕

從這篇廟記可以得到的信息是對於前朝蔣子文所受之封號王爵，宋代政府是承認的，但是宋朝政府對於蔣子文的首次冊封是在景祐二年，不過並未繼續前朝的冊封，而是以賞賜廟額而來承認其合法性。宋初開寶年間，因為火災，

〔註26〕 （唐）溫庭筠著，（清）曾益等箋注：《溫飛卿詩集箋注》卷1，上海古籍出版社，1980年，第25～27頁。

〔註27〕 《景定建康志》卷44《諸廟》，《宋元方志叢刊》第2冊，中華書局，1990年，第2052頁。

蔣子文廟荒廢已久，然而直到幾十年後的仁宗景祐年間，在官員陳執中的支持下，才最終實現重建。

第二次大規模的重修活動發生在政和八年。《景定建康志》載：

> 政和八年，福唐劉公會元將漕江左，以事謁祠下，見其廊廡摧毀，丹青皴剝，懼無以仰稱威靈，用政和六年天子德音，以官錢三萬有畸，委屬縣完治殿之毀者完之，使新廡之狹者辟之，使廣明宮齋廬煥然一新。工始於正月十一日甲午，而成於九月十三日壬辰。越三日，公率屬吏具祭祠下，奉安神像，事既畢，以次列坐，公顧客而謂曰：「事神者，內誠欲其至外，儀欲其肅然，事有激於外而動於內者，不可不察也。今夫裸以入廟者，仰首四顧，凜然竦動，毛髮懼色，見顏面非脅於刑，威使然也。彼其見於外者，嚴肅可憚，則恭畏之心怵然生於內，自然之勢也。茲廟之食於金陵將千歲矣，神之福斯民，不可謂不久，而昔之上雨旁風，丹堊不飭，俾民之祀者，牽牲奉俎以入見，其黷廢若此，則恭畏之心何自而生焉。夫挾謾易之心以求於神，而神弗答，豈神之過哉？今幸其棟宇復完，使今而後民以業而育子孫，士以神而莅官守者，咸知事神之理若此，則庶幾乎。茲廟常完而不隳，神之聰明亦將昭答於無窮矣。」屬吏邵摶撫公之言而爲記。〔註28〕

徽宗朝是封賜神靈比較頻繁的時期，當然，這與徽宗本人的個人愛好有關係，喜好道教的徽宗，冊封了一系列的道教仙人以及其他神靈。劉會元言根據政和六年天子德音，而動用官錢修建。這一德音具體內容如何，筆者並未查到，相信應該是經濟支持興修寺觀祠廟之舉。就是在這一期間，劉會元承擔起重修蔣子文廟的責任，也是時事所趨。如果說這次重修主要是因爲徽宗的原因，南宋乾道年間的重修，則反映了南宋政府整合神靈的一種趨勢。依然是《景定建康志》中的記載：

> 乾道七年，詔侍衛騎軍屯建康。明年，樞密洪公自當塗守迻塡本道，乃行城東直蔣山，得高亢地以爲營，循山而北以謁於蔣帝之廟，慨然念神之食於茲山千數百年，赫有靈響，輔世討賊，前王賴焉。今貔虎萬群，連營其左，折衝之威神尚克相之，而祠宇陋傾不葺，何以徽福。於是撰時庀徒治其廟，若神之百須皆侈而新之。四

〔註28〕《景定建康志》卷44《諸廟》，《宋元方志叢刊》第2冊，中華書局，1990年，第2052～2053頁。

月戊午告成，遂書石湖之上，求文以爲記云云：竊推神之英烈，昔殺身不顧，發靈兵間漂疾無方掀摧逆□已敵，先代所慬，至像設輿馬，皆有行色，可謂壯哉，可謂異哉。嗚呼，秣陵之盜不烈於滔天之虜、石頭之逼，不慘於舊京之禾、黍鍾離之橋、邵陽之柵，不熾於中原萬里數十年之氛埃神於其小者，猶能奮其威怒，有此武功，寧獨無意於丕天之大恥乎？嘗試酌椒漿桂酒，酹神而問之其必有不虛之報，以無負於洪公，公亦將合人神之助，崇建勳業，以無負於上之倚重焉。成大不佞，故志其遠且大者以告神，且以復公之命。八年十一月二十六日左朝奉郎、充集英殿修撰、新知靜江軍府事、提舉學事兼管內勸農使、充廣南西路兵馬都鈐轄兼本路經畧安撫使兼提舉買馬吳縣開國男食邑三百戶賜紫金魚袋范成大記並書，資政殿大學士、左中大夫、知建康軍府事、提舉學事兼管內勸農使充江南東路安撫使馬步軍都總管兼營田使兼行宮留守鄱陽縣開國子食邑六百戶賜紫金魚袋洪遵立。〔註29〕

除了建康府上元縣的本廟，其他地區也有蔣子文廟，主要集中於建康府附近的江南東路以及兩浙路。現將各地蔣子文廟列出：

> 蔣山神祠，在建康府上元縣。哲宗元祐六年二月賜廟額「忠烈」。
初，孫權爲子文立廟鍾山，封蔣侯，改鍾山爲蔣山。一在南康軍〔註30〕星子縣西上神都中，神宗熙寧八年六月封豐利侯。〔註31〕

嚴州建德縣。蔣山明帝府君廟。神諱子文，姓蔣氏，梁天監中封。今廟在水南二里，相傳爲唐正本字犯仁宗嫌名元十年立，一在靖林，距城十五里，又有祭龍壇在城西建昌山龍王廟側。隋司徒追封忠烈。〔註32〕景定年間，重修的嚴州志記錄了建德縣依然有蔣子文祠，「蔣山神祠在龍山鄉，舊傳即金陵蔣山人也。」〔註33〕

〔註29〕《景定建康志》卷44《諸廟》，《宋元方志叢刊》第2冊，中華書局，1990年，第2052～2053頁。
〔註30〕南康軍：原作「太平州」。按星子縣即今江西星子，宋代屬南康軍，不屬太平州，遂改。
〔註31〕《宋會要輯稿》禮20之84，中華書局，1957年，第806頁。
〔註32〕《淳熙嚴州圖經》圖經二《嚴州建德縣祠廟》，《宋元方志叢刊》第5冊，中華書局，1990年，第4327頁。
〔註33〕《景定嚴州續志》卷5《建德縣》，《宋元方志叢刊》第5冊，中華書局，1990年，第4387頁。

《咸淳毗陵志》載「惠烈行廟在□亭鄉姚村，即漢秣陵尉蔣子文，南唐封莊武帝，國朝賜今額。」〔註34〕

蔣靈帝廟在（武康）縣前溪南，漢末蔣子文之神也，吳立廟於鍾山，不詳此邑創廟之自。〔註35〕吳興即湖州地區。

值得注意的是宋代，尤其是南宋時期關於蔣子文祠的種種情況，不管是官方的，還是民間的，大部分是依靠當地地方志的加載而得知的，而南宋時期是中國地方志的成熟時期，隋唐時期，中國方志發展並不完善，即便是有，也多以失傳，基於材料的問題，並不能輕易做出宋元時期比隋唐時期更加重視蔣子文祠的結論，不過有一點是可以肯定的，蔣子文祠在東南地區影響力依舊存在。《全唐文》卷 829 收錄唐末尚書李善夷所寫《重修伍員廟》：「伍相公員也，廟在澧江之渚，自爲寇之擾，爲兵火所焚，爲野火所燎，爲風雨所壞，爲江浪所侵，垂二十年向爲墟矣。雖有鍾山蔣侯之驗，其神亦無所依止。澧守欲重建廟宇，里人曰：『不可。員，楚之仇也。』」李善夷提到鍾山蔣侯之靈驗保護範圍，明顯包括了伍員廟，可見在當時人們心中，蔣子文的神通與地位遠遠超過當地其他神靈。

張王是宋元時期著名的神靈，後其祠廟幾乎遍佈全國，影響力甚大，然而，就是這樣一位神靈，在南宋年間，仍然需要蔣神的「提攜」。《乾道四明圖經》收錄的《烈港新建張王行廟記》：

> 聰明正直，死則爲神，至於有感，必通無間於幽深遠近者，此神之盛也。廣德軍廣惠廟張王者，武陵龍陽人。嘗按圖牒其先有諱秉者，在夏禹時感天女降而與之合，逾年授以子，且曰「後世當血食」。吳分王生於西漢之末，姿狀奇偉，寬厚而愛人。有神告以茲地荒遠，不足建家，乃東遊吳會至苕霅之白鶴山居焉。久之欲自長興之荊溪鑿河至廣德以通舟檝之利，工役將半，俄化爲異物，驅役陰兵。夫人李氏見而怪之，遂隱形遁去。居民思之不已，即橫山立祠以祀之，祈祭不輟。梁天監中，江南大旱，徧走群望，不雨。武帝夢蔣山神，告之曰：「橫山祠靈通天地，禱之必應。」帝如其言，即獲膏澤。自茲以後歷數百載，凡水旱、盜賊

〔註34〕《咸淳毗陵志》卷 14《宜興》，《宋元方志叢刊》第 3 冊，中華書局，1990 年，第 3077 頁。

〔註35〕《嘉泰吳興志》卷 13，《宋元方志叢刊》第 5 冊，中華書局，1990 年，第 4745 頁。

爲民患者，誠心祈請，皆遂所欲。乖崖張公守金陵，以兄事之，
緘書遙禱如通家，問吉凶可否，報驗不爽。比年靈迹尤著，達於
朝廷，累封至正順忠祐靈濟昭烈王。王之祖考及祖考妣、王之妻
妾及其九弟、弟媳、五子、子婦訖於息，女莫不錫命疏寵，加以
公侯夫人之號。嗚呼，盛哉！烈港都巡檢使李君嘗爲廣德都監事，
王甚恭。紹興戊辰初來赴官，值海寇出沒，上司督捕嚴甚，君乃
展王之畫像，焚香拜祈，恍惚之間如在其左右。守官二年揚舲捕
盜者非一而未嘗有風濤、失利之患，蓋王之神靈陰有相焉。遂出
己俸就建行廟，以嚴奉之。一王、四公、十一侯、十有九夫人亦
皆塑像以從其祀，烈港之人從而響信，有增侈而丹□之。闇待次
里閭，李君知餘將之廣德，宜知王之始末者，求序其事以告後人，
余固嘗聞之而驗諸，其人皆以爲然，於是乎書。紹興二十年九月
甲戌朔，左迪公郎、新廣德軍軍學教授高闇記。〔註36〕

從這篇廟記看來，梁武帝之所以會去橫山祠祈雨，是因爲受到蔣子文的提示，
而最終喜獲甘霖，這一方面說明橫山祠的靈驗，同時從另一個角度說明蔣子
文於人們，尤其是統治階層心中佔據重要的地位，正如南宋詩人蘇泂「青骨
標靈爾許奇，翩翩白馬去何之。廟門貼在煙雲上，此是江東第一祠。」〔註37〕
蔣子文祠被提及爲江東第一祠，應是實至名歸。

三、明代蔣山神祠的境遇及其所折射出的問題

朱元璋建國之後，定都南京。對於南京這個特殊的地區，明朝政府專門選
出重要的十座神廟加以祭祀，其中就包括蔣子文祠。「北極眞武以三月三日、
九月九日，道林眞覺普濟禪師寶誌以三月十八日，都城隍以八月祭帝王後一
日，祠山廣惠張王渤以二月十八日，五顯靈順以四月八日、九月二十八日，皆
南京太常寺官祭。漢秣陵尉蔣忠烈公子文、晉咸陽卞忠貞公壺、宋濟陽曹武惠
王彬、南唐劉忠肅王仁瞻、元衛國忠肅公福壽俱以四孟朔，歲除，應天府官祭。
惟蔣廟又有四月二十六日之祭。」〔註38〕這些祠廟由南京太常寺親自負責祭
祀，《明會典》卷169載：「南京太常寺事例，凡每歲祭祀孝陵三祭，並行香四

〔註36〕《乾道四明圖經》卷10《烈港新建張王行廟記》，《宋元方志叢刊》第5冊，
中華書局，1990年，第4946～4947頁。
〔註37〕（宋）蘇泂：《泠然齋詩集》卷65《金陵雜興二百首》。
〔註38〕《明史》卷50，中華書局，1974年，第1304頁。

次，懿文陵九祭，五祀六祭，歷代帝王廟一祭，先師孔子二祭，並朔望行釋菜禮，中山武寧王五祭，功臣廟五祭，忠烈武順昭靈嘉祐王等廟五祭，普濟禪師一祭，眞武廟二祭，天妃宮二祭，祠山廣惠王廟、蔣忠烈王舊廟、壽亭侯廟俱二祭，五顯靈順廟一祭。」不過蔣子文祠已不在蔣山，而是遷到雞鳴山，《明一統志》卷6載「蔣忠烈廟在雞鳴山之陽，舊在蔣山西，本朝洪武二十年改建於此，劉三吾奉勅撰記。蔣子文廣陵人，自謂已骨青，死當爲神，漢末爲秣陵尉，逐盜至鍾山下，被傷而死，後人見子文於道，侍從如平生，以爲神而祠之，代著靈異。」

可見明朝初年，蔣子文祠在國家祀典中佔有重要的地位，而此時在普通民眾尤其是南京地區民眾心中，蔣子文祠還是很有市場的。嘉靖進士，後出任南京右都御史的王樵說：「漢秣陵尉蔣子文禦賊戰死，至今祀之，與蜀梓潼事同，今雞鳴山十廟，蔣尉已列祀典，而鍾山之陰復有廟宇，每歲四月，士女雲集，香火甚盛，而護國之說尤屬誣妄，二祖渡江成大業，皆所謂天授，何假神力？至於靖難之事推秣陵死事之心，尤必不如流俗所傳也。」〔註39〕

除了建康的蔣子文祠之外，江浙各地散見其他供奉蔣子文的祠廟。如《吳興續志》載：「蔣靈帝廟，在（武康）縣前溪南，漢末蔣子文之神也。吳立廟於鍾山，不詳此邑創廟之自。」〔註40〕《（萬曆）嚴州府志》載：「蔣山明帝府君廟，在縣南二里，諱子文，姓蔣氏，本廟在金陵之鍾山，此特其行祠耳。相傳爲唐貞元十一年建此廟，又有二祀，一在縣西十二里，一在縣西十五里。」〔註41〕而在續志中，依然有蔣山神祠，「在縣西一十二里地方黛潭，相傳即金陵蔣山神也。洪武五年重建。」〔註42〕而蔣子文的家鄉揚州仍然留有他的祠廟，並有小範圍的擴展「蔣忠烈祠祀漢秣陵尉蔣子文也，祠在揚州南門外，紹定三年逆全擁眾圍城，帥守趙范默禱於神，屢戰獲捷，復爲新其祠，高郵、興化亦有祠祀。」〔註43〕將南北朝、宋元和明代三個時期的蔣子文祠的分佈加以歸納，列表如下：

〔註39〕　（明）王樵：《方麓集》卷11《蔣廟》。
〔註40〕　《吳興續志》，《永樂大典方志輯佚》，中華書局，2004年，第826頁。
〔註41〕　《（萬曆）嚴州府志》卷5，日本藏中國罕見地方志叢刊，書目文獻出版社1991年，第114頁。
〔註42〕　《（萬曆）續修嚴州府志》卷5，日本藏中國罕見地方志叢刊，書目文獻出版社1991年，第103頁。
〔註43〕　（明）盛儀輯：《（嘉靖）惟揚志》卷11，天一閣藏明代方志選刊，上海古籍書店，1961～1966年。

地　區	時　代		
	南北朝	宋元	明
南京	√	√	√
揚州	√		
寧波	√		
湖州	√	√	√
武漢武昌	√	√	
嚴州建德縣		√	√
宜興		√	
南康軍星子縣		√	
其他地區			√

　　從上表不難看出，南北朝、宋、明朝三個時期，蔣子文祠的範圍未發生太大的變化，基本保持原有的信仰範圍，沒有太大的變化，基本上沒有出現宋元時期的區域神靈擴展的現象。中國是多神崇拜的國度，在民眾意識方面說來，並不存在神靈排斥另一神靈之習慣，然而畢竟人的精力是有限的，不可能對所有神靈都面面俱到，都有個人所偏好的神靈，雖然說不上是如同搶佔市場一般激烈，神靈的受歡迎程度也並不是絕對不變的，一個神靈的興起和擴展，必然會使本地的神靈信奉情況發生一定的變化。

　　國家正祀與民間信仰的互動關係，是當今思想信仰領域的熱點問題之一。通過具體神靈的研究，進而分析國家與地方勢力的妥協與對抗。蔣子文信仰的興衰，則充分體現了國家政權與民間信仰息息相關的關係。通觀蔣子文的興衰，不難發現一個問題，蔣子文祠的興衰，與距離政治中心的遠近有著密切的關係。從其發家之際，蔣子文祠就得到了政府的關照，並一步步得到加封和更高的爵位。在這種關照之下，民間，尤其是現今南京地區，信奉蔣子文的熱潮逐步高漲起來，至南朝達到一個頂峰。其間，關於蔣子文的神跡故事不斷炮製並流傳開來。這種情況至隋唐時期發生了變化，因為權力中心已經離開了江浙地區，而當南宋和明初權力中心的重修回歸江浙地區之時，蔣廟出現了重修的跡象。然而，蔣子文地位的已然大不如前，就拿明初南京十廟來說，明末清初的顧炎武指出：「今南京十廟雖有蔣侯，湖州亦有卞山王，而亦不聞靈響。而梓潼郎、三官、純陽之類以後出，而反受世人之崇奉。關壯繆之祠至遍於天下，封為帝君。豈鬼神之道亦與時為代謝者乎？」

〔註44〕顧炎武是江蘇人，熟悉本地風俗，已然看出蔣廟之衰落。時間更晚一些的清代學者洪亮吉亦發現了這一現象，他的《長流水關神武廟碑記》這樣寫到：

人有代謝，神亦有代謝，神代謝者，若周之杜主、漢之城陽景王、漢末蔣子文諸人是也。惟忠義之氣塞天地者，則歷百世如一日焉，神武與唐之張許、宋之岳忠武是矣，而神武廟尤徧天下。已未歲，余以罪戍伊犂，出嘉峪關，抵惠遠城，東西六千餘里，所過鎮堡城戍人戶眾者，多僅百家，少則十家、六七家不等，然必有廟，廟必祀神武廟，兩壁必繪二神，一署曰平神武子也，見裴松之注所引蜀記，一署曰周倉，則宋以前悉無可考，僅見於元人所作演義，神其說者，或云近世山西人掘地得周墓，有石碣焉，亦附會，不足信。吾鄉有里儒撰神武世系，據《吳志·魯肅傳》云，爭荊州日，坐有一人云云，遂定爲周倉，夫陳壽固未嘗標姓名，則百世下何由知之，此真里儒之見矣。余前奉使貴州，過鎮寧州關索嶺，嶺有廟香火極盛，土人及方志皆云神武子也，正與周倉事相類，並不足信，神本諡壯繆，本朝定諡神武，余屺恩赦回過長流水，值里人欲新神廟，乞爲記其壁，如左云法。〔註45〕

很巧的是，洪亮吉與顧炎武都是江蘇人，他們對於蔣廟的興衰感慨更爲深刻一些。在指出蔣廟衰落的同時，他們都提到了其他神靈如梓潼、神武等神的興盛，一個神靈的興衰，並不簡單地按照其產生年代之先後來判斷，當時代賦予一位神靈新的內容之時，他才有可能繼續受到人們的膜拜。蔣廟在南朝之後，基本上處於一種凝滯發展的狀態，一方面其傳播擴展受限，另外，關於蔣子文的神異故事不再有新的故事，基本上仍然延續以前的內容，即便是明初政府的推崇，已經掩飾不住其頹敗的趨勢，以至於「民間已無祀之者」〔註46〕。

〔註44〕顧炎武：《日知錄集釋》卷30《古今神祠》，嶽麓書社，1994年，第1075頁。
〔註45〕（清）洪亮吉：《更生齋集》文甲集卷3，民國中華書局四部備要本。
〔註46〕（清）趙翼：《陔餘叢考》卷35《城陽王秣陵尉》，河北人民出版社，1990年，718〜720頁。

第六章　兩宋祈雨考

　　中國古代社會是一個以農業爲主的社會，在科學技術不發達的年代，農業生產的豐歉與天氣有著直接的關係，如果「風調雨順」，則豐收的可能性就會比較大，相反，水旱失調則會直接導致農作物的減產，甚至絕收。作爲社會生產的組織者和領導者，中國歷代政府十分注重對於「風調雨順」的祈求。當然，這並非政府的唯一舉措，除了興修水利，開倉放糧這些措施之外，政府還會選擇其他方法來「平息」天災，其中重要的一項活動就是「祈雨」。在宋代文獻中保存著大量上至皇帝，下至普通百姓祈雨、祈晴的記載，如《宋會要輯稿》禮制部分專門收錄關於祈雨、祈雪等活動。

一、雩禮之變遷

　　祈禱水旱之禮早而有之，稱之爲「雩禮」。「雩者，爲旱求者也。求者，請也。」〔註1〕《禮記正義》載：「雩，吁嗟求雨之祭也。」〔註2〕作爲一種古老的禮儀，《春秋左氏傳》中載「龍見而雩」，「龍見建巳之月，蒼龍宿之體昏見東方，萬物始盛，待雨而大。故祭天，遠爲百穀祈膏雨也。」當時雩禮的樂舞如何進行，其細節已不可考，只能從一些文獻資料中瞭解其中的部分內容。首先，樂舞的領導者爲專職的巫師，「司巫，若國大旱，則帥巫而舞雩」，也就是說，在旱情出現的時候，國家的巫師會起舞以祈禱下雨。這種舞蹈一般是由女巫完成，因爲在古人心中，旱爲陽氣太盛而造成，「陽氣盛而常旱，山川百源，能興雲雨者也。眾水始所出爲百源，必先祭其本，乃雩。」〔註3〕

〔註 1〕　《春秋穀梁傳》卷十九，北京大學出版社，1999 年，第 317 頁。
〔註 2〕　《禮記正義》卷十六，北京大學出版社，1999 年，第 501 頁。
〔註 3〕　《禮記正義》卷十六，北京大學出版社，1999 年，第 501 頁。

「女巫舞旱祭，崇陰也」〔註4〕，在女巫的帶領之下，「使童男女各八人，舞而呼雩」。〔註5〕

舉行雩祭活動有其時間的限定，一般說來，「雩之正，常以四月。凡周之秋三月之中而旱，亦修雩禮以求雨，因著正雩，此月失之矣。」也就是說，正式的雩禮是在四月舉行，為何要在這一時間，應該與氣候有一定的關聯，春天發生旱災的可能性比較大，所以會在這一時段舉行固定的雩祭。當然，如果此時沒有出現旱災的情況，祈禱風調雨順亦是雩禮舉行的意義。而其他月份也有可能發生旱災，此時還可以有針對性的進行雩祭。在《春秋穀梁傳》、《春秋公羊傳》等書中，經常能看到不同月份舉行雩祭的記載。其儀式上的區別在於「大雩帝，用盛樂」，所謂盛樂指的是「『韶韔』至『祝敔』皆作曰盛樂，凡他雩用歌舞而已。」〔註6〕

先秦時期，樂舞經常與「禮」有密切的聯繫，不同身份的人，不同規格的祈求，其所用的樂舞也存在相應的差異。作為關係國計民生的大事，祈雨之樂舞級別應該也是相當高。《禮記正義》載：「雩帝，謂在壇南郊之旁，雩五精之帝，配以先帝也。」「天子雩上帝，諸侯以下雩上公」〔註7〕，鄭玄也認為「雩，旱祭也。天子於上帝，諸侯於上公之神」。在當時比較嚴格的等級制度之下，作為一種重要的祭祀活動，雩禮有其適用的人群和相應的規範。

馬端臨認為「漢承秦滅學，正雩禮廢。旱，太常祝天地宗廟。」〔註8〕兩漢時期，關於雩禮的記載比較少，所謂的「正雩」之禮更是鮮見，能看到的記載是有針對性的雩禮，即有旱災出現才出現的祭祀之禮。西漢前期董仲舒所做求雨之法，如此繁複的程序和規定，更多的源於自己對於先秦禮制的理解和發揮，其是否遵循先秦時期的傳統做法有待考證。而百餘年後的東漢時代，對於雩禮的實踐為：「自立春至立夏盡立秋，郡國上雨澤。若少，府郡縣各掃除社稷；其旱也，公卿官長以次行雩禮求雨。閉諸陽，衣皂，興土龍，立土人舞僮二佾，七日一變如故事。反拘朱索（縈）社，伐朱鼓。禱賽以少牢如禮。」〔註9〕《後漢書》中的記錄，更多的是將求雨的職責放到地方官吏

〔註4〕《周禮注疏》卷二十六，北京大學出版社，1999年，691頁。

〔註5〕《春秋公羊傳注疏》卷四，北京大學出版社，1999年，第84頁。

〔註6〕《禮記正義》卷十六，北京大學出版社，1999年，第501頁。

〔註7〕《禮記正義》卷十六，北京大學出版社，1999年，第501頁。

〔註8〕《文獻通考》，中華書局，2011年，第2377頁。

〔註9〕《後漢書》志第五，中華書局，1965年，第3117頁。

身上，而中央權力中心則沒有承擔這方面的職責，這是與先秦時期存在的最大區別，可以說這一段從秦朝到漢朝，直到魏晉時期，最高權力掌控者缺席於雩禮的活動，使得這一國家祭祀活動在整個社會中，尤其是政治領域並不為人所關注。當然這並不是說祈雨的活動就此消沉，在非國家祭祀的層面上祈雨活動依然十分活躍。

在《晉書》禮制部分有與《後漢書》相似的記載，「漢儀，自立春至立夏，盡立秋，郡國尚旱，郡縣各掃除社稷。其旱也，公卿官長以次行雩禮求雨，閉諸陽，衣皁，興土龍，立土人，舞僮二佾，七日一變，如故事。」可以說這是對東漢制度的一種繼承，在這段話的後面，出現了新的內容：「武帝咸寧二年，春久旱。四月丁巳，詔曰：『諸旱處廣加祈請。』五月庚午，始祈雨於社稷山川。六月戊子，獲澍雨。此雩之舊典也。太康三年四月，十年二月，又如之。其雨多則禜祭，赤幘朱衣，閉諸陰，朱索縈社，伐朱鼓焉。」〔註10〕這裡新的變化是：首先，權力最高掌控者——皇帝重新關注以雩祭為中心的祈雨活動，並開始主導這方面的活動。另一方面，祈雨活動不再僅限於雩祭方面，開始「祈雨於社稷山川」。作為蘊育雲雨的發源地，向社稷山川祈雨具有邏輯上的可能性，此舉影響深遠，後世向山川祈雨成為一種常見的祭祀活動。

皇帝對於雩禮的重新重視和掌控，表現在對雩壇的建設方面。西晉穆帝永和時，「議制雩壇於國南郊之旁。依郊壇近遠，祈上帝，百辟。旱則祈雨，大雩社稷、山林、川澤。舞僮八佾六十四人，皆玄服，持羽翳而歌雲漢之詩。」〔註11〕作為專門舉行雩禮的特定場所，雩壇的建制使得雩祭正式成為一種常態性的祭祀活動。所以在之後的時段裏經常有圍繞雩壇而進行的雩祭活動。當然，關於雩壇的建制首先要解決的是選址的問題，「梁武帝天監九年，有事雩壇。帝以為雨既類陰，而求之正陽，其謬已甚。東方既非盛陽，而為生養之始，則雩壇應在東方，祈晴亦宜此地。遂移於東郊。」可見之前的雩壇是在南郊附近，而梁武帝時期將其遷至東郊。大同五年，「又築雩壇於籍田兆內」。而至北齊時期，又將雩壇遷回南郊，「北齊以孟夏龍見而雩，祭太微宮五精帝於南郊之東。為圓壇，廣四十五尺，高九尺，四面各一陛。為三壝外營，相去深淺，並燎壇，一如南郊。若建午、申、未之月不雨，則使三公祈

〔註10〕　《晉書》卷十九，漢語大詞典出版社，2004年，第445頁。
〔註11〕　《文獻通考》，中華書局，2011年，第2381頁。

五帝於雩壇。禮用玉帛，有燎，不設樂。選伎工端潔善謳詠者，使歌雲漢之詩於壇南，其儀如郊禮。」〔註12〕

關於雩祭的細節問題，歷朝政府也在不斷教改之中，如「齊明帝建武二年，旱，雩，以武帝配饗於雩壇。」〔註13〕「陳因梁故事，武帝時以德皇帝配；廢帝以文帝配。牲用黃牯牛，而以清酒四升洗其首。其壇壝配享歌舞皆如梁禮。天子不親奉，則太宰、太常、光祿行三獻禮，其法皆採齊建武二年舊典。」〔註14〕「後魏文成帝和平元年四月，旱。詔州郡於其界內，神無大小，悉灑掃薦以酒脯。年登之後，各隨本秩，祭以牲牢。」〔註15〕「隋制，雩壇國南十三里啓夏門外道左，高一丈，周十二丈。孟夏龍見則雩五方上帝，配以五人帝於上；太祖配饗，五官從祀於下。牲用犢十，各依方色。若京師孟夏后旱，則祈雨，行七事。」「唐武德初，定令每歲孟夏雩祀昊天上帝於圓丘，景皇帝配。牲用蒼犢二。五方上帝、五人帝、五官並從祀，用方色犢十。太宗貞觀時，雩祀於南郊。高宗顯慶時，行雩禮於圓丘。」〔註16〕

雷聞先生認爲在梁武帝時期是雩禮制度化和系統化的重要時期，隨後的隋唐兩朝，大雩禮在儀式上和精神上與前代有了巨大的差異：「雩禮起源於上古的巫術儀式，盛大的歌舞是其中的核心環節，這一點，在梁武帝時的雩禮還有很多遺存，如以舞童 128 人袚服執翳，歌《雲漢》之詩。到了唐代這樣一個中央集權的統一帝國，雩禮的核心已經演變成皇帝個人與昊天上帝及先王太宗的交流，儀式的高潮則是皇帝在昊天上帝及太宗的神座前跪讀祝文……雖然在儀式的進行中，也有文舞、武舞的表演，但這僅是中間的點綴而已，只有皇帝才是整個儀式的焦點，而原始之巫風已蕩然無存了。」〔註17〕

相對於前朝，宋朝並不十分重視雩壇的建設和雩禮的規範，直到神宗元豐五年七月，「始建雩壇祀上帝，以太宗配」〔註18〕，此時已經到了北宋中期，而更加細節化的規定爲：「雩壇當立圓壇於南郊之左己地，依郊壇遠近，高一丈，廣輪四丈，周十二丈，四陛，爲三壝，二十五步，周垣四門，燎垣一，

〔註12〕《文獻通考》，中華書局，2011 年，第 2383 頁。

〔註13〕《文獻通考》，中華書局，2011 年，第 2383 頁。

〔註14〕《文獻通考》，中華書局，2011 年，第 2382 頁。

〔註15〕《文獻通考》，中華書局，2011 年，第 2382 頁。

〔註16〕《文獻通考》，中華書局，2011 年，第 2383 頁。

〔註17〕雷聞：《郊廟之外──隋唐國家祭祀與宗教》，生活・讀書・新知三聯書店，2009 年，第 301～302 頁。

〔註18〕《宋史》卷十六，中華書局，1977 年，第 308 頁。

如郊壇之制。」〔註 19〕兩宋時期是民間神靈大批湧現的時代，民間出現相當多的神靈可以去祈求祭拜，其中也包含了興雲布雨職能的神靈，加之前朝雩禮的變化，可以說到了這個時候雩禮已經逐漸在祈雨的舞臺上慢慢「消逝」。而更多的祈雨活動，則轉向其他領域，如北宋建國初年，太祖就因為乾旱的問題，「命近臣遍禱天地、社稷、宗廟、宮觀、神祠、寺，遣中使馳驛禱於嶽瀆。」也就是說祈雨已經不再拘泥於雩禮，而是所有有可能實現祈雨目的的神靈，祈雨的方式也多種多樣，並且成為兩宋時期的祈雨的基本理念，「自是凡水旱皆遣官祈禱，唯有變常禮則別錄。」〔註 20〕

二、祈雨——君主的表態

中國古代的君主不僅僅是最高權力的掌控者，同時也扮演著社會最高管理者的角色，在面對天災人禍的時候，君主至少要表現出憂國憂民的姿態，可以說在古代社會中重大的時間都需要君主的表態。祈雨的問題一直為歷代君主所重視，不僅因為這是關係農業豐歉、百姓貧樂的關鍵性問題，同時是考驗君主得失的重要指標之一，即發生水旱之災是君主治理出現問題的一種反映，君主需要反思並做出補救措施。《說苑》記載：

> 湯之時大旱七年。雒坼川竭，煎沙爛石，於是使人持三足鼎，
> 祝山川，教之祝曰：「政不節耶？使人疾耶？苞苴行耶？讒夫昌耶？
> 宮室營耶？女謁盛耶？何不雨之極也？」蓋言未已而天大雨，故天
> 之應人，如影之隨形、響之效聲者也。詩云：「上下奠瘱，靡神不宗。」
> 言疾旱也。〔註21〕

故事說的是商湯的時候，有七年的大旱災，雒水和黃河都乾涸開裂，石頭砂石都被太陽烤得焦爛，於是湯派人拿著三足鼎，祝禱山川神靈，並教他們問天地的神：是國家的施政太浪費，使人民痛恨嗎？是賄賂的風氣太盛？挑撥是非的人太多？大修土木的風氣太盛？後宮裏專權跋扈的女人太多嗎？為什麼這樣的久不下雨呢？話還沒有說完，而老天就已經開始下雨了，所以老天爺的順應人心，好像影子般的緊跟著一個人的形體，音響跟隨聲音一樣。這則關於商湯的故事未必是真實的，但是說明至少在西漢劉向生活的時代，已經開始有這樣的思維：天氣的異常與君主的施政有關聯，如果施政方針有問

〔註19〕　《宋會要輯稿》禮 14 之 53，中華書局，1957 年，第 613 頁。
〔註20〕　《宋會要輯稿》禮 18 之 2，中華書局，1957 年，第 733 頁。
〔註21〕　劉向：《說苑》卷一，臺灣商務印書館，1979 年，第 26 頁。

題，那麼可能出現異樣的天氣，如水旱、飛蝗之災，這樣異常天氣是可以挽回的，只要君主能夠反思自己的錯誤行爲，及時改正。《說苑》中還有另外一則關於祈雨的故事：

> 齊大旱之時，景公召群臣問曰：「天不雨久矣，民且有饑色。吾使人卜之，崇在高山廣水。寡人欲少賦斂，以祠靈山，可乎？」羣臣莫對。晏子進曰：「不可，祠此無益也。夫靈山固以石爲身，以草木爲髮。天久不雨，髮將焦，身將熱，彼獨不欲雨乎？祠之無益！」景公曰：「不然，吾欲祠河伯，可乎？」晏子曰：「不可，祠此無益也。夫河伯以水爲國，以魚鼈爲民。天久不雨，水泉將下，百川竭，國將亡，民將滅矣。彼獨不用雨乎？祠之何益？」景公曰：「今爲之奈何？」晏子曰：「今誠避宮殿，暴露，與靈山、河伯共憂，其幸而雨乎？」於是景公出野，暴露三日，天果大雨，民盡得種樹。景公曰：「善哉！晏子之言。可無用乎？其惟有德也。」〔註22〕

面對旱災，齊景公的應對之策有兩個：一是減免百姓的賦稅，另一個是祭拜山神。而晏子所反對的不是第一個措施，而是第二個措施，晏子說了一大堆反對的理由，如「夫靈山固以石爲身，以草木爲髮。天久不雨，髮將焦，身將熱，彼獨不欲雨乎？祠之無益！」等等，最後晏子的主張是不祭拜山神，而是讓景公去郊外曬了三天，最終果然大雨。景公在郊外暴曬三日而得雨，想表達的含義是面對天下的災害，君主應該反思自己的錯誤，自罰以體會百姓之痛苦，從而能改善自己的統治理念。

這種思維爲後世所繼承並發揚，梁武帝大同年間規定：「四月後旱，則祈雨，行七事，一、理冤獄及失職者；二、賑鰥寡孤獨；三、省徭輕賦；四、舉進賢良；五、黜退貪邪；六、命會男女、恤怨曠；七、徹膳羞，施樂縣而不作。」〔註23〕這些舉措主要包含三個方面的內容，一是改正錯誤，如整理冤獄和整頓失職者、黜退貪邪等；二是實施善行，如賑濟鰥寡孤獨、減免賦役等等；三是與百姓同甘共苦，如裁撤膳羞，不作樂等。之後的隋唐兩朝這一理念承接了最高統治者在祈雨中的主導地位，當出現水旱災害的時候，更多的是皇帝在反思，在實施某些舉措，這種變化與中央集權制度的確立有一定關係：在逐步強化的中央集權制之下，皇帝及其大臣不能允許在任何領域

〔註22〕劉向：《說苑》卷十八，臺灣商務印書館，1979 年，第 620～621 頁。
〔註23〕馬端臨：《文獻通考》，中華書局，2011 年，第 2382 頁。

出現凌駕於他們權力之上的人或是集團，關係國計民生的祈雨活動自然不能放任，所以這些舉措成爲祈雨過程中皇帝的固定舉措。宋朝皇帝自然不會例外，繼續繼承前朝的理念，並付諸實踐，相似的舉措在《宋史》、《宋會要輯稿》等官方文獻中有相當多的記錄：

皇帝正身修德，避殿減膳；臣子請罪辭官。太宗端拱二年，因爲雨雪愆期的問題，太宗御書白箚給在宰相趙普，寫道：「萬方有罪，罪在朕躬。顧茲雨雪愆期，應是妖星所致。爲人父母，心莫遑寧，直以身爲犧牲，焚於烈火，亦未足以荅謝大譴。當共卿等審刑政之闕失，念稼穡之艱難，恤物安人，以祈垂祐。」太宗皇帝將這次的災害，歸結到自己的身上，認爲是自己的責任，並且措辭激烈的說願意以身焚火來平息上天的譴責。第二日呂蒙正等人在長春殿表明作爲臣子的態度：「臣等伏讀御箚，若負芒刺。自陛下續承寶位，一紀有餘，躬覽萬幾，勤恤民隱，未嘗有纖微之失。蓋是臣等任處弼諧，用非霖雨，願上印綬，以荅天譴。」〔註24〕他們認爲並非太宗的問題，而是臣子的問題，願意辭職以答天譴。這些是不是君臣的眞心話已無證據可考，這一段君臣的對話至少說明他們的態度，即願意犧牲自己來應驗上天的譴責，避免百姓受苦。面臨大的危機時，經常會出現相似的君臣對話。

需要指出的是，這種反思與修正，甚至自我懲罰一般局限於皇帝與臣子之間，普通民眾可以參與祈雨活動，而民眾的自我懲罰是不提倡和鼓勵的。譬如皇祐四年三月十一日，遣官祈雨。帝謂輔臣曰：「開封奏，婦人阿齊爲祈雨斷臂，恐惑眾，不可以留京師，其令徙居曹州。」〔註25〕民眾的這種自殘行爲，具有恐怖的色彩，政府的態度是反對的，如果影響到其他人，發生集體自殘的事件，其後果是十分嚴重的，所以宋仁宗下令將這個自殘的婦人遣送別處。

另外兩宋政府還其他的舉措，以應對旱災等上天的懲罰。如免除賦役。《宋史》載：「熙寧三年，振河北、陝西旱饑，除民租。」〔註26〕「（淳熙）三年春正月甲寅，以常州旱，寬其逋負之半。」〔註27〕（淳熙九年）九月，辛卯，以旱減恭、合、渠、昌州今年酒課。〔註28〕

重審冤獄。《宋史》載：「熙寧二年三月丙戌，命宰臣禱雨。乙未，以旱

〔註24〕《宋會要輯稿》禮18之3，第734頁。
〔註25〕《宋會要輯稿》禮18之10，第737頁。
〔註26〕《宋史》卷十五，中華書局，1977年，第278頁。
〔註27〕《宋史》卷三十四，中華書局，1977年，第661頁。
〔註28〕《宋史》卷三十五，中華書局，1977年，第678頁。

慮囚。」〔註29〕《宋會要輯稿》載：紹興三年七月四日，詔輪宰執從官一員
詣上天竺寺祈雨。十六日，上以愆雨，謂輔臣曰：「朕宮中素食已累日，尚未
降澤，令斷屠。精禱雖至，然尚慮政事未平，刑獄冤濫，可速令疏決平反。
在外州縣令提刑親行疏決，務在刑清也。」〔註30〕

徵求建議。《宋會要輯稿》載：紹興五年六月九日，宰臣趙鼎奏請分遣侍
從官遍走群寺祈雨，上曰：「亢陽如此，朝廷政事闕失，更宜講求。」〔註31〕

禁止屠宰。《宋會要輯稿》載：「紹興三年七月，就法慧寺祈雨，斷屠宰
三日。」〔註32〕乾道四年六月詔：「雨澤稍多，令臨安府止屠宰三日，及雞鴨
魚蝦應生命之屬，並行禁斷。」〔註33〕紹興年間發生旱災，高宗蔬食以應對，
宰臣秦檜等奏：「陛下齋居蔬食，以祈雨澤，考之典禮，唯當損太官常膳。」
上曰：「雖損膳，豈免日殺一羊？天意好生，朕意實不忍殺。」「臣檜等既欽
歎上至仁之心，愛人及物，雖一羊不忍推此如應天，何患天心不格？」既而
甘霆應禱霑足。〔註34〕

面對嚴重的、持續時間長的旱災，往往不是某一種舉措就能得到應驗，多
是各種方式都採用，如孝宗淳熙十年「秋七月乙丑，以不雨決繫囚。丙寅，幸
明慶寺禱雨。甲戌，以夏秋旱暵，避殿減膳，令侍從、臺諫、兩省、卿監、郎
官、館職各陳朝政闕失，分命群臣禱雨於天地、宗廟、社稷、山川。左丞相王
淮等以旱乞罷，不許。丁丑，詔除災傷州縣淳熙八年欠稅。甲申，雨。」〔註35〕
淳熙十年的這次旱災，皇帝親自去明慶寺禱雨，避殿減膳，令宰臣陳朝政闕失，
清查冤獄，宰相請辭，減免賦稅等諸多措施都實施之後，最終才盼得甘霖。

可以說，兩宋皇帝面對水旱之災之姿態是較為認真的，在《宋會要輯稿》
中詳細記載皇帝及內侍、大臣祈雨的寺觀：「京城玉清昭應宮、上清宮（今廢）。
景靈宮、太一宮、太清觀（今建隆觀）、會靈觀（今集禧觀）、祥原（源）觀
（今醴泉觀）、大相國寺、封禪寺（今開寶寺）、太平興國寺、天清寺、天壽
寺（今景德寺）、啓聖院、普安院，以上乘輿親禱。」如果遇到水旱災害，皇
帝會根據情況親自去這些寺觀進行祈禱，以示對災害的重視。除此之外，皇

〔註29〕《宋史》卷十四，中華書局，1977年，270頁。
〔註30〕《宋會要輯稿》禮18之17，第741頁。
〔註31〕《宋會要輯稿》禮18之17，第741頁。
〔註32〕《宋會要輯稿》禮18之17，第741頁。
〔註33〕《宋會要輯稿》禮18之20、21，第742～743頁。
〔註34〕《宋會要輯稿》禮18之19，第742頁。
〔註35〕《宋史》卷三十五，中華書局，1977年，第680頁。

帝會派遣內侍或大臣進行祈雨等祈禱活動，「或分遣近臣〔告〕昊天上帝於南郊，皇地祇於北郊或南郊，望祭太廟，社稷，諸方岳鎮海瀆，於南郊望祭。天齊仁聖帝廟、五龍堂、城隍廟、祆祠、報慈寺、崇夏寺、報先寺（今乾明寺）、九龍堂、澹溝廟、子張子夏廟、信陵君廟、段干木廟、扁鵲廟、張儀廟、吳起廟、單雄信廟，以上並敕建遣官。九龍堂以下舊只令開封府遣官，後皆敕差官。仍令諸寺院宮觀開啓道場。今水旱亦令依古法祈求。五嶽四瀆廟、河中府后土、亳州太清宮、兗州會眞宮、河中府太寧宮、鳳翔府太平宮、舒州靈仙觀、江州太平觀、亳州明道觀、泗洲延祥觀、兗州景靈宮、太極觀，以上並敕差朝臣或內侍，自京齎香合、祝板，馳驛就祈。五嶽眞君觀、泗洲普照寺、西京無畏三藏塔，以上並遣內臣詣建道場。」〔註36〕從這些規定可以看出，北宋時期皇帝與群臣，國家祭祀與民間寺觀都必須積極爲百姓的福祉努力。從《宋史》、《宋會要輯稿》等文獻中，有記載的官方背景的祈雨記錄多達二百餘次，民間的祈雨活動則多不勝舉。

兩宋皇帝祈雨表

皇　帝	祈雨次數	皇帝祈雨次數	在位時間
太祖	19	1	19
太宗	18	7	23
眞宗	19	6	25
仁宗	18	8	47
英宗	7	2	4
神宗	47	4	18
哲宗	15	1	17
徽宗	4	2	27
高宗	28	1	36
孝宗	17	4	27
光宗	6		5
寧宗	32	2	30
理宗	20		40
度宗	2		10
總數	252	38	

〔註36〕《宋會要輯稿》禮18之2，第733頁。

　　首先要說明的是，因為筆者所翻閱的文獻並不全面，不可能搜集到全部的關於祈雨的記載，所以此表並不能涵蓋兩宋時期的所有情況，不過卻也能從一定程度上反映當時的情況。從上表可以看出，兩宋時期幾乎每位皇帝（除了在位時間很短的北宋欽宗和南宋末期幾位小皇帝）執政期間都曾發佈過祈雨的詔令，並且絕大部分皇帝都曾經親自參加祈雨的活動。如在北宋建國初期，翰林學士王著就向太祖建議：「秋稼將登，稍愆時雨，望令近臣按舊禮告祭天地、宗廟、社稷，及望告嶽、鎮、海、瀆於北郊，以祈雨。」太祖接受了他的建議，「昭（詔）用其禮，惟不祀配座及名山大川；雨足，報祭如禮。」〔註37〕

三、祈雨方法之變化

　　中國古代社會歷代十分重視祈雨，祈雨的方式也多種多樣，各有特色。西漢董仲舒在建構自己的哲學體系的同時，也規劃了自己的祈雨方法：

> 春旱求雨，令縣邑以水日令民禱社稷，家人祠戶。毋伐名木，毋斬山林。暴巫聚蛇八日。於邑東門之外為四通之壇，方八尺，植蒼繒八。其神共工，祭之以生魚八、玄酒，具清酒、膊脯，擇巫之清潔辯言利辭者以為祝。祝齋三日，服蒼衣。先再拜，乃跪陳。陳已，復再拜，乃起。祝曰：」昊天生五穀以養人，今五穀病旱，恐不成。敬進清酒、膊脯，再拜請雨。雨幸大澍，即奉牲禱。」以甲、乙日為大青龍一，長八丈，居中央；為小龍七，各長四丈，於東方，皆東鄉，其間相去八尺。小僮八人，皆齋三日，服青衣舞之。田嗇夫亦齋三日，服青衣而立之。鑿社通之於閭外之溝。取五蝦蟆，錯置社之中。池方八尺，深一尺置水蝦蟆焉。具清酒膊脯，祝齋三日，服蒼衣，拜跪、陳祝如初。取三歲雄雞與三歲豭豬，皆燔之於四通神宇。令民閭邑里南門，置水其外，開里北門，具老豭豬一，置之里北門之外。市中亦置一豭豬。聞鼓聲，皆燒豬尾，取死骨埋之，開山泉積薪而焚之。決通橋道之壅塞不行者決瀆之。幸而得雨，報以豚一，酒、鹽、黍財足。以茅為席，毋斷。夏求雨，令縣邑以水日家人祀竈，毋舉土功。更大濬井。暴釜於壇，杵臼以術，七日。為四通之壇於邑南門之外，方七尺，植赤繒七。其神蚩尤，祭之赤

〔註37〕《宋會要輯稿》禮18之2，第733頁。

雄雞七，玄酒，具清酒、脯脯。祝齋三日，服赤衣，拜跪、陳祝如春。以丙、丁日為大赤龍一，長七丈，居中；又為小龍六，各長三丈五尺，於南方，皆南鄉，其間相去七尺。壯者七人，皆齋三日，服赤衣而舞之。司空、嗇夫亦齋三日，服赤衣而立之。鑿社而通之閭外之溝。取五蝦蟆，錯置社之中。池方七尺，深一尺。具酒脯，祝齋，衣赤，拜跪、陳祝如初。取三歲雄雞、豭豬，燔之四通神宇。開陰、閉陽如春也。

季夏，禱山陵以助之。令縣邑十日一徙市於邑南門之外，五日禁男子無得入市。家人祠中霤。毋舉土功。聚巫市旁，為之結蓋。為四通之壇於中央，植黃繒五，其神后稷，祭之以母𩠌五，玄酒，具清酒、脯脯。令各為祝齋三日，衣黃衣，餘皆如春祠。以戊、己日為大黃龍一，長五丈，居中央；又為小龍四，各長二丈五尺，於中央，皆南鄉，其間相去五尺。丈夫五人，皆齋三日，服黃衣而舞之。老者亦齋三日，衣黃衣而立之。亦通社中於閭外溝。蝦蟆池方五尺，深一尺。他皆如前。

秋，暴巫尫至九日。毋舉火事、無煎金器。家人祠門。為四通之壇於邑西門之外，方九尺，植白繒九。其神太皞。祭之桐木魚九，玄酒，具清酒、脯脯。衣白衣。他如春。以庚、辛日為大白龍一，長九丈，居中央；為小龍八，各長四丈五尺，於西方，皆西向，其間相去九尺。鰥者九人，皆齋三日，服白衣而舞之。司馬亦齋三日，衣白衣而立之。蝦蟆池方九尺，深一尺。他如前。

冬，舞龍六日，禱於名山以助之。家人祠井。毋壅水。為四通之壇於邑北門之外，方六尺，植黑繒六。其神玄冥。祭之以黑狗子六，玄酒，具清酒、脯脯。祝齋三日，衣玄衣，祝禮如春。以壬、癸日為大黑龍一，長六丈，居中央；又為小龍五，各長三丈，於北方，皆北鄉，其間相去六尺。老者六人，皆齋三日，衣黑衣而舞之。尉亦齋三日，服黑衣而立之。蝦蟆池如春。四時皆庚子日，令吏民夫婦皆偶處。凡求雨之大體，丈夫欲藏匿而居，女子欲和而樂。」〔註38〕

〔註38〕（漢）董仲舒：《春秋繁露》卷十六，黑龍江人民出版社，2003年，第281～282頁。

董仲舒詳細規劃了一年四季如何祈雨，從這細緻的描述中可以看到其求雨的幾個指導思想：一、因地制宜，地方官員起主要引導作用，在通篇基本上沒有看到君主和中央大臣的身影，更多地是地方官和當地百姓的積極參與。如開篇所講春天求雨，「令縣邑以水日令民禱社稷，家人祠戶」，即在春季發生旱災的時候由縣邑的長官出面，組織百姓祈禱社稷，家家戶戶祭祀戶神。二、祈雨注重全民動員。在董仲舒的祈雨過程中，有女巫，有小孩，有地方官員，有老人，幾乎一個社區的全部人員都加入到求雨的儀式中。三、龍在祈雨過程中扮演重要角色。在董仲舒的祈雨過程中出現了多種動物來支持這個儀式的完成，有魚、有蛙、有豬、有雞，最重要的是龍，這種虛構的動物以土偶的形式出現，在整個祈禱過程中居於中心的地位。這種影響一直影響至今，很多祈雨的活動都是以龍神爲中心進行的。

　　唐宋時期流行著各種各樣的祈雨之法，其中就有多種以龍神爲中心，如《宋會要輯稿》所載：

> 咸平閏三月三日，工部侍郎、知揚州魏羽上唐李邕《雩祀五龍堂祈雨之法》，詔頒於諸路。帝曰：「此法前代所傳，不用巫覡，蓋防褻慢。可令長吏清潔行之。郡內有名山大川、宮觀寺廟，並以公錢致禱。」其法以甲乙日，擇東方地作壇，取土造青龍。長吏齋三日，詣龍所，汲流水，設香案、茗菓、飧餌，率群臣、鄉老日再至祝酹。不得用音樂、巫覡，以致媟瀆。雨足，送龍水中。餘四方皆如之，飾以方色。大凡日幹及建壇取土之里數、器之大小及龍之修廣，皆取五行成數焉。〔註39〕

從李邕這一祈雨之法，依稀可以看到董仲舒求雨之法的影子，其主要的做法就是，作壇以土塑龍，由當地官吏率鄉老加以祭拜，以期降雨。對於這種方法的優點，官方的說法是「不用巫覡」。在中央集權社會，皇帝比較忌諱宗教，尤其是政府未掌控的宗教勢力擴張，因而這種重要的活動能排除非官方背景的巫覡是十分必要的。真宗咸平年間，政府將此種祈雨之法頒佈於諸路，並給予優惠的政策加以推廣，如地方長官牽頭，「以公錢致禱」等。關於龍神的祈雨之法還有很多，《宋史》中記載了「畫龍祈雨法」：

> 景德三年五月旱，又以畫龍祈雨法，付有司刊行。其法擇潭洞或湫瀲林木深邃之所，以庚、辛、壬、癸日，刺史、守令耆老齋

〔註39〕《宋會要輯稿》禮18之5，第735頁。

潔，先以酒脯告社令訖，築方壇三級，高二尺，闊一丈三尺，壇外
二十步，界以白繩。壇上植竹枝，張畫龍。其圖以縑素，上畫黑魚
左顧，環以元黿十星；中爲白龍，吐雲黑色；下畫水波，有龜左顧，
吐黑氣如綫，和金銀朱丹飾龍形。又設皂幡，刎鵝頸血置槃中，楊
枝灑水龍上，俟雨足三日，祭以一豭，取畫龍投水中。大中祥符二
年旱，遣司天少監史序祀玄冥五星於北郊，除地爲壇，望告。已而
雨足，遣官報謝及社稷。〔註40〕

另外還有「投龍法」，《宋會要輯稿》載：仁宗天聖三年九月六日，帝宣諭：「內
近臣南中勾當，迴言：諸處名山洞府投送金龍玉簡，每開啓道場，頗有煩擾，
不得清淨。速令分析諸路投龍處所，仍今後不開建道場。」宰臣王曾等曰：「亦
聞投龍之處，每建道場，預差人夫般送齎料物色，踰越山嶺，煩擾貧民。或
如聖意，今後務從簡省，實爲至當。」〔註41〕可見當時祈雨時較爲頻繁的使
用投龍祈雨法。

　　「呪龍祈雨法」，《宋會要輯稿》載：景德七月六日，大雨。翌日，帝謂
侍臣曰：「近頗亢旱，有西州入貢胡僧自言善呪龍祈雨，朕令於精舍中試其術，
果有符應。事雖不經，然爲民救旱，亦無避也。」〔註42〕這種祈雨之法具體
程序並未詳細敘述，不過從名字看來應與龍神有關係。關於龍神的祈雨之法
一直爲政府所沿用，至南宋孝宗乾道年間，禮部言：「兩浙安撫司以祭龍求雨
法來上，乞布之天下。按皇祐頒降祈雨雪法冊，無繪畫龍等，惟廣德軍元解
發印造到，內有繪畫樣制，至今年深，慮致損墜，乞於昨來祭龍祈雨雪內添
入繪畫龍等樣制，從本部下臨安府鏤板，以黃紙如法印造成冊，納本部，本
部下都進奏院頒降諸路州、府、軍、監、縣等，嚴加收掌，遇愆雨雪，精潔
祈求。」〔註43〕這份祈雨雪法冊是南宋政府頒發到諸路，是指導地方各級政
府祈雨之用。隨後南宋政府附以具體的祈雨程序：

　　　　置壇法。先擇左側有龍潭或秋瀑，或水泉所出，水邊林木鬱茂，
　　或有洞穴深邃堪畏之處，或居靈祠古廟，以爲壇地，取庚、辛、任
　　（壬）、癸及成日、滿日丑時置壇。本處刺史、縣令並官屬、耆宿、
　　應執事人皆先齋潔。祭日，官屬並公服靴笏，餘人並常服。其日具

〔註40〕　《宋史》卷一百二，中華書局，1977 年，第 2500 頁。
〔註41〕　《宋會要輯稿》禮 18 之 8，第 736 頁。
〔註42〕　《宋會要輯稿》禮 18 之 6，第 735 頁。
〔註43〕　《宋會要輯稿》禮 18 之 21，第 743 頁。

酒、脯、白魚乾、信幣、帛繒五赤、時菓、名香，一俎、二豆、兩爵。布淨席二領，南向，以白魚乾、信置俎上，時菓實豆中，香爐置俎豆南。又以新襆覆箱，箱內安皁繒，置香爐南，並陳於席上。又以淨匇盛酒，陳席東。又設祀官位於席南。州則刺史親祀，縣則縣令親祀。禮生引祀官就位。執事者實一爵，置俎上，祀官再拜跪奠。執事者又實一爵，祀官又拜殿。讀祝於壇地之東南角。讀祝人，州縣各依常式。祝文曰：「維某年某月某朔某日，具官姓名，謹以清酌、脯鱐、鱐音肅，乾魚也。時菓、信幣、帛繒之奠，昭告於某處社令后土神居之靈。伏以久愆甘雨，祈雪即言久愆嘉雪。將害農功，夙夜懷憂，罔知所愬，今於此地置壇求龍。伏惟社令后土神君監此精誠，無或艱阻，俾龍克饗其祭，尚不爲災。尚饗！」讀文訖，祀官再拜。執事捧幣箱立祀官前，授爵飲酒，再拜，遂取皁繒及酒脯等於席南瘞之。坎深一尺。瘞訖，撤席。造方壇，壇用淨土築成。凡三級，每級高一尺。上級方闊一丈三尺，中級、下級四面各容一尺七寸，皆以淨泥泥之。去壇二十步，圍以白繩，無令人入。應州縣官屬、耆宿，並於白繩外陪位，非祀官及執事者並不得輒入。

畫龍法。取新淨絹五尺，橫界爲二節。於下節畫水，水有波岸。水中盡龜，左顧，口吐黑氣，初如線形，引至二三寸，漸大，散作黑白雲。又於中節畫龍，龍色隨日幹，庚、辛日畫作白龍，壬、癸日畫作黑龍。若取張僧繇畫盤龍樣，尤佳也。龍口吐黑白氣成雲，黑色宜多。又於上節畫天，用朱砂點十黑爲天元龜星形，星中畫黑魚，亦左顧，勿令鬐鬣太分明，亦勿令與龍所吐雲氣相接。其龍以金、銀、朱砂和黃丹作色飾之，極令鮮明。

祭龍法。先令一道士於壇上敕水解穢，然後祭龍。或無道士處，但焚香步虛，遶壇一匝可也。大意在屏囂雜、斷污觸（濁）。取新行（竹）二竿，各長七尺，竿頭帶少葉，植於壇上。或無竹處，以葦及楊柳代之，尺數並依竹竿。竿頭各掛一皁幡，各長二尺四寸，取龍巾幭登掛兩竹之間。龍前置新席一，設俎豆、酒脯、時菓、名香，燒香以糖灰火，勿用炭。龍畏炭也。亦勿用鐵器，龍亦畏鐵器也。又取白鵝一隻，無鵝處以鳧雁代之。籠於壇南，以物束口，無令作聲。又設祀官位於其南。自置壇後，應預祭官屬、耆宿並執事者，

並齋潔，絕葷辛、宴飲及弔喪問疾。祭日，以亥時集壇下，子時行
事。壇之東西各設燈簒二，又於東南置罍洗。如無罍洗，代以潔器。
宿（官）屬、耆宿並陪位於白繩外。禮生引祀官至罍洗盥手畢，又
引就位，再拜，尊酒，再奠，再拜。讀祝文曰：「維某年某月某朔某
日，具位官姓名，謹以清酌、脯羞、花菓、名香，薦舒雁之牲，敢
告於里社神龍。某授命大君，來祈陰畎。伏以亢陽爲沴，甘雨久愆，
祈雪即云嘉雪久愆。慮害農功，莫遑夙夜。今則謀於龜筮，啓此壇
場，備薦吉蠲，用求靈應。伏望即日駕電驅風，祈雪即云召雪驅風。
降爲膏澤。至誠必報，無作龍羞。伏惟尚饗！」讀文訖，祀官奠酒，
再拜。授爵飲酒訖，又拜。執事者用新盤，不擇甆、漆、素銅、錫，
但新潔者，取鵝於壇南，刀割其項，三分存一，勿令斷。盤盛血，
至於壇上，承之以俎。又以盤盛鵝身於壇南，取血奠之。奠訖，祀
官再拜，陪位者並拜。又祝云：「五日內雨足，祈雪即云雪足。當更
賽謝。」又再拜，撤席，撤俎豆，唯留血盤於壇上。別添香火。又
以大盆盛淨水，以楊柳枝條略點水灑龍幀訖，置於水上。祀官並執
事者俱出。至來日午時前，不得更令人至壇側，常數十步遣人巡邏
之。

　　驗雨法。次日寅時前，刺史、縣令率官屬、耆宿等拜於壇南白
繩外，遣執事者入壇，視血盤中，如無物，得雨雪疾。或有蝦？、
蜥蜴、蜈蚣、百足之類，即有大水。所見蟲？並送水中，不可損犯。
或得飛鳥、蟻子及蟲鳥糞，即由祀官心不精潔，故禱無應。雨雪降
遲，當再虔誠祈告。看訖，執事人取盤洗血，並鵝於壇前掘坎瘞之。
龍幀且置壇上，時令添香換水，候雨雪足即收之。

　　賽龍法。雨雪足，候三日，用豭豬一，宰於壇東面，取血，以
盤盛，置壇前。及取豬去毛，煮於壇外。既熟，別盛以盤，加以時
菓及酒，不設俎豆，唯在精潔。又設祀官位如前。禮生引祀官就位，
再拜奠酒訖，又再拜。讀祝文曰：「維某年某月某朔某日，具官姓名，
敢告於里社神龍。近以亢陽爲災，立壇祈禱，果蒙靈感，獲此甘澤。
雪降即云獲此嘉雪。今擇吉日，以報神德。伏惟尚饗！」讀文訖，
祀官再拜，授爵飲酒訖，又拜。執事人餕於白繩外，事畢拆繩。又
於壇外取土塊置壇上，祝云：「祈雨已畢，祈雪即云祈雪已畢。無有

> 後報，急急如律令！」祀官等並閉氣而還。龍幟賽訖，送置左側大
> 水或潭穴中。」〔註44〕

南宋乾道年間頒佈的祈雨細則，具體分爲「置壇法」、「畫龍法」、「祭龍法」、「驗雨法」和「賽龍法」五部分，可以說是從準備、祭祀到應驗構成了一個系統的祈雨過程，地方官員即便是不熟悉祈雨之法，也完全可以按照官方頒佈的這一套流程來進行祈雨。

除了以龍神爲主的祈雨之法，兩宋時期還出現了其他官方頒佈的祈雨之法。如「蜥蜴祈雨法」：

> 捕蜥蜴十數至甕中，漬之以雜木葉。選童男十三歲以下、十歲
> 以上二十八人，分兩番，間日衣青衣，以青塗面及手足，人持柳枝，
> 霑水散灑，晝夜環繞，誦咒曰：「蜥蜴蜥蜴，興雲吐霧。雨若滂沱，
> 放汝歸去。」〔註45〕

蜥蜴作爲祈雨吉祥之物，也成爲祈雨的主角。中國古代的神物龍在外表上與蜥蜴有些許相似之處，而龍是不可捉摸之物，於是人們轉而與蜥蜴「討價還價」，這一祈雨法，是把蜥蜴關起來，然後由兒童誦念，「你趕緊讓天下雨吧，下雨了，我們就把你放回去。」現在看來，這種做法比較可笑，可是在當時，這種方法是由官方頒佈的，官方推薦這種方法，是基於它的有效性：熙寧十年二十三日，中書門下言：「御前降到蜥蜴祈雨法，四月十八日舉行，二十日而雨。」因爲其高度的有效性，十八日舉行，兩天之後應驗下雨，所以政府向全國推廣這種方法。在推廣「蜥蜴祈雨法」的同時，還在後面附以宰鵝祈雨法，一併下發，可能是因爲其應驗效率未及蜥蜴祈雨法，所以其具體實施的流程並未細緻記載，不過宰鵝祈雨法在地方社會也曾實行過，在北宋官員鄭獬的文集中，有一則《集禧觀洪福殿開啓宰鵝祈雨道場表》：

> 薰風首序，甘澤愆期。慮嘉種之將蕪，結老農之浩歎。載臨靖
> 館，肅啓清場，陳舒雁以封牲，像神龍而作繪。冀零嘉霔，竚應虔
> 誠，恐懼側身，庶消咎證。〔註46〕

從鄭獬這則祭文雖未寫明宰鵝祈雨法的具體流程，但是其祈雨的理念與其他祈雨法是一致的。而所謂的道場，是具有宗教色彩的祭祀活動，這種祈雨方

〔註44〕《宋會要輯稿》禮4之15～17，第463～464頁。
〔註45〕《宋會要輯稿》禮18之14，第739頁。
〔註46〕曾棗莊等編：《全宋文》第67冊，上海辭書出版社，2006年，第228頁。

法應該受到佛、道教的影響。這是兩宋時期官方頒佈的幾種祈雨方法，而實際的執行者則是地方官員，他們在民間祈雨活動中起著主導者的作用。以曾鞏爲例，他進士及第之後，曾多次出任多地通判、知州等官，在其存世的文章中有諸多祈雨文，如《五龍堂祈雨文》：

> 乃四月以旱，禱於邪溪薤山，應時得雨，麥以豐成，稻可播種，獨異於他境，實維其賜。今稻田又乾矣，此邦之人，皆謂龍虎之河，五龍之神，禱雨輒應。餘敢不告？神其降鑒，大施澤於斯民，使獲有年，則人於報神，亦維無數。無俾薤山邪溪專美於此邦，以作神羞。〔註47〕

曾鞏貫徹中央所頒佈的《五龍堂祈雨法》，在任職地出現旱情的時候能積極履行他的職責，祈雨以解除旱情危機。在兩宋社會，通判、知州等地方官員承擔著該地民政事務，而組織和領導祈雨活動也是地方官員的職責。在曾鞏另外一篇文章中，可以看到當時地方官員艱辛的求雨過程：

> 福州元豐元年戊午，自四月甲子，至五月辛巳，凡十有八日不雨，田已憂旱。太守率屬吏士，分禱諸佛祠，迎像能致雨者陳之通路，用浮圖法爲道場，率屬吏士羅拜以請。丁亥夜五鼓，出禱鱔溪，屬吏士分禱羣望。己丑，率屬吏士蔬食。夜四鼓，就城南近水祭告后土，將爲壇祭龍。庚寅蔬食如己丑。夜三更，就壇壝，刲鵝祭龍。辛卯夜五鼓，就視牲血，以法推之，當得雨。壬辰，就紫極宮壇，用青童二十有八人，更咒蜥蜴如古法。癸巳，分禱諸祠未徧者，取黃蘗山龍潭水置道場，率屬吏士徃請。甲午，又往。乙未夜二更得雨。連三日夜。遠近皆有餘、

> 蓋自辛巳至丙申，凡十有六日，無日不致禱。自丙戌至甲午，四境多得雨。至丁酉，乃皆有餘。是日，罷道場，還所迎佛及水，送蜥蜴南澗之濱。庚子，遍祭謝。欲知閩粵之間，兼旬不雨，則已憂旱，而請禱之爲不誣也，故刻其祝詞於石，而並識之。〔註48〕

曾鞏在福州的這一經歷，可謂各種祈雨之法的集合。在曾鞏這次艱難的求雨過程中，既去佛寺向佛祖祈禱，又按照政府頒佈的祭龍之法築壇祭祀，又使用了蜥蜴、宰鵝之法，基本上能用的祈雨之法都用上了。而且經常要在夜五

〔註47〕　（宋）曾鞏：《曾鞏集》卷四十，中華書局，1984 年，第 545 頁。
〔註48〕　（宋）曾鞏：《曾鞏集》卷四十，中華書局，1984 年，第 553～554 頁。

鼓、夜三更的時候行事，不可謂不艱辛，曾鞏爲了能天降甘霖，可以說出盡全力，這從一個側面反映出當時地方官員對於祈雨的重視。

第七章　宋元方志對於神靈信仰研究的重要價值

一、中國地方志的產生與發展

　　方志，就是專門記載某一特定地區的自然與社會等情況的綜合性文獻。中國地方志的歷史源遠流長，方志一詞最早見於《周官》。《周官・春官・外史》載：「外史掌四方之志。」《周官・夏官・司馬》說：西周有「職方氏」掌天下的地圖，主四方的職貢，按照九州區域，辨別各地的山川、湖泊、藪澤、人民、物產、財用等材料，提供國王作為施政的參考。先秦時期存留下來，對後世方志有重要影響有《禹貢》和《山海經》。

　　漢代，受大一統思想的影響，漢武帝十分重視征集郡國地志。《隋書・經籍志》載：「（漢）武帝時，計書既上太史，郡國地志，固亦在焉。」班固的《漢書・地理志》該志記載了各郡國、侯國及縣邑的情況，為後世官方史書編修地理志創立了模式，從此「地理志」稱為正史中必列的一個內容。魏晉南北朝時期，地方史志有了很大的發展，唐代史學家劉知幾說：「汝、潁奇士，江、漢英靈，人物所生，載光郡國。故鄉人學者，編而記之。」又說「九州土宇，萬國山川，物產殊宜，風化異俗，如各志其本國，足以明此一方。」〔註1〕且方志數量很多，既有全國總志，如《太康郡國志》、《國都城記》等等，又有府縣志，如《華陽國志》、《會稽地志》、《瀨鄉記》等等。

〔註1〕　（唐）劉知幾：《史通》卷10《雜述》。

隋唐至北宋年間主要流行圖經，以圖爲主或是圖文並重，多詳於地理。中國古代社會大規模有組織的編纂方志是從隋代開始的。《隋書‧經籍志》載：「隋大業中，普詔天下諸郡，條其風俗物產書地圖，上於尚書。故隋代有《諸郡物產土俗記》一百五十一卷，《區宇圖書》一百二十九卷，《諸州圖經集》一百卷。其餘記注甚眾。」〔註2〕《唐會要》載：「建中元年十一月二十九日，請州圖每三年一送職方，今改至五年一造送。如州縣有創造及山河改移，即不在五年之限，後復故。」宋承隋唐之制，《宋史‧職官志》載：「凡土地所產，風俗所尚，具古今興廢之由，州縣之籍，遇閏年造圖以進。」經過數百年的不斷髮展，到兩宋時期，方志逐漸成熟，編纂體例日趨完善，「方志之書，至趙宋而體例始備。」〔註3〕尤其是南宋年間，湧現出許多優秀的方志，如《新安志》、臨安三《志》等等。據《中國地方志聯合目錄》的統計，保存至今的宋至民國時期的方志就多達八千餘種，11萬餘卷。

地方志作爲記錄一地情況的著述，涵蓋了自然、經濟、社會人文等多方面的內容，是我國重要的文化典籍，對於瞭解該地區古代的政治、經濟、文化、社會風俗、物產資源等有著極爲重要的參考價值。《澉水志》的編者常棠認爲「郡有《嘉禾志》，邑有《武原志》，其載澉水之事則甚略焉。使不討論聞見，綴輯成編，則何以示一鎮之指掌。」〔註4〕這其實說明一個問題，不論是郡、縣或是鎮，其行政級別、區域大小不同，相應方志的編纂方法也是不同的，然而不管是郡志、縣志還是鎮志，都有編纂的必要。其價值不在於所描述區域的大小，而在於這部方志的編纂質量。正如清朝戴枚、董沛等人在編纂《鄞縣志》時所講得：方志是「以一鄉之人修一鄉之書，其見聞較確而論說亦較詳也」，其可信程度還是比較高的。

相對於其他史料書籍，地方志有其自身的特點。方志的傳統之一是主修人多爲地方行政長官，編纂則聘請當地學者或名人，也有地方官兼主修與主纂於一身。《重修琴川志》的編纂者之一、時任常熟知州的盧鎮認爲「古者，郡國有圖，風土有記，所以備一方之紀載。今之志書，即古之圖記也，某可廢乎哉！」〔註5〕可見不少地方官員把編修方志當作自己的一種職責。可以

〔註2〕《隋書》卷33《經籍志二》，中華書局，1987年，第988頁。

〔註3〕張國淦：《中國古方志考‧敘例》，中華書局，1962年，第2頁。

〔註4〕《澉水志‧序》，《宋元方志叢刊》第5冊，中華書局，1990年，第4659頁。

〔註5〕《重修琴川志‧序》，《宋元方志叢刊》第2冊，中華書局，1990年，第1147頁。

說，官員的參與和支持是地方志得以順利編纂成書的重要條件之一。《至元嘉禾志》序言中提到岳珂曾守是郡，命郡人關表卿重修方志，且邊檄諸邑，搜訪古蹟，「可謂勞於用力」〔註6〕。但是書未成，岳珂調往他處，結果這部方志終未完成。

官方的認可和支持，使得編纂方志的工作得以順利開展和進行，並具有一定的連續性。所謂連續性，指的是一部方志編成之後，此後該地方志的編修工作會參考前志，或是在前志的基礎上繼續編纂。鄭樵認爲宋之前的史家編修地理類書籍時「主於州縣，州縣移易，其書遂廢。」〔註7〕這種「重修」、「續修」、「增修」、「補修」是宋代方志修纂的特點之一，在中國方志發展史上具有重要意義。以前志爲參考，可以考其得失，對新修志書的體例、結構等內容進行改進。同時，還可以貫通古今，增加新的時代內容。

二、方志學對於宗教信仰等領域研究的重要意義

歷史學與方志學關係十分密切，在相當長的時期內，兩者幾乎是密不可分的。歷史學是以史料爲研究基礎的學科，地方志作爲一種地方文獻，對於歷史研究所起的作用十分重要。顧頡剛先生在《中國地方志綜錄·序》提到：「夫以方志保存史料之繁富，紀地理，則有沿革疆域、面積分野；紀政治，則有建置、職官、兵備、大事記；紀經濟，則有戶口、田賦、物產、關稅；紀社會，則有風俗、方言、寺觀、祥異；紀文獻，則有人物、藝文、金石、古迹。」無疑，地方志涉及的內容十分廣泛，爲研究歷史研究工作提供了堅實的基礎。

相較於其他史料，地方志所提供的信息是無法替代的。瞿宣穎先生在《方志考稿》序言中總結了地方志有益於研史者的六大功用：「就現存之方志歷數其裨益治史者之途，猶有六焉：社會制度之委曲隱微不見於正史者，往往於方志中得其梗概，一也；前代人物不登名於正史者，往往於方志中存其姓氏，二也遺文佚事散見在集部者，賴方志然後能以地爲綱有所統攝，三也；方志多詳物產、稅額、物價等類事宜，可以窺見經濟狀態之變遷，四也；方志多詳建置興廢，可以窺見文化升降之跡，五也；方志多詳族姓之分合，門第之隆衰，往往可與其他史事互證，六也。凡此六端，皆爲治近代史者所亟欲尋

〔註6〕　《至元嘉禾志·序》，《宋元方志叢刊》第5冊，中華書局，1990年，第4413頁。

〔註7〕　（宋）鄭樵：《通志·地理略序》，上海古籍出版社，1990年，第218頁。

究，而方志皆往往足供焉。」瞿宣穎先生著重強調了地方志彌補正史不足，以及窺探當地微觀事物之作用。

基於本文所涉及的研究內容，筆者想重點強調方志對於神靈信仰等方面研究之重要意義。民間信仰問題是一個涉及內容比較廣泛的研究領域，中國疆域廣闊，從南至北，從東到西，各地的風俗信仰有著明顯的差異性，相應地，祠廟作為一種極具民間性和地域性的事物，亦體現了各地各異的地域文化。祠廟的這種特性，使得其在正史中的相關記載有限，在這種情況下，地方志的作用異常重要。對於此，已有不少學者認識到兩者之重要關聯。〔註8〕

顯而易見，地方志收錄了大量關於祠廟信仰等方面的資料，在本文第一章筆者所列方志目錄中，「祠廟」一門是大部分方志編纂者所必然列出的項目之一，這也就是說方志，至少是在宋元方志中，對於本地祠廟有收錄的習慣。《淳祐玉峰志》的編纂者認為「有功德於民則當祀之，而有禱輒應，能福一方者，雖爵號未正而血食滋久，有舉不敢不載」〔註9〕，可見，方志編纂者把記錄當地祠廟的情況作為自己的一種職責，是應該完成的一項工作。方志編纂者們大多有官方背景，他們認為要承擔的這種責任，則可以理解為一種官方的主導思想。而這種官方背景，又為他們記錄本地祠廟情況提供了各種便利。《雲間志》祠廟部分的開篇如是說：「邑之廟祀不一，其尤昭著者，國之功臣、邑之先哲或死於民社之寄，與夫山川、林谷、丘陵之能出雲為風雨者亦當矣，惜乎歷歲浸久，名號弗正，稽之傳記不足，詢之耆老無證，姑以所聞著於篇，以俟來者。」〔註10〕對於民間信仰活動，無疑是國家政府所關注的活動之一，基於政權安全的考慮，大規模的民眾聚集活動存在著潛在的危險，民眾信仰活動，譬如說定期的廟會、神靈誕辰等集會，因此對於民眾信仰，對於基本情況的加載是地方政府是必然存在的，從宋代地方官員的奏狀箚子中，可以瞭解到許多關於當地神靈的情況，主要是向中央政府奏請廟額、封號等等，對於某一地區神靈祠廟的全面瞭解，則必須要通過相關地方志的記載。

〔註8〕 如董曉萍《方志與民俗──精神民俗（二）》（《文史知識》1998 年 11 期）、連念《從方志的寺廟記載看明清時期臺灣宗教信仰狀況》（《中國地方志》2005年第 5 期）、王東傑《「鄉神」的建構與重構：方志所見清代四川地區移民會館崇祀中的地域認同》（《歷史研究》2008 年第 2 期）等。

〔註9〕 《淳祐玉峰志》卷下《祠廟》，《宋元方志叢刊》第 1 冊，中華書局，1990 年，第 1088 頁。

〔註10〕 《雲間志》卷中《祠廟》，《宋元方志叢刊》第 1 冊，中華書局，1990 年，第28 頁。

對於當地的寺觀祠廟情況，方志一般會有個總體認識和評價，從而有助於對當地宗教信仰活動有一個整體印象。《重修琴川志》卷十《敘祠》載：「乃者梵宇道宮金碧相望，而不耕不蠶之民蟠據其間者，類悠然自得，可勝歎哉！常熟百里之地，祠僅十一，棲羽流者二三，萃淄徒者五六，不爲不多矣，而要皆以保國安民爲名，則不可得而廢也。」《仙溪志》則明確指出：「閩俗機鬼，故邑多叢祠」〔註11〕

作爲一種官方或是半官方性質的書籍，方志對於祠廟的記載，一般不會脫離對於國家祀典以及本地「正祀」、「淫祠」的討論。如《至順鎮江志》載：「京口，古稱名郡，大江水府爲四瀆長，聖賢忠義，流芳遺躅，在乎封內者，班班可考。是以廟貌血食，亙千百載，逮今不衰。閤境祠宇，多據隆阜，揭處妥靈，固得其所。第以世降俗薄，祝史巫覡，惑世誣民，增益土偶，妖形怪狀，違越典禮，非一而足。昔宋高祖起自京口，詔所在淫祠皆除之，其先賢及以勳德立祠者，不在此例。唐李德裕觀察浙西，去淫祠千餘所，信史書之。今亦未暇詳論，姑敘其創建之地，以備志記，庸俟明哲君子，黜邪輔正焉。」〔註12〕

而《咸淳臨安志》載：「天子祭天地，諸侯祭社稷，大夫祭五祀，上得以兼下，下不得以僭上，古之制也。列聖咸有一德克典神天，自郊丘、宗廟、社稷與大中小祠之合乎古典者，有常所矣。十倫之義、六祝之辭，凡皆與斯民同其福祿、長其孝敬，措之於仁壽之域而郡祀之在畿內者，若土域、山海、湖江之神，若先賢往哲有道有德之祭，若禦災捍患以死勤事之族，率皆錫之爵命，被之寵光，或歲時薦饗，間遣有司行事，所以循夫人之所依。考諸禮而弗悖，其在郡國，遵奉唯謹，充類而達之，可以存古，可以從俗者，悉得列焉。祀於洛邑，咸秩無文，或以爲周公格君，心萃天下之道，嘻有旨哉。敘祠祀。」〔註13〕基本上，地方志的編纂者所推崇的是「以勞定國、以死勤事、御大災、捍大患」的神靈，這一點上與國家所推崇的意志形態相一致，因此在地方志祠廟部分能體現出國家祀典之精神。

〔註11〕　《仙溪志》卷 3《祠廟》，《宋元方志叢刊》第 8 冊，中華書局，1990 年，第 8307 頁。

〔註12〕　《至順鎮江志》卷 8《神廟》，《宋元方志叢刊》第 3 冊，中華書局，1990 年，第 319 頁。

〔註13〕　《咸淳臨安志》卷 71《祠祀一》，《宋元方志叢刊》第 4 冊，中華書局，1990 年，第 3994 頁。

　　作爲記載一方的文獻，方志本身就帶有明顯的地域性，這一點同樣反映在祠廟方面。通過總結對比各地方志中所載祠廟情況，可以瞭解各縣、各州的祠廟分佈，相較於其他史料，方志更具系統性。如《嘉泰吳興志》在祠廟一章，先是敘述州治的祠廟，然後烏程縣、歸安縣、長興縣、武康縣、德清縣、安吉縣各縣的祠廟分佈情況。而記載祠廟相關內容，則主要包括「其建置之由、因革之故、廢興存亡之異，則當各紀歲月，以備參考。」〔註14〕

　　廟記，則是地方志中收錄的又一種關於祠廟研究的重要史料，雖然其在抄寫、篆刻的過程中可能出現一些錯誤，但是相較於其他文獻資料，廟記是研究某一特定祠廟的第一手資料。對於規模較大、影響力較強的祠廟，在其興建或是重修之後，請當地有聲望的學者或是官員撰寫廟記是比較常見的一種做法。這些廟記詳細記載了相關祠廟的歷史，而撰寫者一般學識較高，又比較瞭解當地情況，有些甚至直接參與了祠廟的興建或重建過程，所寫廟記的眞實性與可信性較高。這些廟記，一部分收錄於撰寫廟記的文人的文集中，更多的則散見於各地所撰寫的地方志中。如《吳郡志》曾幾所寫關於至德廟的廟記：

　　　　在禮祭法，聖王之制。祭祀其法五，其人之應法者十有四，皆古大聖賢、有大功烈於民者。非此族也，不在祀典。夫以大聖賢有大功烈而祀之固宜，然祀有祈焉，其施於民又厚，厚施不報，神其不吐之乎？報之之道，不獨牲牢酒醴而已，千里之邦，必有祠所。社稷則有壇，先哲則有廟。後世於廟，尤極其尊嚴。崇像設，儼侍衛，見之者，凜如也。水潦必祈，旱暵必祈，皆長吏之常事。應而有報，亦事之常。倘入其門，陟其堂，神所馮依，曾不足以障風雨，區區樽罍籩籩，何施之厚，而報之薄歟？吳門巨藩，神祠之載祀典者十數，而泰伯廟爲雄甚。東漢永興二年，郡守麋豹肇建於閶門。吳越武肅王錢氏，始内徙之。國朝元祐間，太守黃履，歷考前政，若梅詢、若范仲淹、若孫覺輩，數公淫潦有祈，靡不響答。列其事於朝，有詔號至德廟。崇寧元祀，守臣吳伯舉請疏王爵，有詔封至德侯。建炎擾攘，鞠爲灰燼。厥後草創，殆無以揭虔妥靈。今天子拔沈公於尚書郎，以直秘閣尹是府。至則訪及民利病，以次罷行之。其爲政，寬嚴詳簡，允蹈厥中，治人事神，罔不祗肅。隆興二歲，

天作淫雨，害於稼事，民不奠居。乾道改元春二月，公飭躬齋袚，
走祠下而祈焉。神顧饗之，是歲麥以有秋。府從事請具牢醴以謝，
公曰：「不敢廢也，然曷足以報萬分一。」於是邦人合詞而進曰：「侯
之施甚厚，而廟貌不治之日久，大懼。神或怨恫，祥慶弗下。願採
材而改造之。」公曰：「是吾心也。」涓日協辰，得夏五月庚戌吉，
乃致昭告，乃鳩良工，斥少府之餘，合私橐之助。環材堅覺，櫛比
塸崇。宏舊基，植高棟，抗修梁，藩垣階阤，盡革而一新之。所繪
之容，若欣欣然有喜色。民無老稚，相扶攜以觀。厥成，皆以手加
額曰：「美哉輪焉，誠足以塞民望，而報神施矣。」風霽雨休，禾則
大熟。秋九月甲子落成。幾就養府下，目睹祈應為不誣。公屬幾紀
其實，既牢辭，弗獲命。若盧公之辱，是終無以揚休事而告後人也，
於是乎書。左通議大夫、充敷文閣待制致仕曾幾記。〔註15〕

根據廟記中所說，在這一系列祈禱神靈，重修祠廟的過程中，曾幾就在府尹
沈公家中居住，目睹了相關種種，從沈公「飭躬齋袚，走祠下而祈焉」，當地
百姓「宏舊基，植高棟，抗修梁，藩垣階阤，盡革而一新之」，到最終祠廟落
成，「民無老稚，相扶攜以觀」，他的記載應該是詳細而真實的。而在四庫全
書收錄的曾幾文集《茶山集》中，並未找到這篇廟記，宋人文集中存在的缺
失內容，可以從相關地方志中查找，這無疑是歷史研究中一個很好的思路。

三、宋元方志的得與失

　　中華書局出版的《宋元方志叢刊》一書共收錄宋元方志 41 部，其中屬今
江蘇省的 12 部，占全書的 29%。屬今浙江省的 18 部，占 44%。出現這種情
況的原因在於北宋年間存留的圖經、方志較少，南宋偏安一方，故江浙的方
志較多。另一方面，文教事業的發展與當地經濟狀況有著直接的聯繫。南宋、
元朝時期中國東南地區經濟的發展，是這一地區方志發展的重要原因之一。
宋人對此也有著深刻的認識，淳祐年間，項公澤在為《玉峰志》所作的跋文
就曾經有過類似的評論，前代編修方志不多，是因為「崑山為吳壯邑，地險
而俗勁，田多而賦重，凋弊積有年矣，故於稽古載籍之事多缺焉。」〔註16〕
可知當地經濟之「凋敝」乃是「稽古載籍」多有缺失的重要原因。

〔註15〕《吳郡志》卷 12《祠廟上》，《宋元方志叢刊》第 1 冊，中華書局，1990 年，
　　　　第 780～781 頁。
〔註16〕《玉峰志・跋》，《宋元方志叢刊》第 1 冊，中華書局，1990 年，第 1052 頁。

　　當然，這並不意味只有經濟發達的地區才熱衷於編纂方志。編修地方志，是中國歷史上一個優良的文化傳統。作爲一個地區歷史發展的最直接的記錄，地方志具有正史所不可替代的文獻價值。一部優秀的方志，可以參史之誤，補史之漏。準確地把握並充分利用地方志，取其所長，去其糟粕，將會對歷史研究的深入起到極大的促進作用。例如，清代學者阮元在《四庫未收書提要》對《重修琴川志》給予了高度評價：「其於城池之形勢、山水之崇深、與夫兵賦之多寡、文獻之昭垂，罔不記載詳明，了無餘蘊，是可與施宿《嘉泰會稽志》、梁克家《淳熙三山志》抗衡。」〔註17〕在他看來，這部方志乃是少數幾部極具價值的地方志，這種判斷是客觀而公允的。總體而言，宋代方志存世者不多，《重修琴川志》是一部良志，是研究宋元時期常熟地區的一部重要文獻。

　　作爲歷史典籍的一類，毫無疑問，地方志記述的重心是所述區域的歷史演變。可以肯定的是，區域史與整體歷史之間是相互聯繫的，兩者無論如何是不可分割的。近代學者朱士嘉《方志的源流特徵及其作用》一文中指出：「今後無論編寫通史，斷代史，區域史也好，都應把方志當作參考資料之一。」〔註18〕以《重修琴川志》爲例，如果單單將其作爲常熟的地方史，很顯然，這是極爲片面的理解。更重要的是，必須將這一方志納入宋元兩代甚至是整個中國古代的歷史大背景下去加以考察和認識，其中所有記載的內容實際上都是每個不同時段歷史的反映。因此，所謂地域史，他是整體歷史的一部分，要準確地把握區域的歷史，必須將兩者有機地結合起來，否則就會陷入見木不見林的尷尬境地。在這種情況下，對待任何記載區域歷史的典籍，都要以此原則加以檢視。如清朝人對宋朝和元朝時期編修的兩部鎮江地區的地方志──《嘉定鎮江志》和《至順鎮江志》進行了比較，其所得出的結論是二者各有千秋，也各有短長，而後者爲元朝後期編纂，「體例大致取法於嘉定志，而紀載詳備，較爲過之。大約《宋志》主於徵文，此則重於考獻；《宋志》旁稽典籍，務核異同，此則備錄故事，多詳興廢。鎮江在宋爲邊防之地，故其志攻守形勢，網羅古今；在元爲財賦之區，故此書物產、土貢，臚陳名狀，其用意各有所在，不得而同也。」〔註19〕顯而易見，這種評論是極爲中肯而

〔註17〕（清）阮元：《揅經室集》，中華書局，1993年，第1208頁。

〔註18〕轉引自陳光貽：《中國方志學史》，福建人民出版社，1998年，第89頁。

〔註19〕（清）阮元：《揅經室集》，中華書局，1993年，第1188頁。

又精確的，也是符合兩個不同時代的實際情況的。《嘉定鎮江志》與《至順鎮江志》所述內容的差異充分說明，時代不同，所處環境出現變化，地方志的編纂也有著不同的表現形式和側重點。因此，在審視宋元時期地方志之優劣時，必須要將之放入當時歷史大背景下，就方志論方志無疑是淺顯而不得要領的。

　　除了社會大環境這種客觀因素，還要考慮到主觀因素。前文提到，方志的傳統之一是主修人多爲地方行政長官，編纂則聘請當地學者或名人。相對於世居於此的豪門大族和儒學名士，地方官員可以說是初來乍到的「外人」，他們並不十分清楚當地的情況，風土人情、習俗禁忌、歷代名人典故等也非短時間內便可透徹瞭解，而且，忙於地方事務的官員也無法親力親爲地從事搜集古籍、尋訪古蹟等編撰方志所必需的細緻工作。因此，地方志的編纂離不開當地知識分子的支持和幫助。崑山縣令項公澤「每與鄉校諸友議斯缺典，欲網羅補苴，然方有公事，未皇也。直學淩君、掌儀邊君俱有俊譽，慨爲已任，搜訪掇拾，斯已勤矣。」〔註20〕這表明，地方官員必須與當地知識分子通力合作，才能完成方志的編纂。應該說，地方志是對當地政治、經濟、文化等方面的歷史總結，完成一部方志，相當於政府調動了當地各種有效力量，進行一次對該地的「檢閱」工程。這既是對一個地區基本情況的審視，也是對當地存在的諸多勢力的考察。因此，在審視一本地方志時，應充分考慮到其中微妙的政治力量對比。

　　另外，地方志的編纂從某種程度上可以說是爲官一方的地方行政官員的「政績工程」，多數方志名義上是當地行政長官撰寫，而實際上則是由他人捉刀代筆，如《咸淳毗陵志》就屬於這種情況。「毗陵有志，舊矣。歲咸淳辛丑，余（史能之）尉武進，時宋公慈爲守，相與言，病其略也，俾鄉之大夫士增益之」。〔註21〕可知此書並非南宋著名的法醫學家宋慈所著，而是他安排當地的讀書人所爲。在此，需要特別作出說明的是，史能之當時擔任武進縣尉，而宋慈則是常州知州，他們在談話時詬病前人所撰寫的志書。言外之意就是要編纂一部更好的著作出來，藉以彰顯其在任期間的業績。

　　基於這種考慮，一些官員在編修方志的過程中存在誇耀政績的傾向。加之編纂人員多爲當地的官吏、學者，出於對家鄉的熱愛，方志中從山川古蹟、

〔註20〕　《玉峰志‧跋》，《宋元方志叢刊》第1冊，中華書局，1990年，第1052頁。
〔註21〕　《咸淳毗陵志‧序》，《宋元方志叢刊》第3冊，中華書局，1990年，第2947頁。

風俗物產，到學校科舉、官宦名士等內容，或多或少存在溢美避惡的問題。清代學者紀昀在《（嘉慶）安陽縣志》序言中總結過前代所修方志的不足之處，「相沿之通弊，則莫大於誇飾，莫濫於攀附。一誇飾，而古迹人物輾轉附會；一攀附，而瑣屑之事迹、庸沓之詩文相連而登。」〔註22〕可知「誇飾」與「攀附」為歷代方志都存在的通病，宋元時期的方志自然也不例外。《嘉泰會稽志》對當地風俗作了這樣的描述，「好學篤志，尊師擇友，弦誦之聲，比屋相聞，不以殖貲貨、習奢靡相高。士大夫之家占產皆其薄，尤務儉約，縮衣節食，以足伏臘，輸賦以時，不擾官府。」〔註23〕作者描繪的紹興人個個都是知書識禮、重義輕利、遵紀守法、勤儉節約的，幾乎可以說是完美無缺的。顯而易見，這種評價並不完全符合當時現實情況的。不可否認，南宋時期，南方經濟、文教等各方面都有了長足的發展，但當地社會的實際狀況與作者勾勒出的一派其樂融融的景象相比，無疑還是存在巨大差距的。

除此之外，有些編纂者們喜好附庸風雅，攀附名門，對涉及到的親舊則刻意揚其長，隱其惡。南宋邊實是《淳祐玉峰志》和《咸淳玉峰續志》兩部方志的編纂者，邊實自稱是北宋官員邊肅的子孫，在編纂這兩部方志時刻意介紹了自己的家世。「《志》既為其曾祖惇德立傳，而《續志》復為《自序》一篇追本，得姓之始。遙遙華冑，敷衍千言，難免『汰哉叔氏』之譏矣。」〔註24〕儘管這是很特殊的事例，但修志之人為自己及其家族樹碑立傳的事實則是難以掩蓋的。羅願在《新安志》中花不少筆墨介紹父親羅汝楫的生平事跡，而對其父彈劾岳飛之事則是隻字未提，顯然是為尊者諱的筆法。

正因為或多或少地存在這種長官意志，加之由於編纂者素質良莠不齊，更有甚者，有些人是在不瞭解當地實際情況的狀態下撰寫志書的，其結果就可想而知了。「郡志之見於世者多矣，其間名是而實非、語此遺比者，比比皆是，求其紀載有法，序事詳密，使人如身履其地，而目擊其事者則百不一二見焉」。〔註25〕

事實上，宋元時期編纂的地方志流傳至今的數量雖然不多，但足以考察其得與失，由此可以進一步加深對這一時期史籍撰述的全面認知。對史料真

〔註22〕（清）紀昀：《紀曉嵐文集》，河北教育出版社，1991年，第166頁。

〔註23〕《嘉泰會稽志》，《宋元方志叢刊》第7冊，中華書局，1990年，第6723頁。

〔註24〕陳文和主編：《嘉定錢大昕文集》，江蘇古籍出版社，1997年，第499頁。

〔註25〕《至大金陵新志‧序》，《宋元方志叢刊》第6冊，中華書局，1990年，第5278頁。

實性和準確性的判斷，是史學工作者應該具備的基本素養。毫無缺陷或是一無是處的史籍幾乎是不存在的，同時對史料的理解如果僅僅停留在字面之上，也將使研究工作受到一定制約。方志是中國史籍資料的重要組成部分之一，對其進行深入的研讀，必將對歷史研究大有裨益。

結　論

　　關於中國社會民間信仰領域的研究是最近一段時間學者比較關注的話題之一，其成果也是頗爲豐碩的。不可否認，中國民間信仰所涉及的領域和內容十分寬泛，許多事物的界定與定義都存在很大的爭議性，存在繼續探討的空間，而就本篇論文而言，首先要解決的便是關於祠廟的定義。近些年來，中國宗教與民間信仰領域的研究借鑒了國外人類學、社會學等諸多研究成果，然而，作爲充滿中國特色的事物，祠廟的產生與存在極具民族性與地域性，如果單單是引用國外的理論和研究思路，顯然是不適用於中國國情的，對於中國文獻資料的分析必不可少。基於文獻資料的考察，祠廟是介於釋道等宗教之間的一種信仰模式的表現形式。正如韓明士先生對於中國「信仰」一詞的理解：當我說中國人「信仰」神祇，我用的完全是該詞的大致意思：一些中國人如果有被人詢問，可能會說世上有某某神，做過某某事，他（或她）能聽到民眾的祈禱，享用祭品，他是某個人物或某種力量，可根據它的行爲去推測。我不想說任何特殊「信眾」感受的可靠程度，無論他只是更「信」，或者更「瞭解」，或者只是簡單地「希望」或「發誓」。我的意思是，這裡沒有基督教或歐洲意義上的「宗教信仰」觀念。〔註1〕無疑，就中國民眾的信仰狀況而言，單一的祭祀神靈和嚴格的祭祀規範顯然是大部分民眾所無法接受的，最受歡迎的模式則是祠廟這種可以祭拜多種神靈（包括佛教、道教或是其他宗教的神靈），可以比較自由決定祭祀形式的模式。

〔註 1〕　（美）韓明士：《道與庶道──宋代以來的道教、民間信仰和神靈模式》，江
　　　　　蘇人民出版社，2007 年，第 15～16 頁。

　　信仰問題是一個比較難把握的研究領域，對於兩宋時期祠廟信仰狀況之把握則必須要考慮到時代之大背景。一直以來，學界普遍認爲唐宋時期是中國古代社會一個重要的變化時期。在此其間，不論是政治制度，還是經濟文化，都發生了巨大的變化。在這一系列的變革中，關於信仰層面的制度領域亦有著重要的發展。中國世俗權力從未放鬆過對於思想領域的監督和控制，對其的管理日趨完備。關於宋代祠廟制度層面的研究，一直以來少人論述，主要是因爲其規章制度缺乏獨特的「硬性」規定。對於祠廟的管理，在很多人看來都是釋道等宗教的補充或是附加內容。在中國古代社會，宗教團體或某些宗教領袖可能在社會生活中享有崇高的聲望，在某個時間段或某些地區，佛道或是某一神靈盛極一時，遠比國家所推崇的宗教角色影響力要大的多，不過不能忘記，由於皇權佔據絕對的優勢，上述情形多半是在國家的默許之下，國家機器牢牢掌握著暴力機構，對於「不能容忍」的神靈，有著絕對的控制力量。中國歷史上發生的「三武一宗滅佛」、狄仁傑滅淫祠等事件充分說明中國世俗權力相對於神權，僅僅存在「打擊與不打擊」的選擇，不存在「能不能打擊」的問題。因此，當談及國家祀典與淫祠等問題上，不能簡單因是否爲國家祀典之內容而簡單分析國家意志，國家對各種神靈的曖昧關係是神靈研究比較複雜的原因之一。

　　如果把國家祀典與民間信仰活動割裂開來，片面地將之分爲國家意志與地方社會的對立與妥協，是一件比較片面的看法，其實就信仰而言，很難將如此劃分，因爲人的思想意識是不會有明確的界限，即便是在世俗社會中截然不同的階層或集團，其所信奉的神靈未必不同。誠然，中國的神靈是眾多的，人們按照世俗社會中的三六九等來劃分這些神靈，當然這種神靈等級觀念遠遠弱於世俗社會那眞實的等級觀念，信奉者也不會因爲神靈的高低等級而選擇神靈。國家的推崇，並未能在社會上產生深遠的影響，但是國家相關一系列的政策與舉動，以及在地方實際的運作過程，其實遠比空洞的談論國家與地方的互動關係更加有意思。

　　祠廟作爲一種民間信仰活動的產物，不僅僅屬於思想領域的範疇，作爲實實在在存在於世俗社會中的一種事物，祠廟必須要生存和發展下去，光靠廟中供奉的神靈是無法實現的，祠廟的管理者所要面對的是收入與賦役等諸多問題。由於祠廟界定的問題，相應地，在很長一段時期內，學界缺乏關於祠廟經濟活動的整體認識，這也使得本文第三章有了存在的價值。作爲有收

入與支出的經濟實體，祠廟的經濟活動在國家經濟總量中所佔比例並不大，對於國家經濟政策之影響有限，然而作爲一種歷史事物，研究者有必要瞭解關於祠廟經濟活動等相關內容。

供奉於祠廟中的神靈是「死」的，信徒腦海中的神靈則是無比活躍，因爲信奉，所以神靈才被一直不斷的複製，從一地到另一地，從一位神靈到神靈的家屬親信，神靈不斷被賦予新的話題。亙古以來，一個又一個的神靈出現在人們的視野裏，有的逐漸消失，有的流傳至今，究其原因，正是神靈角色變幻的能力。神靈被民眾所接受，是因爲神靈不斷滿足其心中的需要，這樣的神靈才是「活」的，才有持續的活力和影響力。這種新的內容是其實是人所附加的，某一群體，特別是掌握話語權的群體對於神靈的創造和改造具有重大的作用。官員和商人，早已經進入研究者的視野，他們對於神靈的傳播和改造工作無疑起到了不可替代的作用，這裡不多贅述，當然除了掌握話語權的群體，有公眾影響力的群體也應該納入研究的範圍，本文著重分析了藝人等娛樂大眾的群體對於神靈的宣揚作用。當然各個神靈的產生與發展路線各不相同，相應地，各種群體都或多或少的對其的傳播產生了影響，究竟何種群體、何種方式對於神靈影響最大，則需要具體問題具體分析，需要細緻的個案研究。

最後，筆者想要說明的是，對於歷史的研究，存在著無數的模式、理論和方法論，同時加入人類學、社會學等其它交叉學科的內容，開闊了歷史研究的思路，使得學者們面對有限的文獻資料，能夠多角度的分析歷史問題，然而，每一種理論或是模式，都有其適用範圍和局限性，不能放之四海而皆準。同時，宋代距今年代已久，關於民間信仰之資料有限，方志、碑刻等文獻又遠遠少於明清時期，並且分佈極不平衡，因而對於宋代神靈的研究，尤其是整體性的認識需要慎重考慮。

附錄一　兩宋祈雨表

時間	祈求人物與地點	結果	備註	出處
太祖建隆元年八月	甲戌，命宰相禱雨。			《宋史》卷一，第7頁。
建隆二年六月	壬子，祈雨。			《宋史》卷一，第9頁。
建隆三年三月	癸亥，禱雨。			《宋史》卷一，第11頁。
建隆三年五月	甲子，幸相國寺禱雨。甲申，復幸相國寺禱雨。乙酉，自春不雨以旱減膳撤樂。	六月壬寅，京師雨。		《宋史》卷一，第11頁。
建隆四年五月	一日，以旱，命近臣禱天地、社稷、宗廟、宮觀、神祠、寺、遣中使馳驛禱於嶽瀆。	無記錄。	自是凡水旱皆遣官祈禱，唯有變常禮則闕錄。	《宋會要輯稿》禮一八之三，第734頁。

年月	記載	結果	出處
乾德元年五月	壬子朔，禱雨京城。甲寅，遣使禱雨嶽瀆。		《宋史》卷一，第14頁。
乾德元年七月	丁丑，分命近臣禱雨。	無記錄。	《宋史》卷一，第15頁。
乾德元年閏十二月	甲寅，命近臣祈雪。	無記錄。	《宋史》卷一，第16頁。
乾德二年三月	十一日，遣左拾遺梁周翰等人分諧五嶽祈雨。	無記錄。	《宋會要輯稿》禮18之1；《宋史》卷一，第17頁。
開寶三年四月	丁亥，幸寺觀禱雨。	辛卯，雨。	《宋史》卷一，第31頁。
開寶五年五月	乙丑，命近臣祈晴。	四月丙午，遣使檢視水災田。五月辛未，河決濮陽，命潁州團練使曹翰往塞之。甲戌，以霖雨，出後宮五十餘人。賜子以遣之。丁亥河南、北淫雨。遭、滑、濟、鄆、曹、濮六州大水。六月己丑，河決陽武，汴決雨水。丁酉，詔：淫雨為決，沿河民田有為水害者，有司具聞除其租。戊申修陽武堤。	《宋史》卷三，第38頁。
開寶五年十二月	乙酉朔，祈雪。	乙卯，大雨雪。	《宋史》卷三，第39頁。
開寶六年十二月	壬午，命近臣祈雪。		《宋史》卷三，第14頁。
開寶七年二月	癸卯，命近臣祈雨。	無記錄。	《宋史》卷三，第41頁。

年月	事件	備註	出處
開寶七年十二月	辛亥，命近臣祈雪。		《宋史》卷三，第43頁。
開寶八年三月	己丑，命祈雨。癸巳，命近臣祈雨於在京祠廟。		《宋史》卷三，第44頁。《長編》卷十六，第337頁。
開寶八年五月	辛巳，祈晴。	辛丑，河決澶州。六月，辛亥，河決澶州頓丘。	《宋史》卷三，第44頁。
開寶九年三月	庚寅，大雨，分命近臣詣諸祠廟祈晴。	夏四月己亥，雨霽。	《宋史》卷三，第47頁。
開寶九年七月	丙戌，命近臣祈晴。		《宋史》卷三，第48頁。
太宗太平興國三年正月	辛亥，命群臣禱雨。辛亥，命近臣禱雨於京城寺觀祠廟。後二日雨足，又遣二日雨足，又遣使分償焉。	癸丑，京畿雨足。	《宋史》卷四，第57頁。《長編》卷十九，421頁。
太平興國三年四月	乙卯朔，命群臣禱雨。		《宋史》卷四，第58頁。
太平興國五年五月	癸卯朔，大霖雨。辛酉，命宰相祈晴。		《宋史》卷四，第64頁。
太平興國六年二月	己卯，命群臣禱雨。		《宋史》卷四，第66頁。
太平興國六年四月	辛未，辛酉太平興國寺禱雨。	五月己未，雨降。《長編》載：己未德音降死罪囚，流以下釋之，禱而雨故也。上躬親聽斷，京城諸司獄有疑者，多臨決之。是歲，自春涉夏不雨，上意獄訟有冤濫。	《宋史》卷四，第66頁；《長編》卷二十二，492頁。

時間	內容	結果	資料來源
雍熙二年十一月	戊子，禱雪。		《宋史》卷五，第77頁。
雍熙三年八月	丁未，大雨，遣使禱嶽瀆。	至夕雨止。	《宋史》卷五，第79頁。
雍熙三年十一月	丙戌，幸建隆觀、相國寺祈雪。		《宋史》卷五，第79頁。
雍熙四年十二月	壬寅，幸建隆觀、相國寺祈雪。	丁巳，大雨雪。	《宋史》卷五，第81頁。
淳化元年四月	五日，命中使分詣五嶽祈雨。	無記錄。	《宋會要輯稿》禮一八之三，第734頁；《宋史》卷五，第85頁。
淳化二年閏二月	戊寅，禱雨。		《宋史》卷五，第87頁。
淳化二年三月	三十日，帝以歲蝗旱，減損常膳，並禱群望。皇帝降手詔，要求於文德殿築一臺，「朕等當暴露於其上，三日不雨，卿等當焚朕以答天譴。」	未幾而膏澤沾足，飛蝗盡死。	《宋會要輯稿》禮一八之三，第734頁；《宋史》卷五，第87頁。
淳化二年十一月	己酉，幸建隆觀、相國寺祈雪。		《宋史》卷五，第88頁。
淳化三年五月	十六日，帝以久旱時雨，憂形於色，謂宰相曰：「歲旱滋甚，朕禱精至，並走神祇，而猶未獲靈澤者。」	是夕降雨尺餘。	《宋會要輯稿》禮一八之三，第734頁

年月	事件	備註	地區	出處
淳化三年九月	丙申，遣官祈晴京城諸寺觀。			《宋史》卷五，第90頁。
至道元年二月	十三日，命中使分詣五嶽祈雨。二月甲申，命宰相及群臣分於京城寺觀、祠廟禱雨。又命中使分祀五嶽。			《宋會要輯稿》禮一八之四，第734頁；《長編》卷三十七，809頁。
至道二年三月	十五日，親詣諸寺觀祈雨，會大風，禾果出，遣官改使王繼恩以下分禱。遣官參知政事李昌齡祠河太廟、張洎(泊)、寇準分禱太廟、社稷，又命官詣皇建院、贊相寺、天壽院、啟聖院、觀音院、普淨院、定力院、天壽顯靜寺、顯聖寺、等覺院、天清寺祈禱。	夏四月癸未，雨。		《宋會要輯稿》禮一八之四，第734頁；《宋史》卷五，第99頁。
至道二年十二月	命宰相以下百官詣諸寺觀禱雪。	甲寅，雨雪。		《宋史》卷五，第100頁。
真宗咸平元年三月	八日，詔曰：農功伊始，膏澤未霑，爰伸至誠，庶獲嘉應。宜遣官告祈天地、宗廟、社稷、嶽瀆、京城祠廟、寺觀。			《宋會要輯稿》禮一八之四，第734頁。
咸平元年四月	四日，遣使於衛州白鹿山百門廟祈雨。五日，遣工部侍郎郎畢士安祠五龍堂、刑部侍郎郇酆賚、給事中柴成務、知制誥李若拙祠河太一宮。令以今月九日早起逐處焚香度牒祈雨，以副朕意。	後以祈應，賜名靈源廟。	京東、河北旱	《宋會要輯稿》禮一八之四，第734頁。

時間	事件		出處
咸平元年五月	七日，幸相國寺焚香禱雨，升殿而禱霈。復冒雨幸太平興國寺、啟聖院、建隆觀，賜僧道錢帛茶綵。教坊伶官見於道左，賜錢三百千，不令扈從。從駕衛士悉沾濕，賜新衣易之。	升殿而禱霈。	《宋會要輯稿》禮一八之五，第735頁。
咸平二年三月	十四日，以旱，詔有司禂雷師、雨師。	四年二月亦然。	《宋會要輯稿》禮一八之五，第735頁。
咸平二年閏三月	五日，幸太一宮、天淨寺禱雨。前一日，帝與宰臣俱蔬食，以致精禋。	十日，得雨，群臣皆賀。	《宋會要輯稿》禮一八之五，第735頁。
咸平三年六月	一日，詔遣使禂禱兩浙境內名山、大川、祠廟。先是帝以其地災疫，深所軫念，命三館使禂福靈迹，以聞，至是命使禱祭，以祈福應。		《宋會要輯稿》禮一八之五，第735頁。
咸平三年十二月	二十八日，遣翰林學士梁周翰以來歲元日設大一宮設醮一月，為民祈福。		《宋會要輯稿》禮一八之五，第735頁。
咸平四年二月	十五日，幸開寶、天壽、相國寺、上清宮祈雨。	翌日，雨。	《宋會要輯稿》禮一八之五，第735頁。
景德元年四月	二十七日，以京城旱，命知制誥晁逈詣北嶽禱雨。		《宋會要輯稿》禮一八之六，第735頁。
景德元年五月	十一日，遣常參官詣五嶽四瀆祈雨。	是日大雨霑足，不遣。	《宋會要輯稿》禮一八之六，第735頁。

時間	事件		出處
景德元年六月	九日，命知制誥陳堯咨告北嶽祈雨。		《宋會要輯稿》禮一八之六，第735頁。
大中祥符二年二月	十八日，禱雨，遣知制誥錢惟演、直史館高伸、職方員外郎高冕祠太一宮。同天少監史序祀玄冥五星於北郊，除地為壇望告。都官員外郎梁楚祀雨師、雷師於本壇。又特祝景德、天清、顯聖、顯寧、顯靜五寺。	二十六日，以雨足，遣官報謝社稷。	《宋會要輯稿》禮一八之六，第735～736頁。
大中祥符二年四月	十日，以河北久旱，遣祠北嶽。		《宋會要輯稿》禮一八之七，第736頁；《宋史》卷七，140頁。
大中祥符二年五月	二十五日，以陝西旱甚，遣詔鳳翔府上清太平宮、汾陰后土、西海、西嶽、河瀆祭醮。如陝西更有自來禱真君觀醮。寺院、神爾、委轉運使選官精度精度祈禱。		《宋會要輯稿》禮一八之七，第736頁；《宋史》卷七，141頁。
大中祥符三年八月	六日，以升、洪、潤州亢旱火災，遣內侍馳往撫問軍民，稿設將校、耆老，及醮禱管內名山、大川、神祠有益於民者。		《宋會要輯稿》禮一八之七，第736頁；《宋史》卷七，144頁。
大中祥符四年九月	戊子，辛太乙宮祈晴。		《宋史》卷八，150頁。
大中祥符八年二月	十七日，命宰臣以下分詣寺觀祈雨，遣官禱嶽瀆。	《宋史》載癸酉，祈雨。庚辰，大雨。	《宋會要輯稿》禮一八之七，第736頁；《宋史》卷

時間	事件	結果	出處
	丁謂建道場於五嶽觀。二十二日，幸玉清昭應宮、開寶寺、上清宮焚香禱雨。		八，158頁。
大中祥符九年九月	十三日，以自秋不雨，帝慮首種失時，憂形於色，減膳徹樂，遍走群望，命輔臣分祈天地、宗廟、社稷，祠宮觀佛寺。	即日雨降，分遣官致謝於所禱之處。	《宋會要輯稿》禮一八之七，第736頁。
天禧元年三月	辛丑，以不雨禱於四海。	壬寅，不雨，罷上巳宴。	《宋史》卷八，162頁。
仁宗天聖二年三月	二十三日，詔以中春事興，畿甸久無雨澤，遣官詣五嶽四瀆祈求，仍詣會靈觀池上望龍。	翌日雨足，詔在京宮觀、祠廟擇日賽謝。	《宋會要輯稿》禮一八之八，第736頁。
天聖九年十一月	己丑，祈雪於會靈觀。		《宋史》卷九，190頁。
明道二年三月	二十二日，幸靈觀、上清宮、景德寺、靈感宮請雨。		《宋會要輯稿》禮一八之八，第736頁。
景祐元年正月	九日，詔開封府令街坊人戶依古法精度祈求雨雪。	十九（日）以獲應報謝。	《宋會要輯稿》禮一八之八，第736頁。
景祐元年四月	二十六日，詔：「河東路徇雨，令逐州軍長吏躬詣名山、祠廟、寺院，依古法精度祈求。」	五月二十二日，幸靈感塔、上清宮、祥源觀，以徇雨應期報謝。	《宋會要輯稿》禮一八之八~九，第736~737頁。
景祐三年六月	一日，詔：「河北路徇雨，差朝臣詣北嶽、及令轉運使、州軍長吏（詣）名山、祠廟、寺觀、依古法祈求。」		《宋會要輯稿》禮一八之九，第737頁。

時間	祈雨內容	應驗	出處
慶曆三年四月	十七日，遣官詣五嶽四瀆祈雨。		《宋會要輯稿》禮一八之九，第737頁。《宋史》卷十一，215頁。
慶曆三年五月	十四日，幸大相國寺、會靈觀祈雨。	五月戊子，雨。謝雨。	《宋會要輯稿》禮一八之九，第737頁；《宋史》卷十一，216頁。
慶曆三年十二月（註1）	十二日，詔：近遣官祈雨獲應，並令祭謝。是日，宰臣賀雨。		《宋會要輯稿》禮一八之九，第737頁。
慶曆四年三月	四日，遣內侍兩浙、淮南祠廟祈雨。		《宋會要輯稿》禮一八之九，第737頁。
慶曆五年二月	二十四日，幸大相國寺、會靈觀、天清寺、祥源觀祈雨。	二十八日獲應，復詔報謝。	《宋會要輯稿》禮一八之九，第737頁。
慶曆六年四月	二十一日，以陝西旱，遣內侍往寧州要冊湫建道場祈求。		《宋會要輯稿》禮一八之九，第737頁。
皇祐元年七月五日	定州少雨，知州韓琦言：「河朔素不雨，而禱祈無應，若旱甚聖壤，禱於天地山川、大川名山，宜獲嘉澤。」	尋遣秘閣校理張子思以默詞祈於北嶽，至是雨以雨足以聞奏。	《宋會要輯稿》禮一八之一〇，第737頁。
皇祐二年三月	十一日，命朝臣乘傳詣天下名山大川祠廟請雨。	《宋史》載：三月甲午，遣官祈雨。丙午，雨。	《宋會要輯稿》禮一八之一〇，第737頁；《宋史》卷十三，229頁。
皇祐三年六月	七日，近遣內侍往嘉州祈雨，而本州具僧道威儀候迎裝上，遠人勞擾，其令轉運司自今禁止之。		《宋會要輯稿》禮一八之一〇，第737頁。

（註1）十二月：原為「二月」，疑誤《長編》卷一四五載「是冬大旱」。

皇祐四年三月	十一日，遣官祈雨。帝謂輔臣曰：「開封府奏，婦人阿齊爲祈雨，斷臂，恐惑眾，不可以留京師，其令徙居曹州。」		《宋會要輯稿》禮一八之一〇，第737頁。
皇祐七年三月	十八日，幸西太一宮普安禪院祈雨。		《宋會要輯稿》禮一八之一〇，第737頁。
嘉祐七年三月	甲子，以旱罷大宴。乙丑，祈雨於西太一宮。	庚午，謝雨。	《宋史》卷十二，249頁。
英宗治平元年四月	十九日，命輔臣禱雨於天地、宗廟、社稷，及遣使禱五嶽四瀆、名山大川、諸祠廟。二十八日，幸相國寺、天清寺、醴泉觀，以旱災，爲民祈福。		《宋會要輯稿》禮一八之一〇，第737頁。
治平元年五月	四日，詔：自今水旱、命官禱於九宮貴神。從樞密副使胡宿請。		《宋會要輯稿》禮一八之一一，第738頁。
治平元年閏五月	十四日，詔：久旱，將以十七日禱雨于禁中。宰臣請以是日分禱於宮觀寺院，從之。	二十三日，以應祈，覆命報謝。	《宋會要輯稿》禮一八之一一，第738頁。
治平二年正月	二十八日，以旱，命宰臣已下自二月二日分詣諸宮觀寺院祈求。	三月獲應，覆命報謝。	《宋會要輯稿》禮一八之一一，第738頁。
治平二年三月	六日，詔五嶽四瀆、名山大川處，差知州、通判祈雨。		《宋會要輯稿》禮一八之一一，第738頁。
治平二年九月	乙酉，以久雨，遣使祈於嶽瀆名山大川。	壬戌，雨，罷大宴。	《宋史》卷十三，258頁。

時間	內容		出處
神宗治平四年五月	詔差朝臣五嶽四瀆諸水府祈雨。	十九日，以感，覆命報謝。	《宋會要輯稿》禮一八之一一，第738頁；《宋史》卷十四，266頁。
治平四年十一月	戊子，分命宰臣祈雪。		《宋史》卷十四，267頁。
熙寧元年正月	詔：「古者有望祭山川之禮，今獨闕此，宜令禮官講求故事，以時舉行。令在京差官分禱，官各就本司先致齋三日，然後行事。諸路擇端誠修潔之士分禱東海、四鎮、五嶽、四瀆、名山、大川，至祠所潔齋行事，毋得出謁、宴飲、賈販，及諸路神祠、靈跡、寺觀訪聞所奏，雖不係祀典，祈求有應者，並委州縣差官潔齋致禱。」	先是正月十九日辛丑，集相國、天清寺、體泉觀祈雨。二十七日，幸西太一宮謝雨。二月七日，雨甚。	《宋會要輯稿》禮一八之一一，第738頁。
熙寧元年四月	詔：「河北、京東尚未得雨，可指揮兩路闕雨州軍長吏，親禱所在名山神祠。」		《宋會要輯稿》禮一八之一二，第738頁；《宋史》卷十四，268頁。
熙寧元年七月	二十八日，以霖雨未至，遣官祈天地及宗廟、五嶽、社稷、四瀆，仍令嗣郡長吏齋潔祈祭所在名山靈祠，開封在京寺觀潔土庶焚香五日。		《宋會要輯稿》禮一八之一二，第738頁。
熙寧元年十一月	癸未，命宰臣禱雪。十二月乙亥，命宰臣禱雪。癸丑，禱雪於郊廟、社稷。	十二月壬戌，雪。	《宋史》卷十四，269～270頁。

制度下的神靈——兩宋時期政府與民間關於信仰的溝通

時間	事件		出處
熙寧二年三月	丙戌，命宰臣禱雨。		《宋史》卷十四，270頁。
熙寧二年（註2）四月三日	幸集禧觀、醴泉觀、大相國寺祈雨。		《宋會要輯稿》禮一八之一二，第738頁。
熙寧四年二月	丁丑，禱雨。		《宋史》卷十五，279頁。
熙寧五年六月	一日，詔：時雨未降，輔郡名山聖祠可指揮所在長吏精度祈禱。三日，幸集禧觀、大相國寺祈雨。	九日，復幸謝雨。	《宋會要輯稿》禮一八之一二，第738頁。
熙寧六年五月	戊申，禱雨。		《宋史》卷十五，283頁。
熙寧六年七月	己酉，禱雨。		《宋史》卷十五，284頁。
熙寧六年九月	戊辰，禱雨、決獄。		《宋史》卷十五，284頁。
熙寧七年二月	十八日，詔河北東西、京東、永興、秦鳳路轉運司，令久愆雨澤去處，委長吏擇祠廟精加祈求。		《宋會要輯稿》禮一八之一二，第738頁。
熙寧七年三月	十三日，以旱，遣官分禱京城、畿內諸祠、五嶽、四瀆，各委長吏致祭。	四月癸酉，雨。	《宋會要輯稿》禮一八之一二，第738頁；《宋史》卷十五，285頁。

〔註2〕二年：原無。按上條爲七月，則此條當爲次年四月，疑脱「二年」，今補。

時間	內容		出處
熙寧七年五月	九日，詔河南路轉運司：「見闕雨州軍令逐處長吏訪尋所在名山靈祠能興雲雨者，開設道場，精度祈求。」		《宋會要輯稿》禮一八之一二、二十三，第738～739頁。
熙寧七年七月	七日，詔：陝西路亢旱，秋種未入，令轉運司訪名山靈祠祈雨。		《宋會要輯稿》禮一八之十三，第739頁。
熙寧七年八月	十一日，詔：久旱，禱雨未應，其令長吏躬禱嶽瀆。十八日，詔諸監司訪名山靈祠。又遣輔臣告於中太一宮。又令諸路轉運、提點司訪尋轄下州縣名山靈祠，委長吏精度祈禱。	九月三日，命輔臣分詣天地、社稷、宮、寺等處謝雨，五獄四瀆仰逐處處長吏度行祠賽三日。	《宋會要輯稿》禮一八之十三，第739頁。
熙寧八年三月	二十一日，河北西路轉運使劉航言：「自冬頗徯雨雪，乞遣中使於曲陽大茂山真山龍祠投龍以禱。」從之。		《宋會要輯稿》禮一八之十三，第739頁。
熙寧八年閏四月	十九日，詔：定州路自春闕雨，令知州薛向躬禱北嶽。二十一日，詔：永興軍等路亢旱，令轉運司訪名山靈祠，委長吏祈禱。二十三日，詔：真定府界旱甚，令孫固親禱名山靈祠。		《宋會要輯稿》禮一八之十三，第739頁。
熙寧八年六月	一日，詔：淮南旱甚，委州軍長吏祈禱名山靈祠。		《宋會要輯稿》禮一八之十三，第739頁。

時間	內容	備註	出處
熙寧八年七月	二十三日，詔：諸色晚田見闕雨澤，遣日差官祈禱。又詔：淮南、兩浙等路久苦旱災，遣尚書職方員外郎張維祈禱，仍令逐路有載在祀典靈顯祠廟，所在委維精度祈禱。		《宋會要輯稿》禮一八之十三、十四，第739頁。
熙寧九年六月	二十七日，詔：「訪聞京西路須（煩）闕雨澤、西京尤甚、速繫令所在訪名山靈祠，長吏精度祈禱。」		《宋會要輯稿》禮一八之十四，第739頁。
熙寧九年九月	十三日，詔輔臣詣天地、社稷、宗廟、寺觀祈雨。		《宋會要輯稿》禮一八之十四，第739頁。
熙寧十年三月	十六日，詔：開封府界、京東、河北東路見彼雨澤，令提點及轉運司訪尋管下名山靈祠，委所在長吏躬親精度祈禱。		《宋會要輯稿》禮一八之十四，第739頁。
熙寧十年四月	十二日，詔：諸路少雨州軍，令轉運司訪境內名山靈祠祈禱，如獲感應，旋具奏聞。		《宋會要輯稿》禮一八之十四，第739頁。
熙寧十年七月	甲寅，禱雨。		《宋史》卷十五，293頁。
元豐元年正月	九日，詔京南、京西、淮南轉運司訪管內名山靈祠，委長吏躬親祈禱雨雪。	自後二年、三年、五年、六年、七年，諸路或雨暘失時，即詔轉運司移文郡縣，並如元年正月九日詔。	《宋會要輯稿》禮一八之十四，第739頁。
元豐元年二月	二十四日，詔輔臣分詣天地、宗廟、社稷等處祈雨，仍令京東西		《宋會要輯稿》禮一八之十四，第739頁。

年月	內容	出處
	河北、河東、陝西、淮南等路雨澤愆少州軍，令少州軍轉運司，訪尋管下名山靈祠，委縣長吏精度祈禱。	
元豐元年三月	九日，詔中書門下：時雨未足，可選日遣官祭禱風伯、雨師，雷師。十六日，又遣官祭禱玄冥五星以下。	《宋會要輯稿》禮一八之十五，第740頁。
元豐二年（註3）二月	二十八日，詔：「河北、京東（註4）、河東、陝西久愆時雨，漸見害稼，可分遣禮官躬親東、西、五臺山祈禱。」	《宋會要輯稿》禮一八之十五，第740頁。
元豐二年四月	十二日，詔：「聞兗、鄆、徐、濟等州久無雨澤，穀麥失望，人情不安。近禮官已差內臣見在東嶽嶽道場，可遣禮官詣彼祈禱。所有廣西今春元旱，可下安撫轉運司訪名山靈祠，所在差官禱雨。」	《宋會要輯稿》禮一八之十五，第740頁。
元豐三年二月	丁巳，命輔臣禱雨。	《宋史》卷十六，第301頁。
元豐三年七月	七日，詔：「西北諸路久愆雨澤，令知定州韓絳躬詣北嶽祈禱；東、西、中嶽令所在知州依此。」	《宋會要輯稿》禮一八之十五，第740頁。

〔註3〕二年：原無，據《長編》卷二九六補。

〔註4〕京東：原脫，據《長編》卷二九六補。

時間	內容	備註	出處
元豐四年（註5）四月	三日，詔輔臣謝雨於天地、宗廟、社稷。初，自春不雨，祈禱備至，及是兩尺餘，帝喜見於色。		《宋會要輯稿》禮一八之十五，第740頁。
元豐五年三月	二十八日，詔河北等路祈雨，亦令旋具應處聞奏。		
元豐六年五月	十六日，詔：「訪聞陝西諸路見苦少雨，守臣祈禱，久未感應。宜令轉運司更切訪名山靈祠，所在擇日恭致朝命，委官虔禱。」		《宋會要輯稿》禮一八之十五，第740頁。
元豐七年三月十四日	詔：「淮南、京東、京西路闕雨，可令轉運司各訪尋管下名山靈祠，所在委長吏躬親精度祈禱。」		《宋會要輯稿》禮一八之十五，第740頁。
哲宗元祐元年正月	二十四日，大上皇后詣中太一宮集禧觀。二十七日，皇帝詣大相國寺，皆以祈雨。	《宋史》載正月戊午，甘露降。	《宋會要輯稿》禮一八之十五，第740頁；《宋史》卷十七，第321頁。
元祐四年三月	二十四日，詔：「京西路闕雨，中嶽、河、濟及淮、濟各委長吏祈禱，仍遣內侍齎香就建道場。」		《宋會要輯稿》禮一八之十五，第740頁。
元祐五年二月	辛丑，以旱罷修黃河。癸卯，禱雨。	四月甲辰，呂大防等以旱求退，不允。丁巳，詔以旱避殿減	《宋史》卷十七，330～331頁。

〔註5〕元豐四年，原無，猜測補。

元祐五年五月	十二日，詔：「咋爲闕雨，差官詣兗州東嶽等處祈禱。已獲感應去處，就本處長吏祈禱。」委本處長吏遷日恭詣賽神。	《宋會要輯稿》禮一八之十五、十六，第740頁。
	膳，罷五月朔日文德殿視朝。五月乙亥，雨。	
元祐七年十二月	庚午，祈雪。	《宋史》卷十七，第335頁。
元祐八年八月	丁未，久雨，禱山川。	《宋史》卷十七，第336頁。
紹聖元年四月	八日，詔：「時雨稍愆，令開封府及諸路依例祈求，畿內諸祠祠即遣官祈禱。」 十八日，詔諸州長吏躬詣五嶽四瀆祈禱。 二十一日，輔臣以畿內縣降雨狀進呈。	《宋會要輯稿》禮一八之十六，第740頁。
	至二十五日而雨足，遣輔臣謝宮觀寺院。	
紹聖四年五月	三日，詔令陝西、河東、京東路闕雨州軍，應管下嶽瀆及名山大川並諸祠廟，自來祈禱感應之處，並令長吏精虔祈求。其合用祝文令學士院依例修撰。	《宋會要輯稿》禮一八之十六，第740頁。
元符二年二月	二十七日，詔陝西路闕雨去處，令逐州軍長吏遷內名山大川、祠廟精禱。	《宋會要輯稿》禮一八之十六，第740頁。

時間	內容	結果／備註	資料來源
元符二年三月	十一日，詔輔臣分詣宮觀寺院祈雨。二十二日，詔輔臣分詣天地、宗廟、社稷、宮觀、寺院等處祈雨；諸路闕雨州府，令長吏於管下繫讀名山並諸祠廟自來祈禱感應之處，選日精虔度祈求，其合用祝文令學士院依例修撰。		《宋會要輯稿》禮一八之十六，第740頁。
元符三年五月	二十四日，詔諸路如有闕雨去處，令逐州軍長吏選日詣境內名山大川、祠廟精禱。		《宋會要輯稿》禮一八之十六，第740頁。
徽宗崇寧（註6）五年五月	二十四日，宰官以澇雨祈求，上曰：「二十六、七必有雨。」	已而果驗。	《宋會要輯稿》禮一八之十六，第740頁。
政和二年五月	二十六日，差近臣詣宮觀寺院祈雨。未及禱而雨，改報謝。		《宋會要輯稿》禮一八之十六，第740頁。
宣和四年二月	以旱禱於廣聖宮。	即日雨。	《宋史》卷二十二，第409頁。
宣和四年二月	七日，駕詣廣聖宮，卜以卯時焚密表祈雨。	申時雨降。	《宋會要輯稿》禮一八之十六，第740頁。
高宗建炎四年（註7）六月	八日，令宰執侍從詣宮詣越州內圓通觀音院祈雨，合用香令入內內侍省請降。自後凡用香並如之。七月二日，詔宰執率侍從官詣天慶觀、圓通寺謝雨。	紹興元年十九日亦用此禮。	《宋會要輯稿》禮一八之十六，第740頁。

（註6）「徽宗崇寧」四字原脫。按承上為元符，然元符無五年，又崇挺之為相在崇寧四年、五年；故此乃崇寧五年事。
（註7）「高宗建炎四年」原無，時高宗駐越州，侍從至當地寺院祈雨。

紹興元年十月	二十二日，詔就圓通院開建祈雨道場，日輪侍從官一員燒香，每五日皇帝執官前去祈禱。		《宋會要輯稿》禮一八之十七，第741頁。
紹興元年十二月	五日，「雨雪稍愆，日輪侍從官一員詣上天竺靈感觀音前祈禱，務在速獲感應。」	三年十一月如之。	《宋會要輯稿》禮一八之三二，第748頁。
紹興二年（註8）八月	二十六日，詔令僉書樞密院權事權邦彥詣天竺（寺）祈雨。		《宋會要輯稿》禮一八之十七，第741頁。
紹興三年（註9）六月	二十一日，詔：「訪聞兩浙東路稍愆雨澤，令本路帥司差官詣寺觀嚴潔祈禱。」		《宋會要輯稿》禮一八之十七，第741頁。
紹興三年七月	四日，詔輪宰執官一員詣上天竺寺祈雨。 十六日，上以愆雨，謂輔臣曰：「朕宮中素食已累日，尚未降澤，令斷屠。精禱雖至，然尚慮政事未平、刑獄冤濫，可速令疏決平反。在外州縣令提刑親行疏決，務在刑清者也。」至是令慧寺祈雨斷屠辛三日。		《宋會要輯稿》禮一八之十七，第741頁。

〔註 8〕二年：原脫，考權邦彥、考權簽書樞密院事在紹興二年五月至三年二月之間，則此「八月」乃紹興二年八月，據補。
〔註 9〕按下文七月十六日詔令愆因，據《建炎要錄》卷六七，乃紹興三年事，則此「六月」亦應為三年六月，據補。

時間	內容	附記	出處
紹興五年正月	四日，都省言：「近降指揮祈求雨雪，已獲感應。」詔令輪至侍從於初五日致謝。		《宋會要輯稿》禮一八之三二，第748頁。
紹興五年二月	二十五日，詔：「雨澤稍愆，恐妨農事，應臨安府界載在祀典、名山大川、神祠、龍洞，在內分差從官，在外遣職事官，親詣祈雨。」	五年六月九日、八年十一月五日、九年六月十七日並同此例。	《宋會要輯稿》禮一八之十七，第741頁。
紹興五年六月	九日，宰臣趙鼎等請分遣侍從官走群寺祈雨。 十三日，詔：「訪聞湖南久愆雨澤，可令帥臣席益詣南嶽廟祈禱。應合用祠祭（祭）之物並於上供錢內支破，務要精潔，庶應感應。」 二十一日，宰臣趙鼎等言：「甘澤應祈，皆陛下寅畏恐慄，精誠所格，乞御常膳。」上曰：「朕累日以來，寢食不安者，豈特為國無儲蓄，兼恐歲飢民貧，起而為盜，朝廷不免遣兵討定，殘殺人命，亦天道之所宜憫也。」	二十二日，中書門下省言：「昨日稍愆雨澤，祈禱天地、宗廟、社稷、嶽瀆、四海、雨師、雷師、應臨安府界載在祀典及名山大川神祠、龍洞，今已獲感應，望並令元差官各詣逐處報謝。」從之。自是每祈雨晴雨有應，並依此禮。	《宋會要輯稿》禮一八之十七、十八，第741頁。
紹興七年二月	九日，詔：「應平江府界載在祀典、及名山大川、神祠、龍洞，在內分差侍從，在外委所屬縣分知縣，親詣祈雨。」	七年六月七日、七月八日並同此制。	《宋會要輯稿》禮一八之十八，第741頁。

	二十六日，詔：「雨澤稍愆，恐妨農事，應建康府界載在祀典，及名山大川、神祠、龍洞分差侍從官，在外委所屬縣分知縣，親詣齋祈雨。」	
紹興七年六月	七日，詔：「諸路如有闕雨去處，令轉運司行下逐州縣，差官祈禱。」 二十日詔已迎請上天竺觀音就法慧寺祈求雨澤，令臨安府禁屠宰三日，並雞鴨之類並不得宰殺。	其後法慧寺廢爲廣壽遽驛，每迎請就明慶寺。 《宋會要輯稿》禮一八之十八，第741頁。
紹興七年七月	十三日，宰臣張浚等言：雨暘稍愆，乞率從官禱雨。 十三日，詔：「稍愆雨澤，恐傷禾稼，可差官祈禱天地。」差參知政事陳與義、宗廟差官州觀察使五仲靄、社稷差戶部侍郎王俣、五嶽、五鎮差禮部侍郎吳表臣、四海、四瀆差禮部侍郎陳公輔，雨師、雷師差太府少卿鄭作肅。 十七日，宰臣張浚後奏：「祈雨已多日，而未有感應。」上曰：「昨日有雲物，意遂作雨，而夜深乃散，悉意卿等更求可以感召和氣事，爲之。」	《宋史》載：秋七月癸酉，以旱禱于天地、宗廟、社稷。癸未，以久旱命中外臣庶實封言事。 《宋會要輯稿》禮一八之十八、十九，第741~742頁；《宋史》卷二十八，531頁。

時間	內容		出處
紹興九年七月（註10）	二十一日，宰臣秦檜等奏：「陛下齋居疏食，以祈雨澤，考之典禮，唯當損太官常膳。」上曰：「雖損膳，豈免日殺一羊？天意好生，朕意實不忍殺。」「臣檜等既欽數上至仁之心，愛人及物，雖一羊不忍此如應天，何患天心不格？」	既而甘澤應應禱話足。	《宋會要輯稿》禮一八之十九，第742頁。
紹興十一年七月	詔：雨澤稍愆，令太常寺祈禱九宮貴（貴）神。	《宋史》載：七月庚子，以旱減膳祈禱，遣官決滯獄，出繫囚。癸亥，大雨。	《宋會要輯稿》禮一八之十九，第742頁；《宋史》卷二十九，第550頁。
紹興十一年十二月	尚書省言：「旱恐害稼，深恐害，依禮例，合差官祈禱天地、宗廟、社稷、嶽鎮、海瀆、雨師、雷神。」從之。		《宋會要輯稿》禮一八之十九，第742頁。
紹興十九年七月	十三日，輔臣以甘雨應祈，乞拜表稱賀，上曰：「若更五日無雨，則禾稼有傷，如浙東等處尤高，得此雨，極為利濟，秋成遂可必。經山等處祈禱感應，可與加封。」		《宋會要輯稿》禮一八之十九，第742頁。
紹興二十一年十二月	十五日，上宣諭輔臣曰：「連日小雨，臘雪未應期，已遣使祈禱太乙祠。」	是日晚，雪作。	《宋會要輯稿》禮一八之二〇，第742頁。

（註10）九年：原無據，《建炎要錄》卷一三〇補。

孝宗乾道（註11）四年六月	紹興二十九年三月	
十二日，詔臨安府於今月十三日早如法迎請觀音入城祈雨。 十六日，上宣諭宰執曰：「天久不雨。」宰臣陳俊卿奏曰：「陛下憂閔元元，念稿事之重如此，只此一念，便可感動天地。」上曰：「朕亦欲卻盡，烈日中歸，須是勤天意。卿等可懷故事有此否。」 十七日尚書省言：「迎（近）二雨澤稍徑，臨安府奉上天竺觀音，就明慶寺祈禱。」詔日輪侍從官一員燒香，及名山大川、神祠、龍洞祀典，在外委所屬縣知縣，親詣祈雨，仍令本府具合祈禱處，日下申尚書省。」又詔：「應臨安府界載在祀典，及名山大川、神祠、龍洞，在內分差侍從，在外委所屬縣知縣，親請禱雨，仍令本府具合祈禱處，日下申尚書省。」 十八日，宰臣蔣苪奏言：「昨日並夜得雨滂霈，皆陛下聖應感動天意。」上曰：「今歲得雨閔元，卻未須出，姑俟他日。」顧蔣苪曰：「卿可詣太一宮謝。」須是勤天意，須臻至。」帝奏曰：「臣謹當齋戒祇事，卻差執政詣明慶寺觀音處燒香」。上曰：「甚好！」是日殿廷雨再下，天顏有喜色。先是十六日有旨，欲以十九日幸太一宮、明慶寺祈雨，至時得雨，故止令宰執詣謝。	四日，詔：「雨澤尚徑，令太一宮、壽星觀精加祈禱，仍禁屠宰三日。」八日，詔以久旱祈禱未應，崇屠宰三日，及雞鴨魚蝦應干生命之屬，並行禁斷。	
《宋會要輯稿》禮一八之二○，二一，第742～743頁。	《宋會要輯稿》禮一八之二○，第742頁。	

（註11）乾道：原作「隆興」。按隆興僅二年，無四年；又下支言「宰臣陳俊卿」、「宰臣蔣苪」，考陳俊卿自乾道二年任參政，四年十月方任宰相，蔣苪為相在乾道四年二月至七月之間，則「隆興」為「乾道」之誤無疑，今改。

乾道七年五月	十七日，詔：「臨安府已迎請天竺觀音就明慶寺祈雨，令宰執十八日詣詣燒香，自十九日輪侍從官一員並及應臨安府界載在祀典名山大川、神祠、龍洞，在內分差侍從官，在外委所屬縣知縣親詣祈雨。合用香、合令本府具合祈禱侍省請降。仍令申尚書省。其湖、秀、慶、常州、平江、鎮江府闕雨處，亦令所屬縣親詣祈禱。」 十八日，詔爲縣親詣祈雨，其十九日早晚御膳並進素。	《宋會要輯稿》禮一八之二一，第743頁。
乾道七年七月	十六日，宣諭臨安府少尹：「見祈雨澤，可禁屠宰三日。關報浙西州軍，依此嚴切禁斷，仍精加祈禱。」	《宋會要輯稿》禮一八之二二，第743頁。
乾道七年十一月	二十四日，詔：「近日闕雨，令臨安府精加祈禱，及令兩浙安撫、轉運司行下所守令，務在嚴潔。應感，每五日一次具兩澤狀申尚書省。」 二十九日，宰執奏禱雨雪事，上宣諭曰：「昨寫與龔茂良、陳彌作問兩路雨雪，朕之憂心形於語黙。」慶允文奏曰：「聖心焦勞，	《宋會要輯稿》禮一八之二二，第743頁。

乾道八年九月	臣等竑權。近聞江西得雨，此間雖未甚雨，若逐檮而得之，亦足少寬宵旰之念。」 四月，上謂宰臣曰：「自來秋多陰雨，今已十日晴矣，正當刈獲，歲事可保。朕蚤暮精心祈檮，天意可見。」慶允文奏曰：「所謂必有非人力所能致而自至者，此受命之符。」上曰：「十月間擇日就內設醮報謝。」		《宋會要輯稿》禮一八之三六，第750頁。
淳熙三年五月	二日，參知政事龔茂良、李彥穎奏：「農事正興，民間以久不得雨為慮。適連夜霡霂，極可慶。」上喜甚，曰：「朕日夕於宮中焚香拜謝天地。更云：「陛下憂勤之念。」茂良等言：「陛下憂民閔雨如此，誠意所格，天且不違，茲誠大慶。」		《宋會要輯稿》禮一八之三二，第743頁。
淳熙四年四月	十八日，詔：陰雨未已，日輪待從一員詣上天竺靈感觀音前祈晴。	八月如之。	《宋會要輯稿》禮一八之三四，第749頁。
淳熙七年五月	十三日，上謂輔臣曰：「昨日日間雨雖小，至夜頗霡霂。」右丞相趙雄等奏曰：「昨日吳淵未曾取旨，遽欲迎請天竺觀音人城，繼聞有旨令吳淵只就寺中祈檮，甚當。陛下		《宋會要輯稿》禮一八之三三，第744頁。

年月	事由	結果	出處
淳熙七年八月	之禱久矣！」上曰：「朕每自修省，唯恐不逮，宰執為民，未嘗敢忽。庶幾天心昭格，兩暘以時。」 四日，上謂輔臣曰：「祈雨未應，朕欲初六日就禁中設醮祈禱。卿等宜宜齋戒，後日拈香。」	是夕雨。	《宋史》載：甲申，以禱雨未應，諭輔臣欲令職事官以上各實封言事。是夕雨。	《宋會要輯稿》禮一八之三，第744頁。《宋史》卷三十五，第673頁。
淳熙九年六月	十二日，詔遣內侍關禮紹興府降香禱雨。	是月二十二日已獲感應，覆命官報謝。		《宋會要輯稿》禮一八之三，第744頁。
淳熙十年七月	四日，車駕詣景靈宮行禮，次幸明慶寺拈香祈雨。《宋史》載：乙丑，以不雨決繫囚。丙寅，幸明慶寺禱雨。甲戌，以夏秋旱暵，避殿減膳，令侍從、臺諫、兩省、卿監、郎官、館職各陳朝政闕失，分命群臣禱雨於天地、宗廟、社稷、山川。左丞相王淮等以旱乞罷，不許。丁丑。詔除災傷揚州縣淳熙八年欠稅。	甲申，雨。		《宋會要輯稿》禮一八之三，第744頁。《宋史》卷三十五，第680頁。
淳熙十年九月	四日，上謂輔臣曰：「連日陰雨未止，恐妨收刈，朕甚憂慮。可日輪侍從官一員詣天竺觀音前祈晴。」	是月十一日已獲感應，覆命官報謝。		《宋會要輯稿》禮一八之三四，第749頁。
淳熙十三年五月	十四日，宰臣王淮等奏：「梅雨已多，莫須降香祈晴？」上曰：「未須如此。朕自昨日早晚焚香默禱於上帝。」淮等奏：「聖心與天通，至誠感格，與臣萬萬不同。」			《宋會要輯稿》禮一八之三四，第749頁。

日期	內容	獲應	資料出處
淳熙十三年六月	十一日，宰執進呈祈雨放房緡。上曰：「亦須屢晏，臨安一日殺多少物命！」王淮等奏：「禱雨未應，聖心焦勞，臣等不勝惶灼。」上曰：「朕欲親詣太一宮燒香，次至明慶。」淮等奏：「祖宗禱雨太一宮，雖有故事，但當此盛暑，權勞聖躬。」上曰：「朕為百姓，不憚出一日，亦欲小民知朕此意。」淮等奏：「乾道間亦曾知禱路，適會有雨。」上曰：「當時卻不曾出。」 十三日，宰臣王淮等奏：「兩澤愆期，陛下欲十四日先就殿庭焚香禱天，次詣太一宮、明慶寺燒香，淮等及侍從欲就十五日分禱天地、宗廟、宮觀諸處。」上曰：「序當如此。」 十四日，宰太一宮，次明慶寺觀音前焚香禱雨。		《宋會要輯稿》禮一八之二三、二四，第744頁。
淳熙十三年七月	十日，太常寺言：「元陽為疹、檢照國朝典禮，凡京都旱，則祈嶽、瀆、海、鎮，及諸山川能興雲雨者，於北郊望告，又祈宗廟、社稷，及雩祀上帝、皇地祇。」詔命宰臣已下分詣祭告。 十四日，命祕書省著作佐郎、兼權兵部郎官梁汝永往臨安府龍潭，大宗	八月三日，已獲感應，覆命報謝。	《宋會要輯稿》禮一八之二四，第744頁。

	正丞、兼權刑部郎官李祥往廣德張王祠，各齎御香、祝板祈雨。		《宋史》卷三十五，第686頁。
淳熙十四年	六月戊寅，以久旱，畫龍籲雨法。甲申、辛大一宮、明慶寺禱雨。癸巳，王淮等以旱求罷，不許。 七月丁未，以旱罷汀州經界。己酉，詔監司條上州縣弊事、民間疾苦。辛亥，避殿減膳撤樂。癸丑，命檢正都司看詳臣封事，有可行者以聞。詔省部、漕臣催理已蠲逋久者，令臺諫覺察。	戊辰，雨。	
淳熙十六年閏五月	二十三日，詔：「近聞建康府闕少雨澤，令守臣精加祈禱，務要速獲感應。仍將見禁公事疾速決遣，毋致淹延。如本路更有闕雨去處，令帥臣依此施行。」		《宋會要輯稿》禮一八之二四、二五，第744~745頁。
光宗紹熙元年六月	十九日，詔：「雨澤稍愆，恐妨禾稼，可令日輪侍從一員詣上天竺靈感觀音前精加祈禱，務要速獲感應。」	是月二十二日獲應，命官報謝。	《宋會要輯稿》禮一八之二五，第745頁。
紹熙四年四月	十八日，詔：「陰雨未已，日輪侍從一員詣上天竺靈感觀音前祈晴。」		《宋會要輯稿》禮一八之二四，第749頁。

時間	內容	結果	出處
紹熙十年（註12）九月	四月，上謂輔臣曰：「連日陰雨未止，恐妨收刈，朕甚憂慮。可日輪侍從官一員詣天竺觀音前祈晴。」	是月十一日已獲感應，覆命報謝。	《宋會要輯稿》禮一八之三四，第749頁。
紹熙五年四月	二十一日，爲闕雨，詔差大府少卿林湜詣臨安洞霄宮，祕書監薛叔似詣徑山龍潭，司農卿萬鍾詣天目山龍洞祈禱。 同日，中書門下省言：「兩浙、江東西、兩淮州軍間有稍闕雨澤去處，已委守令祈禱。」詔逐路轉運司行下所部闕雨州縣，仰守令躬詣管內寺觀神祠，嚴潔精加祈禱，務要速獲感應。仍禁屠宰三日，以指揮到次日爲始。 同日，詔：祈雨未獲感應，令臨安府迎請上天竺靈感觀音，就明慶寺精加祈禱，仍禁屠宰三日。	至五月十三日獲應，命元差官報謝。	《宋會要輯稿》禮一八之二五，第745頁。
紹熙五年七月	九日，詔：雨澤稍愆，日輪侍從官一員詣上天竺靈感觀音前精加祈禱，務要速獲感應。凡遇祈禱及獲應日，宮觀祠廟則命元差官，上天竺觀音前則命日輪至官致謝。	慶元元年六月、二年三月、三年四月、五年四月、嘉泰元年四月、六、二月、三年四月、開禧元年七月、二年六月、三年五月、嘉定元年四月、二年五月、六年五月、七年六月、八年三月、九年五月、十年五月、十一年五月、十年六月、十一年六月、十月、十	《宋會要輯稿》禮一八之二五，第745頁。

（註12）紹熙無「十年」，當爲「四年」或「五年」之誤。

時間	內容		出處
紹熙五年八月	二十四日，詔：「近日雨澤稍多（愆），日輪侍從一員詣上天竺靈感觀音前精加祈禱。」	三年六月、十四年正月、十七年六月，亦如之。	《宋會要輯稿》禮一八之三六，第745頁。
寧宗慶元元年五月	二十二日，詔：「陰雨連綿，恐妨禾稼，令兩浙轉運司行下所屬州縣，委自守令親詣管下靈應神祠，精加祈禱，務要速獲晴霽。」	慶元元年正月、五月，二年八月，四年四月、七月，五年八月，嘉禧三年三月、開禧元年九月，二年三月，三年八月，五年五月，四年八月，五年三月，八月，六年正月，七月，七年九月，九年八月，八月四月，十年四月，亦如之。	《宋會要輯稿》禮一八之三五，第750頁。
慶元元年十一月	二十三日，詔：「瑞雪稍愆，日輪侍從一員詣上天竺靈感觀音前精加祈禱，務獲感應。」	二年十一月、三年十一月、四年十二月、五年十一月、六年十一月、二年三月、三年十一月、嘉泰元年十一月、四年十二月、二年三月、嘉定元年十一月、二年十一月、三年十二月、四年十二月、五年十二月、七年十二月、八年十二月、九年十二月、十年十二月、十一年十二月、十二年十二月、十四年十一月，亦如之。	《宋會要輯稿》禮一八之三二，第748頁。
慶元二年五月	辛巳，以旱禱於天地、宗廟、社稷。詔大理、三衙、臨安府、兩浙州縣決繫囚。		《宋史》卷三十七，第721頁。

時間	內容			資料來源
慶元二年八月	二日，都省言：「秋雨兩未霽，恐妨苗稼。」詔令兩浙轉運司行下所部州縣有雨去處，應載祀典及名山大川、神祠、龍潭，委官守令親詣、精加祈禱，務獲感應。二十日，詔令宰執詣明慶寺靈感觀音前祈求晴霽。			《宋會要輯稿》禮一八之三四、三五，第749～750頁。
慶元二年十二月	十二日，詔祈求雨雪，臨安府載在祀典神祠及名山大川，令本府日下委官前去精加祈禱，務獲感應。二十一日，三省言：「時雪未降，合行祈禱。」詔令宰執、侍從分詣祈禱天地、宗廟、社稷、太一宮、天慶觀、報恩光孝觀、九宮貴神、嶽、鎮、海、瀆、兩廟、風師。			《宋會要輯稿》禮一八之三三，第748頁。
慶元三年四月	王子，以旱禱於天地、宗廟、社稷。	乙丑，雨雹。		《宋史》卷三十七，第722頁。
慶元三年三月	二十六日，詔：「雨澤稍愆，令臨安府詣天竺山精加祈禱，務冀感應。」		自後凡遇雨暘愆期，並有是命。	《宋會要輯稿》禮一八之二六，第745頁。
慶元三年四月	九日，詔：雨澤稍闕，令宰執、侍從分詣祈禱天地、宗廟、社稷、嶽、鎮、海、瀆、群神。		嘉泰元年五月、開禧三年五月、嘉定八年四月亦如之。	《宋會要輯稿》禮一八之二六，第745頁。
慶元六年四月	二十四日，宰執進呈次，謝深甫等奏：「日來諸處闕雨，前日乞輪侍從祈禱，隨即降注，但未霑沛。」		嘉泰元年五月、開禧元年七月、嘉定元年閏四月、七年六月、八年三月、十年六月、十四年正月，	《宋會要輯稿》禮一八之二六，第745頁。

時間	內容	結果	出處
	惟陛下發一念之誠，庶幾感應必速。」上曰：「止得一日之雨，未能洽足。」 二十七日，詔：「雨澤精愆，令臨安府迎請上天竺靈感觀音就明慶寺，同所輪侍從精加祈禱，務冀感應。」	亦如之。	《宋會要輯稿》禮一八之二七，第746頁。
慶元六年五月	四日，詔令逐路轉運司行下所部闕雨州縣，仰守令令躬詣管內寺觀神祠，更切嚴潔，精加祈禱，務要速獲感應。仍自指揮到日，嘉泰二年六月、八年六月、八年六月亦如之。 同日，都省言：闕雨祈禱未應。詔分遣宮詞臨安府洞霄宮、徑山龍潭、天目山龍洞祈禱，仍令臨安府及安撫司差近上官三員同齎祝版前去。嘉泰元年五月、開禧元年七月、嘉定元年四月、七年六月、八年三月、十四年正月亦如之。後又命官詣龍祠龍井惠濟井祈禱 同日詔：祈雨未應，遣官齋御封香、祝版前去廣德軍、同守臣躬詣廣惠廟精加祈禱。嘉泰元年五月、開禧三年二月、嘉定元年閏四月、七年十月、八年三月、十四年正月亦如之。	二十一日，宰臣京鏜奏：「雨澤應期，中外欣喜，皆自陛下側身修行，有以感格。」上曰：「連日滂沛，遂過所望。」	

	十四日，都省言：「亢陽爲沴，祈禱未獲感應。檢照典禮，凡京都旱，則再祈嶽、鎮、海、瀆，及諸山川能興雲致雨者於北郊望告，又祈宗廟、社稷。及亢雲祈於圜壇。」詔宰臣以下分詣祭告。嘉泰元年五月、嘉定八年四月亦如之。 十八日，詔明慶寺迎請精舍祈禱，令豐儲倉支米七十石充本寺食用。		
嘉泰元年 五月	七日，詔：「雨澤稍愆，分差卿監郎官詣臨安府東嶽天齊仁聖帝、吳山忠武英烈威顯靈祐王、天王神、城隍廟、福順王廟、旌忠觀祈禱。」開禧元年六月、三年五月、嘉定八年三月、十年六月，十四年正月亦如之。	《宋史》載：五月戊午，以旱禱於天地、宗廟、社稷，詔大理、三衙臨安府、兩浙州縣決繫囚。癸亥、丙子，雨。	《宋會要輯稿》禮一八之二七，第746頁；《宋史》卷三十八，第730頁。
嘉泰元年 七月	丁巳，以旱復禱於天地、宗廟、社稷。壬戌，釋大理、三衙、臨安府及諸路闕雨州縣繫杖以下囚。	癸亥，雨雹。	《宋史》卷三十八，第730頁。
嘉泰三年 九月	二十日，詔：「雨澤稍多，分遣卿監詣臨安府東嶽天齊仁聖帝、吳山忠武英烈威顯靈祐王、天王神、城隍廟、旌忠觀祈禱。」	開禧三年五月、嘉定五年九月、六年正月、十年四月亦如之。	《宋會要輯稿》禮一八之二八，第746頁。
嘉泰四年 七月	甲子，以旱詔大理、臨安府、兩浙諸路決繫囚。戊辰，禱於天地、宗廟、社稷。己巳，		《宋史》卷三十八，第736頁。

開禧二年	命諸路提刑從宜斷疑獄。蠲內外諸軍通負營運息錢。卒未，蠲兩浙閩兩州縣通緡租。 十一月二十八日，詔：「祈雪未獲感應，令臨安府迎請上天竺靈感觀音就明慶寺，同所輪侍從嚴潔精加祈禱，務在速獲感應。」 十二月四日，詔：「祈雪未應，分遣卿監、郎官詣東嶽天齊仁聖帝、吳山忠卿武英嶽顯靈佑王、天王神、城隍廟、福順王廟、旌忠觀精加祈禱。」	三年十二月亦如之。	《宋會要輯稿》禮一八之三二，第748頁。
開禧三年二月	十一月一日，詔：「兩澤稍愆，兩浙州軍令本路轉運司行下所屬闕兩州縣，委官守令親詣管下靈應神祠精加祈禱，務獲感應。」 《宋史》載：卒未，以旱禱於天地、宗廟、社稷。	五月二十九日，以兩澤稍愆，詔令執政、侍從分詣祈禱天地、宗廟、社稷、宮觀、嶽鎮海瀆、風雷雨師。	《宋會要輯稿》禮一八之三六，第745頁；《宋史》卷三十八，第744頁。
開禧三年五月	二十六日都省言：「祈晴尚未感應。」詔：「輪卿監、郎官一員詣霍山廣惠廟行祠祈禱，務要速獲感應。自後凡遇詔語靈感觀音前祈禱，並命足令則命輪至官致謝。」		《宋會要輯稿》禮一八之三四，第749頁。
嘉定元年閏四月	二十四日，御筆：「朕念常暘為沴，夕惕靡寧。雖已齋心致禱於既而獲應，詔令宰臣詣太一宮、執政詣朗明	嘉定元年閏四月亦如之。	《宋會要輯稿》禮一八之三八，第746頁；《宋史》卷三

時間	事件	備註	出處
	宮中、及命群臣遍走名祠，而精誠未至，雨澤尚慳。朕以二十七日親詣太一宮及明慶寺燒香。仍令三省行下諸路帥、守臣，各體朕意，虔加祈求，務獲通濟。」 《宋史》載：閏月丙申、辛太乙宮、明慶寺禱雨。	慶寺致謝。	十九，第 750 頁。
嘉定二年五月	丁酉、以旱詔諸路監司決繫囚，勅守令之貪殘者。己未、以旱詔群臣上封事。庚申、禱於天地、宗廟、社稷。 六月、乙酉、復禱雨於天地、宗廟、社稷。		《宋史》卷三十九，第 753 頁。
嘉定五年十二月	五日、詔：「祈雪未獲感應，分遣卿監、郎官詣省東嶽天齊仁聖帝、吳山忠武烈英威顯祐王、天王神、城隍廟、福順王廟、旌忠觀祈禱。」	七年十一月、十三年十二月亦如之。	《宋會要輯稿》禮一八之三三，第 749 頁。
嘉定六年正月	二十六日、詔：「陰雨未晴，應臨安府載在祀典神祠，令本府日下差官前去精加祈禱，務要速獲感應。」		《宋會要輯稿》禮一八之三四，第 749 頁。
嘉定七年六月	辛丑、以旱命諸路諸州軍禱雨。		《宋史》卷三十九，第 760 頁。
嘉定七年十月	一日、都省言：「陰雨有妨收刈，見行祈晴，未獲感應。」詔遣宮觀御香、祝板前去廣德軍、同守臣詣廣惠廟精加祈禱。		《宋會要輯稿》禮一八之三四，第 749 頁。

嘉定八年三月	二十八日，詔：雨澤稍愆，差官祈禱雨師、雷神、風師。二十九日，詔：雨澤愆期，兩浙路州縣社稷各令守令精加祈禱。《宋史》載：三月乙亥，以旱命諸路州縣禱雨。		《宋會要輯稿》禮一八之二八，第746頁；《宋史》卷三十九，第762頁。
嘉定八年四月	六日，車駕詣景靈宮朝獻行禮，次幸太一宮及明慶寺觀音前，拈香祈雨。十一日御筆：「農事既興，時雨未浹，皆朕涼德所致，已於宮中蔬食，密禱上天。省過責躬，可自今月十三日為始，避殿、減膳、撤樂，仍令輔臣分禱天地、宗廟、社稷，庶獲嘉應，以慰民心。」十五日，御筆：「自春入夏，雨澤愆期，夙夜疚懷，靡遑寧處。已令遍禱群祀，雖獲感應，尚未霑足。應諸路諸州縣靈迹、神祠、寺觀，雖祀典所不載，而水旱應禱者，各委郡長吏差官，潔齋祈禱。」十七日，兩浙路運判草良朋言：「目今正當營種之時，管下兩浙縣間有闕雨去處，雖已行下兩浙州縣，分委官於自來靈感寺觀廟宇，精加祈禱，及親詣上天竺觀音	已而獲應，五月九日詔令宰執並詣致謝。	《宋會要輯稿》禮一八之二八、二九，第746～747頁。

嘉定十年六月	寺、龍井玉泉諸廟祈求，雖獲感通，猶未霑足。今欲躬親前去經山龍洞祈禱，乞賜指揮。」從之。八日，詔令兩浙漕臣詣上天竺靈感觀音前及諸霍山廣會廟行祠祈雨。	《宋會要輯稿》禮一八之三一，第748頁。
嘉定十四年正月	七日，詔：「歲暮以來，雨澤未應，農事漸興，令兩浙州軍監司，守臣應城內外有靈壇、古迹、寺觀及龍潭、靈祠等處，守臣躬親前去。如其地裏隔涉，州臣委職官、縣委佐官，各行前去，務要精虔，速獲感應。」	《宋會要輯稿》禮一八之三一，第748頁。
端平二年六月	庚辰，祈雨。	《宋史》卷四十二，第808頁。
端平三年七月	丁巳，祈晴。	《宋史》卷四十二，第811頁。
嘉熙元年六月	甲辰，祈雨。	《宋史》卷四十二，第814頁。
嘉熙四年六月	甲午朔，江、浙、福建大旱，蝗。乙未，祈雨。	《宋史》卷四十二，第820頁。
淳祐元年七月	壬辰，祈雨。	《宋史》卷四十二，第822頁。
淳祐四年七月	己亥朔，祈雨。	《宋史》卷四十三，第830頁。

淳祐五年六月	甲申，祈雨。	《宋史》卷四十三，第833頁。
淳祐五年七月	癸巳，旱。辛丑、鎮江、常州亢旱，詔監司、守臣及沿江諸郡安集流民。甲辰，祈雨。	《宋史》卷四十三，第833頁。
淳祐六年六月	丙午，祈雨。	《宋史》卷四十三，第835頁。
淳祐七年	三月庚午，祈雨。 五月甲寅，祈雨。 六月丙申，以旱避殿減膳。詔中外臣僚士民直陳過失，毋有所諱。戊申，詔：「旱勢未釋，兩淮、襄、蜀及江、閩內地，曾經兵火，遺蹢暴露，感傷和氣，所屬縣有司收瘞之。」 八月辛卯，雨。	《宋史》卷四十三，第837～838頁。
淳祐十二年五月	甲申朔，祈雨。	《宋史》卷四十三，第846頁。
寶祐元年六月	戊申朔，江、湖、閩、廣旱。庚申，祈雨。	《宋史》卷四十三，第848頁。
寶祐五年	閏四月己酉，祈雨。 五月庚申，雨。 六月丁酉，雨。 七月丙辰，祈雨。戊午，雨。	《宋史》卷四十四，第860頁。

寶祐六年 三月	三月辛亥朔，祈雨。夏四月庚辰朔，詔：自冬徂春，天久不雨，民失東作，避殿減膳，仰答譴告，自四月一日始，程元鳳等乞解機務，癸未，詔不允。甲申，大雨。	《宋史》卷四十四，第861～862頁。
景定元年 五月	甲申，祈雨。	《宋史》卷四十五，第874頁。
景定五年 七月	丙申，祈雨。	《宋史》卷四十五，第888頁。
咸淳二年 七月	壬辰，祈雨。	《宋史》卷四十六，第896頁。
咸淳五年 九月	丙午，祈晴。	《宋史》卷四十六，第903頁。

附錄二 國家祀典收錄祠廟

五嶽四瀆

名　稱	廟　額	賜額時間	爵　位	地　點	資料來源
靈星祠	時澤	政和元年十月		（河北東路河間府）樂壽縣何武城	《宋會要輯稿》禮 20 之 15
風后祠	豐功	崇寧四年閏二月	大觀元年正月封祐聖公，二年十二月封義烈王。	（永興軍解州）解縣	《宋會要輯稿》禮 20 之 15
風伯、雨師祠	聖肅	大觀二年十二月		解縣鹽池	《宋會要輯稿》禮 20 之 16
雷神祠（威德王廟）	顯震	紹興三十一年十二月	熙寧九年九月封威德王。乾道三年十一月，加封威德顯德顯昭王。本廟石神土地封協應侯。	（廣南西路）雷州海康縣	《宋會要輯稿》禮 20 之 16、135

祠廟名	廟額	時間	事蹟	地點	出處
后土祠	順德	政和二年八月	崇寧四年十月賜號宣靈顯佑護國后土聖母。政和元年五月加號昭德。	（河東路）晉寧軍	《宋會要輯稿》禮20之16
后土別祠	靈貺	崇寧四年閏三月		解縣	《宋會要輯稿》禮20之16
后土廟			慶曆五年七月，詔：「訪聞益州城北門外舊有后土廟，載於祀典，修建年來崇奉精至，彼方之民崇奉精至。近聞本州島毀拆瓦木，添修州學，宜令以官財依舊修蓋。」	成都府	《宋會要輯稿》禮21之27
東嶽別祠	廣祐	大觀二年十二月		解縣	《宋會要輯稿》禮20之16
北嶽神第五子祠				（河北西路）無極縣	《宋會要輯稿》禮20之16
東嶽行宮內祐神康舍人威濟公祠			建炎二年九月封威濟王。四年十二月，加封「善利」二字，紹興二十六年正月，加封威濟善利孚應王。慶元二年六月加封威濟善利孚應英烈王。	（江南東路）信州七陽縣	《宋會要輯稿》禮20之16、禮21之12
西南嶽張太保祠（唐張巡）	昭烈	宣和七年九月	政和二年九月封靈應侯，六年十月，封祐順靈顯公。建炎二年，封忠靖王。紹興十七年十月，封其妻曰協惠夫人。二十二年二月，加封忠靖威顯王。隆興元年七月，加封忠靖威顯靈祐王。乾道七年正月，加封忠靖威顯英濟王。加封忠靖威顯靈祐英濟王，封其妻為協惠懿澤夫人。	（荊湖北路）沅州	《宋會要輯稿》禮20之16、《文定集》卷9《昭烈廟記》
東瀆境神祠			建炎四年十月封孚應侯。後壬侄九位並封侯，曰威德、威烈、威惠、		《宋會要輯稿》禮20之16~17

祠廟名	賜額	年代	封賜	地點	出處
江瀆廣源王別祠	佑德	紹興三十一年十一月建廟賜額。	威澤、威利、威濟、威昭、威顯、威順。紹興五年七月，十位各加封二字，曰協靈應侯、威功威德侯、茂功威澤侯、正功威惠侯、美功威利侯、允功威濟侯、致功威昭侯、定功威顯侯、豐功威濟侯、崇功威順侯。 紹興三十一年十一月封昭靈孚應威烈廣源源王	建康府（廟本在成都府，因金人犯闕，詔建康府別建廟）	《宋會要輯稿》禮20之17、《文獻通考》卷83
淮瀆祠	靈濟	隆興元年十月	太祖改唐州上源桐柏廟淮瀆為長源公，加守護者。康定元年，加封淮瀆為長源王。乾道三年六月，加封顯祐應長源王。	泗州	《宋會要輯稿》禮20之17、禮21之3、10
梓潼帝君祠（張惡子）	崇寧四年六月		咸平四年七月：命追封英顯王。廟中王父惠君；母；妻。崇寧四年六月封義濟侯；宣和元年五月封柔惠夫人；宣和三年八月封英惠夫人。廟中五將軍，大觀二年十一月封義勇侯；其妻，紹興三年八月封顯懿夫人。十七年四月，紹興二年四月加「忠祐」二字。十七年四月，加封英顯武烈忠祐廣濟王。王之二子，紹興十九年十月封義勇侯，為嗣慶侯；次日消，長日消，為奕讓侯，紹興十九年七月加封佐神義勇昭應侯；男	梓潼縣	《宋會要輯稿》禮20之55～56、禮21之36

並封侯，長男贊曰佐信侯，次男贊
曰佑濟侯。二十九年二月，英顯武
烈忠祐廣濟王二子，嗣廣濟侯加封嗣
慶永寧侯，奕載侯加封奕載順應
侯。英顯武烈忠祐廣濟王父義濟惠
侯，乾道五年六月加封義濟善惠
侯；母柔應夫人，八年十一月加封
柔應贊祐夫人。英顯武烈忠祐廣濟
王子嗣慶永寧侯，淳熙元年六月加
封靈顯嗣慶永寧侯，次子奕載順應
侯加封靈既奕載順應勇
昭應侯加封翊順奕載勇昭應侯。二年
十二月，英顯武烈忠祐廣濟王父義
濟善惠侯加封靈祐義濟善惠侯，英
顯武烈忠祐翊順義勇昭順義，母
柔應贊祐夫人加封柔應贊祐助順
夫人，子加封靈顯嗣慶贊祐既
夫人，次子加封靈顯奕載順應宇應
侯，佐神加封靈祐廣濟王妻英惠夫人加
侯。英顯武烈忠祐廣濟王父義濟惠
濟善惠夫人。十五年正月加封貽
慶公，母柔應贊祐助順夫人，妻助順英惠夫
贊祐助順靜正夫人，妻助順英惠夫
人封助順英惠夫人，子靈顯嗣
慶永寧昭侯封濟美公，妻特封善
助夫人，次子靈祐奕載順應宇惠侯

祠廟	賜額	時間	事由	地點	出處
真武靈慶真君祠	廣福	大觀元年二月	封承裕公，妻封順助夫人。又英顯武烈忠祐廣濟王父廣濟慶孚惠順濟公，嘉定元年四月加封貽慶孚惠順濟澤翊順公，子濟美廣澤公加封濟美廣澤翊順公，次子承裕廣祐公加封承裕顯祐正應公。佐神靈祐爾威烈翼順公加封威烈翼順公，子佐信孚惠昭烈加封佐信孚惠昭烈廣祐侯，次子祐濟通感廣福侯加封祐濟通感廣福昭應侯。六年八月，英顯武烈忠祐廣濟王改封英顯武烈文昭忠濟王。 靖康元年，詔祐聖真武靈應真君加號祐聖助順真武靈應真君。	解縣鹽池	《宋會要輯稿》禮 20 之 56
泰山			大中祥符元年泰山封天齊王，加號仁聖，進封河瀆為顯聖靈源公。四年五月，加號東嶽天齊仁聖帝，南嶽司天昭聖帝，西嶽金天順聖帝，北嶽安天元聖帝，中嶽中天崇聖帝。四年十一月九日，又加號東嶽淑明後、西嶽肅明後、南嶽景明後、北嶽靖明後、中嶽正明後。		《宋會要輯稿》禮 21 之 3、《長編》卷 75
三水府神			偽唐保大中封馬當上水府為廣祐寧江王，採石中水府為濟遠定江王，金山下水府為靈肅鎮江王。宋大中祥符二年八月，詔改封上水府		《宋會要輯稿》禮 21 之 3

神名	封號內容	出處
杭州吳山廟（濤神）	為福善安江王、中水府為順聖平江王，下水府為昭信泰江王。大中祥符五年，封神為昭信英烈王。	《宋會要輯稿》禮 21 之 3
梓州白崖山神	為蜀封洪濟王。大中祥符六年，封梓州白崖山神為公號。	《宋會要輯稿》禮 21 之 3
潤焦山神	大中祥符七年封山神以公爵。	《宋會要輯稿》禮 21 之 3
	康定元年，加封東海為淵聖、南海為洪聖、西海為廣源聖、北海為沖聖。江瀆為廣源王、河瀆為顯聖靈源王、淮瀆為長源王、濟瀆為清源王。康定二年十一月，詔封東海為淵聖廣德王、南海洪聖廣利王、西海通聖廣潤王、北海沖聖廣澤王。大觀四年，加東海以助順之號。紹興三十一年，加封江瀆為昭應威烈廣源王。	《宋會要輯稿》禮 21 之 3、9
皮場土地廟（皮場大王廟）	建中靖國元年，封皮場土地神為靈貺侯，其後累封明靈昭惠王。	《宋會要輯稿》禮 21 之 4、22
	四年，按建中靖國無四年，此前似脫「崇寧」二字。封英靈順濟靈貺昭應安濟王。八月，詔天下五龍神皆封王爵，青龍神封廣仁王、赤龍神封嘉澤王、黃龍神封孚應王、白龍神封義濟王、黑龍神封靈澤王。大觀四年，加東海以助順之號。	《宋會要輯稿》禮 21 之 4

祠廟名	描述	地點	出處
三聖廟	靖康元年，封三聖廟靈威公進封威成王，靈祐公追封威列王，靈顯公追封威惠王。		《宋會要輯稿》禮 21 之 4
八神	一曰天主，祠天齊淵，今青州臨淄縣有天齊地；二曰地主，祠泰山梁甫，今兗州乾封縣東南八十里有梁甫城；三曰兵主，祠蚩尤，今鄆州中都縣西南四十五里有蚩尤冢；四曰陰主，祠三山，今萊州掖縣北五十里臨海山陽有祠；五曰陽主，祠之罘山，今在登州牟平縣西北六十里；六曰月主，祠萊山，今登州黃縣南二十里有萊山；七曰日主，祠成山，今登州文登縣東北百六十里有成山祠；八曰四時主，祠琅邪，今密州諸城縣東南八十里有琅邪臺。		《宋會要輯稿》禮 21 之 6
西嶽別廟	內小將軍靈嘗應善應永寧公。淳熙十六年二月加封孚寧王。	汶川縣	《宋會要輯稿》禮 21 之 8
惠安明應王廟	神，王審知封宣威感應匯王，熙寧八年六月改惠安明應王。	福建路福州閩縣烏石山	《宋會要輯稿》禮 21 之 20、《淳熙三山志》卷 8《祠廟》
順正廟	政和三年十有賜額。	陝州平陸縣	《宋會要輯稿》禮 21 之 22
遺愛廟	慶元五年三月加封遺愛惠侯。	固始縣	《宋會要輯稿》禮 21 之 22
天王廟		東京天漢橋北光化坊	《宋會要輯稿》禮 21 之 23

廟名	時間	封號	地點	出處
濟美廟		嘉定元年封威勝侯，妻詹氏封斬會惠夫人。七年封威勝忠利侯，妻加贊惠協正柔嘉夫人。十四年十一月加封威惠協忠利廣福侯，妻加封贊惠協正柔嘉夫人。	松溪縣	《宋會要輯稿》禮21之26
摸黎山大陰廟	政和七年八月		文州	《宋會要輯稿》禮21之27
威惠廟		靈感侯，慶元三年六月加封靈感應侯。	漳州府漳浦縣，一在難江縣。	《宋會要輯稿》禮21之28
仁濟廟		嘉定四年八月加封輔世靈祐忠烈，爾廣惠。王妻封協惠夫人。子封紹威侯，子封紹休侯。慶元二年十月，第一位封昭應侯，第二位封靈侯。	安吉縣。一在德陽縣。一在南昌縣。	《宋會要輯稿》禮21之28
威濟廟		爾神陳大忠，淳熙十一年正月封靈祐侯；陳大節，封顯祐侯，封善祐侯；陳大智，封大勇，封昭祐侯。	漳浦縣	《宋會要輯稿》禮21之29
孚濟廟		護釀神，嘉定三年閏二月賜額。	同安縣	《宋會要輯稿》禮21之30
顯濟廟		廣惠淵靈威祐字澤侯，嘉定二年七月加封廣惠淵靈威祐字澤侯，母慶善薦福夫人加封慶善薦福慈惠夫人，妻封順懿夫人，第一子封嗣靈侯，第二子封慈惠侯，第三子封嗣澤侯，第四子封嗣烈侯。	嘉興府海臨縣	《宋會要輯稿》禮21之30
		慶元三年六月封孚惠侯。	新建縣	《宋會要輯稿》禮21之30
		廣威通濟王廟，開禧二年五月賜額。	長樂縣	《宋會要輯稿》禮21之30

祠廟	年代	封號事蹟	地點	出處
		忠澤公、嘉定元年七月加封忠澤善應公，妻淑靖夫人加封淑靖柔惠夫人、長子英信封襲休侯，次子英信封襲慶侯，第三子英謂封襲德侯。至嘉定十三年七月，累封忠澤善應廣惠孚佑公，妻累封淑靖柔惠助順協應夫人、長子加封襲休忠顯侯，次子加封襲慶通顯侯，第三子加封襲德慶顯侯，佐神加封顯祐普濟侯。	江油縣牛心山	《宋會要輯稿》禮 21 之 30～31
嘉應廟		昭順永利侯，嘉定二年十一月加封昭順永利顯靈侯，妻順助夫人加封順助協濟惠夫人。	莆田縣	《宋會要輯稿》禮 21 之 34
沖應廟（蕭氏廟）	淳熙十四年五月		仙遊縣	《宋會要輯稿》禮 21 之 34
顯應廟（白龍神祠）	淳熙十六年五月		臨安縣牛山岩	《宋會要輯稿》禮 21 之 34
黎漢樹祠	淳熙十六年五月		建昌軍新城縣	《宋會要輯稿》禮 21 之 34
敏應廟（白龍神）	嘉定八年五月	嘉定八年五月賜額，仍封顯靈孚濟侯，十年二月加封顯靈孚濟惠澤侯，是月特進封顯靈惠濟公，十五年加封進封顯靈惠濟公。	錢塘縣六雄山	《宋會要輯稿》禮 21 之 34
馬將軍祠	淳熙十六年五月	嘉定八年三月加封英濟廣惠侯。	四川敘州府慶符縣南廣鎮	《宋會要輯稿》禮 21 之 34
洪毅將軍祠	淳熙十六年三月		眉州青神縣長水鎮	《宋會要輯稿》禮 21 之 34

名稱	廟額	賜額時間	爵位	地點	資料來源
孚應廟（南雷應瑞王廟）		嘉定十五年十二月		餘姚縣	《宋會要輯稿》禮21之34
昭應廟（何夫人祠）		嘉定二年十月		古田縣	《宋會要輯稿》禮21之35
昭應廟			淳熙十一年二月封義濟侯。	光澤縣	《宋會要輯稿》禮21之35
昭應廟			嘉定二年十一月封靈助侯。	新建縣	《宋會要輯稿》禮21之35
昭應廟（桑相公祠）		淳熙十一年四月		麗水縣	《宋會要輯稿》禮21之35
護應廟（馬夫人廟）		嘉定五年三月		慶元縣	《宋會要輯稿》禮21之37

城隍

名稱	廟額	賜額時間	爵位	地點	資料來源
邵武軍城隍神祠	顯祐	崇寧中	政和元年封神濟。神濟訓順侯	邵武軍	《宋會要輯稿》禮20之17、《賓退錄》卷八
建寧府城隍廟三神祠	顯應	崇寧二年	崇寧三年，封一爲惠靈侯，即城隍神源；一爲嘉德侯，即唐刺史陸長源；一爲昭惠侯，即唐刺史張文琮。	建寧府	《宋會要輯稿》禮20之17
建康溧水水城隍神祠	正顯	紹興十年	紹興十七年封廣惠侯。	建康溧水縣	《宋代石刻文獻全編》第三冊《敕封廣惠侯告》、《溧水縣正顯廟碑》
延平府劍浦縣城隍神祠	顯應	崇寧二年十一月		延平府劍浦縣	《宋會要輯稿》禮20之17

祠廟	顯號	封賜年月	封靈護伯	所在地	出處
濬州黎陽縣新墨城隍神祠	顯固	崇寧五年九月		濬州黎陽縣新墨	《宋會要輯稿》禮 20 之 17
濚州城隍神祠	寧德	大觀四年九月		濚州	《宋會要輯稿》禮 20 之 17
播州城隍神祠	昭祐	大觀四年九月		播州（南平軍）	《宋會要輯稿》禮 20 之 17
承州城隍神祠	靜惠	大觀四年九月	政和五年二月封靜應侯	承州（綏陽縣）	《宋會要輯稿》禮 20 之 17 ～18
重慶府城隍神祠	仁貺	大觀四年九月		重慶府	《宋會要輯稿》禮 20 之 18
遵義縣城隍神祠	懷寧	政和二年十二月		遵義縣	《宋會要輯稿》禮 20 之 18
隆興府城隍神祠	顯忠	政和四年四月	靈惠侯。南唐嘗封輔德王，故穎州稱輔德廟。南康軍安慶府，及潭之益陽，太平之蕪湖，撫、復，南安、臨江諸郡，則稱輔德王，或稱輔德顯忠輔德，蓋皆以隆興廟額混南唐德命以爲稱也。	隆興府	《宋會要輯稿》禮 20 之 18、《賓退錄》卷八
筠州城隍神唐刺史應氏祠	利貺	宣和六年四月	建炎四年封忠顯侯。紹興十二年十月加「靈應」二字，十九年正月，加封「忠順」二字，二十八年正月，並封其妻日慈惠夫人。乾道五年三月，封世濟公，妻慈惠夫人加封慈惠助善夫人。後封靈應順應顯正王。	筠州	《宋會要輯稿》禮 20 之 18、《賓退錄》卷八
慶元府昌國縣城隍神祠	靈應 （註1）	建炎四年十月		慶元府昌國縣	《宋會要輯稿》禮 20 之 18

（註1）《賓退錄》卷八爲「惠應」。

	靈應		英祐侯		
成州城隍神祠				成州	《賓退錄》卷八
韶州城隍神祠	明惠	紹興元年四月	乾道四年七月封善祐（祐）侯。	韶州	《宋會要輯稿》禮 20 之 18、《賓退錄》卷八
紹興府城隍神祠崇福侯祠	顯靈	紹興元年五月	紹興元年五月封昭祐公，三十年十月，加封「忠順」二字。乾道六年正月，加封忠順昭祐孚應公。九年正月，加封忠順昭祐孚應顯惠公。淳熙五年七月封忠應王，十五年十月加封忠應昭順王。慶元元年十二月加封忠應昭順靈濟王。	紹興府	《宋會要輯稿》禮 20 之 18、禮 21 之 49
建寧縣城隍神祠	惠應	紹興元年六月		建寧縣	《宋會要輯稿》禮 20 之 18
濠州鍾離城隍神祠	孚應	紹興元年十月	紹興六年七月封靈助侯。開禧三年七月加封昭惠靈濟助侯，妻協順夫人加封昭助協順夫人。	濠州鍾離	《宋會要輯稿》禮 20 之 18、禮 21 之 34
吉州城隍神漢瀨陰侯潭瞾祠	靈護	紹興四年五月	紹興十年十一月加封穎侯威顯祠。乾道五年五月，加封穎陰威顯英烈侯。	吉州	《宋會要輯稿》禮 20 之 18
泉州惠安縣城隍神祠	寧濟	紹興五年十二月	紹興十九年八月封昭祐侯。	泉州惠安縣	《宋會要輯稿》禮 20 之 18～19
泰寧縣城隍神祠	廣惠	紹興十三年十二月	紹興二十年四月封靖惠侯。乾道二年十月加封靖惠孚濟侯。	泰寧縣	《宋會要輯稿》禮 20 之 19
襄陽府城隍神祠保漢公	孚濟	紹興十五年八月		襄陽府	《宋會要輯稿》禮 20 之 19

祠廟	額	年月	封爵沿革	所在	出處
德安府城隍神祠	威濟（註2）	紹興二十九年五月		德安府	《宋會要輯稿》禮 20 之 19
臨安府吳山城隍神祠			紹興三十年十月封保順通惠侯，乾道六年二月，加封保順通惠顯祐侯。慶元四年四月封廣祐靈驗公。嘉泰元年月加封廣祐靈驗福順公。三月進封廣祐靈驗泰靈。開禧元年七月加封顯正王。嘉定十七年四月加封顯正康濟王。	臨安府吳山	《宋會要輯稿》禮 20 之 19、禮 21 之 26
臨安府城隍神祠	永固		紹興三十年，封保順通惠侯，今封顯正康濟王。	臨安府	（宋）趙與時：《賓退錄》卷八，上海古籍出版社 1983 年標點本。
鎮江府城隍漢將軍紀信祠		乾道元年四月		鎮江府	《宋會要輯稿》禮 20 之 19
台州城隍神祠（屈坦祠）	鎮安	政和中	建炎二年三月封顯祐侯。三年，又加「通應」二字。紹興八年正月，又加「靈惠」二字。乾道四年三月，加封顯祐顯惠靈惠昭貺侯。《嘉定赤城志》：建炎三年封顯祐侯。四年加通應。紹興八年加靈惠。乾道四年加昭貺。慶元二年進靈濟公。四年加顯祐。六年加廣澤。嘉泰四年加普應。嘉定元年進順利王。十六年加顯應。	台州	《宋會要輯稿》禮 20 之 150、《嘉定赤城志》卷 31《祠廟門》

〔註2〕《賓退錄》卷八爲「威澤」。

土地

名　稱	廟額	賜額時間	爵　位	地　點	資料來源
莆田縣迎仙驛土地神祠	靈應	紹興十五年三月	僞唐封平康侯。熙寧九年五月改封祐民侯。(紹興)三十年五月加封「顯濟」二字。乾道三年五月，妻封協惠侯，妻封協惠顯濟孚澤侯。淳熙十六年五月加封祐民顯濟孚澤侯，妻協助夫人加封協惠柔應夫人。	莆田縣迎仙驛	《宋會要輯稿》禮20之19、禮21之35
撫州城土地神祠	英顯	徽宗崇寧四年六月改賜廟額	慶曆元年十一月賜名靈祐。元豐四年封靈祐應惠王。	撫州城	《宋會要輯稿》禮20之19
望天莊土地神祠		崇寧元年		望天莊	《宋會要輯稿》禮20之19
延平府劍浦(浦)縣開元觀土地神祠	靈顯	崇寧二年十月		延平府劍浦(浦)縣	《宋會要輯稿》禮20之19
盧氏縣貌土地祠	英濟	崇寧三年九月		盧氏縣	《宋會要輯稿》禮20之19
汀州清流縣九龍灘土地神祠	安濟	崇寧三年九月		汀州清流縣九龍灘	《宋會要輯稿》禮20之19
嘉慶府北秉土地神祠	康保	崇寧五年		嘉慶府北秉	《宋會要輯稿》禮20之19～20
嘉慶府南秉土地神祠	綏定	徽宗崇寧五年		嘉慶府南秉	《宋會要輯稿》禮20之20
府谷縣下城村土地神祠	孚應	政和五年四月		府谷縣下城村	《宋會要輯稿》禮20之20

祠廟	賜額	年月	事蹟	地點	出處
宜州思立寨土地神廟遏蠻載祠	歸仁	大觀二年六月		宜州思立寨	《宋會要輯稿》禮 20 之 20
和尚原山神、土地祠	協濟	紹興元年十月	紹興元年十月山神封康衛侯、土地封保安侯。	和尚原	《宋會要輯稿》禮 20 之 20
寧化縣黃連岡土地神祠（舊稱感應廟）	靈感	紹興元年八月	紹興三十年三月封威濟侯。神威濟侯、顯應孚助侯，嘉定五年十二月加封威濟顯應孚助侯。十二年二月加封威濟顯應孚助宣靈侯。	寧化縣黃連岡	《宋會要輯稿》禮 20 之 20、禮 21 之 50
歸安縣長壽鄉東林土地三神祠	靈應	壽皇聖帝紹興九年四月（註 3）	嘉定四年七月加封昭惠昭仁溥侯，昭順侯加封昭順順仁溥侯，昭利侯加封昭利仁澤侯。	歸安縣長壽鄉	《宋會要輯稿》禮 20 之 20、禮 21 之 35
建寧府建陽縣北樂里北固耆土地祠	昭福	紹興十六年三月	紹興三十年三月封忠應侯。	建寧府建陽縣北樂里北固耆	《宋會要輯稿》禮 20 之 20
臨安府張橋鎮崇主祠	靈惠	紹興十九年八月		臨安府張橋鎮	《宋會要輯稿》禮 20 之 20
湖州府德清縣新塘土地神祠	孚惠	隆興元年十二月	淳熙元年二月封昭應侯。	湖州府德清縣新塘	《宋會要輯稿》禮 20 之 20、禮 21 之 40

（註 3）按「壽皇聖帝」乃宋孝宗，此條帝名與年號必有一誤。

山川神

名　稱	廟　額	賜額時間	爵　位	地　　點	資料來源
蔣山神祠（蔣子文）	惠烈	元祐六年二月	神宗熙寧八年六月封豐利侯。	建康府上元縣，一在南康軍（註4）星子縣西上神都中。	《宋會要輯稿》禮20之84
仰山二神蕭氏祠（仲父大分，季子隆）	孚惠	元符二年八月	大中祥符二年四月詔：正殿封靈濟王，夫人李氏封齊國夫人；西殿封明顯公，夫人潘氏封楚國夫人。熙寧八年七月封福善靈濟王。大觀四年六月，詔福善靈濟王加「顯仁」二字，福善明顯公封和顯三年四月，封（祐德）顯善靈濟王。應（英）顯康濟王。姚為顯慈夫人。祐德顯仁二字與德顯仁靈濟王「顯仁」二字，有司申請改曰「顯慈」。正配李氏靈澤妃，紹興元年七月加「祐順」二字，十年閏六月加封明顯祐德明顯祐順靈澤妃。西位季子隆英顯康濟王，紹興元年七月加「威仁」二字，十年六月加封歡德威仁英顯康濟王。配潘氏康應德，紹興元年六月加「英淑」二字，妃。紹興元年閏六月加封英淑廣助康應妃。	袁州宜春縣	《宋會要輯稿》禮20之84～85

〔註4〕南康軍：原作「太平州」。按星子縣即今江西星子，宋代屬南康軍，不屬太平州，經改。

		王考安惠侯，紹興元年七月加「慶嘉」二字，十年閏六月又加「昭遠」二字，二十一年十二月加封慶嘉遠安惠啓祐侯。王妣顯慈夫人，紹興元年七月又加「協祥」二字，十年閏六月又加「慶善」二字。王子二位，紹興六年九月並封侯，佑德顯烈（仁）福善靈濟王子曰濟美，威仁英顯康濟王子曰世惠。十年十月各加二字，曰「贊幽」，曰「陰功」。二十一年十二月又加二字，曰「永寧」，曰「昭應」。王子婦二位，紹興十年閏六月並封。濟美侯妻曰福寧，世惠侯妻曰福昌。[慶嘉遠安惠啓祐侯]妻乾道元年五月，[慶嘉昭遠安惠]姚慶善遠安惠啓祐侯妻宗祐夫人加封顯慈夫人。子[佑德顯烈]封濟美協祥幽濟公。姚慶善協祥幽濟慈夫人加封贊幽濟美永寧侯，妻福昌夫人加封福昌靜惠；子陰功昭應惠侯妻福寧夫人加封福寧功德惠順成侯。子陰功世惠昭應惠侯，妻福昌夫人加封福寧柔惠夫人。	廣德軍廣德縣	《宋會要輯稿》禮 20 之 85～87
廣德山神張渤祠	廣惠	景德二年六月詔本軍葺之。崇寧三年賜廟額「廣惠」。	康定元年三月封靈濟王。大觀元年十二月，封其子爲敷澤侯。政和四年五月，封其配李氏爲靈惠妃。宣和三年五月，靈濟王封忠祐靈濟王。閏五月，靈惠妃封昭助靈惠		

妃，敷澤侯封威顯公。忠祐靈濟王，紹興二年四月加封「昭烈」二字，五年十二月加封正順忠祐靈濟昭烈王。紹興十一年十月，王祖、父並封侯，祖曰顯慶，父曰慈應。十九年，加封二字，曰「重休」，又加「淵光」。二十六年十二月，曰慈應封祖曰顯慶垂休昭遠侯，父曰慈應淵元（光）儲祉侯。王祖母、王母，紹興十三年並封夫人，曰顯應、曰慈惠。十九年六月，加封祖母顯應慈惠夫人，母曰慈睪（慧）嗣繳夫人。王妻李氏昭助靈惠妃，紹興二年加封「順應」二字，五年十二月加封正寧昭助靈惠順應妃。王之諸子，紹興二年四月，長子威顯公加封「永祐」二字；次子四位、靈顯、英顯、勇顯、惠顯侯各加二字，曰永澤、永康、永嘉、永濟侯。五年十二月，長子又加「贊順」、保順、次子又各加二字，曰翊順、順惠、崇順、敷順侯。九月，又加封長子曰贊順威顯威澤永祐靈濟廣利公；次子四位。日翊順靈顯威澤廣靈慈侯，日崇順英顯永康廣慈侯，日崇順勇顯永嘉廣惠侯，日敷順惠顯永濟廣愛侯

〔註5〕，十九年六月，又加封長子曰承烈王；次子四位，曰嗣應公、濟美公、紹休公、善繼公。王女一位，紹興九年十一月封淑顯柔嘉夫人。王弟六位，紹興十年正月並封侯爵，曰靈貺、曰善利、曰順成、曰康衛、曰靖鎮、曰休應、曰明濟、曰昭祐、曰嘉惠。十九年六月，加封曰靈貺普濟侯、曰善利通貺應侯、曰順顯成字祐侯、曰康衛昭應侯、曰靖鎮豐豐利侯、曰休應豐澤侯、曰明濟福顯福謙侯、曰昭祐通濟侯、曰嘉惠子直侯。王五子之妻，紹興十一年十月並封夫人，長子賛順威顯永祐廣利公妻曰賛福、第二子翊順順靈英顯廣寧侯妻曰翊福、第三子保順英澤永康廣慈侯妻曰保福、第四子崇順勇顯廣顯威侯妻曰崇福、第五子敷順惠顯廣濟侯妻愛曰敷福。十九年六月，又加封曰承祀賛福福夫人，嗣續翊福夫人，濟順保福福夫人，紹妙崇福夫人，善行敷福福夫人。王九弟之妻，紹興十一年十月並封夫人，靈貺侯妻曰靈德、善利

（註 5）濟：原脫，據下文補。十年正月，詔改「廣恩」作「廣惠」，字與廟額同故也。

名稱		年代	主要事蹟	地點	出處
龜山祠		大中祥符三年九月詔重修。	侯妻曰菩德，順成侯妻曰順德，康衛侯妻曰康德，休應侯妻曰休德，濟侯妻曰濟，嘉惠侯妻曰嘉德。十九年六月，又加封二字，靈德曰「昭惠」，菩德曰「助惠」，順德曰「衍惠」，康德曰「順惠」，靖德曰「淑惠」，休德曰「緩惠」，昭德曰「靜惠」，濟曰「柔惠」。王熺二位、天水郡君趙氏、河東郡君柳氏，紹興二年四月封曰協惠夫人。五年十二月各二加字，曰「應濟」，曰「承濟」，曰「慈昭」，曰「協承惠」。各又加二字，曰協順，慈祐。十九年六月，加封曰協承惠濟慈昭廣懿夫人。應濟慈祐廣惠助夫人。	泗州	《宋會要輯稿》禮 20 之 88
昭亭山神華祠 祠	敏應	景德元年五月	景德元年五月封廣惠王號，賜額「敏應」。	寧國府宣城縣	《宋會要輯稿》禮 20 之 88
嘉嶺山神祠（徽美顯靈王廟）			康定元年封威顯公。治平四年十二月封王。大觀二年封英烈徽美王。政和八年九月改封徽美顯靈王。	陝西路延安府膚施縣嘉嶺山	《宋會要輯稿》禮 20 之 88

祠廟	賜額	賜額時間	封爵	所在	出處
青神山神祠	廣福	熙寧元年十一月	乾道三年正月封靈惠侯。淳熙十六年五月加封靈惠善應侯。昭應公，嘉定十四年十月加封昭應靈濟公。	眉州青神縣	《宋會要輯稿》禮 20 之 89、禮 21 之 45
明山神祠	應感	崇寧二年	熙寧六年六月封順應侯。	沅州盧陽縣	《宋會要輯稿》禮 20 之 89
				梅州（註 6）程鄉縣	《宋會要輯稿》禮 20 之 89
明山神劉氏祠	和濟	崇寧五年		桂林陽朔縣	《宋會要輯稿》禮 20 之 89
北山神祠	廣利	宣和六年七月	熙寧八年六月封靜應侯。紹興六年十二月，加「威顯」二字，仍封封靜應侯。隆興元年二月加封贊祐應威顯昭護侯。淳熙十一年二月加封贊祐應威顯昭護敷惠夫人。淳熙四年十月，進封靈祐公，妻贊祐敷惠慈順夫人，妻贊祐敷惠慈順敷惠慈順協濟夫人。	泉州府同安縣	《宋會要輯稿》禮 20 之 89、禮 21 之 38
	惠澤	崇寧元年九月		廉州合浦縣	《宋會要輯稿》禮 20 之 89
土山神祠	德惠	政和三年十二月	熙寧八年六月封德應侯。	同官縣	《宋會要輯稿》禮 20 之 89
				合浦縣	《宋會要輯稿》禮 20 之 89
高岡山神祠	康祐（註 7）	紹興二十七年九月	熙寧八年六月封寧應侯。紹興三十二年十月加「孚惠」二字，淳熙十三年五月加封孚惠應感昭祐冰濟	威州保寧縣	《宋會要輯稿》禮 20 之 89~90、禮 21 之 46

（註 6）梅州：原作「慶州」，按宋慶州無程鄉縣，程鄉在梅州，改。
（註 7）《宋會要輯稿》禮 21 之 46 為「佑」，當有一誤。

神祠	神名	賜封時間	事蹟	地點	資料來源
圓山神祠	昭仁	宣和四年九月	侯。康祐嗣字惠靈應侯子,〔隆〕興元年五月賜額。乾道四年七月封善應侯。	漳州府龍溪縣	《宋會要輯稿》禮20之90
射遠山神祠		大觀元年	熙祐八年六月封林應侯。	鬱林州南流縣	《宋會要輯稿》禮20之90
思靈山神祠	廣祐		熙寧八年十月,詔明達廟特封顯應侯。紹興五年三月,加封「普惠」二字。三十二年十月,加封顯應普惠靈澤侯。	潭州桂平縣	《宋會要輯稿》禮20之90
梨山神祠	靈澤	元符元年十月	熙寧八年十月封靈應侯。崇寧二年進封靈應公。紹興二十三年六月,加封靈應廣澤公。	榮州榮德縣	《宋會要輯稿》禮20之90
竈君山神祠	普濟	崇寧四年七月	熙寧八年十一月封祐侯。	魯山縣	《宋會要輯稿》禮20之90
五龍山神祠	會應	熙寧十年四月		隆德府	《宋會要輯稿》禮20之90～91
醮壇山神祠	豐應	大觀四年三月	熙寧十年封靈惠侯。政和二年二月封昭濟公。四年八月封靈應王。	資州磐石縣	《宋會要輯稿》禮20之91
白崖山神祠	顯濟	乾道八年	熙寧十年十月封字惠侯。元符二年四月封公。乾道八年加封字惠靈應公,賜額「顯濟」。	紹州府（註8）新明縣	《宋會要輯稿》禮20之91

（註8） 紹州府：按古無此政區,宋新明縣乃屬潼川府路廣安軍（今四川廣安）。

祠廟	賜額	時間	封號	地點	出處
柝城山神祠（成湯廟）	廣淵	宣和六年	熙寧十年封封誠應侯。政和六年封嘉潤公。	澤州陽城縣	《宋會要輯稿》禮20之91、《宋代石刻文獻全編》第1冊748頁《敕賜嘉潤公記》
蜀山神祠	永濟	崇寧四年	熙寧十年封靈顯侯。大觀三年封靈顯公。宣和二年封淵濟王。紹興二年加「應誠」二字。紹興十三年三月，加封淵濟廣惠王。	廬州合肥縣	《宋會要輯稿》禮20之91
鳳凰山神祠	靈惠	紹興八年十月	元豐元年正月封威應侯。紹興六年七月，特封昭烈公。	金州漢陰縣	《宋會要輯稿》禮20之9
牛頭山神祠	利澤	崇寧四年十月	元豐元年封順應侯。崇寧五年八月封祐順公。政和五年二月封廣祐王。	鴈門縣	《宋會要輯稿》禮20之9
龍竈山神祠			偽漢封光聖廣德王。元豐元年閏正月改封靈善應王。	廣南東路南恩州陽江縣	《宋會要輯稿》禮20之9、禮21之21
大洪山神宣澤靈駿公祠	鎮安	元豐元年十一月	紹興三年二月，加「宣澤」二字；本山土地昭護侯、龍神施普神子〔大〕將軍信助侯、五道將軍友應侯、三將軍協應侯，各加二字。日廣濟昭護侯、日靈顯施普侯、日昭既信助侯、日嘉既嗣應侯、日昭濟友應侯、日惠祐協應侯。十三年九月，宣澤靈駿公加「顯祐」二字，本山土地、龍神、五道將軍、山神子將軍六位各加二字，日善應、日廣應、日植德、日靈感、日普潤、日廣利、日靈通。乾道六年十一月，加封昭應顯祐宣澤靈駿公、本山土地普濟照（昭）護公。	隨州隨縣	《宋會要輯稿》禮20之92～93

祠名	賜額	日期	封號事跡	地點	出處
商山神祠			侯加封嘉惠善應廣濟昭護侯，龍神植德顯施普施顯德植靈侯加封字既昭助顯施加封威顯靈感昭助既信，五將軍靈感昭助既信，山神子大將軍普潤嘉潤既嗣應侯加封侯，二將軍廣利昭惠普潤嘉既嗣應侯，二將軍廣利昭濟友應〔加封口口廣利昭濟友應侯〕此處脫一句，惟新加二字不可補。，三將軍通惠祐應協應侯加封字濟靈通惠祐善保本山崇靈保嘉禪院念關子苟雲，乾道九年正月封翊應將軍。	商洛縣	《宋會要輯稿》禮 20 之 93
相山神祠	顯通	元豐二年九月	元豐元年七月封靈鎮侯。	宿州符離縣	《宋會要輯稿》禮 20 之 93
韓山神祠			元豐二年封英應侯。	同州韓城縣	《宋會要輯稿》禮 20 之 93
霸山神祠			元豐三年二月封昭惠侯。	信陽軍信陽縣	《宋會要輯稿》禮 20 之 93
芝山神祠			元豐三年九月封質福侯。	饒州鄱陽縣	《宋會要輯稿》禮 20 之 93
麗陽山神祠	靈顯	紹興二十九年七月	元豐三年十月封普利侯。大觀二年十一月封博濟公。四年封王。廣祐順澤王，開禧三年八月加封和祐順澤昭應王。	處（慶）州麗水縣	《宋會要輯稿》禮 20 之 93、禮 21 之 43
梨山李頻祠	廣烈	崇寧五年七月賜額號「澤民廟」。大觀三年，改賜今額「廣烈」。	元豐三年十月封忠惠公。慶元六年六月加封靈祐善應三年九月，累封靈祐善應廣濟昭惠王。	建寧府建安縣黎山	《宋會要輯稿》禮 20 之 93～94、禮 21 之 33

祠廟	賜額	時間	封號	地點	出處
金山神祠			元豐三年封順濟侯。	藍田縣輞谷口	《宋會要輯稿》禮 20 之 94
靈山神祠（舊號鎮海廣德王）			元豐五年七月封峻靈王。	廣南西路瓊州昌化縣	《宋會要輯稿》禮 20 之 94
飛山神祠	靈惠（註9）	元豐六年十月	紹興三十年四月封威遠侯。淳熙十五年五月加封威遠英齊侯。	靖州渠陽縣	《宋會要輯稿》禮 20 之 94、禮 21 之 43
鹿門山神祠	宣澤	元豐六年十二月	崇寧三年十一月封靈濟侯。紹興元年十一月加封宣澤靈濟昭應侯。	襄陽府襄陽縣	《宋會要輯稿》禮 20 之 94
昆湖山六神祠	集靈	元豐七年正月		桂陽縣	《宋會要輯稿》禮 20 之 94
聊屈山神祠	豐應	元祐七年	大觀二年五月封惠康侯。政和四年八月封善利公。乾道二年六月加封善利顯佑公。	郢州京山縣	《宋會要輯稿》禮 20 之 94
胡公山神祠	靈祐	元符二年十一月		石州離石縣	《宋會要輯稿》禮 20 之 95
天瑞山神祠	順應	元符二年五月	元符二年五月封應順侯，仍賜廟額「順應」。		《宋會要輯稿》禮 20 之 95
軍山神祠	靈感	元符三年六月	元符三年六月賜廟額「靈感」。封「嘉惠侯」。	建昌府南豐縣	《宋會要輯稿》禮 20 之 95
寶山神祠	靜應	政和八年六月		饒州樂平縣	《宋會要輯稿》禮 20 之 95
鼇山神祠	贊衍	元符三年		潭州瀏陽縣	《宋會要輯稿》禮 20 之 95
白鳴山神石敬純祠	孚惠	元符三年十二月	崇寧四年九月封廣利侯。建炎三年封威惠王。四年三月加封「善濟」兩字。紹興二十一年五月加「廣祐」二字，封妻日靖懿夫人。三十年三月封妻日靖懿夫人。	信州貴溪縣	《宋會要輯稿》禮 20 之 95、禮 21 之 40

（註9）《宋會要輯稿》禮 21 之 43 為「顯靈」，當有一誤。

祠名	靈號	封賜日期	封號	地點	出處
精舍山神祠	靈祐	元符三年十二月	月，加封威惠善濟廣祐忠烈王，妻靖懿翊惠夫人。慶元二年十一月封靈貺侯，母封昭順夫人，妻封靖懿翊惠順利夫人，兄封協信侯，子封忠信侯。	均州鄖鄉縣	《宋會要輯稿》禮20之95~96
馬鞍山神祠	惠應	崇寧元年閏六月	大觀元年六月封廣施侯。	平江府昆山縣慧聚寺	《宋會要輯稿》禮20之96、《淳祐玉峰志》卷下《祠廟》
智惠山神祠	惠寧	崇寧元年九月	大觀三年正月封靜濟侯。紹興五年加封靜濟永祐侯。淳熙間加封昭德，慶元間加封顯貺。開禧間改封昭惠慶侯，嘉定間加靈濟，紹定間加靈祐福慶，寶慶間加福惠，封神妻為廣惠助順懿福昭德夫人，侍御闕者未泰泰為靈祐福軍。淳祐間改封顯祐王，夫人為葉靈妃。	義寧縣	《宋會要輯稿》禮20之96、禮21之49
鍛竈山神祠	應顯	崇寧二年	紹興二十六年七月封義靈侯。三十二年閏十二月加封義靈澤靈澤侯。淳熙元年五月加封應義澤靈澤侯，十一年二月加封昭應義靈澤善祐侯。	共城縣	《宋會要輯稿》禮20之96
樂山神祠	靈應	崇寧二年六月	崇寧四年十二月封崇仁侯。大觀二年八月封公。	雍（濉）山縣	《宋會要輯稿》禮20之96
黑鹿山神祠	靈濟	崇寧二年八月	崇寧五年十二月封澤潤侯。	共城縣北	《宋會要輯稿》禮20之96

祠廟	賜額	賜額年月	封爵事蹟	地點	出處
南山神祠（舊號甘澤公）	嘉惠	崇寧二年八月	紹興十年七月封廣潤侯。	貴州鬱林縣	《宋會要輯稿》禮 20 之 96
	德懷	紹興二年四月	紹興二十年十一月加英惠靈顯侯。（《淳熙三山志》為紹興二十年）淳熙十三年五月加封英惠靈顯善助侯。嘉定二年正月加封英惠靈顯善助嘉貺侯。	福州閩清縣	《宋會要輯稿》禮 20 之 96、禮 21 之 26、《淳熙三山志》卷 8《祠廟》
古巃山神祠（舊號清源公）	靈信	崇寧二年八月	紹興十年七月封濟遠侯。	貴州鬱林縣	《宋會要輯稿》禮 20 之 97
速山神祠	靈濟	崇寧二年九月	乾道三年正月封孚惠侯。	廣安軍岳池縣	《宋會要輯稿》禮 20 之 97
高觀山神祠	崇仁	崇寧二年十一月		鄂縣	《宋會要輯稿》禮 20 之 97
名山神祠	靈感	崇寧二年十二月	崇寧五年五月封崇惠侯。政和二年正月封廣信公。乾道元年九月加封惠遠廣信昭濟公。	名山縣	《宋會要輯稿》禮 20 之 97
牛心山神祠	顯濟	崇寧二年十二月	紹興二十六年六月封垂休侯。乾道二年十月加封垂休永濟侯。	龍州江油縣	《宋會要輯稿》禮 20 之 97
頤嶽山神祠	廣仁	政和五年六月		鄧州淅川縣	《宋會要輯稿》禮 20 之 97
廬嵯府山神祠	祐國	崇寧三年三月		嘉慶府清江縣	《宋會要輯稿》禮 20 之 97～98
紫府山神祠	昭貺	崇寧三年		隰門縣鳳山鳳山各竹合	《宋會要輯稿》禮 20 之 98
蒙山神祠（秦蒙恬祠）	普潤	崇寧三年五月		樂平縣	《宋會要輯稿》禮 20 之 98
鶴鳴山神祠	顯靈	崇寧三年五月	顯靈廟神，淳熙十一年三月封威貺侯。	邛州大邑縣	《宋會要輯稿》禮 21 之 43

祠名	封號	時間	內容	地點	出處
橫山神祠	靈應	崇寧三年六月	政和三年二月封靈安侯。高宗紹興十八年五月加封靈安惠澤侯。開禧二年三月加封靈安惠澤助順侯。	建寧府建陽縣	《宋會要輯稿》禮20之98、禮21之36
工山神何浪公神祠		崇寧三年六月	崇寧三年八月封（沖真）顯貺侯。紹興三年八月加封沖真顯貺侯。	建康府南陵縣	《宋會要輯稿》禮20之98
鵠鳴山神祠	顯應	崇寧三年九月	大觀元年七月封顯惠侯。宣和四年四月加封惠民公。宣和六年七月封普惠惠民公。	遂寧府小溪縣	《宋會要輯稿》禮20之98
三峻山神祠	靈貺	崇寧三年十二月		屯留縣	《宋會要輯稿》禮20之98～99
鵝湖山神祠	通濟	崇寧四年	大觀二年即昭濟侯。宣和三年封威顯公。建炎二年封威顯王。紹興六年加封孚惠威顯王。十一年八月，廟中右殿念使孫氏封靈助將軍。	信州鉛山縣	《宋會要輯稿》禮20之99
重壁山神祠	普澤	崇寧四年	紹興九年正月封威濟侯。二十八年加封威濟顯祐侯。紹熙四年二月加封威濟顯祐忠應侯，又封英顯公。開禧元年七月，加封英顯廣利公。嘉定元年四月，加封英顯廣利協濟公。妻封順惠夫人，長子大郎君封公，次子六郎君封靈助侯。十三年三月，英顯廣利協濟公進封顯應王。	重慶府壁（璧）山縣	《宋會要輯稿》禮20之99、禮21之39
仙鷴山神祠	英顯	崇寧四年四月	崇寧五年八月封孚惠侯。大觀三年七月封靈貺王。宣和五年七月封仁顯王。	漢陽縣	《宋會要輯稿》禮20之99

祠廟	封號	時間	備註	地點	出處
龍泉山神祠	靈濟	崇寧四年四月		秦鳳路龍泉寨	《宋會要輯稿》禮 20 之 99
葛泰山神祠	靈濟			杭州新城縣廣陵鄉	《宋會要輯稿》禮 20 之 99
馬鳴山神祠	豐濟	崇寧四年五月		豐陽縣	《宋會要輯稿》禮 20 之 100
茗山神祠	崇惠	崇寧四年十月		望江縣	《宋會要輯稿》禮 20 之 100
屈吳山神祠	靈助	崇寧四年十二月	崇寧四年十二月賜廟額「靈助」，繼封崇惠侯。	定戎寨監（鹽）池	《宋會要輯稿》禮 20 之 100
房山神祠	崇貺	崇寧四年十二月	乾道二年六月封威顯侯。	房州房陵縣	《宋會要輯稿》禮 20 之 100
大散開山神祠（舊號嘉陵廟）	宣靈	崇寧五年二月	紹興六年封善濟侯。三十二年十二月加封英顯善濟侯。	梁泉縣	《宋會要輯稿》禮 20 之 100
浮山神祠	豐濟	崇寧五年三月		耒陽縣	《宋會要輯稿》禮 20 之 100
王屋山神祠（舊曰總靈軍王）	昭顯	崇寧五年四月		王屋縣	《宋會要輯稿》禮 20 之 100
白彪山神后魏賀賀靈將軍祠	永澤	崇寧五年六月		汾州西河縣	《宋會要輯稿》禮 20 之 100~101
雚山神山陽侯長子祠	明應	崇寧五年十二月		趙城縣	《宋會要輯稿》禮 20 之 101
雚山神山陽侯第二子祠	宣貺	崇寧五年十二月		霍邑縣	《宋會要輯稿》禮 20 之 101
雚山神山陽侯第三子祠	康惠	崇寧五年十二月		岳陽縣	《宋會要輯稿》禮 20 之 101
龍角山東峰神祠	顯施	崇寧五年十二月		神山縣	《宋會要輯稿》禮 20 之 101
猴山神黟強祠（靈境廟）	惠應	崇寧二年	政和二年四月封順寧侯。隆興二年十月加封順寧正應侯。	福州古田縣	《宋會要輯稿》禮 20 之 102、《淳熙三山志》卷 8

祠名	賜額	賜額時間	封號	所在地	出處
合口山神祠	崇祐	大觀元年正月		解縣白逕鎮	《宋會要輯稿》禮 20 之 102
崑公山神祠	神應	大觀元年	神顯應侯，嘉定十二年閏三月加封顯應宣惠侯。	莆田縣	《宋會要輯稿》禮 20 之 102、禮 21 之 37
茅山元符萬寧宮神祠			大觀元年三月封護聖侯。	建康府句容縣	《宋會要輯稿》禮 20 之 102
蓋山神祠	靈覆	大觀元年八月	紹興十四年十月封惠聖侯。二十八年五月加封惠澤侯。	興元府閬中縣	《宋會要輯稿》禮 20 之 102
龍岩山神蕭氏祠	惠祐	大觀元年九月		陽朔縣明德鄉	《宋會要輯稿》禮 20 之 102
聰明山神祠	昭惠	大觀元年九月		忙（洺）州永年縣	《宋會要輯稿》禮 20 之 102
光源山神祠	光施	大觀二年	政和四年六月封顯惠侯。	懷仁縣	《宋會要輯稿》禮 20 之 102
峰子山神祠	康濟	大觀二年八月	宣和二年六月封威祐侯。	池州建德縣	《宋會要輯稿》禮 20 之 102
思靈山神祠（舊號顯應侯）	廣祐	大觀二年十一月		平涼府涇州	《宋會要輯稿》禮 20 之 102
七里山神祠（舊號石三郎廟）	崇濟	大觀二年十一月	宣和三年封武濟侯。紹興六年九月，加封武濟昭應侯。乾道二年三月，加封嘉惠武濟昭應匯侯。淳熙十三年五月加封嘉惠武濟昭應靈濟侯。	信州弋陽縣	《宋會要輯稿》禮 20 之 102～103、禮 21 之 31
豐靈山神祠（舊號霖霆廟）	順澤	大觀三年二月		德慶州封川縣	《宋會要輯稿》禮 20 之 103
浮槎山神祠	異濟	大觀三年五月	政和三年十二月封誠應侯。紹興三十二年改正今名。	梁縣	《宋會要輯稿》禮 20 之 103
九華山神祠	協濟	政和元年二月	紹興十年十月，封第一位永寧侯，第二位永利侯。十九年八	池州青陽縣	《宋會要輯稿》禮 20 之 103

祠廟名					出處
			月，各加封二字，曰「靖應」，曰「嘉貺」。並封永靈侯妻曰靖慧夫人，永利侯妻曰二十六年正月，加封永靈應永靈潤侯、嘉貺永利澤侯。	武岡軍武岡縣	《宋會要輯稿》禮 20 之 103
敖山神祠	敦濟	政和元年三月			
翔高山神祠	喬澤	政和元年六月	政和六年四月封廣應侯。	絳州翼城縣	《宋會要輯稿》禮 20 之 103、《宋代石刻文獻全編》第一冊 743 頁《喬澤廟碑》
頻山神祠	美應	政和二年八月		美原縣	《宋會要輯稿》禮 20 之 104
商餘山神祠	珍符	政和三年八月		龍興縣	《宋會要輯稿》禮 20 之 104
馬騣山神祠	惠感	政和四年		莒州南馬騣山	《宋會要輯稿》禮 20 之 104
熊耳山神祠	顯施	政和四年八月		商州上洛縣	《宋會要輯稿》禮 20 之 104
高山神祠	昭格	政和四年十月	政和六年三月封靈昭侯（註10）。紹興元年加「威惠」二字、十二年六月又加「普應」二字。十七年十二月、加封顯濟威惠普應康庇公。二十三年二月、封孚惠王、並妻曰「靈澤」、恭懿夫人。二十九年六月加「靈澤」二字、曰惠靈濟王（註11）。乾道二年十月、父封垂休侯、母封贊福夫人。	潼川府鹽亭縣	《宋會要輯稿》禮 20 之 104

（註10）《中興會要》云靈濟公。
（註11）上作「靈澤」，此作「靈濟」，當有一誤。

祠廟名	賜額	時間	備註	地點	出處
闐城山神祠	隨應	政和五年四月		均州武當縣	《宋會要輯稿》禮 20 之 104
神牛老人祠	英護	政和五年十月		常德府龍陽縣	《宋會要輯稿》禮 20 之 105
賈谷山神祠	精格	政和六年正月重修，賜廟額		密縣	《宋會要輯稿》禮 20 之 105
旺山神祠	靈貺	政和中	紹興三十年七月封威濟侯。	嚴州壽昌縣	《宋會要輯稿》禮 20 之 105
洪口山神祠	仁濟	大觀四年		涇陽縣	《宋會要輯稿》禮 20 之 105
萬岩山神兵部侍郎胡則祠	赫靈	紹興三十二年閏二月	宣和四年四月封祐順侯。	婺州永康縣	《宋會要輯稿》禮 20 之 106
豐山神祠	表豐	宣和六年四月			《宋會要輯稿》禮 20 之 106
藥山神祠	畎濟	宣和六年十二月		施州清江縣	《宋會要輯稿》禮 20 之 106
三神山神祠	明貺	宣和七年八月		潮州	《宋會要輯稿》禮 20 之 106
圓峰山神祠	昭應	建炎四年十月	紹興三十年八月封靈澤侯。	明州象山縣	《宋會要輯稿》禮 20 之 106
牛山神祠	感顯	紹興二年正月	紹興十三年封忠應侯。	隨州	《宋會要輯稿》禮 20 之 106
巫山神祠	正烈	紹興二年閏四月十日		建康府江寧縣	《宋會要輯稿》禮 20 之 106
平山神祠	明護	紹興五年閏二月		文州興鳳州界	《宋會要輯稿》禮 20 之 106
龍井山八郎君祠	忠助	紹興十年十二月	父郜門縣顯縣靈英濟王、隆興三年閏十一月加封信順顯靈英濟王。乾道四年三月加封信順顯靈英濟惠王。夫人錢氏。長子建，歙縣龍井山忠助爾神。乾道八年五月封忠惠侯。第二子操，封忠利侯。第三子達，封	寧國府歙縣	《宋會要輯稿》禮 20 之 107

祠廟	賜額	時間	封號	地點	出處
青山神祠	誠應	紹興五年十二月	忠應侯。第四子廣，封忠濟侯。第五子游，封忠澤侯。第六子達，封忠仁侯。第七子爽，封忠德侯。第八子俊，封忠祐侯。	泉州府惠安縣守節里	《宋會要輯稿》禮 20 之 107、禮 21 之 36~37
黃牛山神祠	靈感	紹興七年閏十月	紹興十九年八月封靈惠侯。嘉定十四年二月加封靈惠廣濟通澤永康侯，妻昭順協應夫人加封昭順協應鑾德夫人，幹神羊譽封感應協應將軍。	峽州夷陵縣洛川	《宋會要輯稿》禮 20 之 107
五山神祠	威澤	紹興十二年三月	紹興十九年八月封嘉應保安侯。乾道元年八月加封嘉應嘉澤保安侯。七年十二月加封澤潤嘉應保安侯。	長泰縣	《宋會要輯稿》禮 20 之 107
玉壘山神祠	顯應	紹興十二年五月	紹興二十年六月封廣利侯。	茂州汶川縣	《宋會要輯稿》禮 20 之 108
紫崖山神祠	利應	紹興十六年四月		果州西充縣油井鎮	《宋會要輯稿》禮 20 之 108
霸山神祠昭應侯	嘉應	紹興二十一年十一月閏四月		信陽軍	《宋會要輯稿》禮 20 之 108
陽山神祠	孚惠	紹興二十五年五月		潭州衡山縣	《宋會要輯稿》禮 20 之 108
兆山神祠	廣濟	紹興二十九年五月		德安府安陸縣	《宋會要輯稿》禮 20 之 108
明山王祠	靈惠	紹興二十九年閏六月		桂林陽朔縣都魏村	《宋會要輯稿》禮 20 之 108
王岩山神祠	靈暉	隆興元年八月	乾道三年七月封昭應侯。	仙遊縣	《宋會要輯稿》禮 20 之 108
盤龍山神祠	嚴應	隆興二年六月	威濟侯，嘉定十三年十二月加封威濟廣祐侯。	永康縣	《宋會要輯稿》禮 20 之 108、禮 21 之 37

名　稱	廟額	賜額時間	爵　號	地　點	資料來源
登天山神祠		乾道元年二月	慶元三年六月封靈貺侯。	瀘州合江縣安樂溪口	《宋會要輯稿》禮20之109、禮21之28
佳山神祠	孚應	乾道二年六月		隆興府	《宋會要輯稿》禮20之109
護國西山嶺藤祠	孚祐	乾道二年七月		吉州安福縣	《宋會要輯稿》禮20之109
錫山神祠	靈貺	乾道七年二月		鄂州通城縣	《宋會要輯稿》禮20之109
楊梅山神祠	善濟	乾道八年五月		信州鉛山縣鉛山場	《宋會要輯稿》禮20之109
貌平銀銅山神祠	神貺	乾道八年五月		信州	《宋會要輯稿》禮20之109
千福山神祠	雙南			廣靈縣西北三里	《宋會要輯稿》禮20之109
平定縣師子山石甕神祠	豐濟	崇寧三年五月			《宋會要輯稿》禮20之111

水神

名　稱	廟額	賜額時間	爵　號	地　點	資料來源
龍祠		元豐三年封顯利廟		湖州府烏程縣	《宋會要輯稿》禮20之65
龍祠	惠澤	崇寧元年十二月	崇寧二年九月封靈應侯。	資州磐石縣	《宋會要輯稿》禮20之65
龍祠	昭祐	大觀四年三月		氾水	《宋會要輯稿》禮20之65
龍祠（舊號龍迹護民侯）	廣施	政和五年二月	三神：汪孟卿，淳熙十年十一月封昭惠侯；汪仲卿，封昭祐侯；汪季卿，封昭貺侯。	福州懷安縣	《宋會要輯稿》禮20之65、禮21之22、《淳熙三山志》卷8《祠廟》
朝那湫龍祠	靈澤	天禧二年四月	熙寧十年六月封澤民侯。	東山秦峽山	《宋會要輯稿》禮20之65
東海龍祠			熙寧八年十月封靈德侯。	朐山縣	《宋會要輯稿》禮20之65

祠名	賜額	封敕時間	封爵事略	所在	出處
吳城山龍祠			大中祥符六年封順濟侯，俗呼小龍。熙寧九年七月，詔封順濟王。四年十月封英靈順濟王。崇寧二年十月封英靈順昭應安濟王。宣和二年三月，封為靈順昭應安濟惠澤王。	隆興府府建縣	《宋會要輯稿》禮20之65
平濟侯廟(龍神)			慶元四年四月封助順侯。六年十二月加封助順嘉靈既侯。嘉泰元年二月加封助順嘉靈既昭祐王。	浙江錢塘縣	《宋會要》禮21之31
聖鍾渦龍祠			熙寧十年六月封潤民侯。	平陸縣大河	《宋會要輯稿》禮20之65
聖井龍祠		崇寧元年九月	元豐三年封靈惠侯。	紹興府山陰縣秦望山	《宋會要輯稿》禮20之65
龍泉寺龍祠	靈源		元豐五年十一月封淵?侯。	靜江府臨桂縣	《宋會要輯稿》禮20之65
百丈巖龍祠		紹聖四年十月封惠感公廟	舊封會應侯。	河中府	《宋會要輯稿》禮20之65
易水龍祠	會應	元祐四年		歸信縣	《宋會要輯稿》禮20之65
洪澤鎮龍祠	靈澤	元祐八年	乾道三年六月封英濟侯。	淮陰縣	《宋會要輯稿》禮20之65
響罈龍祠	淵應	元符三年五月		湖州武康縣西	《宋會要輯稿》禮20之65
屑山龍祠	善濟	崇寧元年十二月		澧州石門縣	《宋會要輯稿》禮20之65
潺水龍祠	惠應	崇寧二年七月		澧州灃陽縣	《宋會要輯稿》禮20之65
九井龍祠	神濟	崇寧二年七月	政和三年四月封仁既侯。宣和四年七月封仁既公。五年封豐澤公。	舒州懷寧縣濟山司眞洞	《宋會要輯稿》禮20之66~67
石門山龍祠	嘉澤	崇寧二年十二月		鄂州江夏縣	《宋會要輯稿》禮20之67

車箱潭龍祠		崇寧三年封豐潤侯廟。		華陰縣	《宋會要輯稿》禮 20 之 67
石穴龍祠	惠濟	崇寧三年		衡州衡陽縣	《宋會要輯稿》禮 20 之 67
黃神潭龍祠		崇寧三年封廣潤侯廟。		華陰縣	《宋會要輯稿》禮 20 之 67
天目山龍祠	昭應	崇寧三年正月	政和三年九月封淵源侯。紹興十年十二月封淵源平施侯。二十五年六月封靈濟月封靈濟平施淵源王。二十九年，加封靈濟昭應孚惠王。淳熙十二月加封靈濟昭應孚惠廣佑王。嘉泰元年五月加封靈濟昭應孚惠廣佑濟王。	臨安府於潛縣	《宋會要輯稿》禮 20 之 67、禮 21 之 34
安靈潭龍祠	惠應	崇寧三年三月	大觀元年十二月封安靈侯。	柳州融水縣	《宋會要輯稿》禮 20 之 67
白池龍祠	興澤	崇寧三年六月		同谷縣	《宋會要輯稿》禮 20 之 67
石洞龍祠	普濟	崇寧三年十月		遼山縣龍子谷	《宋會要輯稿》禮 20 之 67
韻井龍祠	惠濟（註12）	崇寧三年十一月	崇寧五年二月封浚仁侯。嘉定四年八月加封浚仁垂休侯。	賀州臨賀縣	《宋會要輯稿》禮 20 之 68、禮 21 之 38
楞伽岩龍祠	德潤	崇寧四年二月		桂陽縣	《宋會要輯稿》禮 20 之 68
石溝龍祠	普澤	崇寧四年		府谷縣步陀村	《宋會要輯稿》禮 20 之 68
峽江龍祠	靈澤	崇寧四年七月		成都府金堂縣	《宋會要輯稿》禮 20 之 68
西山二青龍祠		崇寧四年並封	崇寧四年三月賜廟額，曰福應、曰福澤、曰利澤。	平山縣	《宋會要輯稿》禮 20 之 68
臺池龍祠	殊應	政和六年三月	政和六年三月賜廟額「殊應」，封豐澤侯。	五臺縣北	《宋會要輯稿》禮 20 之 68

（註12）《宋會要輯稿》禮 21 之 38 記為「惠澤廟」，當有一誤。

祠廟	賜額	賜額年月	封號	地點	資料來源
錢塘普寧祠	鎮安	大觀元年四月		霸州文安縣	《宋會要輯稿》禮 20 之 68
北潭龍祠	普施	大觀二年十一月	大觀三年封淵應侯。紹興二十九年五月加封淵應昭惠侯。開禧三年八月加封淵應昭惠靈顯侯。	慶州麗水縣	《宋會要輯稿》禮 20 之 68、禮 21 之 22
焦氏臺龍祠	敏應	大觀三年八月		順昌府曲（舊）潁州項城縣（註 13）	《宋會要輯稿》禮 20 之 68～69
州城龍祠	普施	大觀四年九月		重慶府	《宋會要輯稿》禮 20 之 69
	時應	大觀四年九月	政和五年二月封時應侯。	承州	《宋會要輯稿》禮 20 之 69
	靈濟	政和二年十二月		遵義軍（註 14）	《宋會要輯稿》禮 20 之 69
廣惠龍祠			政和三年十月封廣惠侯。紹熙四年六月加封廣惠靈濟侯。	彭州九隴縣漢光武廟中	《宋會要輯稿》禮 20 之 69、禮 21 之 11
明月潭龍祠	明惠	政和三年十二月	政和五年十一月封顯惠侯。乾道四年八月加封顯惠廣濟侯。	嘉慶府達州通川縣	《宋會要輯稿》禮 20 之 69
王泉龍祠	靈施	政和四年十二月	政和五年十二月封感澤侯。紹興八年十月加封感澤豐澤侯。	當陽縣	《宋會要輯稿》禮 20 之 69
清草龍祠	靈澤	政和五年八月十日	開禧三年十月封昭應侯。	長沙府寧鄉縣大潙山頂	《宋會要輯稿》禮 20 之 69、禮 21 之 38
浣潭龍祠	昭濟	政和五年十一月十一日		興國軍（註 15）大冶縣龍角山	《宋會要輯稿》禮 20 之 69

（註 13） 按項城縣屬陳州，不屬潁州。

（註 14） 軍：原作「州」。按宋世遵義軍未曾置州。大觀二年置遵義軍及縣。大觀三年，軍、縣俱廢，宣和三年軍、縣俱廢，改置遵義寨，隸珍州，詳見《宋史》卷八九《地理志》。今改。

（註 15） 軍：原作「府」。按宋代未嘗置興國府，今改。

祠名	封號	時間	事蹟	地點	出處
小蜻祠	威濟	隆興元年二月		光化軍	《宋會要輯稿》禮20之70
桃竹溪龍祠	洞淵	隆興二年八月		樂源縣	《宋會要輯稿》禮20之70
橫山龍祠	昭濟	乾道元年八月		潼川府	《宋會要輯稿》禮20之70
鱔潭蜻龍祠	靈惠	乾道九年閏正月		鄂州咸寧縣	《宋會要輯稿》禮20之70
石臼島龍祠	威濟	紹興三十一年十一月	紹興三十一年十一月賜廟額，封祐順侯。先是於密州膠隔絕，其後以膠西隔絕，詔於楚州鹽城治海建祠焉。	鹽城縣、密州膠西	《宋會要輯稿》禮20之70
	靈濟	崇寧四年八月	大觀二年十一月封嘉澤侯，三年九月封昭澤應公。紹興三年八月，加封昭澤敏應公，封龍母曰嘉惠夫人。二十六年七月，加封昭澤敏應神濟公。	鎮江府金壇縣思湖	《宋會要輯稿》禮20之70
白龍祠	煥靈	政和三年正月（《吳郡志》為二年）	政和五年十月封宣惠侯。紹興二十二年八月，加封宣惠通濟侯，仍封龍母曰慈懿夫人。淳熙九年十月加封宣惠通濟慈懿夫人。龍母慈懿夫人。加封靈順慈懿夫人。十二年五月，加封靈澤宣惠通濟孚應侯，神母加封靈順慈懿夫人。	蘇州常熟縣海隅山	《宋會要輯稿》禮20之70、禮21之43。《吳郡志》卷13《祠廟下》
五龍祠（註16）		隋開皇元年立此祠於渠城側。		臨彰縣鎮西南三十里天平渠北岸	《宋會要輯稿》禮20之71
	靈澤	乾道三年閏七月		福州府閩縣	《宋會要輯稿》禮20之71

（註16）大觀二年十月，詔天下五龍神皆封王爵。

祠廟		年月	內容	地點	出處
金雞山五龍祠	會應	熙寧十年八月	熙寧十年八月賜廟額「會應」，仍封龍母為惠濟夫人。自是五龍廟皆以此名額云。	信州上饒縣	《宋會要輯稿》禮 20 之 71、禮 21 之 37
南山五龍祠		元豐二年七月封會應侯廟		朐山縣	《宋會要輯稿》禮 20 之 71
五龍祠	會應	元祐四年七月，賜額	建隆三年自元武門徙於此。國朝緣唐祭五龍之制，春秋常行其祀。用中祀禮。真宗大中祥符元年四月，詔修飾神帳。	東京城東春明坊	《宋會要輯稿》禮 21 之 37
南山龍泉五龍祠	會應	元祐五年六月		成紀縣	《宋會要輯稿》禮 20 之 71
中鼌山五龍祠		大觀三年封會應王廟。		河東路澤州端氏縣	《宋會要輯稿》禮 20 之 71、禮 21 之 21
門外五龍祠	孚應	乾道八年七月		饒州子城龍潭	《宋會要輯稿》禮 20 之 71
五臺神龍廟			宣和六年五月封五龍母顯慈順應神妃為昭顯慈順應神妃，東臺龍神仁濟靈澤王為元應仁濟靈澤王、西臺龍神義濟鐘靈澤王為利慶義濟顯澤王、南臺龍神昭濟惠澤王為孚應昭濟惠澤王、北臺龍神靈濟豐澤王、中臺龍神崇濟通應澤王為濟順澤王。	大同府	《宋會要輯稿》禮 21 之 17
九龍祠	普應	熙寧四年三月	崇寧五年十二月並封侯，一曰廣澤、二曰廣應、三曰廣潤、四曰靈施、五曰靈滋、六曰靈界、七曰顯祐、八曰顯惠、九曰顯霈。	盧氏縣	《宋會要輯稿》禮 20 之 71～72

龍神祠					《宋會要輯稿》禮 20 之 72
	昭應	紹興二十六年二月		洋州興道縣	《宋會要輯稿》禮 20 之 72
	靈澤	乾道三年八月			《宋會要輯稿》禮 20 之 72
總真洞龍神祠	昭澤	政和五年	熙寧九年二月封利澤侯。	安喜縣大茂山	《宋會要輯稿》禮 20 之 72
	靈惠	崇寧二年十二月		宜芳縣	《宋會要輯稿》禮 20 之 72
黑龍神祠	普潤	崇寧三年十一月		建康府城西北	《宋會要輯稿》禮 20 之 72
	孚澤	紹興三十年六月		建康府城北	《宋會要輯稿》禮 20 之 72
白龍神祠	靈湑	大觀二年六月		豐州城東	《宋會要輯稿》禮 20 之 72
赤砂磧龍神祠	祥淵	大觀四年九月		福津縣	《宋會要輯稿》禮 20 之 72
寧濟湖龍神祠	光應	宣和間		復州	《宋會要輯稿》禮 20 之 72
西位龍神祠	應感	政和八年	宣和四年六月封廣澤侯。	威勝軍武鄉縣	《宋會要輯稿》禮 20 之 72、《宋代石刻文獻全編》第 1 冊 751 頁《匯感爾牒》
白馬泉龍神祠	靈濟	紹興元年二月	紹興十年七月封淵澤侯。	雅州名山縣羅繩里	《宋會要輯稿》禮 20 之 72~73
嘉山潭龍神祠	善利	紹興七年八月	紹興十二年十月封昭澤侯。	常州武進縣	《宋會要輯稿》禮 20 之 73
放生池龍神祠	慈濟	政和間嘗賜額「慈濟」。紹興八年八月，紹興八年月，令依舊稱「慈濟爾」。		六合縣	《宋會要輯稿》禮 20 之 73
惠泉龍神祠			紹興八年十月封善利侯。乾道二年三月，加封昭濟善利侯。	城西	《宋會要輯稿》禮 20 之 73
仇湖龍神祠	靈濟	紹興十年十二月		秦（泰）州海陵縣	《宋會要輯稿》禮 20 之 73
東湖龍神祠	福遠	紹興十一年七月		泉州府	《宋會要輯稿》禮 20 之 73

祠廟		賜額年月	封號年月	所在地	出處
大溪源石井龍神祠	博濟	紹興十一年九月		處州遂昌縣	《宋會要輯稿》禮 20 之 73
羊角潭龍神祠	靈淵	紹興十三年十二月		福州古田縣	《宋會要輯稿》禮 20 之 73
百彙漱龍神祠	康濟	紹興十五年四月	隆興元年三月封惠澤侯。慶元三年十二月加封惠澤昭應侯，嘉定十四年五月加封惠澤昭應孚佑侯。	綿州彰明縣	《宋會要輯稿》禮 20 之 73～74、禮 21 之 31
大條洞天龍神祠			紹興十七年七月封善應侯。	臨安府餘杭縣大柱山洞霄宮	《宋會要輯稿》禮 20 之 74
虎跳潭龍龍神祠	豐澤	紹興二十年六月		延平府尤溪縣	《宋會要輯稿》禮 20 之 74
白霧潭龍神祠	靈滋	紹興二十一年十月		復州	《宋會要輯稿》禮 20 之 74
蒼林潭龍神祠	靈潛	紹興二十一年十月		復州	《宋會要輯稿》禮 20 之 74
雷洞洞龍龍神祠	靈應	紹興二十四年十二月	紹興十九年二月封廣潤侯。	崇興府石泉縣（註17）	《宋會要輯稿》禮 20 之 74
龍鶴山龍神祠	顯濟	紹興二十四年五月		眉州丹棱縣	《宋會要輯稿》禮 20 之 74
乳洞山龍神祠	靈濟	紹興二十九年十二月		兩當縣	《宋會要輯稿》禮 20 之 74
羅紋峽龍洞龍神祠	靈澤	乾道二年八月		忠州墊江縣	《宋會要輯稿》禮 20 之 74
靈溪洞龍神祠	威濟	乾道四年三月		襄陽府南漳縣	《宋會要輯稿》禮 20 之 74
靈溪西洞龍神祠	興澤廟	乾道四年三月		襄陽府南漳縣	《宋會要輯稿》禮 20 之 75
霧池龍神祠	靈澤	乾道四年三月		襄陽府襄陽縣	《宋會要輯稿》禮 20 之 75

〔註17〕 崇興府：按石泉縣有二，一屬龍州，一屬金州，均無「崇興府」之稱，歷朝末嘗置「崇興府」。

神祠名稱	額	封賜時間	備註	地點	出處
鵝公潭漱水龍神祠	興濟	乾道五年十一月		洋州興道縣	《宋會要輯稿》禮20之75
落狗洞龍神祠	霅澤	乾道八年四月		梁山縣	《宋會要輯稿》禮20之75
大靈潭五龍神祠	靈濟	紹興十四年八月		桂陽縣	《宋會要輯稿》禮20之75
崇福宮五龍神祠	協應	紹興二十九年二月		開江縣盛山	《宋會要輯稿》禮20之75
五龍潭龍神祠	靈濟	乾道九年四月		歸州	《宋會要輯稿》禮20之75
八龍神祠	慈濟	紹興二十八年六月	乾道二年八月封八龍神：第一位封善澤侯、第二封善感侯、第三封善既侯、第四封善祐侯、第五封善利侯、第六封善慶侯、第七封善陰侯、第八封善陰侯。	眉州青神縣	《宋會要輯稿》禮20之75
九龍神祠	善澤	紹興二十三年六月		隆慶府武連縣	《宋會要輯稿》禮20之75
龍洞神祠	清濟	紹興十一年正月	慶元三年六月封靈既侯。	同慶府綿谷縣	《宋會要輯稿》禮20之75～76、禮21之28
蒼龍洞神祠		元豐八年十二月封靈澤侯廟		林慮縣天平山	《宋會要輯稿》禮20之76
白洞（註18）神祠（靈應王廟）		崇寧二年封靈應王廟	相傳爲吳司徒祠	兩浙路嚴州壽昌縣仁豐鄉	《宋會要輯稿》禮20之76、禮21之48
獅子洞神祠	靈感	崇寧二年六月		同谷縣文王山	《宋會要輯稿》禮20之76
磑龍洞神祠	普潤	崇寧三年四月	紹興十年十一月加封淵通廣澤侯。	涪陵縣七里	《宋會要輯稿》禮20之76
青龍洞神祠	廣惠	崇寧三年九月	崇寧四年七月封豐靈濟侯。	平涼縣芋頭山	《宋會要輯稿》禮20之76

（註18）《宋會要輯稿》禮21之48爲白山洞。

祠廟名稱		始建	封爵	所在地	出處
九遞山龍洞神祠	普濟	崇寧四年二月	紹興十五年十月，封第一潭曰善利侯、第二潭曰廣利侯。	南平軍隆化縣	《宋會要輯稿》禮 20 之 76
大龍鳴窩神祠	神濟	崇寧四年八月		慶州府清水縣（註19）	《宋會要輯稿》禮 20 之 76～77
小龍鳴窩神祠	靈濟	崇寧四年八月		開州清水縣	《宋會要輯稿》禮 20 之 77
高溪嶺龍洞神祠	孚澤	崇寧五年二月	紹興十九年十月封嘉應侯。	咸淳府臨江縣	《宋會要輯稿》禮 20 之 77
蟠龍洞神祠	仁應	政和二年五月	乾道八年四月封利澤侯。	梁山軍梁山縣金藏澤	《宋會要輯稿》禮 20 之 77
達活泉龍洞神祠	廣源	政和四年九月		信德府龍崗縣	《宋會要輯稿》禮 20 之 77
斜崖山龍洞神祠	顯澤	政和四年九月	紹興五年十一月封靈潤侯。淳熙十六年五月加封靈潤孚濟侯。	合州石照縣	《宋會要輯稿》禮 20 之 77、禮 21 之 38
巾子山龍洞神祠	靈助	紹興五年閏二月		沔州長舉縣（註20）	《宋會要輯稿》禮 20 之 77
鐵山龍洞神祠	孚祐	紹興五年閏二月		河池縣	《宋會要輯稿》禮 20 之 77
英山龍洞神祠	靈濟	紹興十年三月	紹興十四年八月封惠濟侯。	昌州永川縣（註21）	《宋會要輯稿》禮 20 之 77
伍山龍洞神祠	神應	紹興十一年十二月		同谷縣	《宋會要輯稿》禮 20 之 77～78
芝溪源龍龜三洞神祠	靈澤	紹興十六年十一月		衢州西安縣玉泉鄉	《宋會要輯稿》禮 20 之 78
龍門山龍洞神祠	靈潤	紹興十九年十月		龍州江油縣	《宋會要輯稿》禮 20 之 78
赤岸山龍洞神祠	濟靈	紹興二十年三月		成都府新都縣	《宋會要輯稿》禮 20 之 78

（註19）按明代始成「慶州府」，宋代清水縣屬慶州路開州。

（註20）沔州：原作「支州」，據《宋史》卷八九《地理志》改。

（註21）昌州：原作「紹興府」。按永川縣屬潼川府路昌州，不屬紹興府，經改。英山洞在永川縣西，見《方輿勝覽》卷六四。

祠名	封號	賜額時間	封賜事蹟	地點	出處
官池龍洞神祠	靈澤	紹興二十九年正月	紹興三十二年十一月封昭澤侯。	嘉慶府巴渠縣（註22）官池里	《宋會要輯稿》禮20之78
龍孔村龍洞神祠	廣施	乾道元年三月		開州開江縣	《宋會要輯稿》禮20之78
青溪龍洞祠	靈濟	乾道三年八月		涪州涪陵縣	《宋會要輯稿》禮20之78
東關灘龍洞祠	靈澤	乾道三年八月		涪州武龍縣	《宋會要輯稿》禮20之78
	靈顯	元豐七年三月	崇寧元年七月封惠澤侯。五年八月封黃仁公。政和五年九月封顯濟王。	威勝軍銅鞮縣伏牛山	《宋會要輯稿》禮20之78
龍泉神祠	仁濟	崇寧三年正月	大觀元年二月封敷應侯。	武卿（鄉）縣	《宋會要輯稿》禮20之78
	惠應	崇寧四年十月		潞州屯留縣	《宋會要輯稿》禮20之78～79、《宋代石刻文獻全編》第一冊732頁《惠應廟牒》
	嘉貺	政和二年二月		隰州隰川縣城北	《宋會要輯稿》禮20之79
白龍泉神祠召濟公祠	靈淵	元豐六年	紹興二十三年十二月，加封靈應昭濟公。	鎮江府丹徒縣長山	《宋會要輯稿》禮20之79
白兆山白龍泉神祠	洪濟	崇寧四年六月	崇寧二年八月封靈澤侯。五年六月封深仁公。紹興二年四月加「永濟」二字，九年八月又加「敷澤」二字，二十六年六月，加封深仁敷澤永濟靈應公。	德安府安陸縣洪濟廟	《宋會要輯稿》禮20之79

（註22）按巴渠縣屬夔州路達州，歷代並無嘉慶府。

祠廟	廟額	賜封時間	封號沿革	府合縣	出處
赤土陂白龍泉神祠	靈潤	政和五年四月			《宋會要輯稿》禮 20 之 79
黑龍泉神祠	昭貺	崇寧三年二月		麟州新秦縣	《宋會要輯稿》禮 20 之 79
碧龍泉神祠	靈源	崇寧四年十二月	崇寧四年十二月賜額「靈源」，封豐利侯。	定戎寨	《宋會要輯稿》禮 20 之 79
石龍泉神祠	顯濟	崇寧四年八月	崇寧五年八月，一封神惠侯，一封嘉霈侯。	保定府保塞縣抱陽山	《宋會要輯稿》禮 20 之 79
五龍泉神祠	神源	大觀元年四月		?蘭山法泉寺	《宋會要輯稿》禮 20 之 79
羅鎮龍淵神祠	福津	政和二年二月		隰川縣	《宋會要輯稿》禮 20 之 79 ~80
東山龍淵神祠	靈澤	紹興二十八年八月	隆興元年九月封昭濟侯。	黎州漢源縣	《宋會要輯稿》禮 20 之 80
石室龍澤神祠		元豐二年八月封靈澤侯廟		房陵縣九室山	《宋會要輯稿》禮 20 之 80
白龍澤神祠	德淵	政和五年八月	建炎二年三月封滋榮侯。	台州臨海縣	《宋會要輯稿》禮 20 之 80、《嘉定赤城志》卷 31
白龍澗神祠	靈濟	崇寧元年	崇寧三年正月封董惠侯。大觀四年五月改封敏澤侯。	壽春府壽春縣	《宋會要輯稿》禮 20 之 80
龍穴神祠	豐澤	崇寧二年		黎陽縣大伾山西陽明洞	《宋會要輯稿》禮 20 之 80
龍宮神祠	靈澤	崇寧四年三月	政和三年八月封淵感侯。紹興二十四年五月，加封「威惠」二字。	果州南充縣	《宋會要輯稿》禮 20 之 80
龍浦神祠	顯應	建炎四年九月	紹興四年七月封助順侯。三十一年八月，加封「威惠」二字，並封昭靈侯。淳熙十四年七月加封助靈佑夫人。	莆田縣東梢	《宋會要輯稿》禮 20 之 80 ~81、禮 21 之 34

祠廟	封號	時間	事蹟	地點	出處
龍湫神祠靈澤公	廣潤	紹興十三年四月	順威惠昭應字應侯，妻加封靈祐敷惠順正夫人。紹興七年加封「昭應」二字。十六年八月又加「豐源」二字。二十七年四月，加豐源昭應靈澤晉惠公。乾道二年二月封英顯王。	天水縣太祖山	《宋會要輯稿》禮 20 之 81
湫潭龍神廟	靈沛	慶元元年三月		石泉縣	《宋會要輯稿》禮 21 之 50
龍渡山神祠	靈潤	紹興十四年五月	熙寧八年六月封明應侯。	桂陽軍平陽縣	《宋會要輯稿》禮 20 之 81
龍安嶺神祠	靈廣	紹興十年二月		袁州宜春縣	《宋會要輯稿》禮 20 之 81
南源龍岩神祠	靈澤	紹興十七年四月		南安軍大庾縣	《宋會要輯稿》禮 20 之 81
龍窟祠	昭應	乾道三年正月	淳熙十年十二月第一位封善澤侯，第二位封善濟侯，第三位封惠濟利侯，第四位封善睨侯，第五位封善祐敷善惠侯，第六位封善祐侯。	泉州府同安縣	《宋會要輯稿》禮 20 之 81、禮 21 之 35
龍王神祠	豐澤	紹興三十年四月	紹興三十年四月封惠濟侯	清州	《宋會要輯稿》禮 20 之 81
走馬山龍王祠	惠濟	紹興十八年十一月	乾道二年四月封顯應侯	達州明通（通明）縣 走馬山	《宋會要輯稿》禮 20 之 81
風伯潭龍王祠	靈澤	宣和三年十一月	宣和三年十一月封淵靈侯	衡州來（耒）陽縣	《宋會要輯稿》禮 20 之 81 ～82
南海龍王祠			其配明順夫人，宣和六年十一月封顯仁妃；長子封輔靈侯，次子封贊寧侯，女封惠祐夫人。紹興七年九月加封洪聖廣利昭順威顯王。	廣南東路廣州府	《宋會要輯稿》禮 20 之 82、禮 21 之 19

祠廟	賜額	年月	事跡	地點	出處
順濟龍王廟（即隆興府彭蠡龍王靈順昭應安濟順濟惠澤王別祠）	安惠	紹興十五年七月		平江府吳江縣	《宋會要輯稿》禮 20 之 82
			建炎四年十二月，詔依洪州神惠本廟王爵一體稱呼。	江南東路信州弋陽縣	《宋會要》禮 21 之 23
靈順昭應安濟忠澤王廟（彭蠡龍王靈順濟龍王別祠）	廣祐	隆興元年十月		懷安縣山口鎮	《宋會要輯稿》禮 20 之 82
靈順昭應安濟惠澤龍王祠	普濟	建炎四年十月		明州府象山縣	《宋會要輯稿》禮 20 之 82
錦山五龍王祠		淳熙十年九月賜額	淳熙十四年十二月封孚應侯。		《宋會要輯稿》禮 21 之 29
洞庭西山龍王	顯利		宣和三年立，政和六年賜廟額。	福州	《淳熙三山志》卷 8
龍王廟		乾道二年八月賜額。	淳熙十四年八月封嘉澤侯。	江夏縣八公山飛錫泉	《宋會要輯稿》禮 21 之 29
				光化縣龍隄隈灘	《宋會要輯稿》禮 21 之 29
		嘉定元年七月賜額	神顯孚澤侯，嘉定七年十月加封顯應孚祐侯。	建安縣登仙里	《宋會要輯稿》禮 21 之 29
				龍巖縣龍門潭	《宋會要輯稿》禮 21 之 29
			昭靈孚惠利澤侯，開禧二年三月加封忠靖昭應孚惠利澤侯。	岳池縣	《宋會要輯稿》禮 21 之 29
			神興澤侯，淳熙十年閏十一月加封興澤通利侯。	成化縣古龍潭	《宋會要輯稿》禮 21 之 29
		白帝神，嘉定三年十月賜額。		慶州府奉節縣瞿唐關	《宋會要輯稿》禮 21 之 29

祠名	額名	賜額	封賜	地點	出處
			靈顯王,嘉定十三年六月加封顯靈靈顯平佑王。	中江縣	《宋會要輯稿》禮21之29
		嘉定元年八月賜額。		彭山縣石筒埧龍女祠	《宋會要輯稿》禮21之29
			龍神,開禧二年九月封敷澤侯,嘉定元年十二月加封敷澤昭應侯,十年十月加封敷澤昭應靈顯侯。	瀏陽縣道吾山	《宋會要輯稿》禮21之29
護堰龍神		政和四年八月賜額。		麗水縣	《宋會要輯稿》禮21之30
龍公張路斯祠	普澤	崇寧二年正月	熙寧十年四月封昭靈侯。	蔡州潁上縣	《宋會要輯稿》禮20之82、禮21之16
龍子祠		崇寧元年十二月	熙寧八年十二月封靈濟公。	平陽府臨汾縣姑射鄉	《宋會要輯稿》禮20之82~83
海神祠	善濟	崇寧元年十二月	政和五年封靈施侯。建炎四年加封寧惠英烈公。紹興二年加「忠亮」二字。二十四年加封靈施惠英烈忠亮孚應公。乾道九年封順應王。	溫州永嘉縣	《宋會要輯稿》禮20之111
東海神祠		大觀四年六月加今封。	元豐二年八月加號淵聖。四年六月詔加助順助廣德王。建炎四年二月,加助順助廣德王、乾道五年十月,加封助順孚聖廣德威濟王。	寧波府定海縣	《宋會要輯稿》禮20之111~112
東海王祠(漢東海恭王疆祠)	惠濟	崇寧二年	崇寧三年九月封豐濟侯,六年封顯惠公。	楚州山陽縣	《宋會要輯稿》禮20之112

祠廟	賜額	賜額年月	封號	地點	出處
王口江神祠（土人曰三王王廟）	順應	元豐七年八月	崇寧四年十月封，一曰寧遠王，二曰綏遠王，三曰惠遠王，廟中三神祖母封靈祐夫人。	柳州融江寨	《宋會要輯稿》禮20之112
漳江神祠	霈澤	大觀二年二月		隆興府南昌縣	《宋會要輯稿》禮20之112
漢江神祠	崇濟	政和二年十月	政和二年十月賜廟額「崇濟」，封昭應侯。	襄陽府襄陽縣	《宋會要輯稿》禮20之112
會稽蕭山縣西興鎮江神祠	寧濟	政和三年正月	政和六年封順應侯。宣和三年進封武濟公。紹興十四年六月加「忠應」二字。三十年正月，加封武濟忠應翊順公。淳熙十五年加封武濟忠應翊順靈祐公。慶元四年，封孚祐王。慶元六年十二月，進封孚惠善祐王。	會稽蕭山縣西興	《宋會要輯稿》禮20之112、《嘉泰會稽志》卷6
三江口神祠	昭靈	紹興十二年五月	唐封惠明侯。紹興三十年三月改封嘉應侯。	德慶府封山（川）縣	《宋會要輯稿》禮20之112
沿江神祠				吉州廬陵縣	《宋會要輯稿》禮20之112
土河神祠	時濟	崇寧五年八月		武鄉縣	《宋會要輯稿》禮20之113
回河神祠	昭祐	大觀四年三月		榮（滎）澤縣廣武埽	《宋會要輯稿》禮20之113
昭顯後祠	靈護	政和五年七月		白馬縣截堤舊河口	《宋會要輯稿》禮20之113
中潭河伯祠	寧濟	大觀二年九月	大觀二年九月賜廟額「寧濟」，封靈順侯。	孟州	《宋會要輯稿》禮20之113
黑水神祠	靈澤	崇寧元年二月	政和四年五月封廣澤侯。紹興三十一年正月，加封昭應廣澤公。	光山縣羅陂	《宋會要輯稿》禮20之113
	普澤	崇寧三年	大觀元年封善應侯。政和五年八月封靈源公。	平定縣	《宋會要輯稿》禮20之113

祠名	封號	時間	事跡	地點	出處
甜水谷神祠	甘澤	大觀四年八月	熙寧十年六月封惠濟侯。	慶陽府環州	《宋會要輯稿》禮 20 之 113
浸水神祠	靈淵	崇寧元年九月		桂林府荔浦(浦)縣	《宋會要輯稿》禮 20 之 113
漾水神祠	靈淵	崇寧二年	崇寧二年封惠應侯，賜廟額「靈淵」。	海州平南縣	《宋會要輯稿》禮 20 之 113
聖水神祠	惠澤	崇寧四年		興元府洋州西鄉縣湫池	《宋會要輯稿》禮 20 之 114
溼水神祠	普貺	大觀四年		涇陽縣	《宋會要輯稿》禮 20 之 114
水石神祠	利澤	紹興十六年八月	熙寧九年二月，詔大茂山總真洞龍池特封利澤侯。	衢州府開化縣	《宋會要輯稿》禮 20 之 114、禮 21 之 15
水口神祠	扶正	紹興五年十二月	紹興九年九月封英惠侯。	建寧府建陽縣崇政鄉水口	《宋會要輯稿》禮 20 之 114
湧泉膽水神祠	金泉	乾道八年五月		信州鉛山場鎮山門	《宋會要輯稿》禮 20 之 114
洞庭湖神祠	安濟	大中祥符八年三月，詔重修廟宇。元祐二年賜廟額。		岳州巴陵縣	《宋會要輯稿》禮 20 之 11
青草湖神祠	通濟	元祐二年	政和五年六月封烈惠侯。建炎四年二月，青草湖神德濟(靈)公加封「威顯」二字。紹興二十六年十二月又加「靈敏」二字。乾道三年六月加封感濟顯德露靈永利公。	岳州巴陵縣	《宋會要輯稿》禮 20 之 114~115
瀨湖龍神祠	廣潤	淳熙十三年五月		平泉縣	《宋會要輯稿》禮 21 之 50
庵山石湖神祠	寧濟	崇寧元年閏六月	崇寧三年二月封靖正昭應侯。隆興二年二月加封靖正昭應惠潤侯。開禧二年十月加封靖正昭應惠靈靈潤善利侯，嘉	建寧府建陽縣	《宋會要輯稿》禮 20 之 115、禮 21 之 31

祠廟	賜額	年月	封號、事蹟	地點	出處
惡溪神祠（舊號宣化永昌國王）	安濟	崇寧三年六月	定十四年十二月進封昭應公，父封廣利侯，母封慈惠夫人，妻封助順夫人，嘉惠侯加封嘉惠顯應侯，嘉澤侯加封靈澤昭祐嘉惠侯，嘉祐侯加封嘉祐普惠侯。	梅州程鄉縣	《宋會要輯稿》禮20之115
鍾溪神祠	忠和	乾道八年三月		欽州慶符縣橫江寨	《宋會要輯稿》禮20之115
要冊湫神祠	孚澤	大觀元年	太平興國二年閏七月封顯聖王。元祐五年加號「昭祐」。宣和五年八月，加封靈濟昭祐顯聖王。	鞏州真盛縣	《宋會要輯稿》禮20之115～116
亂石湫神祠	豐澤	大觀元年八月	熙寧八年五月封利民侯。	水洛城隴山	《宋會要輯稿》禮20之116
			宣和三年六月封嘉潤公。紹興三十二年九月加封顯應嘉潤公。	德順軍隴幹縣北山	《宋會要輯稿》禮20之116
亂石湫神行廟（惠民侯）			熙寧八年封惠民侯。	渭州	《宋會要輯稿》禮21之13
太白山湫神祠（魏國崔浩祠）			大中祥符三年九月，詔遣使重修白山神魏崔浩廟。至和二年七月封濟民侯。嘉祐七年七月，封明應公。熙寧七年六月加封王。紹聖三年改封濟遠侯。	秦鳳路鳳翔府岐山縣	《宋會要輯稿》禮20之116、禮21之21
常家山湫神祠			熙寧八年五月封利澤侯。	康樂寨	《宋會要輯稿》禮20之116
岐㟉山湫神祠	普潤	熙寧十年四月	熙寧十年四月嘉祐顯侯，並賜廟額「普潤」。	京西南路鄧州穰縣	《宋會要輯稿》禮20之116

祠廟名	封號	時間	內容	地點	出處
木硤山漲神祠	靈澤	元豐三年十月	紹聖四年十月封靈濟侯。	張義堡	《宋會要輯稿》禮20之116
大祖山神祠			元豐四年二月封靈源侯。宣和中封靈澤公。	栗亭縣	《宋會要輯稿》禮20之116~117
漫頂山漲神祠	潤澤	崇寧三年二月	崇寧三年二月賜廟額「潤澤」，封貽貺侯。	西安州定戎寨	《宋會要輯稿》禮20之117
高山神漲（漲神）祠	惠濟	崇寧三年		藍田縣	《宋會要輯稿》禮20之117
	豐濟	崇寧二年十月	大觀四年十二月封順應侯。	隰川縣	《宋會要輯稿》禮20之117
	廣潤	崇寧三年十月		武當山	《宋會要輯稿》禮20之117
	惠濟	崇寧四年二月		桂陽縣	《宋會要輯稿》禮20之117
	靈澤	政和六年正月		岷州懷遠鄉	《宋會要輯稿》禮20之117
龍漲神祠	惠澤	紹興八年六月		慶州青田縣金田山山石井	《宋會要輯稿》禮20之117
	顯惠	紹興二十四年九月	紹興二十四年九月封敷澤侯，並賜額「顯惠」。	秭歸縣蒼雲山	《宋會要輯稿》禮20之117
	顯濟	紹興三年十月		利■縣平洛上社大崖	《宋會要輯稿》禮20之117
	溥應	隆興二年十月		漢初縣玉馬鄉玉馬潭	《宋會要輯稿》禮20之117
黃龍漲神祠	惠澤	崇寧四年		上津縣	《宋會要輯稿》禮20之117~118
金龍漲神祠	靈潤	崇寧四年十二月		懷德軍九羊寨聖景山	《宋會要輯稿》禮20之117
白龍漲神祠	仁濟	紹興十五年十二月	紹興二十八年十月封敷澤侯。	漢州德陽縣	《宋會要輯稿》禮20之118

祠名	賜號	年月	封賜	地點	出處
合龍合湫神祠	靈祐	大觀元年六月	大觀元年六月賜廟額「靈祐」，封順應應侯。	西寧州宣威城西山	《宋會要輯稿》禮 20 之 118
古龍湫神祠	靈顯	大觀四年八月	大觀四年八月封惠澤侯，仍賜廟額「靈顯」。	會州會寧關	《宋會要輯稿》禮 20 之 118
古湫神祠	溥應	隆興二年二月		隆慶府金牛鎮白崖洞	《宋會要輯稿》禮 20 之 118
	昭德	宣和六年六月		常山	《宋會要輯稿》禮 20 之 118
	廣澤	隆興二年二月		隆慶府大安軍(註23) 壺子臺	《宋會要輯稿》禮 20 之 118
	靈澤	紹興五年十一月		高州南寧	《宋會要輯稿》禮 20 之 118
混牛神湫(湫神)祠	顯惠	元豐七年四月		敷政縣招安寨西	《宋會要輯稿》禮 20 之 118
白馬湫神祠	豐利	崇寧三年二月		原州臨涇縣	《宋會要輯稿》禮 20 之 118
安湫神祠	顯濟	元豐元年五月	元豐元年五月賜廟額「顯濟」，封顯濟夫人。	保定縣	《宋會要輯稿》禮 20 之 118
■湫神祠			元豐二年七月封豐澤侯。	保定縣	《宋會要輯稿》禮 20 之 119
太平湫神祠	靈淵	元符元年	崇寧三年封靈應公。五年八月封順惠王。	延安府平戎寨	《宋會要輯稿》禮 20 之 119
天魏湫神祠	敏澤	崇寧五年八月	大觀二年十一月封豐安侯。紹興二十九年閏六月加封靈惠豐豐安侯。	同慶府文州曲水縣(註24)	《宋會要輯稿》禮 20 之 119

(註23) 按宋隆慶府（治今四川劍閣）與大安軍（治今陝西寧強西北陽平關）無隸屬關係。
(註24) 同慶府即成州，與文州並無隸屬關係。

神祠名稱	封號	時間	事跡	地點	出處
赤崖湫神祠	富澤	政和二年四月		閬州閬中縣	《宋會要輯稿》禮 20 之 119
朝那湫神祠	麗澤	大觀元年六月		臨涇縣	《宋會要輯稿》禮 20 之 119
滁州清流豐山龍潭神祠	會應	元豐七年		滁州清流縣	《宋會要輯稿》禮 20 之 119
龍州同慶縣造水西龍潭神祠（註25）			元豐二年八月封顯應侯。	龍州同慶縣	《宋會要輯稿》禮 20 之 119
遂寧府蓬溪縣高洞灘龍潭神祠	豐澤	崇寧元年十月	崇寧二年九月封惠應侯。《中興會要》云靈昵廣澤公。紹興二十三年四月加封靈昵廣澤公。乾道元年七月加封靈昵廣澤惠應公。八年九月加封靈昵廣澤惠應永利公。淳熙十年九月封英濟王。	遂寧府蓬溪縣	《宋會要輯稿》禮 20 之 119、禮 21 之 39
東西二龍潭神祠	合光	崇寧二年七月	宣和四年封東龍淵豐渟侯、西龍淵施渟侯。紹興八年七月各加二字，曰「廣惠」、曰「廣濟」。十九年十月，加封曰淵豐渟昭貺侯、曰淵施廣惠字澤侯。乾道八年三月，東龍淵豐渟淵昭貺渟侯加封善利淵昭貺濟應侯，西龍淵施廣惠字澤侯加封善應淵施廣惠字澤侯。	蘄州蘄春縣	《宋會要輯稿》禮 20 之 119~120
榮州威遠縣龍潭神祠	惠澤	崇寧二年十一月		榮州威遠縣	《宋會要輯稿》禮 20 之 120

〔註25〕按兩宋龍州均只轄江油、清川二縣，無同慶縣。元、明亦無此縣。

祠廟名稱	賜額	年月	封爵	地點	出處
紹熙府南溪縣蘇溪龍潭神祠（註26）	霈澤	崇寧二年十一月	大觀二年三月封霈澤侯。	紹熙府南溪縣	《宋會要輯稿》禮 20 之 120
秀州海鹽縣陳山龍潭祠	顯濟	崇寧三年四月	宣和五年八月封淵靈侯。	秀州海鹽縣	《宋會要輯稿》禮 20 之 120
延平府尤溪縣龍潭神祠	利澤	崇寧三年七月		延平府尤溪縣	《宋會要輯稿》禮 20 之 120
慶州路奉節縣龍洞里龍潭神祠	普利	崇寧四年	宣和五年八月封贶應侯。淳熙十二年五月加封贶應孚惠侯。	慶州路奉節縣	《宋會要輯稿》禮 20 之 120、禮 21 之 38
瀘州江安縣照子山龍潭神祠	靈施	崇寧四年		瀘州江安縣	《宋會要輯稿》禮 20 之 120
黔江縣蓬江龍潭神祠	廣澤	大觀元年五月		黔江縣	《宋會要輯稿》禮 20 之 120
普州安居縣龍潭神祠	靈泉	大觀元年五月	政和五年七月封豐惠公。	普州安居縣	《宋會要輯稿》禮 20 之 120
舒城縣龍潭鄉龍潭神祠	靈祐	政和五年五月		舒城縣	《宋會要輯稿》禮 20 之 120
彭水縣計議鄉腰鼓洞龍潭神祠	靈應	紹興七年三月		彭水縣計議鄉	《宋會要輯稿》禮 20 之 120
夷陵縣石門洞龍潭神祠	靈濟	紹興九年五月		夷陵縣	《宋會要輯稿》禮 20 之 120
信州玉山縣懷玉山下八際龍潭神祠	德施	紹興十年閏六月		信州玉山縣	《宋會要輯稿》禮 20 之 120

〔註26〕按紹熙府即榮州（今四川榮縣），而南溪縣（今四川南溪），屬戎州，兩不相涉。

祠名	封號			縣	出處
循州龍川縣■山古龍潭神祠	龍應	紹興十四年七月	紹興二十三年七月封昭濟侯。	循州龍川縣	《宋會要輯稿》禮 20 之 120
衡山縣淨福寺龍潭神祠	時蘇	紹興十九年三月		衡山縣	《宋會要輯稿》禮 20 之 120～121
贛縣龍潭神祠	爁靈	紹興十九年四月	紹興三十一年四月封廣潤侯。	贛縣	《宋會要輯稿》禮 20 之 121
隆慶府普安縣龍海鄉蚌池龍潭神祠	廣濟	紹興十九年五月	乾道五年十二月封順澤侯。	隆慶府普安縣	《宋會要輯稿》禮 20 之 121
處州麗水縣大於胡梯兩源龍潭神祠	靈淵	紹興二十一年三月		處州麗水縣	《宋會要輯稿》禮 20 之 121
普州樂至縣普慈鎮龍潭神祠	惠澤	紹興二十二年四月	乾道二年十月封靈澤侯。	普州樂至縣	《宋會要輯稿》禮 20 之 121
果州相知（如）縣福緣里灘子溪龍潭神祠	顯濟	紹興二十九年六月		果州相知（如）縣	《宋會要輯稿》禮 20 之 121
巴州同慶縣老君山龍潭神祠	靈應	紹興三十一年十二月		巴州同慶縣（註27）	《宋會要輯稿》禮 20 之 121
處州龍泉縣延慶鄉九際山龍潭神祠	神祐	隆興二年十月		處州龍泉縣	《宋會要輯稿》禮 20 之 121
飛烏縣歸寨山下古龍潭神祠	惠濟	紹興十七年八月		飛烏縣	《宋會要輯稿》禮 20 之 121

（註27）按宋代巴州無「同慶縣」。

祠廟名稱	賜額／封號	年月	加封事蹟	所在地	資料來源
巴州化城縣古龍潭神祠	靈濟	紹興三十年九月	乾道四年九月封匯澤侯。	巴州化城縣	《宋會要輯稿》禮20之121
白龍潭神祠	惠澤	紹聖二年十二月		衛縣	《宋會要輯稿》禮20之121
林慮縣天平山白龍潭神祠	昭惠	元符三年七月	大觀元年八月封淵澤侯。	林慮縣	《宋會要輯稿》禮20之121
台州黃岩縣黃岩山白龍潭神祠	昭應	政和八年六月		台州黃岩縣	《宋會要輯稿》禮20之121
常州無錫縣護鄉陽山頂白龍潭神祠	顯應	紹興三年四月		常州無錫縣	《宋會要輯稿》禮20之121～122
沆（？沅）州盧陽縣白龍潭神祠	淳靈	紹興八年四月			《宋會要輯稿》禮20之122
白龍潭神祠（惠應廟）	惠應	淳熙十二年四月	淳熙十六年五月封孚澤侯。	寧海縣	《宋會要輯稿》禮21之36
赤龍潭神祠	靈澤	崇寧四年		淮寧府宛丘縣	《宋會要輯稿》禮20之122
	惠應	崇寧三年二月	崇寧三年封顯潤侯。	潁昌府陽翟縣具茨山	《宋會要輯稿》禮20之122
黑龍潭神祠				華陰縣華嶽蓮花峰	《宋會要輯稿》禮20之122
	護國	紹興元年十月	紹興元年十月封安肅侯，並賜廟額曰「護國」。紹興十二年十一月賜廟額「敷澤」。	和尚原	《宋會要輯稿》禮20之122
	惠濟	紹興八年五月	紹興八年五月賜額「惠濟」，十三年十二月封靈潤侯，十八年三月加	興元府利州（註28）	《宋會要輯稿》禮20之122

〔註28〕按興元府與利州無隸屬關係。

祠廟名	封號		加封	地點	出處
			「淵施」二字。乾道四年四月加封淵施靈潤廣澤侯。		
龍須潭神祠	興靈	乾道四年三月		萬州南浦（浦）縣	《宋會要輯稿》禮 20 之 122
	嘉澤	紹興十一年八月		慶州青田縣大峙山	《宋會要輯稿》禮 20 之 122
魚潭神祠	靈澤	大觀元年五月		建昌軍南城縣藍田鄉大垣山	《宋會要輯稿》禮 20 之 122
五龜潭神祠	升澤	大觀四年八月		紹熙府富順監（註29）	《宋會要輯稿》禮 20 之 122
白馬潭神祠	昭應	元符三年八月	崇寧二年八月封豐澤侯。	雅州嚴道縣	《宋會要輯稿》禮 20 之 123
龍馬潭神祠	顯仁	紹興十六年四月賜廟額「顯仁」廟額。三十年正月改賜廟額「顯烈」。		瀘川縣	《宋會要輯稿》禮 20 之 123
狗溪潭神祠	淵靈	宣和中	紹興七年閏十月封昭應侯。	興元府城固縣	《宋會要輯稿》禮 20 之 123
下流潭神祠	興澤	崇寧四年閏二月		大昌縣長江鎮	《宋會要輯稿》禮 20 之 123
潭口神祠	普利	崇寧四年七月		廣州連山縣	《宋會要輯稿》禮 20 之 123
瑽潭神祠	威濟	宣和三年		嚴州建德縣	《宋會要輯稿》禮 20 之 123
溪水潭神祠	濟惠	紹興七年閏十月	乾道二年十月封靈惠侯。	興元府褒城縣大繫山	《宋會要輯稿》禮 20 之 123
雷公潭祠	靈濟	乾道三年八月		興元府西縣	《宋會要輯稿》禮 20 之 123
霹靂潭祠	靈惠	乾道三年八月		興元府西縣	《宋會要輯稿》禮 20 之 123
聖池神祠（利民侯廟）			熙寧九年二月封利民侯。	定州曲陽縣黃山仁會寺華嚴集	《宋會要輯稿》禮 20 之 124、利 21 之 13

〔註29〕按紹熙府與富順監平級，無隸屬關係。

祠廟	賜號	時間	封爵	地點	出處
五龍池神祠			紹興二十五年十月封孚濟侯。	榮州榮德縣榮梨山山頂。	《宋會要輯稿》禮 20 之 124
白龍池神祠	豐利	崇寧二年十一月	元豐三年七月封靈淵侯。	宜芳縣大萬山	《宋會要輯稿》禮 20 之 124
龍池神祠	時應	政和五年四月		榮州資官縣鐵山	《宋會要輯稿》禮 20 之 124
				武當縣郢城	《宋會要輯稿》禮 20 之 124
	廣濟	紹興三十年六月		建康府句容縣茅山天聖觀	《宋會要輯稿》禮 20 之 124
慈母池神祠	善應	元豐七年		茂州	《宋會要輯稿》禮 20 之 124
湫池神祠	善澤	崇寧二年十一月	崇寧五年十二月封英濟侯。	渠州鄰山縣	《宋會要輯稿》禮 20 之 124
水池神祠	惠應	崇寧二年十二月		隆慶府伏虞縣北	《宋會要輯稿》禮 20 之 124
華池神祠	孚祐	崇寧五年十二月		神山縣龍角山西峰。平陽府臨汾縣城東四十里漫天嶺上。	《宋會要輯稿》禮 20 之 124～125
寶山池神祠	富源	政和五年七月	紹興二十年十月封豐利侯。	大寧府（監）大昌縣	《宋會要輯稿》禮 20 之 125
石馬池神祠	澤潤	紹興十五年九月	紹興二十年十月封休應侯。	興元府南鄭縣中梁山	《宋會要輯稿》禮 20 之 125
馬鬐池神祠	淵澤	大觀四年		代州城中	《宋會要輯稿》禮 20 之 125
玉華池神祠	利澤	乾道二年三月	淳熙十一年三月封昭濟侯。	簡州陽安縣玉女山希夷觀	《宋會要輯稿》禮 20 之 125、禮 21 之 39
劍池神祠	龍津	紹興二年閏四月		南昌府豐城縣大江南岸上流	《宋會要輯稿》禮 20 之 125
鹽池神祠	顯慶，舊號靈慶廟	崇寧四年閏二月	大觀元年正月封博利侯，閏十月加封寶源公。二年，封寶源王。	解縣	《宋會要輯稿》禮 20 之 125
	寶貺	崇寧四年十二月		河東解州安吉（邑）縣定戌基	《宋會要輯稿》禮 20 之 125

神祠	封號	時間	封賜內容	地點	出處
漾沼神祠	明應	政和四年十月		渠州流江縣	《宋會要輯稿》禮 20 之 126
鹽井神祠	寶源	政和五年七月	大中祥符二年四月並封王，曰普濟、曰善利、曰廣惠。紹興二十年十月加封曰普濟瑞澤王、曰善利靈助王、曰廣惠阜成王。	大寧監大昌縣	《宋會要輯稿》禮 20 之 126
靈鰻井神祠	淵靈	哲宗元祐元年		明州鄞縣阿育王山廣利寺	《宋會要輯稿》禮 20 之 126
五龍井神祠（五龍井五老祠）	崇應	大觀四年正月	政和四年十月並封侯，曰壽靈、曰壽通、曰壽寧、壽成、壽應。	道州營道縣	《宋會要輯稿》禮 20 之 126
				劍浦縣五港	《宋會要輯稿》禮 20 之 126
	昭濟	大觀元年十一月	政和五年九月封靈惠侯。	大（太）湖縣桐山	《宋會要輯稿》禮 20 之 126
龍井神祠	靈澤	紹興八年五月	紹興十一年三月封廣潤侯。（一）十八年三月加封廣潤昭應侯。（二）十年七月，封孚祐王。三十年十一月，加封孚祐顯應字祐濟王；淳熙十五年六月加封顯應廣濟孚祐濟廣澤王。	臨安府臨安縣徑山龍仁禪院	《宋會要輯稿》禮 20 之 126～127、21 之 38
	東濟	紹興十八年七月		杭州府錢塘門外風皇嶺	《宋會要輯稿》禮 20 之 127
	順濟	隆興元年八月	乾道三年九月，龍神封靈澤侯。	漢州緜竹縣無為山	《宋會要輯稿》禮 20 之 127
烏龍井神祠	福濟	紹興十一年正月		臨安府鹽官縣黃灣令三山	《宋會要輯稿》禮 20 之 127
濟衆井祠		淳熙十二年二月賜額。		嚴州府城內大市	《宋會要輯稿》禮 21 之 30
泉水神祠	神泉	紹聖五年五月		神泉寨榆木川	《宋會要輯稿》禮 20 之 127

祠名	賜額/封號	時間	備註	所在地	出處
古泉神祠	孚應	大觀元年十一月		柳州馬平縣宴山	《宋會要輯稿》禮20之127
護泉神祠	歸德	大觀二年六月	大觀二年六月賜廟額「歸德」，封靈顯侯。	柳州鎮寧寨	《宋會要輯稿》禮20之127
洛水泉神祠（舊號擔生廟）	靈感	崇寧二年十月		深州靜安縣	《宋會要輯稿》禮20之127
流泉神祠	靈濟	崇寧二年十二月	崇寧四年，封顯應侯。	虔州靜樂縣桃子山	《宋會要輯稿》禮20之127~128
石眼泉神祠	普濟	崇寧四年	宣和五年八月封靜應侯。	夔州奉節縣龍洞里	《宋會要輯稿》禮20之128
漳源泉神祠	靈漱	政和元年八月		長子縣發鳩山	《宋會要輯稿》禮20之128
太子泉神祠	普惠	崇寧三年十月		遼山縣	《宋會要輯稿》禮20之128
郎君泉神祠	普澤	崇寧三年十月		和順縣合山	《宋會要輯稿》禮20之128
玉女泉神祠	靈源	元豐八年		解（鄆）州鄆城縣	《宋會要輯稿》禮20之128
娘子泉神祠	普潤	崇寧三年十月		和順縣合山	《宋會要輯稿》禮20之128
舒姑泉神祠	顯濟	紹興十七年七月		池州石埭縣	《宋會要輯稿》禮20之128
湧金泉神祠	靈泉	大觀元年二月	大觀二年十二月封清安侯。	夏縣	《宋會要輯稿》禮20之128
靈井泉神祠	孚濟	政和元年五月		潁昌府陽翟縣	《宋會要輯稿》禮20之128
瑤泉神祠	靈澤	政和三年十二月		淮南東路定邊軍城西（註30）	《宋會要輯稿》禮20之129
古靈湫美泉神祠	普潤	乾道二年五月		梁泉縣紫柏（柏）山（註31）	《宋會要輯稿》禮20之129

〔註30〕按淮南東路路定邊軍，疑有誤。

〔註31〕紫柏山：原作「紫桓山」，據《太平寰宇記》卷一三四改。

祠名	賜額	時間	封號沿革	地點	出處
羚羊泉神祠	康濟	宣和四年三月	熙寧十年封靈成侯。紹興十一年九月加「昭應」二字。十五年九月加封德施應靈成昭應公。	重慶府江津縣縉雲山崇教寺	《宋會要輯稿》禮20之129
白馬泉神祠	靈施	元符三年八月	崇寧二年七月封顯濟侯。政和元年八月封駿澤公。	贊皇縣	《宋會要輯稿》禮20之129
木馬泉神祠（舊號靈柞夫人）	顯應	紹興七年閏十月	隆興二年十月封柔惠夫人。	南鄭縣嶓山	《宋會要輯稿》禮20之129
牛頭山泉神祠	惠濟	紹興七年閏十月		興元府	《宋會要輯稿》禮20之129
洛源神祠			元豐元年七月封靈濟侯。	洛南縣洛源	《宋會要輯稿》禮20之129
臨海灘神祠	豐濟	崇寧四年		東海縣（舊號渤海）	《宋會要輯稿》禮20之129
慈母灘神祠	淑惠	政和元年二月		遼山縣黃河	《宋會要輯稿》禮20之130
瀘灘洞神祠	順應	政和三年十二月	政和五年十一月封通澤侯。	達州新寧縣	《宋會要輯稿》禮20之130
白洞神祠（相傳為吳司徒祠）			崇寧二年封靈應王廟。	嚴州壽昌縣仁豐鄉	《宋會要輯稿》禮20之130
師子洞神祠	靈感	崇寧二年六月		同合縣文王山	《宋會要輯稿》禮20之130
聖水洞神祠	惠應	崇寧三年六月	紹興八年八月封靈惠侯。	同合縣雞頭山	《宋會要輯稿》禮20之130
聖水洞神祠	慈感	紹興二十九年六月		梁泉縣君子山	《宋會要輯稿》禮20之130
古仙洞神祠	崇惠	政和八年六月		岳州臨湘縣	《宋會要輯稿》禮20之130
白甲洞神祠	善應	紹興十五年九月		開江縣	《宋會要輯稿》禮20之130
清潤洞神祠	威澤	乾道四年正月		洀州	《宋會要輯稿》禮20之130
連洞神祠	威顯	乾道七年正月		沅州盧陽縣浮洞山	《宋會要輯稿》禮20之130～131
應靈侯神祠	時佑	大觀元年五月	乾道元年八月，加封通濟應靈侯。	潼川府郪縣	《宋會要輯稿》禮20之131

歷代明君忠臣

名稱	廟額	賜額時間	爵位	地點	資料來源
舜帝祠	廣仁	元豐七年正月		連州桂陽縣方山	《宋會要輯稿》禮 20 之 21
夏禹祠			紹興元年，言者請春秋仲月祠禹於越州告成觀，響越王勾踐於其廟，以范蠡配。移鄞則會郡祀如故事。	一在會稽山，紹興元年、一在常德府，乾道二年四月立。	《宋會要輯稿》禮 20 之 21、《宋會要輯稿》禮 21 之 4
周公廟			大中祥符元年十一月一日，詔周公旦追封文憲王於兗州曲阜縣廟，並春秋委本州島長吏致祭。仍令有司擇日備禮冊命。	兗州	《宋會要輯稿》禮 21 之 54
商王河亶甲廟		元祐六年詔立廟。		相州城西北還慶曲元寘甲家	《宋會要輯稿》禮 21 之 56
太公廟			大中祥符元年十一月一日，詔太公望加謚昭烈武成王，仍於青州特建祠廟。	兗州	《宋會要輯稿》禮 21 之 54
漢韓陵祠（淵德公廟）			神宗元豐六年封	京東東路淮陽軍下邳縣巨山	《宋會要輯稿》禮 21 之 54
漢光武皇帝廟			廟內七聖都統制將軍、淳熙十一年三月，加封第一善應將軍；第二惠應將軍、第三順應將軍、第四協應將軍、第五助應將軍、第六贊應將軍、第七孚應將軍。	成都府彭州	《宋會要輯稿》禮 21 之 54
魏武帝祠		舊號方公神，元豐三年敕正今號。		瀘州江安縣方山	《宋會要輯稿》禮 20 之 21

祠廟名稱	賜額	時間	事蹟	地點	資料來源
吳主孫皓祠（顯濟廟）			乾道四年，加封楚州顯濟廟靈感顯廣利王。	楚州	《宋會要輯稿》禮21之5
文孝廟（昭明太子）	文孝	元祐四年賜額	崇寧四年十月封顯侯。大觀元年二月封英濟王。紹興三十年三月加「忠顯」二字。乾道三年六月，加封英惠濟忠顯廣利王。	池州府貴池縣	《宋會要輯稿》禮20之21、（宋）黃彥平：《三餘集》卷4《文孝廟記》
昭明太子廟			治平中，邑民於池州請香火建祠		《宋會要輯稿》禮21之23
吳泰伯祠	至德	元祐七年二月	崇寧元年九月封至德侯。	長洲縣	《宋會要輯稿》禮20之21
唐叔虞廟		大中祥符四年四月詔加修葺。	崇寧三年六月封汾東王。	平晉縣	《宋會要輯稿》禮20之22
楚令尹子文祠	忠應	元祐八年八月	皇祐四年，仁宗嘗降御香，遣守臣辛若俞祈告，視版籍猶在。元符二年八月封崇德侯。政和元年十一月封英烈侯。	德安府府靈（雲）夢縣	《宋會要輯稿》禮20之23、禮21之60~61
介子推祠	昭德	崇寧三年二月	元豐元年封潔惠侯。	靈石縣綿上山	《宋會要輯稿》禮20之23
吳季札祠	嘉賢	哲宗元祐三年十月		鎮州（江）府丹陽縣	《宋會要輯稿》禮20之23
鄭子產祠	惠應	徽宗崇寧二年		新鄭縣隰山	《宋會要輯稿》禮20之23
狐突祠	忠惠	大觀二年五月		交城縣	《宋會要輯稿》禮20之23
趙盾祠	靈通、明應		一在趙城縣，大觀二年正月賜爾廟額「靈通」。一在府谷縣，崇寧四年六月賜爾廟額「明應」，封昭烈公。	趙城縣、府谷縣	《宋會要輯稿》禮20之23
茅焦祠	貞祐	大觀三年六月	政和元年六月，封兄允濟侯，弟兄強濟侯	濱州	《宋會要輯稿》禮20之24

祠廟	賜額	賜額年月	事蹟	地點	出處
李冰廟		乾德三年平蜀，詔增飾導江縣應聖靈感王李冰廟，開寶五年廟成。	開寶七年，改號廣濟王（註32）。仁宗嘉祐八年，封靈應侯，元祐二年七月封應感公。	導江縣	《宋會要輯稿》禮 20 之 24
世濟廟（李冰長子）	世濟		李冰長子昭應顯靈公。淳熙二年七月加封昭應顯靈宣惠公。十年二月加封昭應顯靈宣惠廣祐公。十六年五月，封昭顯王，昭應顯靈宣惠廣祐王。嘉泰二年八月，加封昭靈廣惠孚祐王。	什邡縣楊村鎮洛口山	《宋會要輯稿》禮 21 之 43
蕭相國祠	懷德	紹興三十一年正月	隆興元年二月封助順文惠侯。	光化軍	《宋會要輯稿》禮 20 之 24
曹參祠	惠遠	政和四年十月	慶曆二年封崇化公	興元府褒城縣	《宋會要輯稿》禮 20 之 25
樊噲祠	威濟	崇寧四年六月	熙寧八年六月封威利侯	太平州建昌縣	《宋會要輯稿》禮 20 之 25
卓茂祠	德威	政和三年十二月	元符中置	密縣東南三十里	《宋會要輯稿》禮 20 之 25
霍光祠（本秀州華亭縣小金山祠）	顯忠	宣和二年	宣和五年封忠烈公。建炎三年五月，加封顯烈忠烈順濟公。	平江府。江灣亦有廟。	《宋會要輯稿》禮 20 之 25、《雲間志》卷中
盧文臺祠	昭利	政和四年九月		婺州金華縣白沙源	《宋會要輯稿》禮 20 之 25
張大夫行祠	威顯	紹興八年十月	隆興元年六月二十四日，張三將軍、張四將軍紹封昭肅侯。二年十月，遷封正應侯。	荊門軍（疑為軍）	《宋會要輯稿》禮 20 之 25

（註32）廣濟王：原無，據《文獻通考》卷 90 補。

祠名	封號	時間	事蹟	地點	出處
伏波祠	威武	大觀元年五月	元豐五年七月封忠顯王、紹興五年九月，加忠顯祐順王，又加封忠顯祐順靈濟王。	雷州	《宋會要輯稿》禮 20 之 25
漢伏波將軍路博德祠	忠勇	崇寧四年三月		廣州陽山縣	《宋會要輯稿》禮 20 之 26
伏波將軍新離侯路博德祠	升德	隆興二年二月	咸平二年三月詔加封號新息王	辰州	《宋會要輯稿》禮 20 之 26
			宣和中封忠烈王。紹興五年五月，加封忠烈明威廣祐王。	瓊州	《宋會要輯稿》禮 20 之 26
崔璵祠	敷靈	大觀二年七月	景裕（祐）二年七月封護國顯應公。元符二年九月，加封王。政和七年五月，加封護國顯應昭惠王。	磁州	《宋會要輯稿》禮 20 之 26
崔府君祠			廟在磁州，淳化初有民於此置廟。至道二年道內侍修廟賜額。咸平元年重修。五年賜額曰崔府君廟。景祐二年七月封護國顯應公。熙寧八年祐二年七月詔府君爾特加封號。	東京城北。一在西京 慶州	《宋會要輯稿》禮 21 之 25
方儲祠	貞應	政和七年		嚴州淳安縣	《宋會要輯稿》禮 20 之 26
	真應			歙縣	《新安志》卷 3
梁松祠	永惠	政和二年十二月	威脈公、淳熙十年九月封威脈顯祐公、十四年六月加封威脈顯祐顯昭濟公。	常德府武陵縣陽山	《宋會要輯稿》禮 20 之 26、禮 21 之 28
鮑蓋祠	靈應	崇寧二年三月	（舊號永泰廟，以犯哲宗陵名，改今額）	寧波府	《宋會要輯稿》禮 20 之 26

祠廟	賜額	封	封爵記事	地點	出處
程嬰、公孫杵臼、韓厥祠	杵德	元豐四年五月，詔封成信侯，杵臼封忠智侯，杵臼封「杵額，賜額「杵德」。	元豐三年五月，詔于杵德廟設位從祀韓厥，義成侯程嬰加封厥義成（成信）侯，崇寧二年加封厥義成侯，紹興十六年六月，信成（成信）侯程嬰加封忠節信成（成信）侯忠智侯公孫杵臼加封通勇忠智公孫杵臼加封忠定義成侯，義成侯程嬰加封忠定義成侯，二十二年七月，加封嬰曰強濟公、杵臼曰英祐公。加封嬰曰啓祐公、升為中祀。強濟公。慶元三年四月加封忠義強濟公。英略公加封忠烈啓祐公。六年啓祐公加封忠烈啓祐公、忠果四月，加封忠翼強強濟字祐公。忠果英略字應公、忠烈啓祐公祐公、開禧元年九月，加封忠翼強博濟公。忠烈利公、忠果英略字應博濟公、忠烈啓祐翊順昭利公。	原在太平縣。紹興十一年八月，建廟於臨安府。十六年別建廟於仁和縣治之西，二十二年又重以淨戒院地別建廟。	《宋會要輯稿》禮20之27、禮21之44
廉頗祠		元豐四年四月封慶澤侯		陽信縣，恩州清河縣，洛州永平縣亦有廟。	《宋會要輯稿》禮20之27
屈原祠	昭靈	元豐六年十月	一在歸州秭歸縣江北，元豐三年閏九月封清烈公。一在靖州渠陽縣，元豐六年十月賜額「昭靈」。	歸州秭歸縣江北，靖州渠陽縣	《宋會要輯稿》禮20之27
伍子胥祠（吳山廟）	忠清	雍熙二年四月詔建。改和二年七月賜額。	大中祥符五年六月封為英烈王。改紹興三十年七月，加封忠烈威顯和六年六月加封英烈威顯王。	杭州	《宋會要輯稿》禮20之28、禮21之61

祠名	封號	時間	封賜內容	地點	出處
諸葛武侯祠	忠武	政和四年	王。嘉定十七年四月改封忠武英烈威德顯聖王。	巴州	《宋會要輯稿》禮 20 之 29
			紹興三十二年十二月加封仁智忠武王。	興元府西縣定軍（軍）山	《宋會要輯稿》禮 20 之 29
		政和三年七月	襄陽府有英惠廟，係臥龍山諸葛武侯祠，紹興元年已封威烈武靈仁濟王。	瀘州瀘川縣	《宋會要輯稿》禮 20 之 29
					《宋會要輯稿》禮 20 之 29
蜀漢壽亭侯祠（關羽）	顯烈	紹聖二年五月	崇寧元年二月封忠惠公。大觀二年進封武安王。	當陽縣，一在東闕仉香寺。	《宋會要輯稿》禮 20 之 29
蜀將張飛祠	雄威	大觀二年五月賜廟額，封肅濟侯。	政和二年十二月加封武列公。	涪州樂溫縣	《宋會要輯稿》禮 20 之 29
關平祠（蜀關羽子平祠）	昭貺	崇寧元年賜廟額「昭貺廟」，封羽忠惠公。	政和二年九月封平武列靈侯。	荊門州（軍）當陽縣景德玉泉院	《宋會要輯稿》禮 20 之 29
鄧艾祠	忠愛	重和元年十二月		陽安縣	《宋會要輯稿》禮 20 之 29
	襄烈	隆興二年三月		隆慶府普安縣	《宋會要輯稿》禮 20 之 29
	忠濟	崇寧三年正月		綿州魏城縣	《宋會要輯稿》禮 20 之 29
甘寧祠			開寶六年封褒國公。元豐五年十月加號褒國武靈公。建炎四年七月加封昭毅武靈惠顯王，王妻熊氏封順祐夫人，並封其二子昭威侯、女孝懿夫人。紹興二十一年十月，加封昭毅武惠遭靈愛靈顯王。	永興縣池口鎮	《宋會要輯稿》禮 20 之 30

祠廟	賜額	年代	封號	地點	出處
張華祠（晉司空壯武郡公張華、從事雷煥）	靈應	紹興十八年十二月		延平府	《宋會要輯稿》禮20之30
卞壺祠（東晉尚書令卞壺）	忠烈	紹興九年正月	元祐八年列於祀典。	建康府	《宋會要輯稿》禮20之30、《景定建康志》卷44
晉陳壽祠	昭護	政和五年七月	紹興二十四年五月封昭德侯。乾道八年十二月加封昭德文惠侯。	果州南充縣	《宋會要輯稿》禮20之30
張覽祠（晉溫陽太守兼揚州刺史張覽）	昭惠	紹興十年	紹興十七年四月封顯濟侯。乾道四年三月，加封顯濟孚貺侯。淳熙二年九月，加封靈助顯濟孚貺侯。	池州銅陵縣利國山	《宋會要輯稿》禮20之30
沈約祠	德貺	崇寧四年十月		湖州長興縣	《宋會要輯稿》禮20之30～31
李沖祠	武德	建中靖國元年	大觀元年封忠烈王。	鄭州管城縣	《宋會要輯稿》禮20之31
姚景祠（隋將姚景）	福濟	崇寧四年二月	紹興三十年八月改封安惠王。乾道四年九月，加封安惠顯祐王，妻蕭氏封靈廳夫人，甫氏封靈祐夫人。淳熙十六年五月加封安惠顯祐應王助。嘉定二年七月加封字祐昭顯應王。	安徽縣縣鐵山	《宋會要輯稿》禮20之31、禮21之28～29
韓擒虎祠	威顯	崇寧四年	政和二年九月封靈助侯。宣和五年八月封靈貺公。	衛南縣	《宋會要輯稿》禮20之31
張道祠	昭澤	大觀三年十月		隆慶府武連縣	《宋會要輯稿》禮20之31
	廣德	崇寧四年二月		潞城縣	《宋會要輯稿》禮20之31
李靖祠		普世忠烈王廟	石晉封靈顯王，大觀元年十一月改封。	河北路磁州昭德鎮	《宋會要輯稿》禮21之56

祠廟	賜額	時間	說明	地點	出處
忠烈侯祠廟（唐右驍衛軍田居郯）			皇祐四年五月特追封忠烈侯。	溫州府	《宋會要輯稿》禮 21 之 59
			大觀元年正月封忠烈王，二年封輔世惠烈王。	解縣	《宋會要輯稿》禮 20 之 31
鄂國忠武公祠	英惠	紹興二十五年十月		荊門州（軍）長林縣	《宋會要輯稿》禮 20 之 31
狄梁公祠	顯正	紹興七年十一月		江州彭澤縣	《宋會要輯稿》禮 20 之 32
顔魯公祠（註33）	宗文	紹興三年三月	湖州府城東能仁院，一在平陽縣，紹熙三年三月賜額，從湖州廟名。		《宋會要輯稿》禮 20 之 33、禮 21 之 60
楊晟祠		建中靖國元年九月賜額。	崇寧二年十一月封勇濟侯。政和六年九月封英濟公。宣和五年八月封忠濟王。	彭州	《宋會要輯稿》禮 20 之 33
柳宗元祠	靈文	元祐七年六月	崇寧三年七月封文惠侯。紹興二十八年八月封文惠昭靈侯。	柳州	《宋會要輯稿》禮 20 之 33
裴度祠	忠感	政和二年二月		陝西	《宋會要輯稿》禮 20 之 33
王元瑋祠	遺德	乾道四年七月	寶慶三年封善政侯，淳祐九年封善政德侯。	慶元府鄞縣小溪鎮	《宋會要輯稿》禮 20 之 33、《宋代石刻文獻全編》第 1 冊 554 頁《它山遺德廟封善政侯敕》、565 頁《遺德廟加封靈德廟封靈德牒》

〔註33〕《宋會要輯稿》禮 21 之 60 為「忠烈」。

祠廟	額	時間	封號事蹟	地點	出處
劉諫議祠（唐劉蕡）	賢良	隆興二年五月		郴州	《宋會要輯稿》禮 20 之 33
韋處厚祠（唐中書侍郎昌郡公韋處厚）	康濟	紹興二十八年正月		開州開江縣盛山	《宋會要輯稿》禮 20 之 33～34
陳明府祠			紹興十四年六月封靈祐侯。	青溪縣進賢鄉拜風岩	《宋會要輯稿》禮 20 之 34
劉全祠	忠顯	建炎四年十一月	元豐封忠應公。	泉州府晉江縣	《宋會要輯稿》禮 20 之 34
花驚定祠				嘉定府	《宋會要輯稿》禮 20 之 34
李忠惠公祠			唐相李回同祠，封忠惠公。紹興六年九月加封「靈顯」二字，二十年十月加「孚應」二字。隆興二年六月，加封靈顯忠惠孚應祐德公。	建寧府建安縣利山	《宋會要輯稿》禮 20 之 34
唐咸寧郡王渾瑊祠（忠烈王廟）			元豐二年封。	陝西永興軍路丹州	《宋會要輯稿》禮 21 之 56
汪越國公祠（唐宣歙等州總管越國公汪華）	忠顯	政和四年二月	大中祥符三年三月詔加公封惠公。政和七年十二月，封英濟王。宣和四年，加顯靈。隆興二年閏十一月，以能禦災厲。加信順。乾道四年三月，進封信順顯靈英濟廣惠王。夫人錢氏。唐左武衛大將軍九隴之女。乾道五年六月追封靈惠夫人。王有八子。賜廟額忠助。乾道九年正月，賜廟璦忠助。建仕唐為朗州都督府法曹。賜費州刺史。歷費州浯川府。賜封忠惠侯。	寧國府徽州歙縣烏聊山	《宋會要輯稿》禮 20 之 34～35、《新安志》卷 1

祠廟名稱	賜額	賜額時間	封爵	地點	資料來源
			令，封忠利侯。達以征荷魯、龜茲、高昌功，襲上柱國，爵上柱國，襲封越國公、高昌功，襲上柱國，遂皆左衛勳府飛騎尉，廣封忠濟侯、遜封忠澤侯。遂封王府戶曹，封忠仁侯，爽岐王府薛王府法曹，封忠德侯，俊鄭王府參軍，封忠祐侯。		《宋會要輯稿》禮20之35
太守歐陽祐祠		崇寧元年	康定元年二月詔特封通應侯。改和六年十月封廣祐王。大觀四年十一月封其配崔氏順貺夫人。政和六年十月封忠濟妃。紹興元年三月加封「明應」二字。十一年三月又加封「威信」二字。十七年九月，加封明應威信廣祐福善王。王妻崔氏順惠妃。紹興元年三月加封「慈應」二字。十三年四月加封「昭寧」二字。十七年九月月加封嘉慶惠英淑妃。三十年，封王父王啟祐侯。母曰啟祐夫人。長子光世日嗣慶侯。長婦燕氏日嗣應侯。王次子，隆興二年八月封昭應侯。婦封廣順夫人。		《宋會要輯稿》禮20之35
二顧節度使祠（唐東川節度使顧彥亮、顧彥暉）	靈護	崇寧二年十月	崇寧五年八月，封彥亮忠祐公，彥暉忠貺公。宣和六年八月，封廟內金鈴使者爲贊利侯。紹興十一年七月，忠祐加封顯應侯，忠貺加封顯惠忠祐公。彥亮加封忠貺公，封其父曰嚴德侯，隆興二年九月，顯母曰慈忠德夫人。	潼川府	《宋會要輯稿》禮20之35～36、《宋代石刻文獻全編》第一冊409頁《劍南東川靈祠記》

蘇孝祥祠	忠貺	建炎元年六月	應忠祐公加封顯應忠祐威濟公。靈惠忠貺公加封靈惠忠貺應惠忠惠公。顯應忠祐威濟公加封協濟公。靈惠忠貺協濟惠利公。佐神贊利侯。九年正月加封惠濟利侯。	盱眙軍天長縣城西	《宋會要輯稿》禮 20 之 36
李元則祠	英澤	政和元年六月	建炎元年八月封忠顯侯。紹興二十六年十二月，加封忠顯潤濟公。	澧州澧陽縣	《宋會要輯稿》禮 20 之 36
夏魯奇祠	雄忠（忠節）	政和元年八月賜額「忠節廟」為額。	政和五年六月封鎮靈侯。紹興十八年三月加「顯烈」二字。三十二年十月又加「順濟」二字。乾道五年十二月，加封廣澤顯烈順濟靈應侯。	遂寧府小溪縣	《宋會要輯稿》禮 20 之 36
太守朱辰祠（後漢巴郡太守）	永懷	政和元年九月	宣和四年九月封勇義侯。賜額「雄忠」。乾道七年九月加封忠惠澤通義侯。	成都府廣都縣	《宋會要輯稿》禮 20 之 36～37

政和四年十二月封孚德潤侯。宣和七年七月封孚濟公。其子號朱舍人者宣和元年十二月公加特封惠祐侯。紹興元年「宣澤」二字，侯加「敷潤」二字。加封英烈孚濟宣澤公、二十八年、加封顯惠祐敷潤侯。威顯惠祐敷潤侯。乾道四年十月，加封英烈孚濟昭德公；子威顯加封威祐潤德公。惠祐敷潤惠加封威祐潤惠敷潤善利侯。

祠廟名	賜額	時間	內容	地點	出處
韓王趙普祠		紹聖三年詔建廟		真定府	《宋會要輯稿》禮20之37
韓琦祠		元祐五年十月	丁酉，詔定州韓琦祠載祀典。	定州	《宋史》卷十七，卷331頁。
韋皋祠（舊號四賢廟）	集應	政和二年十月		黎州	《宋會要輯稿》禮20之37
刺史陸瀰祠		政和三年八月	大中祥符六年九月，詔封為靈濟公。天聖六年二月封（靈濟）王。政和六年六月，封王之父為廣惠侯，母為顯懿夫人。紹興六年五月又加「昭烈」二字，十一年五月又加「助順」二字，二十三年二月，加封佑德助順靈濟昭烈王。王之父日威應惠侯，紹興六年二月加封「靈源」二字，十一年七月又加「永濟」二字，十五年七月又加「永濟」二字，十八年十一月，加封永濟靈源威應廣佑公。二十三年二月，進封字祐王。王之子，長日衍濟侯，次日協濟侯。紹興六年二月並封公，日忠顯公。十一年五月，各加二字，日廣祐，日廣惠。十五年七月，又各加二字，日永靈，日永康。二十三年二月，加封〔日〕永濟廣祐日順普惠公，日永康廣惠忠顯普應公。二十九年，紹興元年六月，封二子日廣利侯。紹興元年六月，封二子衍濟侯之妻日協濟侯妻日協惠夫人，協濟侯妻日協惠夫人；並封本廟從神神順侯妻日協惠夫人	潼川府射洪縣	《宋會要輯稿》禮20之38

祠廟	賜額	年月	封號	地點	出處
王韶祠	忠烈	崇寧三年五月	贊侯妻曰順惠夫人，及封從神千里急使者曰順應將軍。二十九年，封王第三子廣利侯妻曰昭順順惠夫人。淳熙十年十月加封字祐順靈王、祐德助順普濟昭烈王長子永寧廣祐忠順晉惠公封忠惠侯。顯普應順昭侯。父字祐永祐忠顯贊忠助順普應惠公封忠惠侯。淳熙十五年八月加封字祐永祐順晉惠顯靈王。母顯懿夫人加封顯惠嘉澤王。長子忠惠王加封忠惠嘉澤王，妻衍惠夫人加封符惠淑德夫人；次子忠惠應惠王加封協惠；妻昭惠；第三子永祐侯加封永利嘉祐侯。妻昭惠嘉靖夫人。佐神贊昭應加封昭惠順贊昭應。佐神贊昭應惠豐澤侯，妻順惠顯助夫人加封順正夫人。佐神順贊昭應豐澤侯，妻順惠顯助夫人加封順顯夫人。	邕州	《宋會要輯稿》禮 20 之 39
種世衡祠	威情	宣和五年八月		慶陽府	《宋會要輯稿》禮 20 之 39
范文正公祠	忠烈	宣和五年八月			《宋會要輯稿》禮 20 之 39
寇萊公祠	旌忠	紹聖二年建祠，紹興五年賜額。			《宋會要輯稿》禮 20 之 39
蘇忠勇公祠（蘇緘）	懷忠	元祐七年七月賜額「懷忠」，仍封忠勇公。	忠勇公		《宋會要輯稿》禮 20 之 39

祠名					出處
王承偉祠	善護	崇寧四年十二月詔增修。五年五月賜廟額「善護」。		祁州	《宋會要輯稿》禮 20 之 39
張兵部祠	昭貺	慶曆二年立祠。	政和二年八月封寧江侯。後封安濟公，並賜廟額「昭貺」。紹興十四年十月，加封安濟感應公。慶元四年四月加封安濟感應靈順顯祐公。六年十二月進封安濟靈順顯祐公。嘉泰元年二月加封靈順顯祐濟王。	錢塘縣	《宋會要輯稿》禮 20 之 39～40、禮 21 之 49
李繼和祠（順靈靈王廟）	安國公	仁宗慶曆四年六月	慶曆四年六月詔追封安國公，以「安國公廟」為額。崇寧四年二月封王。	秦鳳路鎮戎軍	《宋會要輯稿》禮 20 之 40、禮 21 之 48
蕭元禮祠		熙寧八年六月封順利侯廟。		建昌縣回坡山	《宋會要輯稿》禮 20 之 41
王吉祠	忠祐	元符二年		神堂寨作坊	《宋會要輯稿》禮 20 之 41
王太尉祠	顯忠	紹聖元年		平樂縣	《宋會要輯稿》禮 20 之 41
陳忠肅公祠（陳瓘）		紹興二十六年七月，賜諡忠肅。		延平州學	《宋會要輯稿》禮 20 之 41
何李二公祠（何承矩、李久則）		紹聖元年閏四月，詔於太平興國寺立祠。元符二年四月，詔建立祠堂州學。			《宋會要輯稿》禮 20 之 41
楊忠襄公祠（楊邦乂）	襃忠	紹興二年正月			《宋會要輯稿》禮 20 之 41

祠廟	賜額	時間	封號	所在地	出處
謝晦祠（註34）	忠清	崇寧三年	政和二年十月封順惠侯。宣和中封孚澤公。	灃州安鄉縣	《宋會要輯稿》禮20之42
趙師旦祠	忠景	崇寧三年九月		德慶府	《宋會要輯稿》禮20之42
曹覲祠	忠顯	崇寧三年九月		德慶府封（川）縣	《宋會要輯稿》禮20之42
孫冕祠	思仁	政和二年七月		海州	《宋會要輯稿》禮20之42
劉滬祠	忠勇	崇寧四年閏二月	大觀元年八月封忠烈侯。		《宋會要輯稿》禮20之42
張大守祠	興福	崇寧四年五月		吉州永豐縣	《宋會要輯稿》禮20之42
李彥仙祠（註35）	忠烈	乾道八年二月		閬州興元縣	《宋會要輯稿》禮20之42
嚴顏祠	義濟	崇寧四年七月	大觀二年四月封英惠侯。		《宋會要輯稿》禮20之42
李光祠	褒烈	乾道九年四月		寧國府宣城縣北門外	《宋會要輯稿》禮20之43、禮21之47
蕭中一祠	愍忠	紹興三十二年正月立廟，賜廟額。		武昌府	《宋會要輯稿》禮20之43
陳瓘祠	旌福	紹興二十六年二月	隆興二年二月封莊惠侯。淳熙十六年五月加封莊惠靈應侯。莊惠靖應永濟廣澤侯，嘉定四年正月進封應祐公，十四年八月加封靈祐顯應公。	延平府將樂縣	《宋會要輯稿》禮20之43、禮21之36、45

〔註34〕《宋會要輯稿》禮21之14載，順惠侯廟在江陵府。徽宗宣和五年八月封孚澤公。初封順惠侯。初封孚澤公。初封順惠侯，宣和五年八月封孚澤公，年月末見。應為一廟。

〔註35〕李彥仙祠：原作「宋會要仙祠」三字。考此條所載乃李彥仙事，詳見《宋史》卷448本傳。

祠名	賜額	時間		地點	資料來源
劉位祠	剛烈	建炎四年十月，詔建祠。紹興六年四月賜廟額。			《宋會要輯稿》禮20之43
張巡祠	英顯	紹興二三年（註36）二月		延平府城東	《宋會要輯稿》禮20之43
种師道祠	忠惠	紹興二十三年三月		敘州東門外	《宋會要輯稿》禮20之44
張汜祠	忠勇	紹興三十二年六月立廟，賜額「忠勇」。		臨安府錢塘門外西山橫春橋	《宋會要輯稿》禮20之44
周渭祠	嘉應	紹興四年五月	紹興二十九年二月封靈祐侯。	恭城縣	《宋會要輯稿》禮20之44
盧太尉祠	忠惠	紹興十七年二月		贛州提刑司廨宇內	《宋會要輯稿》禮20之44
宋皇祠	祚聖	建炎四年		明州象山縣	《宋會要輯稿》禮20之44
陳規祠	賢守（註37）	乾道八年三月		德安府	《宋會要輯稿》禮20之44
陳曉祠	威顯	乾道五年十二月		桂林府清風坊	《宋會要輯稿》禮20之44～45
池大夫祠	昭應	乾道五年十一月		建寧府崇安縣	《宋會要輯稿》禮20之45
袁王祠	昭義	乾道三年十二月		無為縣	《宋會要輯稿》禮20之45
曹都衙祠	靈濟	隆興二年十二月		衡州茶陵縣	《宋會要輯稿》禮20之45
項羽祠（西楚霸王祠）	英惠	紹興二十九年閏六月	紹興三十三（二）年十月封靈祐王。	和州烏江縣	《宋會要輯稿》禮20之50

（註36）二三年：疑當作「十三年」。蕡卒於紹興八年，見《建炎要錄》卷120。

（註37）守：原作「城」，據《宋史》卷377《陳規傳》改。

祠廟	賜額	年月	封爵	地點	出處
河間獻王祠	文英	大觀二年十二月		河間府樂壽縣	《宋會要輯稿》禮 20 之 50
長沙王祠				長沙府金精山傍	《宋會要輯稿》禮 20 之 50
焦公祠			大中祥符七年四月封明應公。乾道元年六月，加封明應英濟公。	鎮江府	《宋會要輯稿》禮 20 之 50、禮 21 之 25
趙君祠（趙變）	眞惠	大觀二年			《宋會要輯稿》禮 20 之 55
望帝祠（蜀王杜宇祠）舊號望仙帝	靈安	政和二年十一月		懷安軍金水縣金臺山	《宋會要輯稿》禮 20 之 132
水帝祠	會濟	元豐四年		江州德化縣	《宋會要輯稿》禮 20 之 132
天王祠	祐順	崇寧四年		延安府西城	《宋會要輯稿》禮 20 之 132
灌口大王祠			舊封應感公。崇寧四年七月封昭惠靈顯王廟。	慶州雲安縣西	《宋會要輯稿》禮 20 之 132、禮 21 之 23
沖大王祠	明應	大觀元年十二月		隨州城東門	《宋會要輯稿》禮 20 之 132
迎瀾大王祠	顯濟	政和二年	封靈信（應）侯。紹興十二年九月加封靈應昭侯。	揚州江都縣瓜州（洲）鎮	《宋會要輯稿》禮 20 之 132
護國明眞大王祠			宣和二年五月封助順侯。	嚴州遂安縣	《宋會要輯稿》禮 20 之 132
二神王山大王祠	輔順	紹興五年十二月	紹興十五年七月封威遠侯。隆興二年六月加封肅應威遠侯。	吉州盧陵縣永和鎮	《宋會要輯稿》禮 20 之 132
感通大王祠	靈感	紹興二十六年正月	乾道二年十二月封昭惠應侯。開禧二年五月加封濟惠昭應侯。	福州福清縣	《宋會要輯稿》禮 20 之 132、禮 21 之 50
神應王祠（扁鵲祠）		紹興十七年修。十八年畢工，並奉善濟公，即岐伯也。		兩浙路臨安府	《宋會要輯稿》禮 20 之 132~133、禮 21 之 21

祠名	賜額	時間	事蹟	地點	出處
東平忠靖王祠		嘉定間	唐封忠濟侯。宋太祖加封徽應護聖使者。熙寧五年，升濟物侯，再封忠懿文定武定寧嘉惠侯，累封東平忠靖王。	臨汀蓬（蓮）城縣南為常熟（《重修琴川志》）	《宋會要輯稿》禮20之134。《重修琴川志》卷10
廣福王祠（舊號靈岳顯應王、飛陽廟）	昭應	政和四年二月	天禧二年詔特封顯應王。熙寧八年六月封崇應公。宣和三年九月封通遠王。紹興二十四年六月封通遠善利王。乾道四年正月加封通遠善利廣福王。	泉州府南安縣	《宋會要輯稿》禮20之134、禮21之21
英烈王祠		大觀元年正月	大觀二年十二月封應聖護國英烈王。	延安府解州嘉嶺山	《宋會要輯稿》禮20之134
顯聖王祠	孚澤	大觀元年五月		雷州海康縣	《宋會要輯稿》禮20之134
感應王祠	靈祐	紹興元年四月		建寧府甌寧縣安樂鄉	《宋會要輯稿》禮20之134～135
白諸神祠（舊號靈顯王）	威濟	紹興六年正月		城南上（註38）	《宋會要輯稿》禮20之135
閩越王祠	昭祐	紹興十二年十一月（註39）	紹興元年，言者請春秋仲月祠禹於越州告成觀，饗越王句踐於其廟，以范蠡配。移歸則命郡祀如故事。淳熙十五年五月加封孚惠王。	建寧府浦城縣	《宋會要輯稿》禮20之135、《宋會要》禮21之47
峴山王祠	應誠	紹興十五年十一月		義（茂）州汶川縣	《宋會要輯稿》禮20之135

〔註38〕 疑有脫文。

〔註39〕 《宋會要輯稿》禮21之47為「昭祐」，應有一誤。

祠廟	封號	賜封年月	事蹟	所在地	出處
水平王神祠	永利	紹興十五年七月		蘇州府吳江縣〔註40〕	《宋會要輯稿》禮20之135
昭化王祠	昭祐	紹興十六年二月		延平府將樂縣	《宋會要輯稿》禮20之135
林法王祠	興福	乾道四年二月	威應侯，嘉定十四年正月加封威祐彰應侯。《仙溪志》：嘉泰辛酉，封威祐侯，尋累封彰應通靈孚順侯。淳祐間封孚祐昭德公。父累封靈濟昭貺清惠侯，母某氏封靈通惠協順夫人，妻黃氏封靈惠協助順夫人。	仙遊縣	《宋會要輯稿》禮20之135、禮21之45、《仙溪志》卷3
靈順昭應廣安濟王別祠	神惠	政和二年七月		贛州贛縣	《宋會要輯稿》禮20之135~136
平威靈王祠	靈濟	政和六年六月		常州	《宋會要輯稿》禮20之135~136
		隆興二年九月賜廟額。		建寧府松溪縣	《宋會要輯稿》禮20之136
護國王劉氏祠	順應	崇寧元年九月	乾道六年正月封威惠侯。	荔浦縣白面山	《宋會要輯稿》禮20之136
護國興都王祠	靈惠	紹興六年九月		合州子城外西南門	《宋會要輯稿》禮20之136
金城王祠	歸德	紹聖四年		蘭州	《宋會要輯稿》禮20之136
閩王郭之子祠（舊號鱸溪神）	永寧	紹興十一年九月	熙寧八年封沖濟廣應王，紹興十一年九月，加封沖濟廣應廣惠靈顯王，賜廟額「永寧」。紹定八年封沖濟廣應顯王，紹定五年，增封孚祐。	福州府閩縣	《宋會要輯稿》禮20之136、《淳熙三山志》卷8、《祠廟》

〔註40〕蘇州府：宋代於政和三年升蘇州府為「平江府」，而不稱蘇州府。

祠名	封號	時間	事蹟	地點	出處
王延棄祠	靈感	崇寧三年九月	政和四年八月，封顯正英烈王，其配張氏封順應夫人。紹興七年八月，加封顯正英烈王順祐順王，王妻應順（順應）夫人張氏加封「昭化」二字。十七年九月，加封王曰顯應昭化英烈祐順善濟王，夫人曰順應昭化慈惠夫人。	邵武縣	《宋會要輯稿》禮20之136～137
巴王祠	功顯	紹興十一年正月	偽蜀廣政中封為巴國永順王。乾道八年十一月改封靈惠侯。淳熙十六年五月加封靈字應侯。	忠州臨江縣	《宋會要輯稿》禮20之137、禮21之44
鎮吳王祠	顯濟	乾道三年六月	乾道六年正月封靈威王。	楚州瀆頭鎮（註41）	《宋會要輯稿》禮20之137
趙武靈王祠	保寧	崇寧三年二月		嵐州樓煩縣	《宋會要輯稿》禮20之137
徐偃王祠	感應	政和五年五月	紹興二十七年四月加封靈惠慈仁王。	衢州西安縣	《宋會要輯稿》禮20之137
上宮神祠			熙寧八年封聰正王廟。	欽州安遠縣	《宋會要輯稿》禮20之137、禮21之53
石連岡神祠			崇寧三年十二月封英靈順濟王廟。	朐山縣東南	《宋會要輯稿》禮20之137
靈感元應廟公祠	宣濟	崇寧二年五月	崇寧二年五月賜廟額「宣濟」，封元應公。大觀元年十月加封靈感元應公。	清源縣	《宋會要輯稿》禮20之137
	順應	政和四年六月		杷棲谷	《宋會要輯稿》禮20之138
順應公祠	順應	乾道三年十一月	神忠應顯靈昭祐公，嘉定八年九月加封忠應顯靈昭祐廣濟公，妻協濟	眉州丹棱縣東館鎮	《宋會要輯稿》禮20之138、禮21之34

〔註41〕楚州：原作「楚泗州」。考《元豐九域志》卷五，楚州淮陰縣有瀆頭鎮，瀆頭鎮鎮在楚州不在泗州，「泗」字衍，據刪。

祠廟	封號	年代	沿革	地點	出處
順政公祠		紹興十三年三月	夫人郭氏加封協濟淑德夫人、協惠夫人石氏加封協惠嘉德夫人。十三年十二月，進封忠祐王，妻鄠氏加封協濟淑德嘉懿夫人，石氏加封協惠嘉德惠靖德應夫人。	彭縣	《宋會要輯稿》禮20之138
嘉應公祠				杭州百戲巷、今秀義坊。	《宋會要輯稿》禮20之138
趙望明靈公祠	靈源	元豐八年	熙寧七年封明靈侯。元符二年十月進封公。	石州	《宋會要輯稿》禮20之138、《宋代文獻全編》第一冊726頁《敕封明靈公牒》
楊班廣應公祠			徽宗二年七月封應靈侯（註42）。政和四年十月封廣應公。	鄮城縣	《宋會要輯稿》禮20之138
林公祠	靈惠	乾道三年八月			《宋會要輯稿》禮20之138
廣澤神祠	靈澤	宣和三年	熙寧二年封惠靈侯。宣和二年封孚應公。紹興二十四年正月加封孚應顯濟公。乾道四年七月加封孚應顯濟廣惠公。淳熙元年八月加封顯濟孚應廣惠公，十年九月封孚應廣惠王。	復州景陵縣	《宋會要輯稿》禮20之138
朐嶺神祠		政和三年八月	熙寧八年封慶祐侯。宣和三年封顯濟公。	朐山縣	《宋會要輯稿》禮20之138～139

（註42）「三年」之前脫「崇寧」或「大觀」。

祠名	賜額	年代	封賜内容	地點	出處
部臺神祠			紹聖中封靈應侯。崇寧三年封襃順公廟。	銀川坡柏林山	《宋會要輯稿》禮20之139
寶臺神祠	靈祐	元符二年	崇寧四年封襃順公。	延安府綏德軍龍川城柏林山	《宋會要輯稿》禮20之139
茶陵節侯欣祠（漢長沙定王子）	福濟	崇寧四年	紹興七年八月加封「明靈」二字。十四年九月加封「威護」二字。十八年三月，加封明靈廣澤威護仁惠公。	茶陵縣	《宋會要輯稿》禮20之139
臨宗神祠	開利	崇寧四年閏二月	大觀元年正月封興寶侯，二年封美利公。	平陽府解州安邑縣〔註43〕	《宋會要輯稿》禮20之139
偃雲嶺神祠	靈濟	崇寧四年閏二月	大觀元年正月封仁施侯。二年十二月封節潤公。	平陽府解州安邑縣	《宋會要輯稿》禮20之139
梁將武平祠	惠惠〔註44〕	崇寧三年二月	政和二年十月封慈應侯。宣和中封慈烈惠公。	澧州慈利縣	《宋會要輯稿》禮20之139
護國石人大公祠			建炎三年十月封靈助侯。紹興三年三月加封「威濟」二字。	信州上饒縣靈山	《宋會要輯稿》禮20之139～140
招輯坊神祠（襄顯靈顯廟）〔註45〕	威顯	紹興九年五月	紹興二十四年五月封惠應侯。二十八年七月加封「豐澤」二字。三十二年十月又加封「靈既」二字。乾道五年十月加封惠應豐澤靈既昭濟侯。九年十二月封昭應公。	淨州興元城内〔註46〕	《宋會要輯稿》禮20之140

〔註43〕按宋解州不屬平陽府。
〔註44〕兩「惠」字當有一誤。
〔註45〕襄：疑是「舊」之誤。
〔註46〕按宋代無淨州，疑誤。

祠廟名	賜額	時間	封爵	地點	出處
東嶽宋益祠	靈應	崇寧二年十二月	紹興九年五月封昭德侯。嘉定二年七月加封時昭德惠應善濟侯。	黃梅縣黃齡洞	《宋會要輯稿》禮 20 之 140、禮 21 之 34
縣合同鵬舉祠	遺德	大觀四年	宣和七年八月封應惠侯。	紹興府上虞縣	《宋會要輯稿》禮 20 之 140
魯國唐行昺祠	靈顯（顯）	崇寧元年	宣和三年五月封應惠侯。紹興二十一年七月加「順」成「昭烈」二字。十九年七月，加封應惠順成昭烈侯。淳熙十年九月加封應惠順成德惠順協濟利侯。十四年正月加封字祐公。	永州零陽（陵）縣	《宋會要輯稿》禮 20 之 140、禮 21 之 44
後唐廖彥茂祠（舊號石鼓感應廟）	顯應	崇寧中	紹興七年八月封顯化侯。仍封其妻朱氏曰昭順夫人。三十一年十二月，侯加「惠濟」二字，夫人加「協德」二字。乾道三年五月加封顯化惠濟永利侯，妻昭順協德惠應夫人。	邵武縣	《宋會要輯稿》禮 20 之 140〜141
後唐陸大岩祠（舊號水南石岐廟）	豐應	政和元年	紹興七年八月封昭應侯，妻崔氏封昭順夫人。二十六年十二月加封日昭應靈祐侯，妻加封顯（順）靈祐夫人。	邵武縣烏田	《宋會要輯稿》禮 20 之 141
師子神祠	靈感	景祐三年十月	政和三年三月封昭祐侯。	府谷縣百勝寨	《宋會要輯稿》禮 20 之 141
郎君神祠（永康崇德廟廣祐英惠王次子）			崇寧八年八月，詔永康軍廣濟王廟郎君神特封靈惠侯。元祐二年七月封昭感公。崇寧二年加封昭惠靈顯王。政和八年八月改封昭惠靈顯真君。紹興元年十二月依舊封昭惠靈顯王，改並德觀德為廟。紹興六年四		《宋會要輯稿》禮 20 之 141〜142

王全祠		熙寧八年正月	月，加「威濟」二字。二十七年九月，加封英烈昭惠顯靈靈濟王。王子曰十五郎、十八郎，紹興七年閏十月並封侯、勇應侯。二十七年九月，曰通利侯、加封日濟美通利侯、昭覩勇應侯。廟中從神鄒舍人威濟侯妻，紹興七年閏十月封正利夫人。 熙寧八年正月賜額崇應侯。	潭州安化縣司徒鎮	《宋會要輯稿》禮 20 之 142
阜頭神祠			熙寧七年九月封顯應侯。	鄭縣	《宋會要輯稿》禮 20 之 142
右候祠	靈應	熙寧八年六月	熙寧八年六月封利順侯，仍賜爾額「靈應」。	隆興府分寧縣	《宋會要輯稿》禮 20 之 142
陳元先祠	威惠	政和三年十月	熙寧八年六月封忠澤公。宣和四年三月封忠澤公。建炎四年八月加封「顯祐」二字。紹興七年正月又加「英烈」二字。十二年八月，加封英烈忠澤顯祐康庇公。十六年七月，進封靈著王。二十三年七月，加封「順應」二字。三十年，又加封「昭列」二字。乾道四年九月加封靈著順應昭烈廣濟王。王父改贈吐萬氏，紹興二十年六月封父曰胖昌侯（註47），母曰厚德夫人。王妻種氏，建炎四年八月封恭懿夫人	漳州漳浦縣	《宋會要輯稿》禮 20 之 142 ～143

（註47）胖：原作「助」，據下文改。

祠名	額	賜額年代	事跡	地點	出處
（承前頁）			人，紹興二十年六月加封「蕭雛」二字。王子胸，紹興二十七年四月封昭既侯。乾道四年九月考胙昌侯加封胙昌開祐侯；健厚德流慶夫人；妻恭懿簫雛夫人加封昭既簫雛夫人；子昭既仁侯，曾孫詠封昭仁侯，孫封昭信侯，續封昭昭信侯。	德慶府陽春縣〔註48〕	《宋會要輯稿》禮 20 之 143
白柱神祠	孚利	建中靖國元年	元豐元年三月封嘉應侯。元豐元年四月封嘉舉侯。	黔州彭水縣	《宋會要輯稿》禮 20 之 143
靈鎮侯祠	豐惠	政和四年十月	元豐元年封靈鎮侯。	江陵府城南息壤	《宋會要輯稿》禮 20 之 143
大家峽神祠（元號順天富國進寶大王廟，舊傳神郭氏。）	峽山	元豐五年九月	崇寧四年四月封靈慶侯。	峽州真陽縣	《宋會要輯稿》禮 20 之 143
蓋竹村神陳洼祠	威慶	政和五年八月	唐封保靈侯。元豐七年封威靈侯。紹興五年十二月加封「翊順」二字。十年閏六月，加封顯靈翊順威惠侯，仍封妻董氏日慈惠夫人；子三人並封侯，日協信、日協義、日協濟。	建寧府建陽縣	《宋會要輯稿》禮 20 之 143
伏靫陳汪二神祠	孚應	元豐七年三月	元符元年十一月，封陳氏靈符侯，汪氏靈祐侯，陳氏改和二年四月，汪氏…	建寧縣	《宋會要輯稿》禮 20 之 143～144

〔註48〕按宋陽春縣隸南恩州，不屬德慶府（康州）。

制度下的神靈——兩宋時期政府與民間關於信仰的溝通

神祠	封號	年份	事蹟	地點	出處
洪澤鎮三神祠	會應	元祐八年	封寧惠公，汪氏封靈順公。宣和六年七月，汪氏封廣順王、陳氏封廣惠。紹興二十四年八月，加封曰惠王英順王、曰廣英順王。	淮陰縣	《宋會要輯稿》禮20之144
平夏城三神祠	昭順	崇寧四年十一月	俗傳馬、王、康舍人嘉應侯。崇寧四年十一月賜廟額「昭順」，及封其一曰順應侯、二曰順祐侯、三曰順佑侯。	平夏城	《宋會要輯稿》禮20之144
蓼奈神祠（註49）	靈祐	元符二年七月	崇寧四年封昭順侯。	膚施縣暖泉寨（註50）	《宋會要輯稿》禮20之144
七寶神祠		元符二年	崇寧五年八月封豐應侯。乾道八年二月加封通利豐靈應侯。	韶州曲江縣岑水場	《宋會要輯稿》禮20之144~145
漢源鎮神祠	惠濟	崇寧元年	政和元年三月封嘉端侯。	黎州	《宋會要輯稿》禮20之145
蒔竹城神祠	靈應	崇寧元年	大觀元年四月封威德侯。	武岡	《宋會要輯稿》禮20之145
龍岩神祠	靈嚴	崇寧元年九月	大觀元年五月封顯施侯。	南雄州保昌縣楊歷山（註51）	《宋會要輯稿》禮20之145
烈石谷神祠	靈泉	崇寧元年九月	大觀元年十月封英濟侯。	大原府陽曲縣	《宋會要輯稿》禮20之145
父子谷神祠	靈泉	崇寧元年十二月	宣和五年，封父忠護侯、子忠嗣侯。	梁泉縣豆積山	《宋會要輯稿》禮20之145

〔註49〕本祠奉祀史、寶合人。

〔註50〕按暖泉寨在今陝西米脂東，宋屬綏德軍，而不屬膚施（今延安）。其詳見《宋史》卷87《地理志》三永興軍路綏德軍。

〔註51〕南雄州：原作「南雄府」。南雄州在宋代屬廣南東路，未嘗為府。見《宋史》卷90《地理志》。

祠廟	封號	年月	封爵沿革	所在地	出處
晉〔桓〕彝祠	靈惠	崇寧二年	大觀元年九月封忠烈公。宣和三年閏五月封忠顯王。紹興十五年七月加「康正」二字，三十一年十二月又加「祐正」二字。妻孔氏，十六年八月封懿順夫人。又封王諸子，次男西陽太守、贈平南將軍云為嗣慶侯、第三男荊州闕史、贈司空諮為溫恭侯、第四男散騎馬馬為靖易侯、第五男侍中、車騎將軍、贈興古大尉沖為端愨侯、贈武略侯縱為尉敏侯。加封三年顯忠顯康濟英烈王。乾道八年封「封丁」下當守俞縱為端愨侯。乾道三年閏七月、加封祐正忠顯康濟英烈王。妻懿順夫人，乾道八年封「封丁」下當有脫文。	建康府溧縣湖山（註52）	《宋會要輯稿》禮20之145～146
蕭蓋祠	靈貺	崇寧三年八月	崇寧四年二月封嘉惠侯。	永寧軍博野縣	《宋會要輯稿》禮20之146
溪扶（註53）廷尉神祠	豐利	崇寧三年二月	改和六年十月封昭利侯。	慶州雲安縣北	《宋會要輯稿》禮20之146
石瞻神祠	貞濟（註54）	崇寧四年三月	紹興十三年二月封昭應侯。淳熙十一年二月加封昭應永利侯。	邛州蒲江縣長秋山大清觀	《宋會要輯稿》禮20之146、禮21之45
山口神（何昌期神祠）	仁應	崇寧四年三月	乾道二年十月封善利侯。	廣州陽山縣（註55）	《宋會要輯稿》禮20之146

（註52）按溧縣即令安徽溧縣，屬甯國府，不屬建康府。

（註53）溪扶：疑當作「溪嘉」。扶嘉，漢初朐人（令重慶雲陽縣西）人，曾為廷尉，見葛洪《西京雜記》。

（註54）《宋會要輯稿》禮21之45為「貞濟」。

（註55）按陽山屬連州，不屬廣州。

祠名	賜額	時間	加封記載	地點	出處
水南神胡雄祠	博濟	崇寧四年四月	崇寧五年十二月封靈著侯。紹興十四年二月加「勇護」二字，二十九年九月又加「廣澤」二字。乾道四年三月，加封勇護廣澤靈著廣水濟侯。	贛州虔化縣	《宋會要輯稿》禮20之146～147
雲頂山神李逐祠（並子李承榮祠）	惠應	崇寧四年六月	偽蜀封利國王。政和二年九月封逐昭祐侯、承榮靈助侯。紹興二十八年，山神昭祐侯加封昭祐順成侯，子靈助侯加封靈助濟侯；又封佐神安仲吉曰通濟侯。隆興二年六月，昭祐靈濟侯妻封慶善夫人，子靈助順成侯妻封翊祐夫人，佐神通濟侯妻封顯德夫人。	懷安軍金水縣	《宋會要輯稿》禮20之147
雷唐神祠	解澤	崇寧五年正月	紹興二十七年六月封昭應。	柳州馬平縣	《宋會要輯稿》禮20之147
何道者祠	真應	崇寧中	紹興二十六年正月封靈顯侯。	光澤縣龍興院	《宋會要輯稿》禮20之147
顯惠（侯）祠（昭祐顯聖王長子）	豐澤	大觀元年		真寧縣	《宋會要輯稿》禮20之147
廣澤（侯）祠（昭祐顯聖王次子）	廣澤	大觀元年		真寧縣	《宋會要輯稿》禮20之147
盎漿神祠	靈滋	大觀元年正月	大觀二年封仁惠侯。	解縣壇道山	《宋會要輯稿》禮20之148
松花神祠	昭祐	大觀元年三月	大觀二年十月封積仁侯。	虞鄉縣方山	《宋會要輯稿》禮20之148
旱神李氏祠	顯惠	大觀元年四月	紹興六年十月封普濟侯。	衡州常寧縣	《宋會要輯稿》禮20之148
山洞神銀氏祠	應誠	大觀元年九月	紹興十一年正月封威武侯，仍封其廟白馬神曰靈顯侯。	陽朔縣都樂鄉東	《宋會要輯稿》禮20之148

祠廟名稱	封號	年代	事蹟	地點	出處
延靈溪神吳興興祠	字應	大觀元年十一月	紹興二十一年十二月封義勇侯。	莆田縣	《宋會要輯稿》禮 20 之 148
陳元初祠婺州武義縣	彰惠	大觀二年	紹興二年十月封昭靈墨侯；又封本廟龍女三娘為濟濟夫人（註56）。		《宋會要輯稿》禮 20 之 148
臨河埽神祠	宣濟	大觀二年	大觀二年賜廟額「宣濟」封宣濟順侯。	臨河縣	《宋會要輯稿》禮 20 之 148
鄉社神祠（舊號大官）	祥應	大觀元年五月	宣和四年封靈惠侯。	莆田縣官弄村	《宋會要輯稿》禮 20 之 149
黃沙嶺神祠（舊號侯）	光澤	大觀二年五月		上洛縣	《宋會要輯稿》禮 20 之 149
三莫神祠（莫廷浪、莫廷湧、莫廷相三神祠）	靈助	大觀二年七月	大觀二年七月賜廟額「靈助」，並封日廣威、日廣化、日廣寧。	灌州	《宋會要輯稿》禮 20 之 149
松溪神朱徹祠	廣利	政和元年正月	隋封通靈侯。宣和三年六月封威顯顯王（侯）。乾道九年十一月加封威顯敏敏應侯。	臨安府新坡縣	《宋會要輯稿》禮 20 之 149
朱侍中祠	忠惠	嘉定三年五月		松溪縣	《宋會要輯稿》禮 21 之 39
李太保祠	庇民	政和元年	宣和五年八月封靈貺侯。淳熙十六年五月加封靈貺順應侯。	建寧府建陽縣	《宋會要輯稿》禮 20 之 149、禮 21 之 18
袁氏祠	果利	政和元年	紹興九年九月加封（嘉）惠侯。二十六年二月，加封嘉惠字人侯。隆興二年六月，加封明應嘉惠字人侯。乾道六年二月，加封明應嘉惠永濟字人侯。	常州宜興縣	《宋會要輯稿》禮 20 之 149

（註56）濟濟：當有一「濟」字誤。

祠名	封號	時間	封爵事蹟	地點	出處
張大保祠			政和二年八月封靈祐侯。	臨安府昌化縣	《宋會要輯稿》禮 20 之 150
黃岡神祠	嘉應	政和三年七月	宣和四年六月封普應侯。	武岡縣	《宋會要輯稿》禮 20 之 150
曹靖祠	靈應	宣和三年閏五月	宣和三年閏五月封昭應侯，賜廟額「靈祐」。	湖州	《宋會要輯稿》禮 20 之 150
光口神鄧氏祠	靈川	政和四年六月	政和七年二月封德濟侯。	眞陽縣	《宋會要輯稿》禮 20 之 150
宥郎君祠	靈孚	政和五年三月	紹興二十六年十二月封明益惠濟侯。	衡州子城蕭湘門外	《宋會要輯稿》禮 20 之 150
稻田神祠	孚惠	建炎二年八月	紹興三十二年九月封靈應侯。	贛州寧都縣	《宋會要輯稿》禮 20 之 150
李先鋒祠	靈祐	建炎三年正月	紹興四年八月封威勝侯。三十二年，加封「顯應」二字。乾道三年六月，加封威勝顯應英濟侯。	延平府城東	《宋會要輯稿》禮 20 之 151
狀口神祠	威顯	紹興元年二月	世傳漢丞相陳平之後，開寶五年封靈通護境王。紹興十九年八月封靈貺侯。淳熙十年十月加封靈貺英惠昭護侯。	福州永福縣	《宋會要輯稿》禮 20 之 151、禮 21 之 43、《淳熙三山志》卷 8
忠烈侯祠		建炎四年七月		溫州樂清縣	《宋會要輯稿》禮 20 之 151
官莊神祠	顯祐	紹興元年三月	乾道二年十二月封神惠侯。寶祐三年加封廣濟。	仙遊縣	《宋會要輯稿》禮 20 之 151、《仙溪志》卷 3
源陂神祠		紹興二年四月	紹興二年五月加封嘉顯字濟侯。	撫州府崇仁縣	《宋會要輯稿》禮 20 之 151
梅川神祠	德威	紹興二年四月	紹興二年四月賜廟額「靈祐」（《淳熙三山志》為紹興元年）從神聖者封梅川將軍。紹興三十年十一月加封梅川昭顯侯。淳熙十三年五月加封昭顯永濟侯，嘉定二年正月加封昭顯永濟孚祐侯。	福州閩清縣	《宋會要輯稿》禮 20 之 151、禮 21 之 47、《淳熙三山志》卷 8

祠廟	額	年月	封賜	地點	出處
巨板神祠			紹興十一年八月封德威侯。	建寧府建陽縣	《宋會要輯稿》禮 20 之 151
顯助侯祠	敏應		紹興五年閏二月封顯助侯。十七年十月，封其妻曰昭順夫人。	潭州衡山縣南嶽北門	《宋會要輯稿》禮 20 之 151~152
楊花二神祠	威祐	紹興四年五月	紹興二十六年二月，封楊氏曰昭惠侯，妻曰翊惠夫人；花氏曰威濟侯，妻曰協濟夫人。	泉州府同安縣九躍山	《宋會要輯稿》禮 20 之 152
靈濟顯祐侯祠		紹興六年十二月	紹興七年四月封靈濟侯。乾道三年十二月加封靈濟顯祐侯。	眉州眉山縣漢光武廟內之側	《宋會要輯稿》禮 20 之 152
弋陽三神祠	威衛	紹興九年四月	正弋陽大王、東曰冀公大神，西曰土地正神。紹興二十五年八月，並封侯、中位神曰威惠、東位神昭惠，西位神曰靈應（惠）。三十一年正月，各加二字，曰「顯應」、「順應」、「字應」。三十二年九月，加封曰英格威惠顯應侯、武格昭惠惠順應侯、忠格字（靈）惠靈（字）應侯。	定城縣弋陽（城）西隅	《宋會要輯稿》禮 20 之 152
御筆張氏祠			紹興十年六月封美權侯。二十年六月加封「效靈」二字，二十六年十月又加「閏物」二字，乾道二年三月，加封美權效靈閏物廣祐侯，妻范氏封協濟夫人。慶元三年六月加封世濟公，妻協濟夫人加封協濟昭惠夫人。嘉定八年八月，累封世濟惠應廣祐公，妻累封協濟昭惠順應惠德夫人。	建寧府建安縣北苑	《宋會要輯稿》禮 20 之 152、禮 21 之 38

祠名	名	時間	封賜事蹟	地點	出處
御賜蔣氏祠	靈滋	紹興十年六月	紹興十年六月封敷澤侯，仍賜廟額「昭順」二字，二十六年十月又加「顯濟」二字。乾道二年三月，加封敷澤昭順顯濟應靈侯，妻同氏封祐德夫人。慶元三年六月進封祐德公。至嘉定八年，封祐德善利侯。妻封祐德濟顯應夫人，累封利濟顯應昭慈夫人。〔善〕利協濟昭慈夫人。	建寧府建安縣北苑	《宋會要輯稿》禮20之152～153、禮21之50
錢清鎮神祠（舊號鎮駐師侯祠）	冥護	紹興十四年	紹興三十一年封顯祐侯。《嘉泰會稽志》載：紹興三十年敕賜冥護廟，仍封顯祐侯。淳熙十五年加封顯祐昭烈。慶元五年加號昭順。	紹興府蕭山縣	《宋會要輯稿》禮20之153、《嘉泰會稽志》卷6《祠廟》
北鎮神祠（舊號北鎮將軍廟）	武祐		紹興十四年（《嘉泰會稽志》為紹興十一年）封顯應侯。三十年十月加封靈助顯應侯。	紹興府蕭山縣	《宋會要輯稿》禮20之153、《嘉泰會稽志》卷6
任使君祠	順應	紹興十五年閏十一月	乾道三年十二月封靈應侯。	雅州嚴道縣長濱江口	《宋會要輯稿》禮20之153
福頂神祠	昭惠	紹興十九年二月	紹興十九年二月封普濟侯，賜廟額「昭惠」，三十一年十一月加「威顯」二字。乾道普濟侯。淳熙二年十二月，加封普濟威顯侯。淳熙十三年三月加封靈應威顯普濟侯。慶元三年正月封威顯靈應普濟公。	福州侯官縣	《宋會要輯稿》禮20之153、禮21之40
何穆祠	英惠	紹興二十七年八月	乾道五年正月封善應侯。慶元二年八月加封善應孚濟侯，妻封協惠夫人。	莆田縣	《宋會要輯稿》禮20之153、禮21之41

祠廟	賜額	時間	封號	地點	出處
上堂山青公祠	靈惠	紹興二十七年十二月	乾道二年正月封善應侯。	寧國府黟縣（註57）	《宋會要輯稿》禮20之153
陳（註58）羨道祠	惠應	紹興三十年十二月	乾道三年九月，陸羨道封靈濟侯，妻封贊福夫人。	光澤縣西館	《宋會要輯稿》禮20之153～155
古神祠	威德	紹興三十一年十一月	乾道四年十一月封靈威侯。	巴州（同慶）難江縣	《宋會要輯稿》禮20之155
柳太保祠	忠祐	紹興三十一年五月	紹興三十一年五月加封崇應威顯侯，賜廟額「忠祐」。	紹興府長樂軍（註59）	《宋會要輯稿》禮20之155
石柱神祠	顯應	紹興三十年六月	隆興二年十一月封淵蕭侯。淳熙十一年三月加封淵蕭孚濟侯，嘉定十七年四月加封淵蕭孚濟廣祐侯。	福州長樂縣	《宋會要輯稿》禮20之155、禮21之34、《淳熙三山志》卷8《祠廟》
西宮神祠	威惠	紹興七年四月	偽閩封護邑侯。紹興十九年五月封靈助侯。三十一年十月，加封嘉顯（靈）助侯。	泉州府德化縣	《宋會要輯稿》禮20之155
威濟侯祠	惠應	隆興元年二月	靜濟永應侯，淳熙十年十一月加封靜濟永應昭德侯。淳熙十二年正月加封威濟昭順侯。	崇慶府新津縣修覺山	《宋會要輯稿》禮20之155、禮21之36
忠烈侯祠	靈惠	乾道三年十一月	龍神，嘉定九年九月賜額。	臨安府新城縣塔山	《宋會要輯稿》禮20之155、禮21之40
高聖三郎祠	保光	隆興二年十月	乾道八年十二月，高聖三郎封忠惠侯，四郎封英惠侯，五郎封壯惠侯，七郎封烈惠侯。	隆興府奉新縣	《宋會要輯稿》禮20之155～156

（註57）按黟縣屬徽州，不屬寧國府。

（註58）陳：下文作「陸」，當有一誤。

（註59）按長樂軍在今四川珙縣東，宋屬潼川府路。

祠名	別稱	年月	封號	地點	出處
二使者祠			大觀元年三月封靈祐、靈護侯。	建康府茅山元符萬寧宮	《宋會要輯稿》禮 20 之 156
三石神祠	靈石	大觀四年三月	政和七年五月封，一曰靈澤侯、二曰靈潤侯、三曰靈澈侯、建炎二年五月封靈澤侯曰廣澤侯、靈潤侯曰重澤公。乾道四年五月，加封廣澤公曰博濟廣澤公、豐潤公加封曰豐潤周施公、惠澈公加封惠澈普洽公。嘉定十七年七月，加封廣澤博濟孚祐顯應公、豐潤施周應昭廣祐應公、惠澈普洽協祐順應公。	江山縣江郎山	《宋會要輯稿》禮 20 之 156、禮 21 之 51
五通神祠		政和三年二月	政和九年五月封嘉惠侯。	嘉慶府施州清江縣連珠山（註60）	《宋會要輯稿》禮 20 之 156
五郎侯祠（五郎、田靖共、田靖獻、田靖國、田靖方、田靖邦祠。）		宣和六年七月	紹興十一年三月並封侯，田靖共曰武平侯、田靖獻曰武順侯、田靖國曰武靖侯、田靖邦曰武威侯、田靖方曰武信侯。二十三年五月，各加封二字，曰威顯、惠顯、勇顯、英顯。三十年四月，又各加二字，曰廣利、廣祐、廣濟、廣休、廣應。乾道四年四月，武平威顯廣利侯加封昭德侯、武威顯廣利侯加封武泰靈顯德侯、武泰靈顯廣	建寧縣	《宋會要輯稿》禮 20 之 156～157

〔註60〕施州屬夔州路，無所謂「嘉慶府」。

祠廟		年月	封號	地點	出處
			濟侯加封武威顯廣濟昭烈侯、武順廣（英）顯廣休侯加封武順英顯廣休昭義侯、武信勇顯廣應侯加封武信勇顯廣昭貺侯、武威惠顯廣祐昭惠惠顯廣祐武威惠顯廣祐加封武威惠顯廣祐昭續侯。	常山縣水北	《宋會要輯稿》禮 20 之 157
康穆二神祠	靈濟	紹興三十年十一月	隆興二年七月，康儲軍封昭祐侯，穆三郎封嘉惠侯。乾道五年三月，昭祐侯加封昭祐廣利侯，嘉惠侯加封嘉惠普祐侯。	韓嶺之側	《宋會要輯稿》禮 20 之 157
五顯靈觀祠	靈順	大觀三年三月	宣和五年正月封，一曰通祐侯，二曰通佑侯，三曰通澤侯，四曰通惠侯，五曰通濟侯。紹興二年通貺二年，各於侯爵上加一字，曰善應、曰善助、曰善利、曰善及、曰善順。十五年八月，各加二字，曰昭德、曰昭信、曰昭義、曰昭成、曰昭慶。是歲，信州別廟封，令一體稱呼。乾道三年九月，通貺善福昭德德通貺侯、通貺善助昭貺德通祐信永休侯、通澤善利昭義侯、通祐善助昭貺德通祐義侯加封通祐善利昭義侯通惠善及昭成承康侯、通惠善及昭慶侯加封通濟承寧侯、通濟善順昭濟善善侯加封通濟	寧國府婺源縣	《宋會要輯稿》禮 20 之 157～158

祠廟名稱	封號	時間	敕文	地點	出處
張將軍祠（註61）			善順昭慶永嘉侯。淳熙元年五月，通貺善助昭德永休侯封顯福公，通祐善利昭信永康侯封顯洛公，通澤善及昭慶永成永嘉侯封顯靈公。十一年二月，顯應永嘉侯封顯靈公加封顯應昭慶公，顯祐公加封應昭慶既公，顯濟公封顯靈昭濟公，顯靈昭濟公封顯寧昭濟公，顯寧昭濟公封顯寧昭德公。	閩州興元（註63）	《宋會要輯稿》禮 20 之 158
	英節	崇寧三年六月	大觀元年十二月封顯顯王。（註62）大觀三年二月封昭烈侯。隆興二年二月加封昭烈惠應侯。淳熙十七年七月加封昭烈惠應順助廣靈侯，開禧元年十一月封英惠侯，嘉定三年二月加封英惠顯應侯，十年九月加封英惠顯應博濟公，十四年四月加封英惠顯應顯濟祐公。	建寧府政和利縣	《宋會要輯稿》禮 20 之 158、禮 21 之 50
楊大將軍祠（唐驃騎大將軍楊德舉）	寧遠	大觀三年五月		階州福津縣	《宋會要輯稿》禮 20 之 158～159

〔註61〕 按「張將」下疑脫「軍」字。

〔註62〕 顯顯：當有誤。是歲，以樞密宣撫處置使司張浚言：邊人侵犯蹂上、陰佑中興、忠烈助順、英靈如在。其神舊封安國公，乞加王爵。

〔註63〕 按閩州無興元縣，未知指何地。

祠廟	封號	時間	內容	地點	出處
馮將軍祠（此指東漢馮緄）	濟遠	崇寧二年	開寶三年封應靈侯。熙寧九年封惠順應公。崇寧三年九月封惠順（應）王。紹興十五年七月，王父封安侯。二十二年四月，王弟降虜校尉允封協恭侯。三十年八月廉、郎中鸞封濟美侯。三十年八月，封惠應王母曰衍慶夫人，王妻曰顯祐夫人。王弟協恭侯妻曰淑慎順祐夫人，王子濟美侯妻曰淑靜夫人。隆興元年九月改封曰淑靜夫人，以本州島為言，所封「淑」字下一字犯宗嫌名，乞改封故也。乾道八年十一月，惠應王加封惠應昭澤王。	榮（渠）州流江縣	《宋會要輯稿》禮 20 之 159、《宋代石刻文獻全編》第一冊 421 頁《渠州濟遠廟封惠應王牒》
	英顯	紹興十七年八月	唐封崇靈公。大中祥符二年五月，詔修葺所須官給。熙寧十年封昭惠公。	贛州瑞金縣	《宋會要輯稿》禮 20 之 159
陳將軍祠			熙寧八年六月封廣利侯。	新興縣	《宋會要輯稿》禮 20 之 159
通澤將軍錢氏祠				紹興府上虞縣釣臺山	《宋會要輯稿》禮 20 之 159
客神將軍祠	勤濟	建中靖國元年二月	大觀元年二月封寧惠侯。紹興七年閏十月，封其妻靜惠夫人。十七年五月加「陰濟」二字。二十七年九月又加「翊順」二字。隆興二年九月，加封翊順寧惠陰濟威武侯。	永康導水（江）縣崇德廟左	《宋會要輯稿》禮 20 之 159～160

祠名	廟額	時間	封號	地點	出處
焦將軍祠		崇寧二年二月	大觀四年正月封甘澤侯。	襄垣縣	《宋會要輯稿》禮 20 之 160
馬將軍祠	武威	政和元年五月	政和元年十一月封英惠侯。紹興二十八年七月，加封「忠勇」二字。隆興元年九月，加封忠勇英惠昭濟侯。	黎州漢陽（源）縣大渡河	《宋會要輯稿》禮 20 之 160
小將軍祠			政和五年九月封揚侯。宣和七年五月封嘉應公。紹興六年二月加封「普惠」二字。九年十月又加「永寧」二字。二十九年四月加封今號。	茂州	《宋會要輯稿》禮 20 之 160
聶將軍祠	威惠	紹興二年閏四月	紹興二年閏四月封顯應侯，並賜廟額「威惠」。	臨江軍清江縣	《宋會要輯稿》禮 20 之 160
王將軍祠	應應（註64）	紹興二年閏四月	紹興三十一年十二月封靈濟。	隆興府新建縣樵舍鎮	《宋會要輯稿》禮 20 之 160
閩越二將軍祠（舊福州南臺二神）	普應	紹興五年閏二月		汀州	《宋會要輯稿》禮 20 之 160
保寧將軍祠	永靈	紹興五年七月	紹興九年五月封顯祐侯。慶元二年八月加封壯顯祐通應侯，妻封協惠夫人。	湖州府德清縣新市鎮土地	《宋會要輯稿》禮 20 之 161、禮 21 之 43
郭將軍祠	威鎮	紹興六年十一月	紹興十三年十二月封忠應侯。	泉州府南安縣（註65）	《宋會要輯稿》禮 20 之 161
周將軍祠（舊號平西將軍廟）	英烈	紹興七年正月	紹興九年封忠勇仁惠侯。二十六年二月加封忠勇仁惠鄜陽太	常州府宜興縣	《宋會要輯稿》禮 20 之 161

〔註64〕應應：當有誤。

〔註65〕按：宋代泉州未曾升為府，不當云「泉州府」。後面數條同。

祠廟	賜額	封爵年月	封爵內容	地點	出處
韓將軍祠	威信	紹興八年六月	守禦，紹興九年封基德侯，二十六年二月封基德應兄目侯。神之妻盛氏封恭懿夫人。紹興九年並封侯：長曰靖，封濟美侯；次曰祀，封光領，封昭禮侯，封昭義侯。二十六年二月，各加二字，長曰濟美廣應侯，次曰光靈祐侯，次曰承慶永康侯，次曰壽皇聖帝降興二年六月加封〔忠惠仁勇〕侯（忠惠仁勇）〔忠勇仁惠〕兼利侯。乾道六年正月加封（忠惠仁勇）兼利義濟侯。	信州永豐縣古城山	《宋會要輯稿》禮 20 之 161、禮 21 之 26
蘇將軍祠	崇祐	紹興十一年正月	紹興十五年八月封靈惠侯。乾道四年正月加封靈惠顯應侯。淳熙十年八月加封靈惠顯應嘉貺侯。	臨安府鹽官縣	《宋會要輯稿》禮 20 之 161～162
鄧將軍祠	靈衛	建炎中	紹興二十三年十月封顯應侯。	延平府沙縣（註66）	《宋會要輯稿》禮 20 之 162
三將軍祠	靈顯	紹興二十六年正月	隆興二年二月，第一位封明應侯，第二位封定應侯，第三位封靖應侯。	衡州耒陽縣	《宋會要輯稿》禮 20 之 162
五將軍祠	靈濟	紹興三十年六月		龍平縣	《宋會要輯稿》禮 20 之 162
威南將軍祠	忠惠	紹興三十一年六月		桂林府陽朔縣	《宋會要輯稿》禮 20 之 162

（註66）延平府：按宋代稱南劍州，明清時方稱延平府。

祠廟	賜額	賜額年月	封爵	地點	出處
景福將軍祠	惠應	乾道二年七月		邛州大邑縣高山	《宋會要輯稿》禮 20 之 162
護境將軍祠	靈應	乾道二年十月		處縣（註 67）	《宋會要輯稿》禮 20 之 162
靈應將軍祠	顯祐	乾道二年四月		延平劍浦縣長沙里	《宋會要輯稿》禮 20 之 162
戴將軍祠	順應	隆興元年十月		安慶路桐城縣石潭里（註 68）	《宋會要輯稿》禮 20 之 162
縣令張府君祠	昭烈	紹興二十三年六月	淳熙元年七月封英烈侯。	桐城縣	《宋會要輯稿》禮 20 之 163、禮 21 之 47
唐西原府君蘇土評祠	遺烈	紹興十七年十二月	乾道元年九月封昭應侯。	柳州	《宋會要輯稿》禮 20 之 163
屠山神田府君祠	靈貺	崇寧元年十二月		澧州石門縣	《宋會要輯稿》禮 20 之 163
衛州百門廟		真宗咸平元年		衛輝府共城縣	《宋會要輯稿》禮 21 之 51
盧府君祠			政和四年四月封宣澤侯。	共城縣（註 69）	《宋會要輯稿》禮 20 之 163
陳明府君祠	顯應	紹興八年十月	乾道八年十一月封靈祐侯。	紹興府嵊縣	《宋會要輯稿》禮 20 之 163
鄧明君祠			崇寧三年封普潤侯廟。	華陰縣	《宋會要輯稿》禮 20 之 163
祭長官祠	德孚	政和三年十二月		密縣	《宋會要輯稿》禮 20 之 163
顏長官祠	忠應	乾道六年正月		泉州德化縣	《宋會要輯稿》禮 20 之 164
薛長官祠	靈輝	乾道八年十一月		紹興府嵊縣尖山下	《宋會要輯稿》禮 20 之 164
徐郎祠	昭應	紹興二十九年五月		光澤縣鸞鄉	《宋會要輯稿》禮 20 之 164
馮大郎祠	順濟	紹興三十年七月		浙江臨安府	《宋會要輯稿》禮 20 之 164

〔註 67〕處縣：按宋無處縣，「縣」當為「州」之訛；或是「處州□□縣」，脫去數字。

〔註 68〕按宋稱安慶府，元始稱安慶路。

〔註 69〕在右石門神顯聖靈源公廟中，父老傳為百（右）門神。

祠廟名	賜額	年月	封爵／事蹟	地點	出處
范二郎祠	靈祐	宣和三年閏五月		臨安府新城縣	《宋會要輯稿》禮20之164
四郎神祠	忠信	重和元年十二月	偽蜀封忠信王。	簡州陽安縣	《宋會要輯稿》禮20之164
張七郎祠	靈休	宣和三年閏五月		新（臨）安府新城縣	《宋會要輯稿》禮20之164
蕭七郎祠	廣祐	紹興二十七年十月		雅州西安縣州城南	《宋會要輯稿》禮20之164
二聖祠	善應	崇寧二年		柳州融江寨〔註70〕	《宋會要輯稿》禮20之164
	應感	大觀元年九月		懷寧縣	《宋會要輯稿》禮20之165
三聖祠	普應	改和七年五月	宣和三年十二月封，一曰會澤侯，二曰顯潤侯，三曰威潤侯。紹興九年各加二字，曰廣利，曰慈濟，曰廣澤。乾道二年八月，會澤侯加封會澤濟孚應侯；顯潤侯加封顯潤廣利靈應侯；威潤侯加封威潤昭惠靈應侯。	鄂州江夏縣	《宋會要輯稿》禮20之165
			紹興元年十月，威潤王封昭列王昭然善應威惠王，威顯王封中顯昭應王，會澤王封忠惠順應王。〔註71〕	利尚原	《宋會要輯稿》禮20之165
劉氏、馬氏二神祠	善應	崇寧二年六月		柳州融江寨	《宋會要輯稿》禮20之165
曹村埽神祠	靈澤	元豐元年		濮陽縣	《宋會要輯稿》禮20之165
沙墩神祠	崇惠	元豐八年		盱眙縣	《宋會要輯稿》禮20之165

〔註70〕按融江寨在融州，不在柳州，見《宋史》卷90。下文「劉馬二神祠」條同。

〔註71〕知樞密院事、宣撫處置使張浚沒言：是歲捍禦金賊，祈禱山神、土地、黑龍王潭祠，創立三聖神祠，四戰皆捷。移塞據黃牛嶺，本境小雨，房塞大風兩壹，折木震屋，達霄而去。乞加封焉。

神祠	封號	年月	事蹟	地點	出處
虎鄉神祠	顯仁	崇寧二年		岳陽縣西山	《宋會要輯稿》禮 20 之 166
杉岡神祠	仁惠	崇寧四年四月		廣州府連山縣（註72）	《宋會要輯稿》禮 20 之 166
城東門神祠	靈祥	崇寧五年十月建，仍賜廟額「靈祥」。		龍興縣	《宋會要輯稿》禮 20 之 166
嚴瀨神祠	孚貺	大觀二年	乾道三年十二月加封英惠應侯。	隆州仙井監	《宋會要輯稿》禮 20 之 166
開劍神祠	靖遠	大觀三年三月		隆慶府劍門縣	《宋會要輯稿》禮 20 之 166
蘇明神祠	惠應	宣和四年正月		紹興府嵊縣	《宋會要輯稿》禮 20 之 166
靈澤神祠	嘉澤	政和七年九月		衢州江山縣	《宋會要輯稿》禮 20 之 166
輔教神祠					《宋會要輯稿》禮 20 之 166
李司空神祠	威顯	紹興二年閏四月		隆興府豐城縣	《宋會要輯稿》禮 20 之 166～167
述陂神祠	昭應	紹興三年五月	淳熙十五年十一月封孚惠侯。	撫州府臨川縣招賢鄉	《宋會要輯稿》禮 20 之 167、禮 21 之 35
聚四堂神祠	顯祐	紹興十三年十二月		嘉定府犍爲縣玉津鎮	《宋會要輯稿》禮 20 之 167
錢清鎮神祠	靈助	紹興十四年六月	助戰神，淳熙十五年十月封顯應侯。	紹興府山陰縣錢清鎮江南岸	《宋會要輯稿》禮 20 之 167、禮 21 之 50
劉城神祠	仁濟	隆興二年十一月		隆興府南昌縣	《宋會要輯稿》禮 20 之 167
西館靈感神祠	惠應	乾道二年九月			《宋會要輯稿》禮 20 之 167
醫靈神祠	慈濟	乾道二年十月	忠顯侯，嘉定元年五月加封忠顯英惠侯。惠澤夫人，嘉定十三年五月加封惠澤靈應夫人。	泉州同安縣，一在火井縣。	《宋會要輯稿》禮 20 之 167、禮 31 之 30

〔註72〕廣州：原作「康州」。按連山縣，宋代屬賀連州，明代連州，宋代屬廣州府，《永樂大典》按明代政區，可見「康州」「廣州」之誤。

祠廟	賜額	賜額年月	封爵事蹟	所在地	出處
赤崖神祠	靈威	乾道三年十二月	淳熙十三年五月封善利侯。	潼川府中江縣	《宋會要輯稿》禮 20 之 167、禮 21 之 47
南宮神祠	英顯	乾道七年正月		沅州盧陽縣花山繡崖下	《宋會要輯稿》禮 20 之 167
	發靈	乾道四年十月		隆興府武寧縣巾口市	《宋會要輯稿》禮 20 之 167
東門神祠	敏應	乾道五年十二月		邵武軍泰寧縣（註73）	《宋會要輯稿》禮 20 之 168
沈槎神祠	靈槎	紹興二年閏四月	乾道三年罔七月封顯應侯，左位神封侯、右位神封嘉應侯。	隆興府豐城縣	《宋會要輯稿》禮 20 之 168
楊班祠	感應	元豐八年	崇寧二年七月封靈應侯。政和四年十月封廣應侯。		《宋會要輯稿》禮 20 之 168
郭成祠	仁勇	崇寧元年			《宋會要輯稿》禮 20 之 168
折御卿祠	顯忠	崇寧二年五月		宜芳縣	《宋會要輯稿》禮 20 之 168
漢符嘉祠（註74）	豐利	崇寧三年		雲安軍雲安監	《宋會要輯稿》禮 20 之 168
古靈竈祠（註75）（舊號開峽廟）	開福	崇寧三年正月		成都府金水縣	《宋會要輯稿》禮 20 之 168
昭顯後祠	靈貺	政和二年十二月		渭州白馬縣鑿隄	《宋會要輯稿》禮 20 之 168
造父祠	慶祚	政和三年十二月		趙城縣	《宋會要輯稿》禮 20 之 168～169

（註73）邵武軍：原作「興化軍」，據《宋史》卷 89《地理志》改。

（註74）扶：原作「符」，據葛洪《西京雜記》、《方輿勝覽》卷五八雲安軍改。

（註75）為傳說中的古代蜀王，見《後漢書·張衡傳》注引揚雄《蜀王本紀》，今據乙正。

巴子祠	承順	政和五年十一月十日		嘉定府武寧縣（註76）	《宋會要輯稿》禮20之169
史崇祠（俗傳為史祖）	顯惠	大觀元年正月		建康府溧陽縣	《宋會要輯稿》禮20之169
陳勝祠（秦末陳王勝古聖祠）	英惠	紹興十年五月		蘄縣	《宋會要輯稿》禮20之170
應氏祠	昭義	乾道三年十二月		莆田縣	《宋會要輯稿》禮20之170
周德威祠				池州南一十里段柳村	《宋會要輯稿》禮20之170
白馬祠	英貺	政和二年四月		隆德寨	《宋會要輯稿》禮20之171
白馬三郎祠	昭應	紹興八年四月		衢州常山縣淳河鄉雙石塔山	《宋會要輯稿》禮20之171
渠渡廟	靈濟	慶元二年	嘉泰二年六月封廣惠侯。淳祐十一年封崇福公。景定四年封崇福昭公。咸淳五年封崇福昭貺益靈公。	武岡軍渠渡團	《宋代石刻文獻全編》第1冊528頁《渠渡廟賜額靈濟渠渡團》
武烈英護鎮閩王廟	武濟	宣和二年十一月	昔漢遣使封王為閩粵王，唐大中十年建祠，後唐長興元年閩忠懿王復追封為閩粵王，皇朝因之，號顯聖武勇王。六年，進封為鎮閩王。建炎四年，王加封武烈。紹興三十一年，王加封英護，夫人封贊靈。		《淳熙三山志》卷8《祠廟》
明德贊福王廟			累封王，至本朝為明德贊福。		《淳熙三山志》卷8《祠廟》

〔註76〕按武寧縣在今重慶市萬州區西南，宋代屬夔州路萬州，不屬嘉定府。

忠勇孝節

名　稱	廟額	賜廟額時間	爵　位	地　點	資料來源
董孝子祠（後漢董黯）	純孝	政和四年五月		明州	《宋會要輯稿》禮 20 之 47
孝子蔡順祠	惠感	政和七年正月		隆州井研縣	《宋會要輯稿》禮 20 之 47
孝子蔡定祠	愍孝	紹興四年二月		紹興府子坡東河岸	《宋會要輯稿》禮 20 之 47、《嘉泰會稽志》卷 6《祠廟》
姜詩孝感祠	孝感	崇寧元年閏六月	乾道元年十一月，加封靈濟孝應侯，妻順穆夫人加封贊祐順穆夫人，父昭利侯加封通顯昭利侯，母靜惠夫人加封數德靜惠夫人。靈濟孝應昭利侯、嘉定元年十二月加封靈濟孝應通顯昭祐英烈侯，父通顯昭利加封昭祐英烈侯、母數德靜惠加封數德靜惠順惠夫人，妻贊祐順穆加封贊祐順穆德惠夫人、子協濟侯加封靈祐協濟英烈侯。十四年四月，靈濟孝應協濟侯進封孝顯公、父進封宣慶公、子加封協濟宣慶永福侯。	漢州德陽縣	《宋會要輯稿》禮 21 之 49
忠義吳公祠（吳玠）	忠義	紹興十年正月		文州〔註 77〕長舉縣仙人關	《宋會要輯稿》禮 20 之 47～48

〔註 77〕文州：當為「興州」之誤。據《宋史》卷 89《地理志》，興州屬利州路，開禧時當啟改沔州，其屬縣有長舉縣，境內有仙人關。

	忠烈					
					吳玠葬德順軍隴幹縣，今雖隔在敵境，松楸甚盛，歲時祀享不輟，賜額曰忠烈。益聞有廟，亦梁、益間也。故西人至今但謂之吳忠烈云。	《老學庵筆記》卷五
旌忠唐公祠（唐琦）	旌忠	建炎四年五月建廟，賜額「旌忠」。		紹興府東南塔子橋馬軍營側		《宋會要輯稿》禮20之48
旌忠姚公祠	旌忠	紹興三十二年正月立廟，賜額。		建康府	姚興，紹興三十一年，父子俱戰死。事聞，詔贈容州觀察使，即其寨立廟。既復淮西，又立廟戰所，賜額旌忠。	《宋會要輯稿》禮20之48、《宋史》卷453
旌忠張公祠（張叔夜）	旌忠	紹興二十三年十一月建廟，賜額。		信州永豐縣靈鷲寺側		《宋會要輯稿》禮20之48
顯忠趙公祠（趙立）	顯忠	紹興二年二月，賜額。		楚、泗州、漣水軍		《宋會要輯稿》禮20之48~49
登勇馬俊祠	登勇	紹興四年正月立廟，賜額。		太平州當塗縣慈湖鎮巡檢寨		《宋會要輯稿》禮20之48~49
登勇張公祠（張子蓋）	登勇	紹興三十二年六月立廟，賜額。				《宋會要輯稿》禮20之49
忠節廟		隆興元年七月立廟賜額。	王珙			《宋會要輯稿》禮21之60、《宋史》卷453
		乾道四年三月立廟賜額。	富州觀察使朱勇			《宋會要輯稿》禮21之60、《宋史》卷34

祠廟名	賜號	立廟賜額時間	事蹟	地點	出處
忠義廟		淳熙十五年十二月賜額。	喬仲福、張環兩	廬州府	《宋會要輯稿》禮21之60
		慶元元年正月賜額。	誰王、孟彥卿、趙民彥、劉玠、趙事之祀	潭州	《宋會要輯稿》禮21之60
	忠義		北宋先鋒張惠侯之神、四月初一日祭。	巢吉山	《宋會要輯稿》禮21之60
忠勇廟	忠勇	乾道四年三月立廟賜額。	果州團練使韋崇嶽		《宋會要輯稿》禮21之60、《宋史》卷34
陳亨祖祠	閔忠	乾道三年	立廟於光州，賜名「閔忠」。	光州	《宋會要輯稿》禮20之169、禮21之62、《宋史》卷34、453
范旺祠	愍節	紹興六年立廟，二十八年八月賜廟額。		延平府順昌縣巡檢寨	《宋會要輯稿》禮20之169～170
鍾溪神祠	忠利		淳熙二年十月封昭惠侯。嘉定六年三月進封忠順公。至十四年九月，累封孚祐忠順赫靈公，佐神開鋒引戰將軍封守英烈將軍、斬邪採事將軍封正利將軍。	慶符縣橫江寨	《宋會要輯稿》禮21之60
忠濟廟			孚澤公、淳熙十年十二月加封孚澤顯應公。	澧州安鄉縣	《宋會要輯稿》禮21之60
忠祐廟			程昌禹、淳熙元年正月封威顯侯。	常德府	《宋會要輯稿》禮21之60
褒忠廟		隆興二年十一月立廟賜額。	魏勝	楚州	《宋會要輯稿》禮21之62

廟名	封號	賜額時間	事蹟	地點	出處
			知州李誠之，嘉定十五年二月封正節侯，通判秦鉅封義烈侯，仍立廟。賜今額。秦鉅、封義烈侯，與李誠之皆立廟蘄州之事，並著忠顯。	蘄州	《宋會要輯稿》禮 21 之 62
			史府君，嘉定元年二月封忠祐侯。	丹棱縣鱗鱟峽	《宋會要輯稿》禮 21 之 62
		乾道元年十月賜額。	王政	道州	《宋會要輯稿》禮 21 之 62、《夷堅志》支甲卷第十《褒忠廟》
昭忠廟		淳熙十三年五月賜額	和王楊存中祠，淳熙十三年五月賜額。	廬州府巢縣	《宋會要輯稿》禮 21 之 62
愍忠廟		紹興九年十一月賜額	鍾紹庭，紹興九年十一月賜額。	陝州	《宋會要輯稿》禮 21 之 62
顯忠、報忠廟		乾道二年三月	和義郡王楊存中祖宗閔、父震，乾道二年三月賜額。	湖州	《宋會要輯稿》禮 21 之 62
	武節	紹定三年	紹定三年，殿前司將胡斌，戰死之後，有司立廟，贈武節大夫，授官，立廟。端平三年，因舊廟賜額。	邵武	《宋史》卷 42、卷 449
			宗室趙師積死尤溪之戰，立廟林嶺。	林嶺	《宋史》卷 42、卷 449
		淳祐八年	詔淮東制置司於泗州立廟，祠夏璋及張智潤、田智潤父子，賜額以旌忠節。	泗州	《宋史》卷 43

淳祐九年詔邊郡各立廟一，賜額曰褒忠，凡沒於王事忠節顯著者，並祠焉，守臣春秋致祀。《宋史》卷 43

賜號	年代	地點	事蹟	出處
	開慶元年		開慶元年，以段元鑒、楊禮堅守城壁，歿於王事，詔立廟賜額。	《宋史》卷44
	景定元年	臨江	景定元年，詔臨江守臣陳元桂戰死節，官五轉，給絹襚十萬治葬，立廟死所，諡號正節。	《宋史》卷45
	景定元年五月		詔贈呂文信寧遠軍承宣使，立廟賜額。	《宋史》卷45、卷454
忠壯	咸淳四年		詔故修武郎姚濟死節，立廟、賜額，賜額曰忠壯。	《宋史》卷46
報忠	咸淳四年		故守合州王堅賜廟額曰報忠。	《宋史》卷46
忠顯	咸淳九年		詔鄂州左水軍統制張順，沒身戰陣，贈寧遠軍承宣使，官其二子承信郎，立廟京湖，賜廟額曰忠顯。	《宋史》卷46
			呂祉。慶元間詔立廟賜額，以旌其忠。	《宋史》卷370
旌忠	淳熙五年	西和州	強霓，城陷死焉，興州駐劄御前諸軍統制吳挺言於朝，並贈觀察使，立廟西和州，賜額旌忠。	《宋史》卷35、452
褒忠		楊、泰二州	吳從龍，紹定兵難，為先鋒，授不至，被擒，使至泰州城下誘楊、泰二州降，不屈，死之。廟祀楊、泰二州，賜額褒忠。	《宋史》卷452
忠武		淮安	耿世安，戰死，立廟淮安，賜額忠武。	《宋史》卷454

名稱	廟額	賜廟額時間	事　蹟	地　點	資料來源
			丁蠔，嘉熙三年，蠔力戰死之。蠔帥蜀，為政寬大，蜀人思之。事平，賜蠔立廟。		《宋史》卷 454
	忠烈	紹興三十二年	岳飛，紹興三十二年七月十三日聖旨，紹興以一品之禮，葬于鄂州，立廟鄂州，賜額忠烈。	鄂州	《金佗續編》卷十四
永樂三侯廟	旌忠	紹興初	高將軍名永能，程閣使名博古，景思誼名思忠。賜廟額景忠，儀名思誼。賜各封爵。	臨安柴埡橋之東	《梁溪漫志》卷十
護國旌忠廟	旌忠	紹興元年	護國三聖：忠烈靈應王，慶元三年六月封忠烈靈應澤王；忠顯昭應王，加封忠顯昭應孚濟王；忠惠順應王，加封忠惠順應孚祐王。	紹興府	《宋會要輯稿》禮 21 之 62、《嘉泰會稽志》卷 6《祠廟》
忠肅廟（王編）	忠肅	嘉定四年			《政媿集》卷 60

隱士方外

名　稱	廟額	賜廟額時間	爵　位	地　點	資料來源
隱士衛大經祠	景行	大觀元年正月	大觀二年封靈通侯。	解州解縣	《宋會要輯稿》禮 20 之 50
邵知祥祠	廣濟	紹興十三年七月	熙寧八年六月封仁安靈王。紹興十三年七月賜廟額。二十九年六月加封「忠顯」二字。乾道二年五月，加封忠顯仁安靈昭王。	嚴州建德縣烏龍山	《宋會要輯稿》禮 20 之 50～51
處士周樸祠	剛顯	紹興十年八月	隆興二年十一月封惠節侯。嘉定十四年五月加封惠節孚應侯。	福州侯官縣	《宋會要輯稿》禮 20 之 51、禮 21 之 43、《淳熙三山志》卷 8《祠廟》

祠名	賜額	賜額年月	加封事略	所在地	資料出處
廉若水祠	清靈	隆興二年二月		建寧府建寧縣（註78）溪東	《宋會要輯稿》禮 20 之 51
張天師祠	昭靈	紹興八年正月	熙寧十年封保普真人。紹興三十年十二月，加封「妙應」二字。爾中寧海鎮順濟濟神女爾靈惠夫人，紹興三十年十二月加封靈惠昭應夫人。並爾中羅山土地封咸濟濟侯。乾道三年二月加封保普妙應普祐真人。	福州福清縣、別祠在莆（莆）田縣岩溪山蒲江口奧，慶元元年二月加封廣威濟侯，妻曹氏封封應夫人。	《宋會要輯稿》禮 20 之 51、禮 21 之 43、《淳熙三山志》卷 8
方士趙炳祠	靈康	元豐七年十二月	崇寧二年十一月封仁濟侯。大觀二年十一月封顯仁公。政和三年四月封靈順王。宣和四年加廣惠。慶元二年加善應。開禧三年改封靈祐顯祐黃惠威烈王。父忠澤侯加封靈變忠澤侯，母贊祐夫人加封贊祐顯惠夫人，妻協順夫人加封昭助協協順夫人。	台州臨海縣白鶴山	《宋會要輯稿》禮 20 之 51、禮 21 之 49、《嘉定赤城志》卷 31
水仙王祠	嘉澤	乾道六年二月		臨安府	《宋會要輯稿》禮 20 之 51
湖仙祠	真濟	隆興元年三月		吉州安福縣	《宋會要輯稿》禮 20 之 52
烏君山仙人祠	真濟	崇寧中		光澤縣	《宋會要輯稿》禮 20 之 52
張仙公祠	殊應	政和二年八月		銅鞮縣	《宋會要輯稿》禮 20 之 52
仙人何氏祠	靈惠	紹興七年六月	乾道二年十二月封嘉應侯。寶慶二年加封惠利。	仙遊縣	《宋會要輯稿》禮 20 之 52、《仙溪志》卷 3

（註78）建寧當屬有建安縣、甌寧縣、建陽縣，而無建寧縣，當有誤字。

制度下的神靈——兩宋時期政府與民間關於信仰的溝通

祠名	賜號	賜號年月	封賜	所在地	出處
程仙師祠			紹興八年四月封道濟大師。乾道四年三月加封道濟法慧大師。	果州西充縣南岷山降真觀	《宋會要輯稿》禮20之52
陸仙人祠	通惠	政和三年六月	紹興四年六月封普應侯。	慶州麗水縣	《宋會要輯稿》禮20之52
簡寂陸先生祠					《宋會要輯稿》禮20之52
廬源第三谷祠	靈豐	元豐七年	崇寧二年三月封善應真人。淳熙元年九月加封孚惠善應真人。	建昌軍南城縣	《宋會要輯稿》禮20之52、禮21之50
江陵岑昱祠			熙寧十年封靈鑒真人。	嘉定府南浦縣武龍山	《宋會要輯稿》禮20之52
神仙尸鑛祠（舊號四極大明公）			建中靖國元年封靖明真人。	江州德化縣	《宋會要輯稿》禮20之52～53
孫思邈祠	靜應	崇寧二年	崇寧二年賜號妙應真人。	耀州華原縣磬玉山	《宋會要輯稿》禮20之53、《宋代石刻文獻全編》第三冊391頁《感德軍五臺山靜應廟額敕並加號妙應真人告詞》
李相公祠			崇寧四年六月改封昭惠靈顯王。政和八年加封昭惠顯靈靈顯真人。	遂寧府小溪縣	《宋會要輯稿》禮20之53
縈隱先生祠	靜應真人	崇寧四年七月賜廟額「靜應真人」。		榮德縣榮隱山（註79）碧潭洞	《宋會要輯稿》禮20之53
晉范長生祠（范文，字子元）	潔惠	大觀二年八月	政和三年九月封妙感真人。	成都府溫江縣招賢觀	《宋會要輯稿》禮20之53
魏子騫祠	會真	政和三年十二月	紹興十八年閏八月封沖妙真人。	建安府崇安縣武夷山	《宋會要輯稿》禮20之53
妙寂真人祠	仁惠	紹興十五年十二月	紹興二十六年十二月封妙寂真人。	衡州衡陽縣長樂鄉	《宋會要輯稿》禮20之53

〔註79〕榮隱山：原作「滎陵山」，據《方輿勝覽》卷64《紹熙府》改。

祠廟				地點	出處
嚴君平祠			紹興十年十一月封妙通真人。	漢州綿竹縣	《宋會要輯稿》禮 20 之 53
九華混一真人公祠	順應	紹興二十年四月		普城縣東山	《宋會要輯稿》禮 20 之 53～54
劉真人祠			紹興二十六年正月封靜應真人。	瀘州合江縣安樂山延真觀	《宋會要輯稿》禮 20 之 54
妙感真人文仙公祠			紹興二十九年四月加今封妙感惠應真人。	邵州新化縣文仙山靈真觀	《宋會要輯稿》禮 20 之 54
沖素真人祠			紹興三十二年十月加封沖素普應真人。	郴州蘇仙觀	《宋會要輯稿》禮 20 之 54
元應真人祠			紹興十年十一月加封元應善利真人。	天台縣天台山桐柏觀	《宋會要輯稿》禮 20 之 54
李阿真人祠			乾道七年十一月封觀妙真人。	嘉定府夾江縣	《宋會要輯稿》禮 20 之 54
羅真人祠（舊號永元真人）			崇寧三年五月封普濟真人。	綿州羅江縣羅璝山	《宋會要輯稿》禮 20 之 54
壽春真人祠			紹興二年閏四月加封壽春安隱真人。	隆興府豐城縣大江北岸升仙觀	《宋會要輯稿》禮 20 之 54
赤松子祠			崇寧元年封赤松靈虛真君。	延平府將樂縣玉華洞	《宋會要輯稿》禮 20 之 54～55
句曲真君祠			大觀元年閏十月修，大茅君盈加號大元妙道沖虛真君、中茅君固加號定籙至道沖靜真君、小茅君衷加號三官保命微妙沖惠真君，又加白鶴三茅真君廟。	建康府句容縣茅山元符觀	《宋會要輯稿》禮 20 之 55

名　稱	廟　額	賜廟額時間	爵　位	地　點	資料來源
			元豐三年，封江州廬山太平興國觀九天採訪使者爲應元保運眞君	江州廬山太平興國觀	《宋會要輯稿》禮 21 之 4
			元豐三年，封蜀州青城山丈人觀九天丈人爲儲福定命眞君。	蜀州青城山丈人觀	《宋會要輯稿》禮 21 之 4
顯祐顯應眞人廟			前漢王眞人遠，嘉定七年十月封顯眞人；後漢陰眞人長生，封顯應眞人。	豐都縣平都山景德觀	《宋會要輯稿》禮 21 之 17
靈應眞君廟			熙寧八年十二日，詔大順城眞武特加號。	慶州	《宋會要輯稿》禮 21 之 64
沖應二眞君廟			熙寧八年七月，詔崇仁縣上仙觀王、郭二眞人特加封號。		《宋會要輯稿》禮 21 之 64
文淸顯靈廣祐眞君廟			顯靈廣祐眞（眞）君，嘉定十四年五月加封。	羅江縣㶉羅山	《宋會要輯稿》禮 21 之 64
顯道廟（烏山廟）		政和間	晉之隱者		《兩宋名賢小集》卷 142

女神

名　稱	廟　額	賜廟額時間	爵　位	地　點	資料來源
舜二妃祠（君山湘君祠）	順濟	崇寧三年正月	元豐三年八月封端德侯	岳州巴陵縣	《宋會要輯稿》禮 20 之 57
溫夫人祠	孝通	大觀元年二月	元豐元年正月封永濟夫人	肇慶府端溪縣秦悅城	《宋會要輯稿》禮 20 之 57
柔應夫人祠（張龍公妻石氏祠）			元豐三年四月封柔應夫人	潁上縣	《宋會要輯稿》禮 20 之 57

祠廟	賜號	賜額時間	封號記事	地點	出處
孝烈夫人祠		元豐三年九月	元豐三年九月封孝烈夫人，仍賜額。	北平縣	《宋會要輯稿》禮 20 之 57
靈華夫人祠	凝真	元豐中	宣和四年六月改為凝真觀。紹興二十一年五月封妙用真人。	夔州巫山縣	《宋會要輯稿》禮 20 之 57
淑靈夫人祠（汝州梁縣峴山子神祠）	靈峰	熙寧八年十月	熙寧八年十月封淑靈夫人，仍賜額「靈峰」。	汝州梁縣峴山	《宋會要輯稿》禮 20 之 57
二惠夫人祠（舊號靈靈仙祠）	慈濟	崇寧三年四月	崇寧四年十二月，封順惠、明惠二夫人。	靈寶縣	《宋會要輯稿》禮 20 之 57~58
靈德夫人祠（晉陽魏國元女）	靜應	崇寧三年五月		懷州河內縣	《宋會要輯稿》禮 20 之 58
顯應夫人祠	沖濟	大觀元年	大觀二年五月加封淑惠神妃。宣和三年六月封淑惠澤靈神妃。	永興軍萬年縣終南山炭谷口太一湫	《宋會要輯稿》禮 20 之 58
石夫人祠	誠惠	宣和四年四月	紹興三十一年五月封誠澤德夫人。	寧波府奉化縣日嶺山	《宋會要輯稿》禮 20 之 58
靈澤夫人祠	嘉惠	改和元年賜額。紹興二年十一月賜額「嘉惠」。		建康府城東	《宋會要輯稿》禮 20 之 58、《宋代石刻文獻全編》第三冊《建康府嘉惠廟牒》
賈夫人祠	善應	紹興十年十二月		如皋縣	《宋會要輯稿》禮 20 之 58
母夫人祠	慈感	紹興二十一年八月		鎮江府丹陽縣白虎塘	《宋會要輯稿》禮 20 之 58~59
儋耳夫人祠	寧濟	紹興二十一年十一月	紹興三十二年十一月封顯應夫人。		《宋會要輯稿》禮 20 之 59

祠名	封號	賜額年月	封賜情況	地點	出處
昭惠夫人祠（臨桂縣三山崖頭神祠，舊稱開天御道娘。）	靈慈	紹興二十八年六月	紹興三十二年閏二月封昭惠夫人。紹熙四年八月加封昭惠靈應夫人。	臨桂縣	《宋會要輯稿》禮 20 之 59
			淑靜夫人淳熙十六年正月加封淑靜善應夫人。嘉定元年九月加封嘉應善利妃。	平樂縣誕山	《宋會要輯稿》禮 21 之 22
三位夫人祠	博濟	紹興三十一年二月	乾道八年十一月，第一位封靈惠夫人，第二位封協惠夫人，第三位封贊惠夫人。	功（邛）州蒲江縣鹽井	《宋會要輯稿》禮 20 之 59
嶧磯夫人祠	靈澤	元豐元年十一月	元豐元年十一月賜額「靈澤」，仍封靈澤夫人。	太平州燕湖縣	《宋會要輯稿》禮 20 之 59
昭濟聖母祠	慈濟	崇寧三年六月	熙寧元年封昭濟聖母。政和元年二月加封顯靈昭濟聖母。二年七月改封靈顯昭濟聖母。	平晉縣	《宋會要輯稿》禮 20 之 59
小孤山聖母祠（聖母安濟夫人別祠）	惠濟	紹興五年八月詔令立廟，六年五月賜額「惠濟」。	隆興元年二月，加封助順安濟夫人。	宿松縣小孤山	《宋會要輯稿》禮 20 之 59
大孤山聖母祠	顯濟	紹興十八年九月		江州彭澤縣	《宋會要輯稿》禮 20 之 60
聖母婆婆祠	慈感	紹興二十年六月	淳熙十六年七月封淑惠夫人。	南寧府古祿鎮	《宋會要輯稿》禮 20 之 60、禮 21 之 49
神母祠（摩芋山代王夫人，趙襄子姊）			建中靖國元年封惠應夫人。	忻州定襄縣	《宋會要輯稿》禮 20 之 60
龍母祠	靈濟	崇寧二年	崇寧三年正月封靈濟夫人。紹興二十年十月，加封靈濟惠濟夫人。	道州營道縣	《宋會要輯稿》禮 20 之 60
青水灣龍母祠			熙寧八年六月封惠濟夫人。	梧州興業縣綠秀嶺	《宋會要輯稿》禮 20 之 60

祠廟	賜額	賜額時間	封號	地點	出處
橫山井龍母祠	灝靈	紹興七年八月	紹興十二年十月封淵濟夫人。	常州晉陵縣	《宋會要輯稿》禮 20 之 60
白龍母祠	靈濟	紹興二十九年四月	乾道四年正月封靈濟為顯應夫人。（《吳郡志》卷志）	平江府長洲縣陽山顯慶禪院	《宋會要輯稿》禮 20 之 60、《吳郡志》卷 13
龍母溫姥祠	異應	崇寧三年八月		梧州[註80] 岑溪縣	《宋會要輯稿》禮 20 之 60
葛姥祠	善應	崇寧元年			《宋會要輯稿》禮 20 之 60
太姥神祠	德濟	元豐元年五月賜額「德濟」，封善利夫人。	紹興二年二月加封「靈顯」二字。特封靈應妃。十一年二月加「助順」二字。三十二年十月，加封孚顯靈應助順妃。淳熙十一年三月加封孚顯靈應助順昭惠妃。	無為軍巢縣焦湖	《宋會要輯稿》禮 20 之 61、禮 21 之 28
慈姥祠	慈濟	紹興二十八年六月	乾道二年八月封嘉惠夫人。	眉州青神縣	《宋會要輯稿》禮 20 之 61
班姬神祠	文惠	崇寧三年五月	乾道三年五月	廣信軍	《宋會要輯稿》禮 20 之 61
神女祠	順濟	宣和五年八月	紹興二十六年十月封靈惠夫人。三十年十二月加封靈惠昭應夫人。乾道三年正月加封靈惠昭應崇福夫人。	興化府莆田縣	《宋會要輯稿》禮 20 之 61
神女祠	靜應	宣和五年八月	宣和五年八月封昭應夫人，賜額「靜應」。	平城縣	《宋會要輯稿》禮 20 之 61
神女蕭氏祠	清惠	大觀三年八月封顯祐夫人，仍賜額「清惠」。	紹興十年正月加封「廣慈」二字。二十一年十一月又加「恭懿」二字。三十二年，加封孚應廣慈顯祐恭懿夫人。乾道二年六月封昭德妃。	臨桂縣	《宋會要輯稿》禮 20 之 61

〔註80〕按岑溪縣屬藤州，非梧州。

祠名	封號	時間	封贈	地點	出處
龍女祠	慈沾	崇寧五年八月	大觀二年十一月封懿澤夫人。紹興十九年十月加「善利」二字。三十年九月加「昭應」二字，後又加封嘉德懿澤善利昭應夫人。	文州曲水縣	《宋會要輯稿》禮20之61～62
三川寨龍女祠	靈祐	元符二年八月		三川寨妙娥山	《宋會要輯稿》禮20之62
宛胡寨龍女祠	靈澤	崇寧二年十月		宛胡寨	《宋會要輯稿》禮20之62
龍女潭神祠	惠應	崇寧二年十二月		龍州同慶縣（註81）	《宋會要輯稿》禮20之62
清溪龍女祠	昭應後改爲靈貺	大觀二年四月賜廟額曰「昭應」。政和四年十二月改「靈貺」。	政和五年十一月封通惠夫人。	峽州遠安縣	《宋會要輯稿》禮20之62
薯頭潭龍女祠	德施	大觀二年六月		普州	《宋會要輯稿》禮20之62
赤面山龍女祠	惠澤	政和二年十一月	宣和三年八月封潤德夫人。	成都府金水縣	《宋會要輯稿》禮20之62
仙姑山龍女祠	宣惠	政和四年三月		黎州浦江縣	《宋會要輯稿》禮20之62
漁陽井龍女祠	靈惠	紹興十一年十月	紹興十一年十一月封昭濟夫人。	萬州	《宋會要輯稿》禮20之62～63
江堤龍女祠	通惠	紹興十七年八月		遂寧府小溪縣東城外	《宋會要輯稿》禮20之63
龍女祠	靈懿	紹興二十一年十月		嘉定府夾江縣平岡鄉龍神廟	《宋會要輯稿》禮20之63
南岸龍女祠	利澤	乾道八年八月		合州	《宋會要輯稿》禮20之63
二股河龍女祠	靈懿	熙寧五年五月		東昌府高唐州恩縣	《宋會要輯稿》禮21之27

〔註81〕按宋代无同慶縣，只有同慶府。本爲成州（治今甘肅成縣），理宗時升爲同慶府，疑本條即指此地，但又與龍州（今四川平武東南）无關。

祠廟名稱	封號	年代	敕封內容	地點	出處
齊賈掃箒津龍女廟（順濟夫人廟）			皇祐三年三月，詔齊賈掃箒津龍女廟特加封號。	河北東路	《宋會要輯稿》禮 21 之 52
仙女祠	靈應	乾道八年十一月		臨安府縣新婦洞	《宋會要輯稿》禮 20 之 63
女仙祠（女仙張麗英）			崇寧二年封靈泉眞人。	虔州度化縣金精山	《宋會要輯稿》禮 20 之 63
二女仙祠（樂氏二女）	眞澤	崇寧四年八月	政和元年三月，封爲沖惠、沖淑眞人。	隆德府慈關縣紫團山	《宋會要輯稿》禮 20 之 63、《宋代石刻文獻全編》第一冊 741 頁《眞澤廟牒》
丁氏女祠	靈應，後改爲順應	大中祥符七年詔立廟。崇寧四年閏二月賜「靈應」廟額。紹興十九年二月，改賜「順應」廟額。	天聖十年二月，封安濟夫人。	眞州長蘆鎮	《宋會要輯稿》禮 20 之 63～64
張魯女郎祠	慈福	崇寧三年		隴州汧源縣	《宋會要輯稿》禮 20 之 64
梁女祠（梁六惜賢之女）	靈祐	政和二年四月	元符二年九月封慈感夫人。政和二年四月，加賜靈衛。賜額「靈祐」。乾道三年十一月，加封慈感顯祐善利夫人。	平江府承天寺	《宋會要輯稿》禮 20 之 64
羅氏女祠（君山靈妃廟）		咸平三年八月詔重修建。	元豐五年二月，封孝烈靈妃，仍封其弟爲孝感侯。紹興二十六年十二月賜額「淑濟」。乾道二年八月，加封慈濟孝烈靈妃、弟孝感侯加封靈潤孝感侯。	岳州巴陵縣	《宋會要輯稿》禮 20 之 64

祠廟名		日期	事跡	地點	出處
三姑潭祠（唐路守應三女參安《楞嚴》契悟。）				溫州府瑞安縣	《宋會要輯稿》禮 20 之 64
馬氏五娘祠	靈感	紹興七年八月			《宋會要輯稿》禮 20 之 64
遊江七娘祠	慈應	乾道元年四月	靜嘉顯祐昭德協濟夫人，嘉定十三年八月進封嘉應妃。	桂林府臨桂縣甘家市	《宋會要輯稿》禮 20 之 64～65、禮 21 之 37
慧感廟			女神濟德夫人，嘉定八年五月加封濟德昭應夫人。	什邡縣	《宋會要輯稿》禮 21 之 49
安濟善利夫人廟		嘉祐四年四月	嘉祐四年四月，詔賜潼州龍女三夫人冠帔，仍賜廟額、封號。		《宋會要輯稿》禮 21 之 52
靈孝昭順夫人廟			熙寧十年十月詔載祀典，大觀四年封靈孝夫人，政和正年十一月加封。	會稽曹娥祠墳基廟後	《宋會要輯稿》禮 21 之 52
會靈廟	會靈	嘉定七年	嬴秦時，邢氏三女封靈應夫人。澉之靈，其季也。	青浦縣澉山廟	《宋代石刻文獻全編》第三冊《澉山會靈廟碑》
慈感廟	慈感	端平二年賜廟額。	嘉熙二年封靈應夫人，尋加封仁惠顯淑廣濟夫人。寶祐間封靈惠慈德妃。	仙遊縣	《仙溪志》卷 3
靈順廟（俗稱倪相夫人）			大中祥符初改封顯應正節聖妃。祥符三年六月，敕加封顯應正節聖惠妃王，加封崇福承烈廣利王、化氏加封保寧協順夫人	嚴州建德縣	《淳熙嚴州圖經》圖經二

附錄三　宋代家廟制度考略

中國立廟祭祖之風，始於原始社會後期。司馬光曾對此做過簡練的概述：「先王之制，自天子至於官師皆有廟。君子將營宮室，宗廟為先，居室為後。及秦，非笑聖人，蕩滅典禮，務尊君卑臣，於是天子之外，無敢營宗廟者。漢世公卿貴人多建祠堂於墓所，在都邑則鮮焉。魏晉以降，漸復廟制。其後，遂著於令，以官品為所祀世數之差。唐侍中王珪不立私廟，為執法所糾，太宗命有司為之營，以恥之，是以唐世貴臣皆有廟。及五代蕩析，士民求生有所未逞，禮頹教哆，廟制遂絕。」〔註1〕此處提到的私廟，即家廟，是品官大臣祭祀祖先的場所。從司馬光這段話不難看出，立廟祭祖之事與身份地位有著直接的聯繫，家廟是官員地位的象徵，是國家禮法的重要組成部分。

一、宋代家廟制度的確立

經過唐末五代的混亂，前朝諸多禮制多已荒廢。宋朝建國之初，統治者忙於平定割據勢力，安撫民眾，基本無暇顧及這些。直至仁宗時期，社會秩序相對平穩，朝野內外的士大夫開始思考重建規範的封建禮制，其中一項重要的內容就是關於祭祀祖先的諸多禮制。

其實，在宋代對祭祖活動作出規定之前，不管是官員，還是普通百姓，都用自己的方式去祭祀祖先，而寢祭是其中最簡單的一種祭祀方式。生活於北宋初年的王禹偁認為，古代上至天子，下至士都有家廟以祭祀祖先，然而「唐季以來，為人臣者此禮盡廢，雖將相諸侯多祭於寢，必圖其神影以事之。」

〔註1〕（宋）司馬光：《溫國文正司馬公文集》卷 79《文潞公家廟碑》，四部叢刊初編，上海：上海書店，1989 年。

〔註2〕看來經過紛亂的年代，即便是諸侯將相之類的朝廷重臣，多數也採取繪祖先畫像而「祭於寢」這種簡便的祭祀方式。

這種不論身份地位，「多祭於寢」的祭祀方式並不符合封建禮制。士大夫階層，尤其是一些世家大族，繼承前代傳統，同時根據本族的實際情況，建立自己的祭祀場所。曹州濟陰的任氏家族「自唐後、五代、晉、漢、周傳官不息」，是名副其實的官宦世家，可能因爲任氏家族比較熟悉前朝祭祀之法，爲了祭祀先人，任氏家族在府第旁邊建起一座新堂，專門供奉先人。穆修認爲，「茲宇之設，其近於家廟者耶」，因爲當時宋代的家廟制度並未建立，所以任氏家族把這祭祖之所稱爲「家祠堂」〔註3〕。這些民間祭祖場所併非是士大夫們隨意興建的，在他們心中始終存在著尊卑高下的觀念。慶曆元年（1041），石介想爲祖先建一祭祀之地，在興建祭堂之前，他首先考慮的是自己的身份。石介參照唐代的家廟制度，認爲自己官職卑微，屬於庶人，因爲「貴賤之位不可犯，求其中而自爲之制，乃於宅東北隅作堂三楹」〔註4〕以祭祀祖先。可見早在宋朝政府下令群臣建立家廟之前，宋代的士大夫群體已經開始試圖改變當時社會中不論貴賤「多祭於寢」的現象。

與此同時，朝中有影響力的士大夫也對這種尊卑不分的情況感到不滿，他們向皇帝提出自己的建議，希望能通過政府的力量來重建封建道德體系。仁宗時期，張方平向仁宗皇帝提出建議，希望能仿傚唐朝典故，允許功臣立私廟，「如三朝配享功臣及曾爲將相，雖已段，有功德於世者，今其子孫雖微，不應立廟，宜令史臣先具功狀，申中書疇其勳迹之著者，許令本家追爲修營」，並希望仁宗皇帝能命令「禮官詳定立廟典制」〔註5〕。可以說，張方平的這一主張代表了當時朝野內外某種新的動向，在這種情況下，仁宗皇帝也開始思考重建群臣家廟制度的問題。

仁宗慶曆元年（1041）十一月二十日南郊赦書中，仁宗皇帝首次提出建立家廟制度，下詔令「中外文武官，並許依舊式創立家廟。」〔註6〕慶曆元

〔註2〕 （宋）王禹偁：《小畜集》卷 14《晝紀》，文淵閣四庫全書，臺北：臺灣商務印書館，1986 年。

〔註3〕 （宋）穆修：《河南穆公集》卷 3《任氏家祠堂記》，四部叢刊初編，上海：上海書店，1989 年。

〔註4〕 （宋）石介：《徂徠石先生文集》卷 19《祭堂記》，北京：中華書局，1984 年。

〔註5〕 （宋）張方平：《樂全集》卷 20《功臣許立私廟腸戟》，文淵閣四庫全書，臺北：臺灣商務印書館，1986 年。

〔註6〕 （清）徐松：《宋會要輯稿》禮 12 之 1，北京：中華書局，1957 年。

年的這道詔書，是宋代政府對於大臣祭祖方式的第一次明文規定，也就是說，在制度上允許官員修建家廟以祭祀祖先。然而，這只是一個原則性的規定，從某種程度上說，僅僅具有象徵意義而已，並沒有實際操作所需要的細節性方案。而此時距家廟盛行的唐朝已年代久遠，不論是宋朝政府相關部門，還是士大夫，都不甚清楚有關家廟制度的諸多具體內涵。正如司馬光所說：「令雖下，有司莫之舉，士大夫亦以耳目久不際，往往不知廟之可設於家也。」〔註7〕慶曆詔令實際上僅僅是一紙空文，並未得以推行。

　　十年之後，也就是皇祐二年〔註8〕（1050）十二月，宰臣宋庠再次提出建立家廟的問題，以「建宗祧，序昭穆，別貴賤之等」。相對於慶曆詔令只是簡單地提出建立家廟的主張，這一次則通過兩制與禮官的共同商議，最後對家廟制度作了詳細而具體的規定：

> 官正一品、平章事以上立四廟；樞密使、知樞密院事、參知政事、樞密副使、同知樞密院、簽書院事以上，見任同宣徽使、尚書、節度使、東宮少保以上，皆立三廟；餘官祭於寢。凡得立廟者，許摘子襲爵（以主祭，其襲爵世降一等），死即不得作主祔廟，別祭於寢。自當立廟者，即祔其主。其子孫承代，不計廟祭、寢祭，並以世數親疏皆祧；始得立廟者不祧，以比始封。有不祧者，通祭四廟、五廟。廟因眾子立，而嫡長子在，則祭以嫡長子主之；嫡長子死，即不傳其子，而傳立廟者之長。凡立廟，聽於京師或所居州縣；其在京師者，不得於里城及南郊御路之側。〔註9〕

也就是說，正一品官員可以設置四廟。參知政事正二品，節度使為從二品，東宮少保，吏部尚書正二品，兵、戶、刑、禮、工部尚書為從二品，可見有資格設置三廟的官員品級至少要達到從二品，其餘的官員沒有立廟的資格，只能祭於寢。唐朝是以五品官為分界線，五品之上的官員可以立廟。從皇祐二年這一規定不難看出，宋朝最先建立的這一家廟制度是相當嚴格的，對官員品級的要求遠遠要比唐朝高。這實際上大大縮小了臣僚建廟的範圍，只有少數高級官員有資格享受到這一特殊待遇。

〔註7〕　（宋）司馬光：《溫國文正司馬公文集》卷 79《文潞公家廟碑》，四部叢刊初編，上海：上海書店，1989 年。

〔註8〕　《文獻通考》卷 104《宗廟考》為至和二年，根據《續資治通鑑長編》卷 169、《溫國文正司馬公文集》卷 79《文潞公家廟碑》改。

〔註9〕　（元）馬端臨：《文獻通考》卷 104《宗廟考十四》，北京：中華書局，2003 年。

　　徽宗即位之後，對太廟制度進行了調整。太祖建國時，按照《禮記・王制》的規定，「天子七廟，三昭三穆，與太祖之廟而爲七」，太祖計劃太廟建七廟，追尊四親廟。隨著宋朝死去皇帝數量的增加，仁宗死後遷入太廟，根據孫沐等人的意見，仁宗祔廟，並未遷出禧祖，太廟增建一室，爲七世八室。至此，北宋始備七廟。至徽宗朝，爲了避免自己的父兄過早遷出太廟，崇寧三年（1104）五月，徽宗下令建立九廟。太廟的增設，影響到北宋政府家廟政策的改變。徽宗大觀二年（1108），政府把修改家廟政策提上了日程。參考歷朝各種禮典，議禮局開始重新討論家廟制度。

　　經過兩年的商討，徽宗大觀四年（1110），議禮局終於有了結果，決定對現行的家廟制度進行調整。朝廷提出的理由有二：一是徽宗增設太廟的舉動。議禮局認爲，既然如今太廟已經增爲九室，「則執政視古諸侯以祭五世，不爲過矣」〔註 10〕；二是慶曆年間的家廟制度規定執政以上祭四廟，然而「古無祭四世之文」，不符合傳統廟制。宋朝政府採納了議禮局的建議，對大臣祭祀廟數進行調整，明確規定「文臣執政官、武官節度使以上祭五世，文武升朝官祭三世，餘祭二世。」〔註 11〕執政官主要包括參知政事等副相，以及樞密院長貳，即樞密使、知樞密院事、樞密副使、同知樞密院、簽書樞密院事。關於文武升朝官，宋初，文臣以太子中允、贊善大夫，太子中舍、洗馬以上，武臣自內殿崇班以上爲朝官。元豐改制後，相應文臣通直郎、武將修武郎以上爲朝官。也就是說，以正八品爲界限，正八品之上的官員立三廟，其餘官員立二廟。這一規定大大降低了立廟的官品，使得大部分有品級的官員都有資格立廟祭祖。在這種情況下，家廟便有可能在全國很大範圍內建立，這些官員的家廟對當地普通百姓的祭祖行爲必然產生或大或小的影響。此後，家廟制度未做大的調整，一直沿用至南宋。

二、家廟與身份

　　家廟是身份的象徵，是一個家族的榮譽，而由皇帝賜立家廟更是朝中顯貴才能擁有的殊榮。兩宋時期，由皇帝賜立家廟的大臣有文彥博、蔡京、鄭居中、鄧洵武、余深、侯蒙、薛昂、白時中、童貫、秦檜、韋淵、吳益、昊磷、虞允文、韓世忠、史浩、韓琦、張俊、劉光世、史彌遠、賈似道等 21 人（參看《宋會要輯稿》禮 12 之 5 － 7 以及《宋史》卷 109）。

〔註10〕《宋會要輯稿》禮 12 之 2。
〔註11〕《文獻通考》卷 104《宗廟考十四》。

　　有些學者認為宋朝的家廟制度並未有效推行，臺灣學者黃敏枝認為終宋一代，並立家廟的不過二十人左右〔註 12〕，相信黃敏枝教授看到的僅是上述賜立家廟的例子。雖然宋朝的家廟「制度草略已不能如唐制之盛」〔註 13〕，但是宋朝官員中設置家廟的數量遠遠多於上面的數字。就筆者收集之材料，列出兩宋時期設置家廟的官員，如下，

姓　名	官　職	史料出處
張昷之	仁宗慶曆朝前後大臣，官至刑部郎中，以光祿卿致仕	《宋史》卷三○三，列傳第六十二《張昷之傳》
王存	活動於慶曆——紹聖年間，官至吏部尚書，以通議大夫致仕	《宋史》卷三四一，列傳 100《王存傳》
宋充國	活動於仁、英朝，官至太中大夫	《宋史》卷三五六，列傳 115《宋喬年傳》
劉錡	高宗朝武將，曾任江、淮、浙西制置使	《宋史》卷三六六，列傳第 125《劉錡傳》
李好義	開禧年間曾任興州正將	《宋史》卷四百二，列傳第 161《李好義傳》
王登	理宗朝曾任主簿	《宋史》列傳第 171《王登傳》
劉子翬	高宗朝曾任通判興化軍	《宋史》卷四三四，列傳一九三，《儒林傳四·劉子翬傳》
王質	任職於真宗、仁宗朝，曾任尚書度支郎中充天章閣待制知陝州軍府事	（宋）范仲淹《范文正公集》卷 13《尚書度支郎中充天章閣待制知陝州軍府事王公墓誌銘》
范仲淹	仁宗朝曾任參知政事	（宋）范仲淹《范文正公集》
榮咨道	神宗朝曾任協律郎	《豫章黃先生文集》卷 28《題榮咨道家廟堂碑》
翟汝文	事徽欽兩朝至顯謨閣學士出知越州高宗時歷官參知政事	（宋）翟汝文：《忠惠集》卷十《家廟時祭文》
王之望	紹興八年進士第，累遷太府少卿。孝宗即位除戶部侍郎、充川陝宣諭使，洊擢至參知政事。乾道元年起為福建安撫使加資政殿大學士，移知溫州。	（宋）王之望：《漢濱集》十六 bn 卷《衡州祭家廟文》

〔註 12〕黃敏之《宋代的功德墳寺》，載於《成功大學歷史學報》第二期，民國六十四年七月。
〔註 13〕（宋）朱熹：《晦庵先生朱文公文集》卷 30《答汪尚書論家廟》，四部叢刊初編，上海：上海書店，1989 年。

周麟之	紹興十五年進士中宏詞科任起居舍人歷擢兵部侍郎直學士院給事中知制誥翰林學士官至同知樞密院事	（宋）周麟之：《海陵集》卷二十一《初除同知樞密院告家廟祝文》
周必大	紹興二十一年進士復中宏詞科官至右丞相封益國公致仕贈太師	（宋）周必大：《文忠集》卷三十九《明堂加贈三代東宮三太告廟祝文》
楊簡	乾道五年進士，累加中大夫，以寶謨閣學士、太中大夫致仕。	（宋）楊簡：《慈湖遺書》卷十八《封贈告家廟》
劉宰	紹熙元年進士官至浙東倉司幹官	（宋）劉宰：《漫塘文集》卷二十六《外弟諸子歸宗告家廟文》
方大琮	開禧元年省試第三人除右正言遷起居舍人兼實錄院檢討官奉祠去職尋改集英殿修撰知廣州調知隆興卒	（宋）方大琮：《鐵庵集》卷三十三《演受將仕郎告廟》
吳炎	新撫州金溪縣主書	（宋）包恢：《敝帚槁畧》卷六《吳主簿墓誌銘》
朱熹	歷高、孝、光、寧四朝，曾任秘閣修撰、煥章閣待制等職	
張嵲	宣和三年上舍中第紹興九年除司勳員外郎累遷敷文閣待制知衢州終於提舉江州太平興國宮	（宋）張嵲：《紫微集》卷三十六《告諸廟文》
史濬	任職於孝、光、寧三朝，積官至朝請大夫	（宋）樓鑰：《攻愧集》卷105《朝請大夫史君墓誌銘》
蔣璹	生活於高宗朝，曾任提舉福建市舶	（宋）樓鑰：《攻愧集》卷105《太孺人蔣氏墓誌銘》
姜浩	生活於高宗、孝宗朝，積官至武節大夫	（宋）樓鑰：《攻愧集》卷108《贈金紫光祿大夫姜公墓誌銘》
洪適	生活於高宗、孝宗朝，曾任同中書門下平章事，兼樞密使	（宋）洪適：《盤洲文集》卷73《家廟祭考妣文》
侯瀚	生活於高宗、孝宗朝，曾任左朝散郎，通判吉州	（宋）楊萬里：《誠齋集》卷130《通判吉州向侯墓誌銘》
桑莊	任職於高宗、孝宗朝，曾任承議郎，知梧州	（宋）陸游：《渭南文集》卷33《陸孺人墓誌銘》
譚篆	曾中進士，官職不詳，其生活年代約為高宗、孝宗朝	（宋）陸游：《渭南文集》卷33《青陽夫人墓誌銘》
曾幾	任職於高宗、孝宗朝，官至敷文閣待制，以通奉大夫致仕。	（宋）陸游：《渭南文集》卷32《曾文清公墓誌銘》

蘇璟	任職於孝宗、光宗朝，曾任文林郎、寧海軍節度推官	（宋）陸游：《渭南文集》卷 35《夫人孫氏墓誌銘》
魏了翁	任職於寧宗、理宗朝，曾任資政殿學士，福建安撫使知福州等官	《鶴山先生大全文集》卷 90《家廟祭文》
眞德秀	任職於寧宗、理宗朝，曾拜參知政事	《西山先生眞文忠公文集》卷 50《告先考妣加封祝文》
李壁	供職於孝宗、寧宗朝，曾任端明殿學士，知遂寧府，進資政殿學士致仕。	《西山先生眞文忠公文集》卷 41《故資政殿學士李公神道碑》
劉克莊	任職於寧宗、理宗朝，景定初，任工部尙書兼侍講，以煥章閣學士致仕。	（宋）劉克莊：《後村先生大全集》卷 77《小貼》
方諱大	理宗朝任升朝某官	（宋）劉克莊：《後村先生大全集》卷 158《趙孺人》
文天祥	任職於理宗、度宗、端宗等朝，曾任右相兼樞密使	（宋）文天祥《文山先生集》卷 15《二十四日（俗云小年夜）》

這張表所列遠非兩宋時期興建家廟的全部官員，僅從這三十多位立廟的官員事例可以看出，官員修建家廟有兩個高峰時期，第一個高峰期出現在仁宗年間。不難想見，慶曆元年頒佈家廟詔令之後，有不少大臣響應朝廷的號召，建立了家廟。第二個高峰期出現在南宋高宗年間。靖康之難前後，不少官員逃往南方，經過一番紛亂之後，官員們著手重整宗族秩序，而建家廟無疑是收宗敬祖的有效方法之一。

家廟作爲一種身份象徵，宋代之前多爲中上層官員以及某些特殊群體的特權。即便是在宋代，這種特權依然存在，替如說皇后家廟。皇后地位崇高，後宮嬪妃一旦冊立爲皇后，便是整個家族的榮光，皇后娘家的社會地位會隨之大大提升。一般冊立皇后之後，皇帝會下詔修建皇后的家廟，以便其回家拜祭之用。與群臣家廟不同，皇后家廟已經脫離了家族祭祀的範疇，從建廟、維修、日常管理等方面都納入國家管理體系之下。家廟建成之後，皇后會定期去家廟拜祭祖先。一般情況下，皇后歸謁家廟，其親屬有補官、遷官的機會，甚至連皇后的僕從亦可以因此被授予官職。光宗紹熙年間，有官員曾做過統計：「乾道二年，安恭皇后歸謁家廟，親屬推恩共計一十一人，淳熙四年，壽成皇后歸謁家廟，親屬推恩共只計七人，今來推恩二十六人。」〔註14〕這

〔註14〕《宋會要輯稿》后妃 2 之 25。

可以算是對皇后家族的一種恩寵方式。

不過，兩宋時期，尤其是南宋，大量低級官員有資格修建家廟，比如興州正將李好義、撫州金溪縣主簿吳炎等都立有家廟，表明北宋徽宗大觀年間修改的家廟制度得以貫徹執行。官僚貴族不斷變化更新，已經成為宋代社會的一種普遍現象。士大夫「家不尚譜牒，身不重鄉貫」〔註 15〕，這與門閥士族「世重高門，人輕寒族，競以姓望所出，邑里相矜」〔註 16〕的情況形成鮮明的對比。家廟制度，作為一項區別身份貴賤的制度，其身份差別標誌在宋朝正逐漸弱化，在一定程度上為民間祭祖場所的興起奠定了制度基礎。

三、家廟的建築規模

家廟象徵著立廟官員的身份，其中最能凸顯官員身份等級的標誌之一就是家廟的規模。《宋會要輯稿）有相關的規定：

> （家廟）間數視所祭世數，寢間數不得逾廟，事二世而寢用三門者聽。兄弟同居則合饗，異居則分祭。其廟饗世數、疏數之節，同居則視其貴者，異居則各視其品。〔註17〕

也就是說，許祭祀幾世祖先，就在家廟中設幾室。總的原則是寢室的數量不得多於家廟之室的數量。這就存在一個問題：「陽數奇，陰數偶，天下屋室之制，皆以陽為數。今立廟制寢，視其所祭之數，則祭四世者寢四間，陰數也。古者寢不逾廟，禮之廢失久矣，士庶堂寢逾度僭禮，有五楹、七楹、九楹者，若以一旦使就五世、三世之數，則當徹毀居宇，以應禮制，人必駭聽，豈得為易行？」也就是說，中國古代房屋建築數量都是以奇數，即一、三、五、七、九，而家廟建築則依據祖宗世代，這就不可避免地出現二、四、六之類的偶數代，因而所建祭祀房屋的數量就不符合通行的「陽數」原則，於是宋朝政府採取了折中之法，「今後立廟，其間數視所祭世數，寢間數不得逾廟。事二世者，寢用三間者聽。」〔註 18〕也就是說，凡是出現偶數世代時，家廟可以多建一間，以迴避「陽數」，這種變通之法無疑是從制度上規範了家廟建築，也保障了家廟建設的普遍性。

〔註 15〕　（宋）陳傅良：《止齋先生文集》卷 35《答林宗簡》，四部叢刊初編，上海：上海書店，1989 年。

〔註 16〕　（清）浦起龍：《史通通釋》卷 5《邑里》，上海：上海古籍出版社，1978 年。

〔註 17〕　《宋會要輯稿》禮 12 之 3。

〔註 18〕　《宋會要輯稿》禮 12 之 3。

關於宋代家廟的建築規模和結構，最早的記載來自文彥博的家廟。至和初，文彥博西鎮長安，參考了唐代杜佑家廟的形制，並加以仿傚，建立自己的家廟。然而「杜岐公舊迹，止余一堂四室及旁兩冀」。文彥博又「增置前兩廡及門，東廡以藏祭器，西廡以藏家譜。齋祊在中門之右，省牲、展饌、滌濯在中門之左，庖廚在其東南。其外門再重，西折而南出。」〔註19〕由此可知，文彥博所建家廟有其自身的特色，並非完全照搬唐代家廟規制。這種新型的家廟對宋朝產生很大影響，畢竟這是當時在朝野內外都很有影響力的官員所建，且有司馬光爲之作記，進一步爲該家廟的聲名推波助瀾。正因如此，嘉祐年間文彥博所創制的家廟很大程度上影響了此後家廟的建構，成爲宋代各級官員修造家廟的藍本。

紹興十六年（1146），南宋政府依據古典和文彥博家廟的例子對家廟的規模作了更爲詳盡的規定：

> 其蓋造制度，欲參用古典及文彥博舊規，於私第中門之左蓋一堂五室，其中間一室置五世祖位，東二室二昭位，西二室二穆位，夫人並祔。其屋九架，飾以黝堊，並廈兩間，共七間，及門、廡、庖廚等神位。按杜佑《通典》，晉安昌公荀氏祠制：神版長一尺一寸，博四寸五分，厚五寸八分，大書「某祖考某對之神座」、「夫人某氏之神座」。書訖，油炙，令入理，刮拭之……又按《五禮精義》，五品以上廟室各有神幄。又按《五禮儀鑒》，位貯版以帛囊藏，以添函，架則出施於位。〔註20〕

這種家廟規制無疑是十分繁雜的，許多家庭無力承擔，因此民間家廟亦有簡約的模式。如朱熹所描繪的家廟，就頗爲簡單：「欲立一家廟，小五架屋。以後架作一長龕堂，以板隔截作四龕堂，堂置位牌，堂外用簾子。小小祭祀時，亦可只就其處。大祭祀請出，或堂或廳上皆可。」〔註21〕

四、家廟祭祀的諸規定

（一）祭祀傳承原則

家廟祭祀的對象依立廟人官位品級的不同而有區別，按照大觀四年（1110）

〔註19〕（宋）司馬光：《溫國文正司馬公文集》卷79《文璐公家廟碑》，四部叢刊初編，上海：上海書店，1989年。

〔註20〕《宋會要輯稿》禮12之3。

〔註21〕（宋）黎靖德：《朱子語類》卷90，北京：中華書局，1957年。

的條令，文臣執政官、武官節度使以上祭五世，文武升朝官祭三世，餘祭二世。也就是說文臣執政官、武官節度使以上的官員可以在家廟祭祀父、祖、曾祖、高祖以及五世祖。升朝官祭祀父、祖、曾祖三代，其餘的官員只能祭祀父、祖兩代。

「始得立廟者不祧，以比始封」，就是說某人因為自己的官品符合國家規定而立家廟，這人死後祔廟，成為始祖，其廟不毀。立廟者的嫡子可以襲爵位以主持祭祀。而立廟者的子孫，死後可入廟受祀，然後按照親疏實行遷祧之禮。至於祭祀之事，則以嫡長子負責，「嫡長子死，即不傳其子，而傳立廟者之長。」〔註 22〕在嫡長子死後，不得傳給自己的兒子，而要轉傳給立廟者的其他年長之人，這實際上是按照血緣親疏遠近關係來安排主祭者的秩序。顯而易見，這種由朝廷統一出臺的原則應該是在總結經驗的基礎之上頒布施行的，不僅具有道德的約束力，且兼具法制的性質，從某種意義上說，是必須要遵守執行的。

（二）祭祀時間

唐代官員祭祀，多選四仲月，即二月、五月、八月及十一月。至於具體哪天祭祀，則須先筮日，選擇一吉日祭祖。根據《開元禮》的記載，廟祭一般是選丁亥日。關於宋朝官員祭祀的時間，《宋會要輯稿》中記載：「所有時饗，按《五禮新儀》，擇日用四孟柔日」〔註 23〕，也就是在四孟月的乙、丁、己、辛、癸之日。由於民間比較重視元旦和冬至等日的祭祖，家廟祭祀也多選這些日子。文彥博的家廟就「祠以元日、寒食、秋分、冬夏至，致齋一日。」可見文彥博之家祭祖，是在元日、寒食、秋分、冬至、夏至五日。

在過一些民間節日的時候，人們也會祭祀祖先。如呂祖謙之家，「正月立春日，薦春餅，元宵，薦圓子鹽豉湯焦䭔，二月社，薦社飯秋社同，三月寒食，薦稠餳冷粥蒸菜，五月端午，薦團粽，七月七夕，薦果食，九月重陽，薦茱菊糕。」〔註 24〕可見，隨著家廟日益深入人們的日常生活，許多民間習俗亦影響到家廟的祭祀活動。除了中規中矩的卜日祭祀，人們更願意把生活中的各種節日搬入家廟之中。

〔註22〕《宋會要輯稿》禮 12 之 1。
〔註23〕《宋會要輯稿》禮 12 之 4。
〔註24〕（宋）呂祖謙：《東萊集》之《節物》，文淵閣四庫全書，臺北：臺灣商務印書館，1986 年。

各地風俗不同，祭祀的時間也有所差別。文天祥有詩云：「壯心負光嶽，病質落幽燕，春節前三日，江鄉正小年，歲時如有水，風俗不同天，家廟荒苔滑，誰人燒紙錢。」〔註 25〕可見當地是在小年，也就是春節的前三天，去家廟祭祀祖先。

另外，各個家庭會在特殊的日子去家廟祭祀祖先，比如父母的忌日、生日等。南宋的曾幾，「每生日拜家廟，未嘗不流涕也。」〔註 26〕可見曾幾每年會在自己的生日那天去拜祭自己的父母，以謝祖先的養育之恩。當然，祭祀時間並不是完全絕對的，並非只有在上述提到的這些時間內拜祭祖先，當一個家族發生重大變故，需要做出某種重要選擇之時，經常會去祭祀祖先，以期得到祖先的指示，或者說在祖先那裡得到心靈的慰藉。

（三）祭祀用品

在祭祀活動中，祭器是必不可少的，其多寡反映了祭祀的規格。「凡家造祭器為先，蓋祭以事神，器以藏禮。奉祀宗廟，足以隆孝饗；寵錫勳勞，足以昭慶澤。」〔註 27〕

家廟祭器十分複雜，對於各級官員的家廟，其祭器也存在著差別。政和年間，宋朝政府對官員所用祭器作了如下規定：

> 正一品每室籩、豆各十有二，簠、簋各四，壺、尊、罍、釧、鼎、俎、篚各二，尊罍加勺、冪各一，爵一。諸室共享胙俎一、罍洗一。從一品籩、豆、簠、簋降殺以兩，正二品籩、豆各八，簠、簋各二，其餘皆如正一品之數。〔註 28〕

也就是說，不同級別官員所使用祭器的數量、種類存在差別。然而，此一規定並未對正二品以下官員家廟祭器作出相應規定，他們祭祀時所用器物自然就無所依據，因而發生了許多混亂。

政和年間，徽宗賜蔡京家廟，並賞賜相應級別的祭器。從此，對於賜家廟的大臣，宋朝政府也會相應賞賜祭器。後來太宰鄭居中、知樞密院事鄧洵武、門下侍郎余深、中書侍郎侯蒙、尚書左承薛昂、尚書右承白時中、權領樞密院事童貫等皆蒙賞賜祭器。

〔註 25〕　（宋）文天祥：《文山先生集》卷 15《二十四日（俗云小年夜）》，四部叢刊初編，上海：上海書店，1989 年。
〔註 26〕　（宋）陸游：《渭南文集》卷 32《曾文清公墓誌銘》，上海：上海書店，1989 年。
〔註 27〕　《宋會要輯稿》禮 12 之 11。
〔註 28〕　《宋會要輯稿》禮 12 之 3。

　　南宋時期，依政和六年已行舊制，臣僚家廟給賜祭器。賜家廟並賜祭器的大臣有秦檜、韋淵、吳益、楊存中、吳磷、虞允文、韓彥古、史浩等人。但是賞賜大臣祭器的恩典遭到很多官員反對，他們認爲：「禮莫大於名分，天子有天子之分，人臣有人臣之分。禮在郊廟，器則以天子之制；禮在私室，器則以人臣之制。今有以造人臣家廟祭器，而欲假天子郊廟之器，準以爲式，自古及今，有是理乎？」在這些官員看來，君臣之間的名分是不能僭越的，臣子家廟的祭器絕不能與天子相同。於是後來宋朝政府「止令有司精緻製造爵、勺各一給賜本家，余令禮官定合用禮式，畫圖成冊，給付本家，聽其自造，並用竹木。」〔註 29〕就是賜予大臣爵、勺各一，其餘的祭器都由大臣依照頒發的圖冊自己製作，不用銅作材料，而代之以竹木。

（四）神主

　　主，是死者之神位。人們在祭祀祖先之時，神主是祖先靈魂的象徵。但在漢魏時期並不是每個人都可以擁有神主的。《五經異義》曰：「唯天子、諸侯有主，卿大夫無主，尊卑之差也。卿大夫無主者，依神以几筵。」唐朝遵從這一傳統，規定三品以上官員的家廟有神主，四、五品無神主，只設几筵，六品以下無几筵，只設神座。

　　宋朝沿用了唐朝這一政策，《宋會要輯稿》曰：「《開元禮》，三品以上時享有祝版，其文見杜佑《通典》。及按《五禮儀鑒》，祝文以方版書之。今遇時享，倣古用祝版。」並根據晉安昌公荀氏祠制，規定神主：「長一尺一寸，博四寸五分，厚五寸八分，大書『某祖考某對之神座』、『夫人某氏之神座』。書訖，蠟油炙，令人理，刮拭之。」〔註 30〕

　　一般庶民不能立神主，這一有些不近人情的規定到宋朝發生了改變。在設計各種祭祖的方案中，宋儒們傾向於人們不論貴賤，都可以立神主。司馬光主張用桑木爲祠版來代替神主，並根據神主的樣式來設計祠版，他認爲：

> （祠版）題云某官府君之神座，某封邑夫人郡縣君某氏之神座，
> 續加封贈，則先告貼，以黃羅而改題，無官則題處士府君之神座，
> 版下有趺韜之，以囊籍之，以褥府君夫人，只爲一匣，今從之禮，

〔註 29〕《宋會要輯稿》禮 12 之 11。
〔註 30〕《宋會要輯稿》禮 12 之 4。

> 虞主用桑，練主用栗，祠版主道也，故於虞亦用桑，將小祥則更以
> 栗木爲之。〔註31〕

需要指出的一點是，宋朝影祭十分流行，即祭祀時用先人的畫像，而非神主。
王禹偁曰：「古者自天子至士皆有家廟，祭祀其先，以木爲神主，示至敬也。
唐季以來，爲人臣者此禮盡廢，雖將相諸侯多祭於寢，必圖其神影以事之。」
〔註32〕在祭祀祖先之所，甚至出現神主和影像並存的情況。朱熹反對影祭，
他認爲：「按古禮，廟無二主。嘗其原意，以爲祖考之精神既散，欲其萃聚於
此，故不可以二。今有祠版又有影，是有二主也。」〔註33〕朱熹認爲有祠版
又有影，將會使祖先的精神無法聚集。雖然遭到宋儒們的反對，但是不可否
認，影祭仍很流行，直到元代，這種現象依然存在。

五、家廟的地位與作用

家廟制度，實質上是一種以天子爲首的各種特權階層享有的特殊禮法待
遇，這是以立廟的形式來劃分社會各個階層的地位。立廟者身份有別於普通
民眾，其子孫襲爵而繼承家廟，繼續這個家族高貴的地位，而無資格立廟者
皆社會地位低下之人。家廟制度與流行於夏、商、周以及春秋初年的「世卿
世祿制」以及魏晉南北朝門閥士族體制在本質上有共通之處。然而世官、世
祿的年代已經過去了，雖然有蔭補等制度以維持官祿的繼承，但是其作用十
分有限，除了皇帝之外，幾乎無法保證家族世代都有官位。在家廟制度全盛
的唐朝，仍有不少家廟逐漸衰落，譬如李靖家廟，到唐代宗大曆年間「已爲
楊氏馬廄矣」〔註34〕。韋湊之家廟「開元中，於上都立政坊立廟。至建中四
年，亡失木主。」〔註35〕

到了宋朝，隨著家廟限制的逐漸放寬，其身份標誌作用逐漸弱化，祭祀
祖先、收宗敬祖的作用日益凸顯。人們把建立家廟作爲振興家族的手段之一。
向敏中是北宋時期著名的宰相，其家族龐大，成員眾多。然而「自建炎南渡，
中原故家崎嶇兵亂，多失其序。」向敏中的後人向子忞想要重整宗族，於是

〔註31〕　（宋）司馬光：《書儀》卷7《喪禮三》，文淵閣四庫全書，臺北：臺灣商務印
　　　　　書館，1986 年。
〔註32〕　（宋）王禹偁：《小畜集》卷 14《畫紀》。
〔註33〕　（宋）朱熹：《晦庵先生朱文公文集》卷 40《答劉平甫》。
〔註34〕　（宋）司馬光：《資治通鑒》卷 22 大曆十四年秋七月壬申條，北京：中華書
　　　　　局，2007 年。
〔註35〕　（宋）王溥：《唐會要》卷 19《百官家廟》，上海：上海古籍出版社，2006 年。

「糾合群從,恤孤繼絕,始程氏書,建家廟,正神主,嚴祭祀事,思澤生產」,〔註36〕從向子忞的做法不難看出,「建家廟,正神主」是收宗敬祖的必備手段之一。

在人們心中,家廟更多的是家人與祖先交流的一個場所和渠道,是自己家族發生的諸多事件的見證者。家廟已逐漸融人人們的日常生活中,而非高高在上的家族榮譽和身份象徵。家族成員遇到授官、追贈前代官、嫁娶、遷居等事情,都要到家廟告知祖宗。《東京夢華錄》所載的結婚儀式中,「婿於床前請新婦出,二家各出彩段,縮一同心,謂之牽巾,男掛於笏,女搭於手,男倒行出面,皆相向至家廟前參拜,畢,女復倒行扶入房……」〔註37〕在呂祖謙家中,每日清晨,家人「先詣家廟燒香,然後於尊長處問安。」〔註38〕

然而,家廟制度的建立,終究是以一定的身份地位為衡量標準,以此區分著階級身份的高低貴賤。隨著人們社會身份地位流動性的增強,這種固定化的身份象徵必然無法延續下去。具有身份限制的家廟在宋代逐漸在民間建立起來,官員作為特殊的階層,他們的言行在普通民眾中間具有榜樣的力量。正因為如此,民間也逐漸仿傚他們,建立自己的宗族祭祀場所。自宋之後,家廟逐步退出歷史舞臺,而祭祀祖先之職能則為祠堂所代替。

〔註36〕 （宋）楊萬里:《誠齋集》卷130《通判吉州向侯墓誌銘》,四部叢刊初編,上海:上海書店,1989年。
〔註37〕 （宋）孟元老:《東京夢華錄》卷五《娶婦》,北京:中華書局,1985年。
〔註38〕 （宋）呂祖謙:《東萊集》別集卷1《宗法條目》。

參考文獻

古籍部分

1. 歐陽修：《新唐書》，北京：中華書局，1975 年。
2. 脫脫等：《宋史》，北京：中華書局，1977 年。
3. 李燾：《續資治通鑒長編》，北京：中華書局，2004 年。
4. 李心傳：《建炎以來朝野雜記》，北京：中華書局，2000 年。
5. 李心傳：《建炎以來繫年要錄》，北京：中華書局，1988 年。
6. 徐松等輯：《宋會要輯稿》，北京：中華書局，1987 年。
7. 馬端臨：《文獻通考》，北京：中華書局，2011 年。
8. 朱熹：《朱子全書》，上海古籍出版社，2010 年。
9. 范仲淹：《范文正公集》，四部叢刊本。
10. 張載：《張載集》，北京：中華書局，1978 年。
11. 歐陽修：《歐陽文忠公文集》，四部叢刊本。
12. 程顥、程頤：《二程集》，北京：中華書局，1981 年。
13. 眞德秀：《西山先生眞文忠公文集》，四部叢刊本。
14. 魏了翁：《鶴山先生大全集》，四部叢刊本。
15. 劉克莊：《後村先生大全集》，四部叢刊本。
16. 羅大經：《鶴林玉露》，北京：中華書局，1983 年。
17. 王明清：《揮麈錄》，上海：上海書店，2001 年。
18. 洪邁：《夷堅志》，北京：中華書局，2006 年。
19. 周密：《齊東野語》，北京：中華書局，1983 年。
20. 穆修：《河南穆公集》，四部叢刊本。

21. 司馬光：《溫國文正司馬公文集》，四部叢刊本。

22. 李覯：《直講李先生文集》，四部叢刊本。

23. 曾鞏：《曾鞏集》，北京：中華書局，1984 年。

24. 惠洪：《石門文字禪》，四部叢刊本。

25. 陳傅良：《止齋先生文集》，四部叢刊本。

26. 樓鑰：《攻媿集》，四部叢刊本。

27. 陸游：《渭南文集》，四部叢刊本。

28. 葉適：《水心先生文集》，四部叢刊本。

29. 文天祥：《文山先生文集》，四部叢刊。

30. 王禹偁：《小畜集》，四部叢刊本。

31. 杜佑：《通典》，北京：中華書局，1984 年。

32. 司馬光：《資治通鑒》，北京：中華書局，1956 年。

33. 文彥博：《潞公文集》，文淵閣四庫全書本。

34. 黎靖德（編）：《朱子語類》，北京：中華書局，1986 年。

35. 呂祖謙：《東萊集》，文淵閣四庫全書本。

36. 司馬光：《書儀》，文淵閣四庫全書本。

37. 楊萬里：《誠齋集》，四部叢刊本。

38. 孟元老：《東京夢華錄注》，北京：中華書局，1982 年。

39. 劉長卿：《劉隨州文集》，四部叢刊本。

40. 贊寧：《宋高僧傳》，北京：中華書局，1987 年。

41. 張方平：《樂全集》，文淵閣四庫全書本。

42. 張君房：《雲笈七籤》，四部叢刊本。

43. 白居易：《白氏長慶集》，四部叢刊本。

44. 張籍：《張司業詩集》，四部叢刊本。

45. 契嵩：《鐔津集》，四部叢刊本。

46. 鮑溶：《鮑溶詩集》，四部叢刊本。

47. 王銍：《默記》，北京：中華書局，1981 年。

48. 蘇軾：《蘇軾文集》，北京：中華書局，1986 年。

49. 周密：《癸辛雜識》，北京：中華書局，1988 年。

50. 趙鼎：《忠正德文集》，文淵閣四庫全書本。

51. 黃仲元：《四如集》，文淵閣四庫全書本。

52. 石介：《徂徠石先生文集》，北京：中華書局，1984。

53. 高翥：《菊磵集》，文淵閣四庫全書本。

54. 黃幹：《勉齋集》，文淵閣四庫全書本。

55. 劉宰：《漫塘集》，文淵閣四庫全書本。

56. 徐積：《節孝集》，文淵閣四庫全書本。

57. 戴表元：《剡源文集》，文淵閣四庫全書本。

58. 《宋元方志叢刊》，北京：中華書局，1990 年。

59. 元好問：《續夷堅志》，北京：中華書局，2006 年。

60. 無名氏：《湖海新聞夷堅續志》，中華書局，2006 年。

61. 曾棗莊等編：《全宋文》，上海辭書出版社、安徽教育出版社，2006 年。

62. 《全唐文》，山西教育出版社，2002 年。

63. （唐）李吉甫：《元和郡縣志》，中華書局，1985 年。

64. （宋）周文璞：《方泉詩集》，文淵閣四庫全書本。

65. （宋）張敦頤：《六朝事跡編類》，文淵閣四庫全書本。

66. （南朝宋）劉敬叔：《異苑》，北京：中華書局，1996 年。

67. （晉）陶潛：《搜神後記》，北京：中華書局，1981 年。

68. （南朝宋）劉義慶：《幽明錄》，文化藝術出版社，1988 年。

69. （晉）干寶：《搜神記》，北京：中華書局，1979 年。

70. （宋）宗澤：《宗忠簡集》，文淵閣四庫全書本。

71. （宋）李昉等：《太平廣記》，人民文學出版社，1961 年。

72. （宋）周必大：《文忠集》，文淵閣四庫全書本。

73. （宋）魏泰：《東軒筆錄》，北京：中華書局，1983 年。

74. （宋）陸游：《入蜀記校注》，武漢：湖北人民出版社，2004 年。

75. （唐）釋道宣：《廣弘明集》，四部叢刊本。

76. （宋）陸游：《老學庵筆記》，西安：三秦出版社，2003 年。

77. （宋）蘇頌：《蘇魏公文集》，北京：中華書局，2004 年。

78. （宋）歐陽守道：《巽齋文集》，文淵閣四庫全書本。

79. 《名公書判清明集》，北京：中華書局，1987 年。

80. 《宋代石刻文獻全編》，北京：北京圖書館出版社，2003 年。

81. （清）錢大昕：《潛研堂集》，上海：上海古籍出版社，1989 年。

82. （清）戴枚修，董沛等纂：《（光緒）鄞縣志》。

83. （唐）劉知幾：《史通》，嶽麓書社，1993 年。

84. （清）趙翼：《陔餘叢考》，北京：中華書局 1963 年。

85.（清）洪亮吉：《洪亮吉集》，北京：中書書局，2001 年。

86.（清）顧炎武：《日知錄集釋》，嶽麓書社，1994 年。

87.（明）盛儀輯：《（嘉靖）惟揚志》，天一閣藏明代方志選刊。

88.《（萬曆）續修嚴州府志》，日本藏中國罕見地方志叢刊，書目文獻出版社，1991 年。

89.《（萬曆）嚴州府志》，日本藏中國罕見地方志叢刊，書目文獻出版社，1991 年。

90.（明）王樵：《方麓集》，文淵閣四庫全書本。

91.（明）李賢：《明一統志》，文淵閣四庫全書本。

92.（宋）蘇洞：《冷然齋詩集》，文淵閣四庫全書本。

93.（唐）溫庭筠：《溫飛卿詩集箋注》，文淵閣四庫全書本。

著 作

1. 張國淦：《中國古方志考》，北京：中華書局，1962 年。

2.（法）賈克‧謝和耐著 馬德程譯：《南宋社會生活史》，臺北：中國文化大學出版部，1982 年。

3. 呂思勉：《兩晉南北朝史》，上海：上海古籍出版社，1983 年。

4.（奧地利）弗洛伊德：《夢的解析》，北京：作家出版社，1986 年。

5. 宗力、劉群：《中國民間諸神》，石家莊：河北人民出版社，1986 年。

6. 李喬：《中國行業神崇拜》，北京：中國華僑出版公司，1990 年。

7. 任繼愈主編：《中國道教史》，上海：上海人民出版社，1990 年。

8.（美）克里斯蒂安‧喬基姆：《中國的宗教精神》，北京：中國華僑出版公司，1991 年。

9. 趙世瑜，周尚意：《中國文化地理概說》，太原：山西教育出版社，1991 年。

10. 程民生：《神人同居的世界——中國人與中國祠神文化》，鄭州：河南人民出版社，1993 年。

11. 徐曉望：《福建民間信仰源流》，福州：福建教育出版社，1993 年。

12. 程民生：《神人同居的世界》，鄭州：河南人民出版社，1993 年。

13. 汪聖鐸：《兩宋財政史》，北京：中華書局，1995 年。

14. 李勤德：《中國區域文化》，太原：山西高校聯合出版社，1995 年。

15. 呂思勉：《先秦學術概論》，上海：東方出版中心，1996 年。

16. 馬書田：《中國民間諸神》，北京：團結出版社，1997 年。

17. 程民生：《宋代地域文化》，鄭州：河南大學出版社，1997 年。

18. 葛劍雄:《中國移民史》第四卷《遼宋金元時期》,福州:福建人民出版社,1997年。

19. (法)布迪厄著,李猛、李康譯:《實踐與反思——反思社會學導引》,北京:中央編譯出版社,1998年。

20. 黃進興:《優入聖域:權力信仰與正當性》,西安:陝西師範大學出版社,1998年。

21. (美)韓森(Valerie Hansen):《變遷之神:南宋時期的民間信仰》(Changing Gods in Medieval China),浙江人民出版社,1999年。

22. 程毅中輯注:《宋元小說家話本集》,濟南:齊魯書社,2000年。

23. 葛劍雄:《中國人口史》第三卷《遼宋金元時期》,上海:復旦大學出版社,2000年。

24. (英)王斯福:《學宮與城隍》,收入施堅雅主編《中華帝國晚期的城市》,北京:中華書局,2000年。

25. 詹鄞鑫:《神靈與祭祀——中國傳統宗教綜論》,南京:江蘇古籍出版社,2000年。

26. (日)斯波義信:《宋代江南經濟史研究》,南京:江蘇人民出版社,2001年。

27. 包偉民:《宋代地方財政史研究》,上海:上海古籍出版社,2001年。

28. 賈二強:《唐宋民間信仰》,福州:福建人民出版社,2002年。

29. 葛兆光:《屈服史及其他:六朝隋唐道教的思想史研究》,北京:生活·讀書·新知三聯書店,2003年。

30. 鄭振滿、陳春聲主編:《民間信仰與社會空間》,福州:福建人民出版社,2003年。

31. 游彪:《宋代寺院經濟史稿》,保定:河北大學出版社,2003年。

32. 田餘慶:《秦漢魏晉史探微(重訂本)》,北京:中華書局,2004年。

33. 李豐楙、朱榮貴主編:《儀式、廟會與社區:道教、民間信仰與民間文化》,臺北:中央研究院文哲研究所,2004年。

34. 馬蓉等點校:《永樂大典方志輯佚》,北京:中華書局,2004年。

35. 馬西沙、韓秉方:《中國民間宗教史》,北京:中國社會科學出版社,2004年。

36. 芮傳明:《淫祀與迷信:中國古代迷信群體研究》,廣州:廣東人民出版社,2005年。

37. 王銘銘:《社會人類學與中國研究》,桂林:廣西師範大學出版社,2005年。

38. 朱偰:《金陵古蹟圖考》,北京:中華書局,2006年。

39. 李正良主編:《傳播學原理》,北京:中國傳媒大學出版社,2006 年。

40. 何新:《諸神的起源》,北京:時事出版社,2007 年。

41. (美)韓明士(Robert Hymes):《道與庶道:宋代以來的道教、民間信仰和神靈模式》,南京:江蘇人民出版社,2007 年。

42. 皮慶生:《宋代民眾祠神信仰研究》,上海:上海古籍出版社,2008 年。

43. 復旦大學文史研究院編:《「民間」何在,誰之「信仰」》,北京:中華書局,2009 年。

44. 劉緯毅等輯:《宋遼金元方志輯佚》,上海:上海古籍出版社,2011 年。

論 文

1. 朱天順:媽祖信仰的起源及其在宋代的傳播,廈門大學學報(哲學社會科學版),1986,(2)。

2. (法)樂維:官吏與神靈——六朝及唐代小說中官吏與神靈之爭,遠東亞洲叢刊,1986,(2)。

3. 劉豫川:合川出土的宋「普澤廟印」及其相關問題,四川文物,1987,(4)。

4. 李正宇:敦煌地區古代祠廟寺觀簡志,敦煌學輯刊,1988,(1)。

5. 張大任:宋代媽祖信仰起源探究,福建論壇(人文社會科學版),1988,(6)。

6. 牟鍾鑒:中國宗法性傳統宗教試探,世界宗教研究,1990,(1)。

7. 朱迪光:封建國家祀典的形成及其對古代中國宗教活動的影響,青海社會科學,1990,(1)。

8. 黃郁成:祠廟與中國文化的傳播,社會科學家,1990,(6)。

9. 程民生:論宋代神祠宗教,世界宗教研究,1992,(2)。

10. 史繼剛:宋代的懲「巫」揚「醫」,西南師範大學學報,1992,(3)。

11. 孫冬虎:從祠廟看燕趙文化的若干精神形態,河北師範大學學報,1992,(4)。

12. 張桂林、羅慶四:福建商人與媽祖信仰,福建師範大學學報(哲學社會科學版),1992,(8)。

13. 楊倩描:宋朝禁巫述論,中國史研究,1993,(1)。

14. 嚴耀中:唐代江南的淫祠與佛教,唐研究,第 2 卷。

15. 張崇旺:試論明清商人的鄉土神信仰,中國社會經濟史研究,1995,(3)。

16. 葛兆光:認識中國民間信仰的真實圖景,尋根,1996,(5)。

17. 王曾瑜:宋遼金代的天地山川鬼神等崇拜,雲南社會科學,1997,(1)。

18. 李少園:論宋元明時期媽祖信仰的傳播,福建論壇(文史哲版),1997,(5)。

19. （法）樂維：官吏與神靈──六朝及唐代小說中官吏與神靈之爭，法國漢學（第三輯），1998。

20. 顏章炮：晚唐至宋福建地區的造神高潮，世界宗教研究，1998，（3）。

21. 趙世瑜：國家正祀與民間信仰的互動──以明清京師的「頂」與東嶽廟爲個案，北京師範大學學報（社會科學版），1998，（6）。

22. 皮慶生：宋代神祠信仰研究的回顧與展望，中國宗教研究年鑒（1999～2000）。

23. 唐代劍：論眞武神在宋代的塑造與流傳，中國文化研究，2000，（3）。

24. 劉景純：《水經注》祠廟研究，中國歷史地理論叢，2000，（4）。

25. 王永平：論唐代的民間淫祠與移風易俗，史學月刊，2000，（5）。

26. 雷聞：祈雨與唐代社會研究，國學研究（第八卷），2001。

27. 雷聞：隋唐國家祭祀與民間社會關係研究，北京大學 2002 年博士論文。

28. 陳澤泓：廣東歷代祀典及其對民間信仰的影響，廣東史志，2002，（3）。

29. 吳鴻麗：宋元時期泉州海外貿易與泉州的民間信仰，泉州師範學院學報（社會科學），2003，（1）。

30. 王健：祀典、私祀與淫祀：明清以來蘇州地區民間信仰考察，史林，2003，（1）。

31. 雷聞：論中晚唐佛道教與民間祠祀的合流，宗教學研究，2003，（3）。

32. 郭東旭、牛傑：宋代民眾鬼神賞罰觀念透析，河北大學學報，2003，（3）。

33. 范立舟：宋元以民間信仰爲中心的文化風尚及其思想史意義，江西社會科學，2003，（5）。

34. 陸敏珍：從宋人胡則的神化看民間地方神祇的確立，浙江社會科學，2003，（6）。

35. 雷聞：唐代地方祠祀的分層與運作──以生祠與城隍神爲中心，歷史研究，2004，（2）。

36. 周曉薇：宋元明時期眞武廟的地域分佈中心及其歷史因素，中國歷史地理論叢，2004，（3）。

37. 劉黎明：論宋代民間淫祠，四川大學學報（哲學社會科學版），2004，（5）。

38. 余黎媛：張聖君信仰與兩宋福建民間造神運動，福建師範大學學報（哲學社會科學版），2005，（1）。

39. 公維章：唐宋間敦煌的城隍與毗沙門天王，宗教學研究，2005，（2）。

40. 楊建宏：略論宋代淫祀政策，貴州社會科學，2005，（3）。

41. 張小貴：唐宋祆祠廟祝的漢化──以史世爽家族爲中心的考察，中山大學學報（社會科學版），2005，（3）。

42. 皮慶生：宋人的正祀、淫祀觀，東嶽論叢，2005，（4）。

43. 黃潔瓊：唐宋閩南民間信仰與經濟發展的關係初探，龍岩學院學報，2005，（4）。

44. 梁聰：兩宋時期民間祠祀的法律控制，重慶師範大學學報（哲學社會科學版），2005，（6）。

45. 劉鳳雲：明清傳統城市中的寺觀與祠廟，故宮博物院院刊，2005，（6）。

46. 梅莉：宋元時期杭嘉平原的眞武信仰，江漢論壇，2005，（8）。

47. 鄧顯奕：龍州祠廟：漢文化的影響和政治色彩，南寧師範高等專科學校學報，2006，（2）。

48. 王頲、宋永志：宋代城隍神賜額封爵考釋，河南大學學報（社會科學版），2006，（3）。

49. 楊建宏：論宋代土地神信仰與基層社會控制，湖南科技大學學報（社會科學版）》2006，（3）。

50. 范正義：民國前福建祠廟神明配置的研究，宗教學研究，2006，（4）。

51. 范金民：身在他鄉不是客──清代商人會館的功能，尋根，2007，（6）。

52. 閻江：傳說、祠廟與信仰的互動──黃大仙信仰的嶺南階段及其發展，長江大學學報（社會科學版），2007，（4）。

53. 俞黎媛：論神祇生態位關係與民間信仰生態系統的平衡，民俗研究，2008，（3）。

54. 李凱：「祭不越望」探析，雲南社會科學，2008，（4）。

55. 王健：明清蘇松地方官員祠祀活動的內容、時間及影響，傳統中國研究集刊（第五輯），上海人民出版社，2008。

56. 李文珠、任學亮：唐五代巴蜀地區神祇的地域分佈，中華文化論壇，2008，（1）。

57. 牟振宇：南宋臨安城寺廟分佈研究，杭州師範學院學報，2008，（1）。

58. 于天池、李書：宋代說唱伎藝人的演藝生涯，文史知識，2008，（3）。

59. 李躍忠：略論宋代的請戲習俗，西北工業大學學報（社會科學版），2008，（9）。

60. 王健：明清以來蘇松地區民間祠廟的收入、產權與僧俗關係，史林，2009，（5）。

61. 熊梅：巴蜀現存張飛祠廟考述，西華師範大學學報（哲學社會科學版），2009，（6）。

62. 魏斌：宮亭廟傳說：中古早期廬山的信仰空間，歷史研究，2010，（2）。

63. 廖寅：宋代民間強勢力量與信仰空間建設──以兩湖地區爲中心的考察，長沙理工大學學報（社會科學版），2010，（5）。

64. 馬曉林：地方社會中官方祠廟的經濟問題：以元代會稽山南鎮廟爲中心，中國社會經濟史研究，2011，（3）。

65. 宋燕鵬：試論漢魏六朝民眾建立祠廟的心理動機，社會科學戰線，2011，（3）。

66. 魏希德：美國宋史研究的新趨向：地方宗教與政治文化，中國史研究動態，2011，（3）。

67. 張君梅：民間祠祀的歷史變遷——以高平市康營村成湯廟爲考察中心，世界宗教文化，2011，（4）。

68. 黃忠懷：從土地到城隍：明清華北村落社區演變中的廟宇與空間，清史研究，2011，（4）。

69. 易素梅：道教與民間宗教的角力與融合：宋元時期晉東南地區二仙信仰之研究，學術研究，2011，（7）。

70. 牛建強：明代黃河下游的河道治理與河神信仰，史學月刊，2011，（9）。

71. 覃琮：人類學語境中的「民間信仰與中國社會研究」，民俗研究，2012，（5）。

72. 孔妮妮：論南宋後期理學官員對祠廟體系的再認識，歷史教學，2012，（6）。

73. 皮慶生：宋代民間信仰中廟貌問題的初步考察，江漢論壇，2012，（8）。